MINIMA JURIDICÆ

Ejercicios críticos de derecho

2018-2023

Andrés L. Córdova

2024

Minima Juridicæ: Ejercicios críticos de derecho 2018-2023

Diagramación

César Alvarado

Imágenes de Andrés L. Córdova.

ISBN: 978-1-881711-47-6

Impreso por KDP Amazon

a Noemí

La astilla en el ojo propio es el mejor lente de aumento.

Theodor Adorno

Indice

Prólogo 7

Nota del autor 8

La Segunda Enmienda y la Ley de Armas 11

Hacienda, Amazon y Quill 12

Las vistas de confirmación de Kavanaugh 14

Reformas tributarias y el territorio no incorporado 16

La tardía carta de Rob Bishop 17

La asamblea constituyente 19

Los gallos peleados 20

Algunos apuntes a U.S. v. Vaello-Madero 22

Contradicciones 23

Puerto Rico ante el Comité de Descolonización 25

Algunas interrogantes sobre el proceso de residencia 26

De interpretaciones 28

El político dice: los políticos siempre mienten 29

May it please the Court 32

La incorporación del territorio no requiere un plebiscito 33

Servicios legales mandatorios (pro bono) 35

Los límites de las órdenes ejecutivas 36

Puerto Rico como Territorio Ultramarino 38

La infección de la ley 39

El verdadero propósito del censo decenal 41

Reflexiones desde la decadencia 42

Definiendo las terapias de conversión 44

La Resolución HR 279 46

De feminicidios, perspectiva de género y estados de emergencia 48

La declaración jurada sobre creencia religiosa 50

Las ejecuciones de hipoteca y el retracto de cosa litigiosa 51

De tatuajes, perforaciones y teñidos 53

La racionalidad y el fin de los tiempos 54

La guerra y los límites del Derecho 56

La amenaza del uso de armas nucleares 57

Contra el derecho natural 59

El fraude de la ley 61

El P. del S. 326: ¿Acoso Legislativo? *62*
Hermenéutica neurótica *64*
La interpretación literal *65*
Stare decisis *66*
La intención en el negocio jurídico *68*
Breves apuntes al artículo 1 del Código Civil (2020) *70*
Lógica y derecho *73*
¿Impericia política? *74*
Culpa in contrahendo *76*
La inoponibilidad del derecho real *78*
El derecho real *81*
Bestiario jurídico *82*
El concepto de la obligación *84*
Los bienes de dominio público *87*
Introducción a la posesión *89*
La posesión mobiliaria *93*
La marijuana como objeto del negocio jurídico *96*
La forma en los contratos *98*
El contrato de adhesión *102*
La causa en el contrato *106*
El poder del perdón presidencial *109*
La acción rescisoria por fraude de acreedores *110*
La revisión contractual *114*
Rebus sic stantibus *117*
La resolución contractual *121*
La incorporación de terceros en el contrato *124*
Ley para la estabilización de rentas de Puerto Rico *129*
Aproximaciones doctrinales al contrato preliminar *131*
La opción *140*
El pago en finiquito *145*
El juicio por jurado en casos civiles *148*
La dación en pago *150*
El derecho de superficie *152*
¿Venta quita renta? *157*
Las cosas comunes *160*
El pago por tercero, la cesión decrédito y la buena fe bajo la Ley de Instrumentos Negociables *163*

Enriquecimiento sin causa 171
La acción reivindicatoria 173
La acción negatoria 177
La acción declaratoria 179
Las arras 181
Las restricciones voluntarias sobre fincas 183
Algunas propiedades especiales 187
La doctrina sombrilla y el tenedor de buena fe 190
Breve comentario al segundo párrafo del artículo 277 193
El conflicto de leyes 194
El consentimiento 198
Duelo enfitéutico 202
Los vicios de la voluntad 205
Comentario al Artículo 64 de la Ley Inmobiliaria Registral 209
La verdad 212
La declaración unilateral de la voluntad 213
La accesión (I) 216
La accesión (II) 225
Las modalidades del negocio jurídico 231
Los silencios del razonamiento judicial 236
La usucapión: algunos comentarios al P. del S. 1164 241
La persona jurídica 246
La prenda 250
Notas sobre la doctrina del descubrimiento 254
Financial Oversight and Management Board for Puerto Rico v. Centro de Periodismo Investigativo, Inc. 258
La consignación 260
La diversidad e inclusión como ideología 265
La cláusula de reserva de derechode propiedad en la compraventa 267
Los contratos aleatorios 270
Las candidaturas coligadas 274
El voto extranjero en el P. de la C. 1891 275
La tipificación de delito del ejercicio de un derecho constitucional 277
El desprendimiento patriótico como abuso de derecho 279

Prólogo

El análisis profundo, incisivo y crítico, así como la explicación y discusión fundamentadas e ilustradas de los sucesos de importancia e impacto jurídico y social, desafortunadamente, rara vez se formulan en nuestra vida colectiva y cuando surgen, raramente son coetáneos con dichos sucesos. Ambas, la ausencia del análisis riguroso y la falta de contemporaneidad, por lo general se traducen en que muchas personas que pertenecen a la profesión jurídica, al sistema legal y a la sociedad en general, no cuenten con voces ilustradas que les ayuden a entender y valorar los nuevos desarrollos jurídicos y sociales, en cuanto a, por ejemplo: cuáles son sus verdaderos propósitos o causas, de dónde vienen, si se han usado anteriormente, sus implicaciones morales y axiológicas, y si funcionarán en nuestra sociedad.

En la primera parte de esta obra se recoge, un buen número de escritos del Profesor Andrés L. Córdova, redactados durante varios años, sobre temas de gran impacto e interés social, que usualmente acaparaban, las primeras planas de los periódicos y que fueron redactados contemporáneamente, con los hechos sobre los cuales se pronunciaban. Es de notar la gran variedad de temas que cubren estos escritos y que el autor maneja con absoluta comodidad, habilidad y profundidad intelectual, lo cual le permite hacer partícipes a los lectores de su gran sabiduría y amplio conocimiento de diversas ramas del saber humano. Sin duda alguna, estos escritos han sido, a lo largo de varios años, una gran aportación a nuestra sociedad.

Hay que destacar, sin embargo, que el valor de estos escritos no cesó, a los pocos días de escribirse. Todo lo contrario, hoy tienen gran pertinencia, utilidad y valor, pues discuten temas que siguen afectando nuestra vida colectiva, en lo que parece ser una sucesión de años que no agota ni resuelve los problemas, sino que parece quererlos perpetuar. Algunos problemas parecerá que se resolvieron, pero en realidad no se habrán resuelto y probablemente volverán a golpearnos, en una continua repetición, a manera del eterno retorno de Nietzsche.

Por ello, la aportación del autor no puede verse como algo del pasado. Es una aportación que sigue vigente hoy y que seguirá vigente en el futuro. Esto evidencia cuán extraordinario es este texto, pues su valor y vigencia son atemporales y no pueden verse únicamente encapsuladas en y pertenecientes a, un corto periodo de tiempo.

Además, independientemente de si los problemas de ayer se resuelven permanentemente, regresan o son nuevos en el mañana, la manera de evaluar, pensar, analizar, y estudiar un problema, así como de proponer soluciones al mismo, que nos enseña el autor en sus escritos, es decir, su metodología para acercarse a un problema y resolverlo, es ciertamente magistral y nos servirá de guía en el futuro, al enfrentar viejos o nuevos problemas jurídicos y sociales.

Por otro lado, las siguientes partes de la obra del profesor Andrés L. Córdova también tienen un valor excepcional, en particular para quienes estudian y laboran en el sistema jurídico, en el ejercicio de la abogacía, los tres poderes constitucionales, la política y la academia. Esos escritos giran en torno a unos temas más de corte jurídico, como: el Derecho de Obligaciones y Contratos y los Derechos Reales, así como asuntos relacionados a la Filosofía del Derecho.

En estas partes, el autor hace un despliegue de conocimiento sobre varias materias del Derecho y otras áreas del saber humano, que es verdaderamente impresionante. Son materias que maneja extraordinariamente y a las que ha dedicado muchos años de estudio y enseñanza.

Ese valor no solo radica en la erudición del contenido de los escritos y la profundidad del análisis, sino también en la invitación continua al lector a reflexionar, a buscar, al choque de ideas, y a cuestionar lo que se le dice y también lo que el propio lector piensa. Todo esto, no dentro de las limitaciones y confines del Derecho, sino en un espacio abierto, en el que también priman otras disciplinas, que enriquecen y son necesarias para el correcto y efectivo proceso de aprendizaje, así como para solucionar nuestros problemas colectivos.

Luis Mariano Negrón Portillo
1 de septiembre de 2024

Nota del autor

En preparación de una clase sobre Derecho Natural estuve repasando el Tratado sobre Derecho Natural de Tomás de Aquino, el cual es parte (como se sabe) de su obra **Summa Theologicæ**. Desde hace un tiempo me ha llamado la atención la metodología escolástica sobre cómo formular sus argumentos. La *lectio*, la *quaestio* y el *disputatio*, son una forma en extremo didáctica de exponer un argumento, ubicando al lector como partícipe del proceso de articulación. Difícil leer los argumentos de Tomás de Aquino sobre el derecho natural sin tomar partido – a favor o en contra – de sus planteamientos. Muchos en la modernidad, lamentablemente, solo ven oscuridad en la escolástica, lo cual es reflejo de un pobre entendimiento de nuestra historicidad.

Como réplica a Tomás de Aquino, preparé un ejercicio que intitulé **Contra Natura**, la cual atiende de manera muy esquemática una parte de los temas abordados en su Tratado sobre el Derecho Natural. No hubo, ni hay, pretensión de decirlo todo, ni de abarcar todos los problemas filosóficos que el derecho natural levanta. Era una reflexión intencionalmente parcial sobre el Derecho, en clara contraposición a la totalidad de la reflexión teológica tomista. La voluntad a un sistema nos recuerda Nietzsche con su trágica sensibilidad, es una falta de integridad.

He sido profesor de Derecho y de Filosofía por los últimos 35 años en Puerto Rico. Mi experiencia me ha llevado a concluir que la función fundamental de la enseñanza es provocar y encausar la curiosidad intelectual del estudiante. Sin curiosidad no hay motivación ni aprendizaje. Sin curiosidad, la voluntad se aferra al momento dogmático del conocimiento. La genuina capacidad crítica del pensamiento se presenta como un cuestionamiento incesante de la realidad. Esto tiene, por supuesto, sus propios peligros. Para todo ordenamiento normativo, necesario por demás, ese cuestionamiento es un reto a la autoridad. Sin ese reto, sin embargo, la normatividad termina por asfixiar a la libertad. El entre juego de la necesidad y la resistencia a la normatividad son los dos momentos que funden la disciplina del Derecho. Estos ejercicios se sitúan en ese espacio accidentado.

Los ejercicios aquí incluidos - casi todos publicados como columnas de periódicos en medios impresos y digitales - buscan conducir al lector por un proceso crítico con miras cuestionar la forma y manera en que normamos la conducta. En este contexto, el Código Civil de 2020 de Puerto Rico, con sus luces y sombras, ofrece una oportunidad pedagógica singular para aprender a abordar la legalidad sin el estreñimiento de una tradición y casuística repetitiva y ensimismada. Inevitablemente, como ejercicios producto de su tiempo, en ocasiones puede que los eventos hayan superado lo aquí escrito. Confío que el lector haga la composición de lugar. Más que meros técnicos positivistas, el Derecho requiere con urgencia de mentes críticas, humanistas, con claro sentido de su propósito y de sus límites. La concepción instrumental del Derecho que tanto prevalece en nuestro entorno amenaza con reducir el fenómeno jurídico al burdo ejercicio del poder. ***Hic sunt dracones***.

Estos ejercicios aspiran a sintetizar una idea o problema, y desarrollarla dentro de una estructura minimalista, con ligeras pinceladas, con miras a llevar al lector al nervio del problema. La confrontación con la *quaestio*, como sabemos, es el inicio de toda genuina reflexión. La astilla en el ojo propio, como sugería Adorno en su **Minima Moralia**, es el mejor lente de aumento.

Una última observación de forma. Durante la preparación de este libro se contemplaron varias maneras de estructurar y presentar los ejercicios. Se contempló organizarlos temáticamente, según el área del Derecho que se discutiera en cada uno de ellos. Se contempló organizarlos en alguna secuencia ordenada alrededor de cómo se cubren los temas en un curso de Obligaciones y Contratos o de Derechos Reales, para facilitar su lectura al estudiante de Derecho. He optado finalmente por organizarlso de manera cronológica, como una continuación de mi libro anterior ***Interrupciones***. A título de justificación, en la medida en que muchos de estos ejercicios responden a asuntos o controversias públicas de un momento dado, la ordenación trata de retener algún contexto propio a su tiempo de redacción. Soy el primero en admitir la absoluta arbitrariedad de mi decisión editorial. Finalmente, con miras a romper la monotonía temática y añadirle algún elemento de juego al trabajo, me he tomado la libertad de incluir de manera salteada algunas reproduciones de los trabajos de mi autoría que forman parte de mi colección ***Poemas al editor.***

No puedo dejar de mencionar mi agradecimiento a todas las personas que me han ayudado en la preparación y publicación de este proyecto. Al amigo Luis Borri Díaz por su constante apoyo y oportunas observaciones. A mis colegas en la Facultad de Derecho de la Universidad Interamericana por su paciencia y tolerancia, entre ellos, a título de *numeros apertus*, Luis Mariano Negrón Portillo, Carlos Ramos González, Julio Fontanet Maldonado, Doel Quiñones Núñez, Luis Rivera Rivera, Margarita García Cárdenas, Evelyn Benvenutti y Alberto Omar Jiménez.

De igual manera agradezco al Decano Asociado César Alvarado por su apoyo constante y siempre atinadas observaciones. Este libro no hubiera sido posible sin su desprendida intervención.

Finalmente, a mi esposa Noemi y a mis hijos Rodrigo y Diego. Sin ellos nada sería posible.

Andrés L. Córdova
8 de diciembre de 2024
San Juan, Puerto Rico

La Segunda Enmienda y la Ley de Armas

La trágica matanza en Parkland, Florida en donde un joven mentalmente desequilibrado asesinó a 17 personas utilizando un arma modelo AR-15 ha vuelto a traer a la discusión pública la necesidad de legislar mayores restricciones en torno a la obtención de armas de fuego. Entre las restricciones discutidas están prohibir a nivel federal la adquisición de armas de asalto y otras armas de fuego automáticas y semi-automáticas, requerir un tiempo mayor de espera para que las autoridades puedan investigar el trasfondo de las personas que quieran adquirirla, prohibir su adquisición por personas con problemas de salud mental, record criminal, entre otras. En los últimos años ha habido demasiados incidentes de ataques a escuelas o espacios públicos que han causado la muerte a centenares de personas, y gran parte de la responsabilidad se le adjudica a la fácil y legal disponibilidad de obtener armas de fuego. Inevitablemente, la discusión desemboca en la pugna entre el reclamo de protección y seguridad por una gran parte de la población y la garantía constitucional a la posesión y portación de armas de fuego.

La segunda enmienda a la Constitución de los Estados Unidos dispone: "A well regulated Militia, being necessary to the security of a free State, the right of the people to keep and bear Arms, shall not be infringed." Una primera y ligera lectura de este texto parecería sugerir que el derecho a la posesión y portación de armas está condicionado a la necesidad de una milicia bien regulada, para la seguridad del Estado. Esta ha sido la interpretación favorecida por aquellos con un interés por domesticar los derechos individuales bajo la tutela de los intereses colectivos, entendiéndose el sentido y alcance del texto desde la perspectiva más favorable para el Estado. La primera dificultad con esta interpretación es que invierte la finalidad de la carta de derechos, que es precisamente garantizar los derechos individuales frente al Estado. Es curioso ver como aquellos que de ordinario favorecen una lectura expansiva de los derechos constitucionales - *v.gr.* libertad de expresión, libertad religiosa o derechos a la intimidad - se conviertan en literalistas cuando leen la segunda enmienda.

En ***District of Columbia v. Heller***, 554 U.S. 570 (2008), se dirimió la constitucionalidad de un estatuto del Distrito de Columbia que prohibía la posesión de una pistola o revólver ("handgun") en la residencia para defensa propia. Luego de un repaso histórico del derecho individual a poseer y portar armas, y un análisis exegético del texto, el Juez Scalia concluye que los derechos garantizados por la segunda enmienda hay que entenderlos en su sentido original, no sujetos a la existencia de una milicia. Es importante destacar que la opinión reconoce, sin embargo, que este derecho no es ilimitado, y que nada en ella debe ser entendida como un cuestionamiento a las tradicionales prohibiciones a que criminales o enfermos mentales posean armas de fuego, o que se prohíban en lugares como escuelas, edificios gubernamentales, o a que se impongan condiciones y cualificaciones legales para su venta comercial. Ese no era el caso del estatuto del Distrito de Columbia, por lo que fue declarado inconstitucional.

Dos años después, en ***McDonald v Chicago***, 561 U.S. 742 (2010), se extendió la garantía constitucional de la segunda enmienda a la posesión de armas frente a los Estados de la Unión bajo la cláusula del debido proceso de ley de la Decimocuarta Enmienda. En este caso la ciudad de Chicago había aprobado una ordenanza que prohibía la posesión de cualquier arma de fuego a menos que la persona tuviera un certificado de registro válido provisto por la ciudad. La ordenanza impugnada también prohibía la registración de casi todas las pistolas o revólveres ("handguns"), prohibiendo como cuestión de hecho su posesión por los ciudadanos. En su opinión el Juez Alito señala que el derecho a poseer armas de fuego en la residencia para propósitos de defensa propia como un derecho fundamental es oponible ante los Estados, y que la ordenanza de la ciudad de Chicago era, en este aspecto, inconstitucional.

Hay que subrayar que nada en ***Heller*** o ***McDonald*** impiden que el Congreso de los Estados Unidos - o las legislaturas estatales y territoriales - legislen

---

Publicado en ***El Vocero de Puerto Rico*** el 16 de marzo de 2018.

a los fines de crear procedimientos e imponer condiciones racionales para la obtención de permisos o licencias de armas de fuego, particularmente si no son pistolas o revólveres ("handguns") para su posesión en la residencia para defensa propia. La renuencia del Congreso de legislar sobre estos extremos después de Parkland responde al final del día a consideraciones políticas y de la influencia de grupos de interés.

En este contexto, la vigente Ley de Armas de Puerto Rico de 2001, enmendando la de 1951, tiene visos de inconstitucionalidad por ser claramente una ley en extremo restrictiva que incide sobre el derecho constitucional, fundamental, de los ciudadanos a la posesión de armas de fuego en su residencia para fines de defensa propia. Como cuestión de hecho, dicha ley ya ha sido objeto de impugnación en los Tribunales de Primera Instancia y supongo que alguno estará haciendo su tránsito procesal hacia el Tribunal Supremo. Claro, nuestra ley es previa a lo resuelto en ***Heller*** y ***McDonald*** y aún responde filosóficamente a la protección del Estado y no a garantizar los derechos constitucionales fundamentales de los ciudadanos.

El propósito del proyecto de ley sobre una nueva Ley de Armas, hoy ante el Senado, supone un intento por atemperarla a los pronunciamientos recientes del Tribunal Supremo de los Estados Unidos. En Puerto Rico, sin embargo, el problema de las armas de fuego no reside principal mente en torno a las legalmente obtenidas, sino a su tráfico ilegal. Nuestro problema no es normativo, sino de interdicción policiaca.

Hacienda, Amazon y Quill

Recientemente el secretario del Departamento de Hacienda, Raúl Maldonado Gautier, anunció que la agencia había establecido un acuerdo colaborativo con la empresa Amazon para efectuar el cobro del Impuesto sobre Ventas y Uso ("IVU") sobre las ventas de bienes a compradores en Puerto Rico, a partir del 1 de abril de 2018. Este acuerdo colaborativo se hace al amparo de la Ley Número 25 de 29 de abril de 2017, que dispone que todo comerciante dedicado a la venta de propiedad mueble tangible a compradores en Puerto Rico a través de internet podrá voluntariamente solicitar ser considerado un agente retenedor para propósitos del IVU quedando así obligado a cobrar y remitir el IVU correspondiente conforme a los términos y condiciones acordados entre dicho comerciante y el Departamento de Hacienda.

El anuncio por el Departamento de Hacienda, sin embargo, deja fuera un detalle que es fundamental. A saber, la inconstitucionalidad al día de hoy de dicha ley (y por tanto de la ineficacia jurídica del acuerdo colaborativo) bajo la doctrina jurisprudencial resuelta en el caso ***Quill Corp. v. North Dakota***, 504 U.S. 298 (1992).

En ***Quill*** el Tribunal Supremo de los Estados Unidos resolvió que la imposición de un impuesto sobre ventas a las compras al detal hechas través de la internet u otras rutas en el comercio electrónico, a menos que el comerciante tuviera una presencia física en el estado, eran inconstitucionales en tanto que era contraria a la cláusula durmiente que protege el comercio interestatal. Este caso trataba de un intento de North Dakota de cobrar unos impuestos de venta sobre programas de computadoras vendidas en el internet por Quill Corporation, una tienda de artículos de oficina sin presencia física en el estado.

El Artículo I, Sección 10, tercer párrafo, de la Constitución de los Estados Unidos dispone "No State shall, without the Consent of Congress, lay any Duty of Tonnage [...]". Esta cláusula se le conoce como durmiente a partir de las expresiones

Publicado en ***El Vocero de Puerto Rico*** el 6 de abril de 2018.

hechas por John Marshall en ***Gibbons v. Ogden***, 22 U.S. 1 (1824), cuando comentaba que el poder de reglamentar el comercio interestatal no podía ser ejercida por el pueblo mismo sino por sus agentes (entiéndase el Estado), y que mientras tanto eso ocurriera quedaba durmiente. La larga, accidentada y compleja doctrina vigente es que el poder de reglamentar el comercio interestatal es una facultad del Congreso, aunque no absolutamente exclusiva. En ***Trailer Marine Transport Corp. v. Rivera Vázquez***, 977 F.2d 1 (1992) el Primer Circuito sostuvo que la cláusula durmiente aplica a Puerto Rico.

En ***Direct Marketing Ass'n. v. Brohl***. 575 U.S. __ (2015), El Juez Asociado Anthony Kennedy en su voto concurrente comentó sobre la necesidad de revisar la doctrina de ***Quill*** toda vez que la misma creaba una seria y continua injusticia a los estados que solo podían cobrar impuestos a comercios con presencia física ("brick and mortar"), beneficiando indirectamente así al comercio interestatal a expensas del comercio estatal. Claro, para nosotros en Puerto Rico, vista la protección del capital extranjero por nuestro ordenamiento – entiéndase Ley 20 y 22, o la protección que se pretende de las corporaciones foráneas bajo el Código de Rentas Internas Federal - este argumento no es del todo persuasivo.

En atención a este voto concurrente, varios estados, incluyendo nuestra Ley Número 25 de 29 de abril de 2017, han legislado leyes con miras a retar la doctrina de ***Quill***. De hecho, ante el Tribunal Supremo está pendiente el caso ***South Dakota v. Wayfair, Inc.***, que será atendido en este término de 2018, y que muchos esperan revoque a ***Quill***.

En este contexto, el anuncio del Departamento de Hacienda sobre el acuerdo colaborativo con Amazon es una verdad a medias. Hasta tanto el Tribunal Supremo de los Estados Unidos no revoque o modifique lo dispuesto en ***Quill***, la norma constitucional vigente es que no se le puede imponer un impuesto a la venta de artículos comprados en la internet, y por tanto Amazon no tiene derecho - no obstante cualquier acuerdo colaborativo que haya otorgado - de retener dinero perteneciente a los ciudadanos.

Durante los últimos años el aparato gubernamental ha mostrado un desprecio al estado de derecho, actuado para el beneficio de sus intereses inmediatos y la perpetuación de sus privilegios políticos y administrativos. Piénsese en su menoscabo de derechos contractuales en los planes de retiro, la mal llamada deuda extra-constitucional, el impago de la deuda pública constitucionalmente protegida, etc. Es importante tener presente que el Estado – no importa quién sea su administrador de turno – no es la ciudadanía, y los intereses de uno no siempre coinciden con el del otro. La imposición de impuestos a transacciones electrónicas que por mandato constitucional están al día de hoy excluidas es un claro ejemplo de la selectiva hambre tributaria de un Estado que no acaba de ajustarse la correa.

El 21 de junio de 2018, el Tribunal Supremo revocó a ***Quill*** en ***South Dakota v. Wayfair***, Inc., 585 U.S. __ (2018)

Las vistas de confirmación de Kavanaugh

Las vistas de confirmación del nombramiento del Juez Brett Kavanaugh al Tribunal Supremo de los Estados Unidos concluyeron el jueves 6 de septiembre de 2018. Del record público es evidente de que el Juez Kavanaugh tiene la preparación legal, la experiencia y el temperamento para ser Juez Asociado del Tribunal Supremo. No obstante, dado lo que está en juego y la inclinación conservadora de la mayoría del Tribunal Supremo el proceso ha resultado ser en extremo contencioso. En días recientes ha surgido una alegación de un incidente de abuso sexual ocurrido en 1982 que probablemente requerirá reabrir las vistas para recibir dicho testimonio. En la época de #MeToo estas alegaciones vienen con un enorme carga política. Es de esperar que con las miras puestas en las elecciones de medio término y la crisis política que gira en torno al Presidente Trump, los Senadores utilizaran la oportunidad para adelantar sus respectivas posiciones sobre los diversos temas, particularmente en cuanto al derecho al aborto y el alcance y privilegio del poder del ejecutivo en el andamiaje constitucional.

Dada la presente composición del Senado, y su eliminación de la norma parlamentaria de los 60 votos necesarios para bajar un nombramiento judicial al pleno, es muy probable que el Juez Kavanaugh sea confirmado. La esperanza de algunos de que la Senadora Lisa Murkowski (R-Alaska) y Susan Collins (R-Maine) pudieran votar en contra de la confirmación de Kavanaugh parece mal depositada. Como cuestión de hecho, la Senadora Collins declaró la semana pasada que sentía confiada de que el Juez Kavanaugh estaba comprometido con el principio de *stare decisis* (el principio del precedente judicial), y que lo resuelto en ***Roe v . Wade*** en lo referente al derecho del aborto era un principio establecido. Con las nuevas alegaciones de abuso sexual su posición pudiera cambiar.

La jurisprudencia, claro esta, está siempre sujeta a revisión. Hay innumerables instancias en la historia del Tribunal Supremo donde opiniones anteriores han sido revisadas a partir de un nuevo entendimiento judicial producto de la filosofía jurídica de una nueva mayoría de jueces. Acaso el mejor ejemplo de este cambio lo fue la revocación de la doctrina de "separate but equal" de ***Plessy v Ferguson*** (1896) por ***Brown v. Board of Education*** (1954). Tenemos la razón porque somos la última palabra, comentaba irónicamente el entonces Juez Asociado Robert Jackson, no tenemos la última palabra porque tengamos la razón.

Al final del día, no es necesariamente un asunto de cual argumento es más persuasivo entre las distintas posiciones legales esbozadas, sino de la voluntad de una momentánea mayoría del tribunal. Una controversia jurídica no ocurre en el contexto de un seminario académico, donde la multiplicidad de puntos de vista y opiniones pueden coincidir y ser celebradas como una celebración de la diversidad y la creatividad. Las controversias jurídicas requieren finalidad y certeza.

Controversias que quedan sin resolverse, inconclusas, eventualmente pueden conducir a la confrontación física y la inestabilidad social y política, exacerbando las divisiones en la sociedad. Lo contrario también es cierto: controversias resueltas al amparo de la fuerza institucional, predicados en valores y posiciones no compartidas por un número significativo de la ciudadanía, corroen la legitimidad de los tribunales y amenazan su vitalidad. Los pronunciamientos judiciales tienen que navegar entre estos dos extremos.

La doctrina de *stare decisis*, o el principio del sostener el precedente judicial, es solamente un principio jurídico entre otros. Hay otros principios y consideraciones que intervienen en la adjudicación como el análisis constitucional, los cambios en las leyes y reglamentos, los cambios en la misma jurisprudencia, principios generales de derecho, entre otros. El hecho de que el Tribunal Supremo haya dictado una opinión décadas atrás no significa, por sí solo, que sea suficiente razón para continuar apoyándola. En algún momento toda opinión pasada debe ser revaluada a la luz de las realidades presentes y los cambios en circunstancias, como en efecto resolvió el Tribunal Supremo

Publicada en ***El Vocero de Puerto Rico*** el 28 de septiembre de 2018.

este pasado mes de junio en el caso ***South Dakota v. Wayfair, Inc.*** (2018), revocando ***Quill Corp. v. North Dakota*** (1992), en lo referente al tema de contribuciones estatales de las transacciones electrónicas en el internet.

Acaso un ejemplo más cercano a nosotros, es la continua validez de los casos insulares de principios del siglo XX, ***Downes v Bidwell*** (1901) y otros, en los cuales el Tribunal Supremo dio curso legal a la doctrina del territorio no incorporado, contrario al lenguaje claro de la cláusula territorial del Artículo IV, Sección 3, de la Constitución de los Estados Unidos. Los casos insulares, y la aplicación selectiva de los derechos constitucionales, son la base jurídica que autoriza el trato discriminatorio a los ciudadanos americanos en Puerto Rico en toda una serie de leyes, reglamentos y prácticas administrativas. Me pregunto si la Senadora Collins cree que los casos insulares son principios legales establecidos que no requieren reevaluación.

El debate continuo en torno a la interpretación constitucional, el cual antepone una corriente que favorece una lectura amplia del texto constitucional para atemperar su significado a las circunstancias del siglo XXI, contra una lectura estrecha, "originalista" que reclama defender el principio del proceso democrático, es el nervio de las vistas de confirmación del Juez Kavanaugh. Estas dos corrientes interpretativas no son necesariamente mutuamente excluyentes, aun cuando así se presenten para propósitos de la formación de opinión pública.

Toda interpretación ocurre en el contexto del discurso político, y ningún actor – sea juez o político – tiene u acceso privilegiado a la verdad. Personas razonables pueden diferir sobre diversos temas. Esto no implica, sin embargo, que todas las interpretaciones legales sean igualmente persuasivas. Cómo distinguir la diferencia de opinión válida y fundada de la retórica florida – y en ocasiones demagógica – requiere de discernimiento y un compromiso compartido con un discurso basado en los hechos, la racionalidad y las tradiciones jurídicas pertinentes. Tristemente, en la era de Trump la verdad no es la verdad y la polarización política se ha convertido en política pública. El estado de derecho no puede sobrevivir en este a medio ambiente hostil. El Senado de los Estados Unidos haría bien en retornar a sus prácticas bipartitas.

Reformas tributarias y el territorio no incorporado

En la discusión pública sobre el tema de la reforma contributiva y asuntos colaterales – video lotería, el impuesto a las foráneas, el impuesto municipal a los inventarios de bienes muebles, etc. – brilla por su ausencia cualquier referencia seria a la necesidad de reducir el gasto público. De mayor importancia, tampoco se escucha una discusión sostenida sobre la urgencia de atar cualquier reforma contributiva a una visión de la función y propósito del Estado en estos tiempos de cal y arena.

La finalidad de todo impuesto – dejemos a un lado el eufemismo deshonesto de las contribuciones – es la apropiación de la riqueza individual para beneficio de las estructuras políticas y económicas dominantes en un momento dado. De igual manera, la no imposición de algún impuesto – en nuestro caso, pienso en los decretos o exenciones tributarias – es también para beneficiar algún sector que se quiere alentar o proteger. No hay que perder de vista que el Estado no produce riqueza, la distribuye.

En la era moderna, el propósito general de la facultad del Estado de poner impuestos es dual: Primero, sufragar el sostenimiento del aparato público para proveer los servicios esenciales a la sociedad. Claro, cómo definir "servicios esenciales" es problemático, como bien ilustran las agrias polémicas entre el Gobierno de Puerto Rico y la Junta de Supervisión en la confección de los Planes Fiscales. Segundo, distribuir la riqueza a través del patronazgo político y programas de beneficencia social. En este contexto piénsese en la insistencia del Gobierno de pagar el bono de Navidad y el recientemente anunciado reclutamiento de 2,000 maestros a puestos de carrera.

Dependiendo del modelo político vigente, esa apropiación de riqueza se justifica en atención a algún bien común definido por quien ostenta el poder político. Idealmente, en los modelos de la democracia representativa ese bien común se articula en el proceso político. Como cuestión de realidad práctica, ese proceso político, sin embargo, es interceptado por grupos de interés que lo timonean en una dirección o en otra según su conveniencia. La idea de un bien común – esa metafórica noción colectiva de difícil articulación - descansa a su vez sobre valores, creencias y costumbres sociales compartidas. Ahí donde no hayan tales valores, creencias y costumbres compartidas, la idea de un bien común se torna en una quimera.

Desde la Segunda Guerra Mundial, el Gobierno de Puerto Rico ha perseguido el modelo del Nuevo Trato de Franklin Delano Roosevelt, utilizando el aparato gubernamental para promover el desarrollo económico a través del gasto público, que a su vez requiere de una base contributiva amplia que pague altos niveles de impuestos en los diversos sectores de la economía (ingresos, IVU, ganancias de capital, etc.). Esta economía-política ha sido la estructura que ha sostenido las ambiciones insulares de los políticos del PPD y el PNP, y que ha convertido a la mayoría de los ciudadanos en clientes dependientes de sus dádivas.

Por otro lado, el Gobierno de Puerto Rico y el Gobierno de los Estados Unidos también llevan décadas concediendo beneficios tributarios al capital norteamericano, sea a las corporaciones multinacionales, por ejemplo la anterior sección 936 del Código de Rentas Interna federal, o el financiamiento de la deuda pública con el atractivo de la triple exención de los bonos de Puerto Rico. Como comentaba alguna vez Luis Muñoz Marín, el progreso de Puerto Rico se debe a que se debe. La Ley 22 es acaso el ejemplo más reciente de cómo el Gobierno de Puerto Rico ha preferido conceder al capital extranjero beneficios tributarios que no le extiende al capital local. Este modelo de gasto público desmedido, unido a exenciones tributarias para el beneficio de pocos, nos ha llevado a PROMESA, a la Junta de Supervisión Fiscal y a los procedimientos judiciales bajo el Título III ante la Juez Taylor Swain.

Dada la crisis mayúscula por la cual atraviesa Puerto Rico es evidente que el modelo político-económico tiene que cambiar. Además de la urgente necesidad de reducir la huella gubernamental en la vida pública, un buen lugar para empezar dichos

---

Publicado en ***El Vocero de Puerto Rico*** el 15 de octubre de 2018.

cambios es con las reformas tributarias, federales y territoriales. En este contexto, la Reforma Tributaria Federal de diciembre de 2017 tiene la virtud de ponerle algunas cortapisas al trato preferencial de las corporaciones extranjeras controladas por corporaciones americanas (CFC) en jurisdicciones foráneas.

Bajo esta reforma, sin embargo, Puerto Rico es clasificado como una jurisdicción foránea. El Congreso de los Estados Unidos tiene esa facultad precisamente en virtud de la naturaleza no incorporada del territorio, razón por la cual no le aplica la Cláusula de Uniformidad del Artículo I, Sección 8, de la Constitución. No es que a Puerto Rico se le trate como una jurisdicción doméstica, como sugirió el Gobernador Ricardo Rosselló el pasado diciembre, sino que el Congreso trate a Puerto Rico como un territorio incorporado para todos los fines constitucionales pertinentes, incluyendo la reforma tributaria. Hasta que no se uniforme el trato tributario de Puerto Rico en la jurisdicción federal, estaremos siempre a las expensas de poderosos grupos de interés cuyo único fin es proteger sus privilegios. El Gobierno de Puerto Rico, máxime una administración que reclama favorecer la estadidad, no debe asumir posturas tributarias que extiendan la vida del territorio no incorporado.

La tardía carta de Rob Bishop

En un memorando intitulado ***The Political Status of Porto Rico*** con fecha del 1 de marzo de 1914 dirigido al Secretario de Guerra, el entonces oficial jurídico Felix Frankfurter incluyó la siguiente declaración, y cito en inglés: "The crux of the matter is that the nature and extent of the relationship as we have seen, is solely a problem of legislative expediency, a political question entrusted by the Constitution to unlimited Congressional control. What the nature of the relationship should be, what its incidents, the privileges that should be conferred upon the inhabitants, and the privileges that for the time being at least, should be denied, are all matters solely for Congressional competence. The Congressional will is circumscribed solely by its own action; and the problem, therefore, is for Congress to give adequate expression to its own will. There can be incorporation only when Congress sees fit to incorporate[...]."

Copia de este memorando puede accederse en la página cibernética del Departamento de Justicia del Gobierno de Puerto Rico. Posteriormente, Felix Frankfurter fungió como Juez Asociado del Tribunal Supremo de los Estados Unidos de 1939 a 1962.

Ciento cuatro años más tarde esta declaración continúa siendo una descripción acertada de nuestra relación política con los Estados Unidos. Dos ejemplos recientes subrayan nuestra total subordinación e indefensión ante la voluntad congresional.

Primer ejemplo, la ley PROMESA de 2016 invoca en su sección inicial la autoridad del Congreso bajo los poderes plenarios de la cláusula territorial del a Constitución, Artículo IV, Sección 3. PROMESA y la creación de la Junta de Control Fiscal ha sido la respuesta del Congreso a nuestra mala administración y endeudamiento público durante los últimos cincuenta años. Lamentablemente, según evidencian las posturas y conductas de los funcionarios del Gobierno de Puerto Rico durante los últimos dos años, no se acaba de entender que la delegación de poderes de 1952 cuando se legisló

Publicada en ***El Vocero de Puerto Rico*** el 30 de noviembre de 2018.

el Estado Libre Asociado ha sido retomada por el Congreso para todos los fines políticos pertinentes.

Asumiendo para fines argumentativos que la Junta de Supervisión Fiscal logre su encomienda de certificar cinco presupuestos balanceados del Gobierno de Puerto Rico y se logre regresar al mercado de bonos, ¿entonces qué? ¿Continuará Puerto Rico como un territorio no incorporado para el beneficio de los inversionistas de capital que insisten ver en Puerto Rico un paraíso fiscal – con el contubernio de algunos en el gobierno - mientras la isla se vacía? Conforme las proyecciones demográficas recientes para el 2050 Puerto Rico tendrá una población de aproximadamente 2,000,000 de habitantes.

Desde la perspectiva histórica PROMESA es una respuesta limitada, temporera que persigue estabilizar la crisis fiscal del Gobierno de Puerto Rico. Esta ley federal, sin embargo, no atiende las condiciones políticas subyacentes del territorio no incorporado que crearon las circunstancias de su colapso. Desde la perspectiva política, e independientemente de consideraciones financieras, la Junta de Supervisión Fiscal ejemplifica las limitaciones e insuficiencias del modelo territorial corriente. Problemas políticos requieren respuestas políticas.

Segundo ejemplo, la Reforma Contributiva Federal de 2017 continúa designando a Puerto Rico como una jurisdicción foránea para fines de imponer contribuciones sobre las Corporaciones Foráneas Controladas (CFC) por multinacionales de los Estados Unidos. Este trato contributivo parecería en una primera lectura inconsistente con la cláusula de uniformidad expuesta en el Articulo I, Sección 8, de la Constitución. Inclusive, en su memorando del 1914 Frankfuter ya argumentaba que a Puerto Rico había que tratarla de manera distinta de las otras disposiciones tributarias aplicables a los otros territorios incorporados.

La designación de Puerto Rico como una jurisdicción foránea bajo las leyes tributarias está jurídicamente apoyada por la doctrina de los territorios no incorporados, que clasifica a Puerto Rico como perteneciente a, pero no parte de los Estados Unidos, según la lapidaria frase de ***Downes v. Bidwell*** (1901). Bajo esta doctrina no todas las disposiciones y derechos constitucionales son aplicables a Puerto Rico. El caso de ***Vaello v. United States,*** hoy ante el Tribunal de Distrito Federal sobre el pago del Seguro Social Suplementario (SSI) en Puerto Rico, es el más reciente ejemplo de ese trato discriminatorio por las agencias federales, no obstante nuestra ciudadanía americana.

Estas dos leyes, junto a la expresiones del Tribunal Supremo en ***Commonwealth of Puerto Rico v. Sanchez Valle*** (2016) y and ***Commonwealth of Puerto Rico v. Franklin California Tax-Free Trust*** (2016), son clara muestra de que Puerto Rico continua siendo un territorio no incorporado, sin representación con voto en el Congreso y sujeto a sus poderes plenarios.

Es el Congreso, no el Presidente de los Estados Unidos, quien tiene la facultad constitucional de atender el problema del estatus de Puerto Rico. En este contexto, y bajo las crispadas condiciones políticas que permean en la administración Trump y su Departamento de Justicia, la tardía e insuficiente carta del saliente Presidente del Comité de Recurso Naturales de la Cámara de Representantes Rob Bishop al Secretario de Justicia interino para reactivar un plebiscito "estadidad si o no", es un acto de teatro político con pocas (por no decir ninguna) probabilidades de éxito. Si el Representante Rob Bishop hubiera querido verdaderamente atender el problema del estatus solo tenía que promover la legislación que tuvo ante si por los últimos dos años. Con una Cámara de Representantes en control de los Demócratas, y el territorialista Raúl Grijalva como nuevo Presidente del Comité de Recursos Naturales, lo más probable es que el tema del estatus de Puerto Rico, tristemente, continúe su indolente peregrinaje por los pasillos del Congreso hasta el 2020.

La asamblea constituyente

En semana recientes ha sido notable el esfuerzo de algunos sectores de tratar de revivir la idea de una asamblea constituyente como mecanismo procesal para atender nuestro problema de estatus político. En una conferencia de prensa la semana pasada, inclusive, varios líderes religiosos plantearon la asamblea constituyente como el mecanismo ideal para sostener un diálogo entre los grupos y facciones que postulan las diversas opciones de estatus.

De entrada, es necesario destacar que estos líderes religiosos – como cualquier otro ciudadano - tienen perfecto derecho de expresar sus opiniones sobre los asuntos públicos. De la misma manera en que algunos líderes religiosos tienen el perfecto derecho por abogar por limitaciones al derecho al aborto, como efectivamente hicieron hace un par de meses atrás, igualmente tienen estos otros líderes el derecho de participar en la discusión sobre el tema del estatus.

El principio de separación de iglesia y estado no puede ser entendido como un impedimento a la participación de la ciudadanía en los asuntos públicos. Una democracia vibrante gira alrededor del intercambio robusto de ideas y creencias, y cualquier pretensión de limitar la libertad de expresión debe verse con suma sospecha. Eso no quiere decir, por supuesto, que los pronunciamientos de líderes religiosos vengan investidos con el *imprimatur* de la divinidad. Como toda opinión, la de los líderes religiosos también debe ser evaluados a la luz de la racionalidad y no partir de atavismos epistémicos.

Desde esta perspectiva, el argumento a favor de una asamblea constituyente – tal y cual ha sido promovida por los sectores que abogan por la independencia en cualquiera de sus vertientes - está anclado en varios supuestos filosófico-políticos y jurídicos que requieren de análisis crítico.

El fundamento teórico de la asamblea constituyente es que este cuerpo deliberativo de alguna manera encarna la voluntad del "Pueblo", quien es el depositario de la soberanía de la cual dimana la legitimidad democrática. El "Pueblo", sobra decir, como abstracción política sin contenido existencial, es el fantasma en la máquina del Estado liberal. En el contexto de una asamblea constituyente – hay que notar como sus proponentes han abandonado la frase "asamblea constitucional" por sus cortapisas normativas – habría que preguntarse sobre cómo se constituye dentro del marco del ordenamiento constitucional existente.

Si la idea es que la soberanía del "Pueblo" es previa a la legalidad misma, y que por tanto no está sujeta a las restricciones que le impone el ordenamiento jurídico vigente, entonces no hay más que hablar. Baste con que los fieles se reúnan al margen de la legalidad, en asamblea, y reclamen hablar en nombre del "Pueblo". Esto es precisamente lo que han hecho los movimientos de liberación nacional a lo largo del siglo XIX y XX. El hecho de que los promotores de la asamblea constituyente no lo hagan es un reconocimiento implícito de que no hay apoyo político alguno para tal acción.

Descartada tal posibilidad, el remedio entonces es legislar como la polilla, dentro del marco constitucional existente. Esto fue precisamente lo que el PIP y algunos en el PPD ensayaron al inicio del cuatrienio de Alejandro García Padilla cuando presentaron varios proyectos de ley ante la Asamblea Legislativa, invocando el derecho natural de los puertorriqueños a convocarse en asamblea sin estar sujeto a las leyes que la habilitaran. Interesante por demás notar cómo se utilizó la ley misma para circunvalar la legalidad misma.

El derecho natural es una visión filosófico-política específica que no es aceptada universalmente como el fundamento de la normatividad humana. En este sentido, la invocación talismánica al derecho natural, sin explicar en qué consiste y cómo se entiende, es esencialmente un ejercicio de brujería.

Claro, la intención política detrás de estos proyectos de ley era presentar como un hecho consumado la capacidad jurídica del "Pueblo" de Puerto Rico de convocarse como cuerpo al margen del ordenamiento jurídico vigente. Las expresiones del Tribunal Supremo de los Estados Unidos en ***Puerto Rico***

Publicada en ***El Vocero de Puerto Rico*** el 7 de enero de 2019.

v. Sánchez Valle (2016) sobre la falta de soberanía de Puerto Rico son llamativas en cuanto a este extremo.

Luego de 120 años desde la Guerra Hispanoamericana, creo que los puertorriqueños estamos bastante claros sobre cuáles son nuestras alternativas de estatus: estadidad, territorio (no incorporado) o independencia. La razón y la evidencia histórica sugieren que una asamblea constituyente meramente reproduciría las mismas posiciones ya ensayadas tradicionalmente por los diversos sectores políticos. A lo cual tendría uno que preguntarse, ¿para qué una asamblea constituyente?

Más que un mecanismo procesal antiséptico para articular las diversas posiciones de estatus, la asamblea constituyente es un llamado vedado a la independencia que pretende excluir a la ciudadanía de la participación directa en la toma de decisiones sobre su futuro político. El boicot del PPD y el PIP del plebiscito de junio de 2017 fue un anticipo de esa falta de vocación democrática.

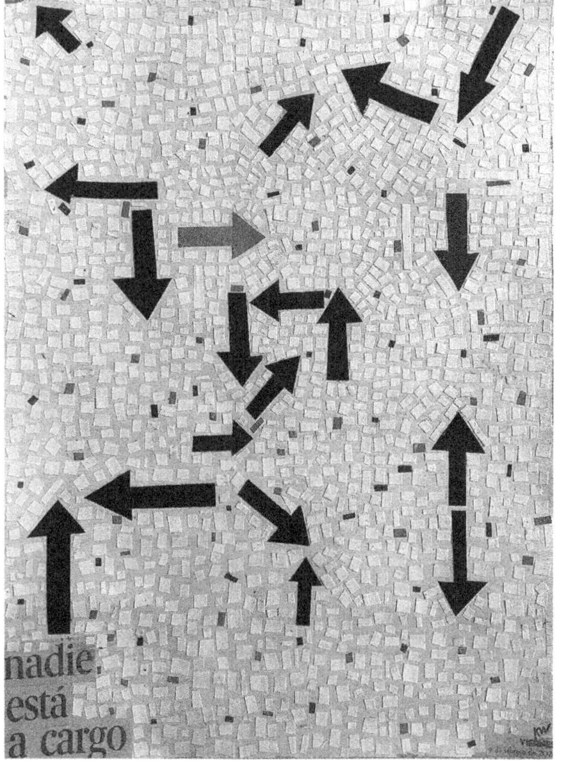

Los gallos peleados

En el proyecto de ley *Agriculture Improvement Act of 2018* referente a la asignación de fondos para diversos programas de beneficencia social y subsidios agrícolas a toda la nación, se incluye lenguaje que expresamente le extiende a los territorios la prohibición de las peleas animales contenidas en el *Animal Welfare Act* (7 U.S.C. §2156). Para todos los fines legales pertinentes, una vez se firme este proyecto de ley por el Presidente, las peleas de gallos serán tipificadas en Puerto Rico como delito bajo ley federal.

La reacción no se ha hecho esperar. De un lado, los que apoyan la continua legalidad de las peleas de gallo han esbozado diversos argumentos para oponerse a la medida. Entre ellos, el argumento económico aduce que la "industria" gallística produce una actividad económica millonaria que sin ella se perdería en estos momentos de crisis. Desconozco cuál pueda ser el monto real de su actividad económica, aunque supongo que siempre habrá dificultad en calibrarla. Por su informalidad las peleas de gallo, como tantos otros renglones económicos, se presta para el lavado de dinero. El argumento económico, claro está, siempre debe ser un factor a considerar en el análisis de las ventajas o desventajas de una ley.

Otro argumento que se escucha con alguna insistencia es que las peleas de gallos son parte integral de nuestra identidad cultural y reflejan de alguna manera aquello que se denomina con poética imprecisión nuestra idiosincrasia. Este planteamiento reaccionario va dirigido a defender la permanencia del pasado y de una práctica cultural que algunos atan a sus nociones de la identidad puertorriqueña. Sin duda alguna, la pelea de gallos ha tenido una larga práctica histórica. Eso no quiere decir, sin embargo, que dicha práctica - como cualquier otra - no deba evaluarse a la luz de los cambios en actitudes y valores de una sociedad.

Para muchos las peleas de gallos son un espectáculo cruel que pone a dos animales a pelear entre sí para diversión del ser humano. Si en efecto tal

---

Publicada en ***El Vocero de Puerto Rico*** el 4 de febrero de 2019.

pelea constituye un espectáculo cruel dependerá fundamentalmente de la valoración que cada cual haga de los derechos que le quiera reconocer a los animales.

En una sociedad agraria, pobre y anémica, rígidamente estratificada, que vive día a día cerca de los animales domésticos, donde se explotan y sacrifican de manera rutinaria, el valor que se les atribuye es primordialmente económico. Eso no quiere decir que no haya afecto o sensibilidad hacia ellos, sino que el animal es socialmente percibido como medio para el sostenimiento del ser humano, y no como fin en si mismo. Los gallos peleados, para usar la metáfora del historiador Fernando Picó, es la ritualización de esa relación desigual y violenta.

El movimiento a favor del reconocimiento de los derechos de los animales, en cambio, es un movimiento fundamentalmente de siglo XX y XXI, urbano, de una economía industrial y comercial altamente diferenciada. En este contexto, y no obstante los mataderos industriales que nos proveen carnes y aves nítidamente empacadas y estilizadas, el animal doméstico se percibe como un ente individualizado, afectivo con un valor en si mismo. Interesante notar por demás como el afecto que se le puede tener a los animales domésticos - como mascotas - no se extiende usualmente a la rata o a la cucaracha. No es difícil advertir en esta aproximación a los derechos de los animales la proyección sicológica y sociológica de nuestra individualidad, con todas sus contradicciones.

En este aspecto ha habido un movimiento insistente, tanto en Puerto Rico como en muchos otros lugares del mundo, de reconocer a los animales, sino como sujetos al menos como objetos de derecho. Las leyes contra la crueldad hacia los animales – federales y estatales - son ejemplos normativos de estos cambios de actitudes. Hoy le toca a la pelea de gallos.

Por último, hay que contrastar la aplicación de una ley federal que por años había excluido a Puerto Rico, ello bajo los poderes plenarios del Congreso sobre los territorios, mientras que a los estados se les ha aplicado por vía de la cláusula constitucional sobre el comercio inter-estatal. Si bien es cierto que al final del día esto no tiene mayor consecuencia para la regulación de la pelea de gallos, no es menos cierto que sirve como otro ejemplo de la falta de representatividad de Puerto Rico en el Congreso.

Esto no quiere decir, por supuesto, que de haber tenido 2 senadores y 5 representantes se hubiera logrado mantener la excepción. Todo lo contrario. Como estado estaríamos obligados por la misma ley, pero el poder de negociación de Puerto Rico ante el Congreso en todos los frentes sería mayor. Nuestra condición territorial no incorporada es la que le permite al Congreso la aplicación selectiva de las leyes federales, sea a la pelea de gallos o las exenciones contributivas federales a las corporaciones foráneas. Se hace difícil entender como aquellos que defienden la estadidad insisten en adoptar posiciones – como la defensa de la pelea de gallos - que se amparan en el trato desigual territorial. Será que, para tergiversar el refrán popular, gallo en mano es mejor que 34 billones volando.

Algunos apuntes a U.S. v. Vaello-Madero

El 4 de febrero de 2019 el Honorable Juez Federal para el Distrito de Puerto Rico Gustavo Gelpí dictó una opinión y orden en el caso de ***United States v Vaello Madero*** en la cual declara que la exclusión de los residentes de Puerto Rico de los beneficios del Seguro Social Suplementario (SSI) es inconstitucional por violar la igual protección de las leyes bajo la quinta enmienda de la Constitución. Aun cuando los residentes en Puerto Rico contribuimos al Seguro Social, por lo general no así al SSI que se nutre de fondos provenientes de los contribuyentes que rinden planillas federales.

El análisis jurídico sobre el cual fundamenta su conclusión intenta navegar entre el Escila de los casos insulares y su doctrina de no-incorporación territorial y el Caribdis de entender al territorio de Puerto Rico en sí mismo como una clasificación sospechosa bajo la cláusula de la igual protección de las leyes.

En la parte inicial de la opinión el tribunal observa que no va a entrar a discutir la compleja doctrina jurisprudencial referente a la cláusula territorial de la Constitución, descartando con ello confrontar, al menos abiertamente, los casos insulares. Esta jurisprudencia dispone, en síntesis, que siendo un territorio no incorporado al cual no le aplican todos los derechos constitucionales, y que perteneciendo a pero no siendo parte de los Estados Unidos, el Congreso tiene amplia discreción bajo sus poderes plenarios al legislar sobre Puerto Rico.

Ejemplos notables de la aplicación de esta doctrina son la reciente reforma contributiva federal del 2017 que continúa tratando a Puerto Rico como una jurisdicción foránea, la asignación reducida de fondos federales a diversos programas de beneficencia social como Medicaid, y el pago de beneficios del SSI. En ***Consejo de Salud Playa de Ponce v. Rullán***, 586 F. Supp. 2d 22 (2008) el Juez Gustavo Gelpí ya había intentado declarar la incorporación *de facto* del territorio de Puerto Rico, ordenando el desembolso de ciertos pagos de Medicaid.

Aun cuando la opinión reconoce el poder del Congreso de legislar para los territorios bajo la cláusula territorial, acto seguido señala que esto no significa que se puedan prender y apagar a su antojo los derechos constitucionales de sus ciudadanos. Citando como apoyo al conocido ***Boumedine v Bush*** (2008) sobre los enemigos combatientes detenidos en la base naval de Guantánamo, la opinión distingue entre el ejercicio de los poderes plenarios del Congreso para fines de dirigir la gobernanza de los territorios y la privación de los derechos individuales fundamentales.

La doctrina jurisprudencial sobre la igual protección de las leyes reconoce la facultad del Estado de distinguir entre diversos grupos de personas en atención a un fin público legítimo. En este contexto la doctrina requiere que exista un nexo racional entre la clasificación y el fin legítimo que se persigue, en cuyo caso satisface el requerimiento constitucional. Este criterio racionalidad es utilizado de ordinario para analizar la validez de legislación referente a asuntos socio-económicos, como por ejemplo los requisitos para cualificar para programas de asistencia nutricional.

Otras clasificaciones legislativas, sin embargo, suponen un discrimen basado en algún prejuicio que lesionan la igual protección de las leyes y requieren de un escrutinio estricto por parte de los tribunales para salvaguardar el interés libertario de los ciudadanos. Este criterio exige que la clasificación persiga un interés apremiante del Estado y que no haya una manera menos onerosa de lograr su propósito. Clasificaciones hechas por raza, nacionalidad, religión, etc., han sido entendidas *ipso iure* como sospechosas que exigen de un escrutinio estricto por parte de los tribunales, interpretándose de manera rigurosa ("heightened scrutiny") en atención al interés apremiante del Estado.

En su opinión, el Juez Gustavo Gelpí concluye que la exclusión de los residentes en Puerto Rico de los beneficios del SSI no cumple con el criterio de racionalidad o de escrutinio estricto. Dado

Publicado en ***El Vocero de Puerto Rico*** digital el 9 de febrero de 2019.

que Puerto Rico es una jurisdicción compuesta por un altísimo porcentaje de hispanos, señala la opinión, la exclusión de la ley federal parte *de facto* de una clasificación sospechosa basada en el origen hispano de su población, la cual es constitucionalmente impermisible.

Bajo este lente, cualquier legislación federal, sea de naturaleza socio-económica, o que impacte los intereses libertarios de los residentes en Puerto Rico, inevitablemente estará girando contra la hispanidad de la inmensa mayoría de la población. La premisa inarticulada de este argumento, por supuesto, es que entiende al territorio de Puerto Rico en sí mismo como una clasificación sospechosa bajo la cláusula de la igual protección de las leyes.

Aun cuando uno pueda simpatizar con el impulso que la informa, la opinión pretende darle un golpe a la doctrina del territorio no-incorporado sin llamarla por su nombre. He aquí un buen ejemplo de la consecuencia de confundir jurídicamente los conceptos de territorio y colonia.

Contradicciones

La defensa de todo principio invita a la contradicción. Por definición, los principios habitan en un espacio generalizado que de ordinario no toman en consideración la necesidad de reconciliar las diferencias y excepciones que laten al interior de nuestras opiniones. Un ejemplo reciente de la dificultad de navegar entre los principios y las exigencias de la realidad socio-política fue la discusión referente a los proyectos de enmiendas al derecho del aborto (P. del S. 950) y las terapias reparativas o de conversión (P. del S. 1000). El contraste entre algunos aspectos de ambos proyectos de ley pone de relieve como la alegada defensa de los principios e intereses de las respectivas facciones políticas amenaza la coherencia de nuestro ordenamiento.

En el caso del proyecto de enmienda sobre el derecho al aborto se pretendía, entre otras disposiciones, imponer una restricción a las menores de 18 años para que se obtuviera el consentimiento previo de los padres o, en du defecto, autorización judicial. En ***Plan Parenthood v. Casey*** (1992), el Tribunal Supremo de los Estados Unidos ya había declarado la validez de dicha restricción. El principio que informa este proyecto es la vindicación del derecho de los padres sobres sus hijos menores a custodiarlos y tomar las decisiones decisivas sobre sus vidas. Los opositores al proyecto arguyen que, unido a las otras disposiciones, el proyecto de ley creaba unos obstáculos injustificados ("undue burden") al ejercicio al derecho fundamental a la intimidad. El Gobernador Ricardo Rosselló veto el proyecto de ley.

En el caso de las llamadas terapias de conversión se buscaba enmendar la Ley de Salud Mental para prohibir la práctica o tratamiento provisto por una entidad o profesional dedicado a proveer servicios de salud mental o cuidado de menores, que busca cambiar la orientación sexual o identidad de género en un individuo. El principio que informa este proyecto es la reclamada dignidad del ser humano y que la orientación sexual no es una enfermedad o un desorden o condición de salud, que requiera terapia alguna. Los opositores al proyecto plantean

---

Publicado en ***El Vocero de Puerto Rico*** el 1 de abril de 2019.

que las terapias de conversión, caen dentro del ámbito del profesional de la salud y de los padres en el ejercicio de su patria potestad en el caso de menores. En el caso de los adultos la terapia de conversión no supone un problema jurídico en tanto que basta con que el paciente ejerza su libertad y la abandone. En este contexto, los reclamos sobre la falta de cientificidad de la terapia de conversión pasan a un segundo plano. Al final del día, cada cual tiene derecho de ir al médico brujo de su preferencia. La Cámara de Representantes no le dio paso a la medida del Senado.

Al contrastar las posturas asumidas por los diversos sectores se observa un cierto paralelismo: Los defensores de restricciones adicionales al derecho del aborto y en oposición a las terapias de conversión, persiguen proteger el derecho de los padres frente a la intervención del Estado a tomar las decisiones sobres sus hijos. Estas posturas, sin duda, están informadas la más de las veces por creencias religiosas profundamente asumidas por sus proponentes, asociadas con sectores identificados imprecisamente como conservadores.

Los opositores a restricciones adicionales al derecho al aborto y favorecedores de la prohibición a las terapias de conversión de orientación sexual o identidad, lo hacen a partir de sus creencias, también profundamente asumidas, sobre la amplitud del derecho a la intimidad y libertad individual. Estas posturas giran sobre principios asociados con sectores denominados con cierta licencia poética como liberales.

No esta demás reconocer que subyacente a estas posiciones hay un cálculo político de sus respectivos proponentes y detractores. La defensa de los principios no ocurre en un espacio teórico, ideal, sino en el forcejeo característico del conflicto de voluntades. En ese forcejeo afloran las contradicciones.

Los proponentes de mayores restricciones al aborto no tienen reparo alguno en legislar para que el Estado limite la libertad individual de la mujer, aunque se oponen a esa misma intervención en el caso de las terapias de conversión porque entienden que invade injustificadamente los intereses libertarios de los individuos a profesar sus creencias religiosas. Los proponentes de la prohibición de terapias de conversión, a su vez, favorecen la intervención del Estado en el ejercicio de la libertad religiosa bajo el manto de la ciencia, a la vez que se oponen a mayores restricciones al derecho constitucional de la mujer al aborto. Ambos sectores parecerían no tener mayores objeciones al ejercicio del poder del Estado mientras coincida con sus creencias.

Subrayando estas contradicciones hay una visión instrumental del Derecho, que entiende la articulación normativa desde el ejercicio del poder político, para beneficio de quienes ostentan una mayoría parlamentaria coyuntural. Si bien es cierto que ésta es una de las características salientes de los procesos políticos democráticos, no es menos cierto que esos procesos hay que supeditarlos a las limitaciones al poder que suponen los derechos individuales protegidos por la Constitución.

Puerto Rico ante el Comité de Descolonización

Como en años anteriores, el Comité de Descolonización de las Naciones Unidas celebró vistas para recibir testimonio sobre el tema del status político de Puerto Rico. También como en años anteriores el sector minoritario que favorece la independencia peregrinó a Nueva York para argumentar que Puerto Rico debe ser nuevamente incluido en la lista de países colonizados que no han ejercido su derecho a la libre auto-determinación y a la independencia, según especificado en la Resolución 1514 (XV).

El Comité de Descolonización ha recomendado en 37 ocasiones que la Asamblea General retome el caso de Puerto Rico. Al momento de su creación en 1945 las Naciones Unidas había incluido a Puerto Rico en la lista de territorios no autónomos. Hasta 1953 los Estados Unidos rindió informes anuales ante las Naciones Unidas sobre Puerto Rico

En 1952 el Congreso de los Estados Unidos autorizó que Puerto Rico redactara su propia Constitución y creara sus propias instituciones gubernamentales. Luego de su ratificación, los Estados Unidos le informó a las Naciones Unidas que Puerto Rico había logrado un nivel de gobierno propio que justificaba su exclusión de la lista de territorios no autónomos.

En 1953 las Naciones Unidas eximió a los Estados Unidos de continuar presentando sus informes sobre Puerto Rico. Todo este proceso ocurrió dentro del contexto de la Guerra Fría y las guerras de liberación nacional como en Vietnam y Algeria. Es de notar que los principales proponentes de la independencia para Puerto Rico – Cuba, Nicaragua, Venezuela – son regímenes que apoyan gobiernos autoritarios y no democráticos.

En 1960 las Naciones Unidas aprobó la Resolución 1514 (XV) la cual recoge el derecho a la autodeterminación de los pueblos y la descolonización.

La pretensión de los sectores independentistas de incluir a Puerto Rico en la lista de países colonizados bajo la jurisdicción de las Naciones Unidas responde a la estrategia de ubicar el asunto del status en el contexto del derecho internacional, y de subrayar la diferencia política y jurídica entre el pueblo de Puerto Rico y el pueblo de los Estados Unidos.

A estas alturas, está claro que cualquier reclamo del derecho a la libre auto-determinación y la descolonización de Puerto Rico es "newspeak" orwelliano, apoyándose en abstracciones colectivas a expensas de los derechos individuales de los ciudadanos. La independencia para Puerto Rico no ha gozado de apoyo electoral relevante por más de seis décadas. Un ejemplo reciente de la falta de vocación democrática de los sectores independentistas fue el boicot del plebiscito de 2017.

Dado que la Resolución 1514 (XV) se aprobó luego de que Puerto Rico fuera excluido de la lista de territorios no autónomos, es evidente que las Naciones Unidas carece de jurisdicción sobre la materia, lo cual explica por qué la Asamblea General consistentemente ha rechazado las recomendaciones del Comité de Descolonización.

Los Estado Unidos tradicionalmente ha argumentado que el status político de Puerto Rico es un asunto doméstico, bajo la jurisdicción de la Constitución y las leyes de los Estados Unidos. En este contexto, la historia de la relación jurídica entre los Estados Unidos y Puerto Rico merece un breve repaso.

Por virtud del Tratado de París de 1898, España cedió a Puerto Rico a los Estados Unido, quien lo adquirió con el derecho de disponer de los derechos civiles de su habitantes. En 1900 la Ley Foraker creó el gobierno civil bajo el control de un gobernador nombrado por el presidente y un Consejo Ejecutivo, entre otras disposiciones.

Este periodo también produjo la doctrina del territorio no incorporado por el Tribunal Supremo de los Estados Unidos, en los conocidos casos insulares. Esta doctrina, vigente al día de hoy, es la piedra angular que sostiene el andamiaje de nuestra subordinación político-económica y jurídica. Bajo

---

Publicado en ***El Vocero de Puerto Rico*** el 26 de junio de 2019.

esta doctrina Puerto Rico pertenece, pero no es parte de los Estados Unidos.

En 1917, bajo la presión política del American Federation of Labor la Ley Jones le confirió la ciudadanía americana a los puertorriqueños.

En años recientes las tres ramas del gobierno federal han reiterado la naturaleza territorial de Puerto Rico. En el 2016 el Tribunal Supremo de los Estados Unidos en el sonado caso de ***Sanchez Valle*** expresamente le negó al territorio soberanía para fines de evitar la aplicación de la prohibición constitucional contra la doble exposición.

También en el 2016 el Congreso legisló PROMESA y creó la Junta de Supervisión Fiscal para tutelar la bancarrota del gobierno de Puerto Rico, de hecho, retornando a los gobiernos insulares previos al 1952. La ficción del Estado Libre Asociado ha quedado desenmascarada.

Aún en el litigio de ***Aurelius Management*** sobre el nombramiento de los miembros de la Junta de Supervisión Fiscal, en el cual el Tribunal Supremo expidió recientemente el auto de *certiorari* y señaló para vistas argumentativas para el próximo término, se parte de la premisa de la autoridad congresional para disponer del territorio sin la participación directa del pueblo de Puerto Rico.

Hay algo de verdad en la aseveración de que los Estados Unidos trata a Puerto Rico como una colonia, aunque este implique contextualizar el problema del status bajo el derecho internacional en vez de bajo la Constitución. Si el gobierno de los Estados Unidos quiere calificar el problema del status como un asunto doméstico – planteamiento con el cual estoy de acuerdo – entonces hay que atender la fuente de la inequidad y el trato discriminatorio: la no incorporación del territorio.

Algunas interrogantes sobre el proceso de residencia

El proceso de residencia es el mecanismo constitucional para lograr la separación de la persona que ostenta el cargo de Gobernador. Este proceso se inicia bajo el poder exclusivo de la Cámara de Representantes quien está llamado a hacer la acusación, y el Senado a enjuiciarla. La primera oración del Artículo III, sección 21, se expresa que el proceso de residencia requiere la concurrencia de dos terceras partes del número total de sus miembros para "formular acusación", y tres cuartas partes del Senado para pronunciar "fallo condenatorio" en el juicio de residencia.

El último párrafo de la sección dispone que las cámaras legislativas podrán ventilar procesos de residencia en sus sesiones ordinarias y extraordinarias, y que los presidentes en las cámaras, a solicitud por escrito de dos terceras partes del número total de los miembros que componen la Cámara de Representantes, deberán convocarlas "para entender en tales procesos".

Al contrastar estos textos hay que notar que el texto constitucional dispone que los procesos de residencia podrán ventilarse en sus sesiones ordinarias y extraordinarias. Queda por ver si el uso de la voz "podrán" limita el proceso de residencia a este tipo de sesiones o si, en cambio, la misma le reconoce alguna discreción a las cámaras legislativas de auto-convocarse para tales fines. La interpretación del alcance de esta disposición, por supuesto, le correspondería en última instancia al Tribunal Supremo.

Por otro lado, la redacción del proceso de residencia contempla dos momentos distintos para medir la voluntad de los legisladores en la Cámara de Representantes. Al inicio del texto se dispone que se requiere dos terceras partes del número total de legisladores "para formular acusación". En cambio, en el último párrafo del precepto hace referencia a la necesidad de que haya una solicitud por escrito de dos terceras partes del número total de los miembros para "entender en tales procesos".

Esta columna del 23 de julio de 2019 no fue publicada.

Una primera lectura sugiere que las dos referencias que se hacen a las "dos terceras partes" responden a momentos distintos en el proceso de residencia. Previo a formular acusación tiene que haber un proceso que salvaguarde las garantías constitucionales mínimas a un debido proceso de ley. Este es el proceso que requiere dos terceras partes del cuerpo "para entender en el proceso". En otras palabras, el primer paso es que dos terceras partes del total de los miembros de la Cámara de Representantes solicite por escrito al presidente de la Cámara para iniciar el proceso, óptimamente en una sesión ordinaria o extraordinaria. Luego de establecidas las reglas de procedimiento que habrán de regir en el proceso – facultad exclusiva de la Cámara - entonces se tomará otra votación que requerirá dos terceras partes del total de sus miembros para formular la acusación como tal.

Con mucha razón se ha insistido que el proceso de residencia es un juicio político, no judicial. En este sentido, las salvaguardas constitucionales y estatutarias de un acusado en un caso criminal no necesariamente son de aplicación en el proceso de residencia. Y digo no necesariamente porque aún en un juicio político – que no es sinónimo de un "kangaroo court", para usar la expresión en inglés - hay un mínimo de garantías al debido proceso de ley que enmarcan el proceso, como el derecho a ser oído y confrontación de la prueba.

El precepto constitucional dispone que serán causas de residencia la traición, el soborno, otros delitos graves, y aquellos delitos menos graves que impliquen depravación.

La primera pregunta que debemos hacernos es si las causales de residencia expuestas son taxativas, o si es posible iniciar procesos de residencia por otras conductas no contempladas en ella. El uso de la voz "serán" sugiere que las causales son limitadas. Más aún, qué constituye traición, soborno, delito grave o menos grave que implique depravación, es una determinación que forzosamente tiene que hacerse en atención a la tipificación estatutaria del delito. Si bien es cierto que la carga probatoria y demás reglas de evidencia no necesariamente aplicarán en el juicio político, eso no significa que los miembros de los cuerpos legislativos puedan desentenderse de como nuestro ordenamiento penal califica los elementos esenciales de cada uno de los delitos que le imputa a un acusado en cualquier tipo de escenario adversativo. Las limitaciones constitucionales también son aplicables a los legisladores.

Estas causales de residencia son el marco legal que controlan el proceso en ambos cuerpos legislativos. En la Cámara de Representantes, la primera votación para entender en el proceso requiere una determinación inicial basada en prueba y no en meras conjeturas y especulaciones. La segunda votación constituye la determinación del cuerpo de si en efecto se estableció la comisión del delito del cual se le acusa. De ahí la acusación se remitirá al Senado el cual, junto a la Juez Presidente del Tribunal Supremo, presidirá el juicio político en su fondo.

Habido que al presente lo único ante los cuerpos legislativos son las 889 páginas del chat con sus malsanas expresiones, hay que preguntarse si dichas expresiones de por si constituyen alguno de los delitos contemplados como causal de residencia. Es interesante notar como muchos juristas que favorecen que se inicie un proceso de residencia contra el Gobernador se cuidan al destacar la posibilidad de la comisión de delitos.

Por condenable que sean las expresiones contenidas en el chat, de su faz no hay manera de concluir razonablemente que en efecto se cometieron delitos. Previo a llegar a una determinación preliminar que justifique entender en un proceso de residencia sería necesario llevar a cabo una investigación legislativa para auscultar la prueba, si alguna. Iniciar un proceso de residencia sin dicha investigación meramente por presiones políticas sería a mi juicio una extralimitación de las prerrogativas legislativas y quedaría – no obstante la doctrina de cuestión política – sujeta a revisión judicial.

De interpretaciones

If Men were angels, no government would be necessary. If angels were to govern men, neither external nor internal controls on government would be necessary. In framing a government which is to be administered by men over men, the great difficulty lies in this: you must first enable the government to control the governed; and the next place, oblige it to control itself.

James Madison, Federalist 51

La controversia jurídica atendida por el Tribunal Supremo de manera unánime sobre la improcedencia de la juramentación al cargo de Gobernador por Pedro Pierluisi no es, a mi juicio, jurídica y constitucionalmente compleja. La tan litigada Ley Núm. 7 de 2005, la cual enmendó la Ley Núm. 7 de 1952, conocida como la ley de Sucesión del Gobernador, dispone en el primer párrafo de su Artículo 1 que cuando ocurra una vacante en el cargo de gobernador por renuncia el cargo pasará al Secretario de Estado.

El mismo artículo continua de manera torpe disponiendo que para advenir al ejercicio permanente del cargo de Gobernador, el Secretario llamado a ocupar el cargo en propiedad, su nombramiento tiene que haber sido ratificado, seguido por un nefasto punto y coma, "excepto en el caso del Secretario de Estado, salvo lo dispuesto el Artículo IV, Sección 9, de la Constitución del Estado Libre Asociado de Puerto Rico".

Una lectura un tanto estreñida del estatuto parecería permitir la inferencia de que el Secretario de Estado – contrario a los otros Secretarios que le siguen en la línea sucesoral, pudiera advenir al cargo de Gobernador en propiedad sin la necesidad de que su nombramiento como Secretario de Estado fuera ratificado.

Esa lectura, sin embargo estaría reñida con el Artículo IV, Sección 5 , de la Constitución, la cual dispone que el Secretario de Estado, a diferencia de los otros Secretarios del Gabinete, requiere el consejo y consentimiento del Senado y de la Cámara de Representantes. El Artículo IV, Sección 7, a su vez, dispone que cuando ocurra la vacante del cargo de Gobernador, el cargo pasará al Secretario de Estado.

La última oración de esta sección reza: "La ley dispondrá cuál de los Secretarios de gobierno ocupará el cargo de Gobernador en caso de que simultáneamente quedarán vacantes los cargos de Gobernador y de Secretario de Estado.

Hay que destacar que la Ley Num.7 de 1952, enmendada por la Ley Núm. 7 de 2005, se legisló bajo autorización constitucional para los casos del orden sucesoral de los Secretarios cuando quedarán vacantes simultáneamente los cargos de Gobernador y Secretario de Estado. En este contexto, el radio de aplicación de la Ley Num. 7, según enmendada, está de antemano delimitada por el texto de la propia Constitución. Es decir, la ley habilitada a tales fines aplica solamente a los demás Secretarios de gobierno, excluyéndose al Secretario de Estado por razón de que su ascenso al cargo de Gobernador se gobierna únicamente por las disposiciones constitucionales.

En lo que concierne a la sucesión del Secretario de Estado al cargo de Gobernador, la Ley Núm. 7 meramente da curso a lo que dispone la Constitución en cuanto a este extremo, y no es necesario mayores precisiones textuales.

La idea de que la Ley Núm. 7, según enmendada, autoriza a un Secretario de Estado nombrado en receso pero no confirmado por la Asamblea Legislativa, pueda asumir el cargo de Gobernador por la renuncia de éste último, le introduce al texto de ley supuestos hipotéticos que no le son propios a la encomienda constitucional para que se legisle para los demás Secretarios.

No creo que la Ley Núm. 7, según enmendada, sea inconstitucional. La misma fue aprobada debidamente en el curso legislativo ordinario en atención a la propia Constitución. A modo ilustrativo, no creo que haya controversia en reconocer que un Secretario de Estado debidamente nombrado y confirmado está facultado para ascender al cargo de Gobernador bajo los supuestos contemplados en la Constitución y el propio Artículo 1 de la Ley Núm. 7.

La falta de confirmación por el Senado del designado Secretario de Estado hace inaplicable la Ley Núm. 7 a la situación de hechos. Desde esta perspectiva, todas las contorsiones interpretativas hechas a la Ley Núm. 7 por los partidarios de ambos bandos son innecesarias. La excepción referida en el Artículo 1, de que no se requiere confirmación del Secretario de Estado es perfectamente entendible como una exclusión de la aplicación de la Ley Núm. 7, por disposición expresa de la última oración del Artículo IV, Sección 5, de la Constitución.

Desde esta perspectiva, la opinión del Tribunal Supremo en el caso ***Senado de Puerto Rico v. Hon. Pedro Pierluisi*** del 7 de agosto de 2019 que declara inconstitucional la cláusula sobre la excepción de confirmación del Secretario de Estado contenida en el Artículo 1 de la Ley Núm. 7 me parece innecesaria. El equívoco semántico del uso de la voz "excepto" tan solo requería una precisión jurisprudencial – a saber, la exclusión de la aplicación de la Ley Núm. 7 al Secretario de Estado - para salvar su constitucionalidad, dándole así curso al principio hermenéutico de evitar entrar a aquilatar la constitucionalidad de las leyes en la medida de lo posible.

El político dice: los políticos siempre mienten

Superada la crisis constitucional sobre la fallida gobernación de Pedro Pierluisi, queda ahora la controversia sobre la viabilidad política de la recién juramentada Gobernadora Wanda Vázquez. Si bien es cierto que desde la perspectiva jurídica está claro que la Gobernadora ocupa su cargo con todos sus derechos y prerrogativas, no es menos cierto que la eficacia política de su gestión depende del respaldo que pudiera tener u obtener de todos niveles del aparato gubernamental, tanto a nivel ejecutivo como legislativo. De poco vale ostentar el cargo formal de Gobernadora si al tratar de adelantar sus proyectos y agenda las personas llamadas a implementarlos no responden a sus directrices o iniciativas.

Contrario a sus reclamos de que no es política, de que no responde a las presiones o intereses político-partidistas, la realidad es que el cargo que ocupa es intrínsecamente político. Esto no debe ser motivo de crítica. Por sobradas razones históricas, el debate público ha reducido el concepto de lo político a su denominador más elemental: la pugna y conflicto entre grupos y facciones que componen una sociedad. De ordinario utilizamos el término "politiquería" para referirnos a las expresiones y acciones de estos grupos o facciones que aparentan adelantar sus intereses a expensas de un reclamado bien común. Claro, politiquero siempre es el otro con quien no estoy de acuerdo.

A modo de ejemplo, durante años, acentuado por la devastación causada por el paso del huracán María y la implosión de la administración de Ricardo Rosselló, insistimos en "echar a Puerto Rico hacia adelante", "poner a Puerto Rico primero", "pensar en el país". Estas expresiones metafóricas de poco contenido, aun cuando pudieran ser bien intencionadas, parten de una premisa en extremo cuestionable: que es posible articular un bien común por encima de las diferencias y rivalidades que caracterizan todo grupo humano. Todos queremos lo mejor para Puerto Rico, aunque cada cual tenga su opinión sobre lo que es lo mejor.

Publicada en ***El Vocero de Puerto Rico*** el 19 de agosto de 2019.

A cierto nivel de abstracción todos estamos de acuerdo con todo, y las diferencias se barren debajo de la alfombra en beneficio de la creencia en algún principio general. Tradicionalmente el ser humano ha postulado estos principios generales sobre los cuales gira para organizarse y legitimarse políticamente. Cada época histórica tiene su mito fundacional. El nuestro es el "pueblo". En la medida en que exista alguna cohesión social estos postulados pueden ser persuasivos para sus miembros. En la medida en que esa cohesión social se haya visto fraccionada - por diversas razones - esos postulados pierden apoyo generalizado. El que mucho abarca, nos recuerda el refrán, poco aprieta.

El ser humano es, como acertadamente observaba Aristóteles, un animal político. En este contexto ser político significa ser miembro de la *polis*, de la ciudad-estado. Marx, quien era un estudioso de Aristóteles y la antigua Grecia, observaba por su parte que el ser humano era por naturaleza un ser social. El ejercicio de la política, de la participación en la cosa pública (*res pública*), es parte esencial de nuestra naturaleza. En nuestro modelo liberal republicano de gobierno, el principio de separación de poderes no son únicamente principios jurídicos, sino también políticos. La accidentada relación entre el Derecho y la política es acaso una de las áreas que requiere de nuestra mayor y continua reflexión.

Las declaraciones de la Gobernadora Wanda Vázquez alegando no ser política delatan, o una preocupante falta de entendimiento sobre el rol que está llamada a desempeñar o un torpe intento por mover la opinión pública.a su favor. De la misma manera en que la contundente opinión del Tribunal Supremo declarando la nulidad de la juramentación a la gobernación de Pedro Pierluisi es un pronunciamiento que hay que entenderlo no solo jurídicamente sino en el contexto más amplio de la política constitucional, las expresiones de una Gobernadora desde su cargo hay que contextualizarlas como expresiones dirigidas a legitimar su posición frente a sus adversarios políticos.

Contrapuesto a esta alegación están las claras expresiones que hiciera recientemente en un diario a los efectos de que la estadidad no era un tema prioritario para ella, y que estaba de acuerdo con hacerle cambios a la Constitución. Estas declaraciones, aunque genéricas y un tanto vacuas, son netamente políticas y suponen uno de los temas que ella contempla no atender y atender, respectivamente, en los meses siguientes. No le debe extrañar a nadie que aquellos grupos y facciones que favorecen la estadidad y se oponen a abrir procesos de enmiendas constitucionales por ser la antesala al caballo de Troya de la asamblea de estatus, concluyan que tales declaraciones son un repudio político del programa del PNP. Las consecuencias no son difíciles de advertir: una gobernación inefectiva, sin capacidad de implementar política pública.

Parafraseando la paradoja de Epiménides: El político dice: los políticos siempre mienten.

DOMINGO
31 de diciembre de 2023

May it please the Court

El pasado 15 de octubre de 2019 se celebró un vista argumentativa en el Tribunal Supremo de los Estados Unidos en el caso ***Financial Oversight and Management Board for Puerto Rico v. Aurelius Management***. El nervio de la controversia gira en torno a que tan amplio debe entenderse los poderes del Congreso bajo la Cláusula Territorial cuando entra en conflicto con la Cláusula de Nombramientos

En el 2016 el Congreso legisló PROMESA bajo la autoridad conferida por el Artículo IV, Sección 3 de la Constitución, para atender el colapso financiero del Gobierno de Puerto Rico. La ley dispone de la creación de una Junta de Supervisión Fiscal para los fines de implementar sus disposiciones. Los miembros de la Junta fueron seleccionados por el liderato congresional de ambos cuerpos y el Presidente. Aurelius Management y la UTIER han retado la constitucionalidad del nombramiento de los miembros de la Junta por no seguir el proceso de nominación por el Presidente y confirmación por el Senado, según dispone el Artículo II para los oficiales de los Estados Unidos.

Durante la vista argumentativa Aurelius Managament, la Junta de Supervisión Fiscal y el Gobierno de los Estados Unidos se enfocaron principalmente en discutir sobre la naturaleza de las funciones de la Junta. Para la Junta como para el Gobierno de los Estados Unidos, los miembros de la Junta son oficiales territoriales adscritos al Gobierno de Puerto Rico, razón por la cual sus nombramientos no requieren de nominación presidencial y confirmación senatorial.

Para Aurelius Management y la UTIER, en cambio, los miembros de la Junta ejercen autoridad federal ejecutiva como oficiales de los Estados Unidos y por tanto requieren ser nominados por el Presidente y confirmación por el Senado. Este planteamiento pone en entredicho la validez de las decisiones y los acuerdos suscritos por la Junta con los acreedores de Puerto Rico desde que se solicitó la protección del Tribunal Federal bajo el Título III de PROMESA. El Tribunal del Primer Circuito le dio la razón a Aurelius Management y la UTIER, aunque rescató por razones pragmáticas la validez de sus determinaciones bajo la doctrina del oficial *de facto*.

La mayor parte de la discusión entre los abogados y los jueces giró en torno a la distinción entre oficiales federales y territoriales, que busca asignarle funciones públicas para uno o el otro según las circunstancias y percibidas necesidades históricas. El Tribunal Supremo debería reconocer que esta distinción sin una diferencia supone un juicio previo sobre el alcance de los poderes plenarios del Congreso sobre los Territorios. Las preguntas de las jueces Sotomayor y Kagan en lo referente a legislación federal aplicable a los territorios u otras partes de la nación, subrayan las dificultad conceptual de distinguir funciones federales de las territoriales cuando ambas derivan de la misma fuente.

La Junta de Supervisión Fiscal y el Gobierno de los Estados Unidos plantean que la fuente constitucional de la autoridad no dispone su naturaleza. Señalan como ejemplo el trato congresional de los territorios desde el Nothwest Ordinance de 1787, que siempre han distinguido entre oficiales territoriales de los oficiales federales. Este argumento confunde la lógica con la historia, como implícitamente señaló la juez Kagan.

El hecho de que históricamente se haya hecho una distinción no significa por ello que sea jurídicamente persuasiva. Es cierto que a lo largo de la expansión de los Estados Unidos durante los siglos 19 y 20, el Congreso ha distinguido los oficiales territoriales de los oficiales federales, primordialmente para fines de limitación de responsabilidad y jurisdicción. También es cierto que muchos oficiales federales no son nominados por el Presidente y confirmados por el Senado. Según la Junta de Supervisión Fiscal, el criterio imperante para distinguir entre los diferentes tipos de nombramientos federales depende de la naturaleza del poder que ejercen, sea local o nacional. Este argumento no descansa en una distinción conceptual *a priori* sobre qué caracteriza un oficial federal, sino en la intención legislativa.

Contrario a la observación que hiciera el Juez Presidente Roberts sobre la irrelevancia de los casos insulares a la controversia, cómo el Tribunal Supremo entiende la autoridad e intención del Congreso bajo la Cláusula Territorial incide directamente sobre cómo se habría de aplicar la Cláusula de Nombramientos.

Los llamados casos insulares han articulado la doctrina del territorio no incorporado, que permite al Congreso a selectivamente aplicar los principios constitucionales a Puerto Rico. Como bien señaló la UTIER, la doctrina de los casos insulares está cimentada sobre la cuestionable noción de que Puerto Rico le pertenece, pero no es parte de los Estados Unidos.

Como cuestión de hecho, desde la admisión de Alaska y Hawaii como Estados en el 1959, ninguno de los territorios restantes está incorporado. Hablar hoy día de la Cláusula Territorial necesariamente invoca el espectro del territorio no incorporado.

Si el Congreso en efecto posee poderes plenarios para disponer del Territorio, limitado tan solo por aquellos derechos constitucionales fundamentales que el Tribunal ha ido extendiendo de manera selectiva a lo largo del tiempo, entonces PROMESA y la designación de los miembros de la Junta de Supervisión Fiscal como una entidad territorial, no sujeta a otras disposiciones constitucionales es perfectamente entendible. En cambio, si la autoridad congresional sobre el Territorio hay que contraponerla a las otras disposiciones de la Constitución, entonces le sigue que sus poderes plenarios pudieran estar limitados como cuestión de derecho.

Dicho todo lo anterior, quizás - como puntualmente preguntó el Juez Alito - la controversia no es una de principios constitucionales sino de dinero.

La incorporación del territorio no requiere un plebiscito

El pasado martes la Comisionada Residente Jenniffer González anunció la presentación de un nuevo proyecto de ley en la Cámara de Representantes para habilitar la celebración de un plebiscito "estadidad sí o no"". Este es el tercer proyecto que ha presentado desde el 2017. En esta instancia el proyecto contempla que de prevalecer la estadidad el Congreso, acto seguido incorporaría al territorio de Puerto Rico. Independientemente de que se respalde la incorporación y la estadidad, el vincularlos bajo un proceso plebiscitario es un error político que bien pudiera socavar ambos esfuerzos.

Desde la admisión de Hawaii y Alaska como Estados en el 1959, el restante de los territorios de los Estados Unidos son jurídicamente clasificados como no incorporados, contrario a la experiencia histórica desde 1787 en la Ordenanza del Noroeste. Esta clasificación sospechosa fue desarrollada por el Tribunal Supremo de los Estados Unidos en los conocidos casos insulares de principios del siglo XX para atender los territorios adquiridos en la Guerra Hispanoamericana de 1898 – Puerto Rico, Guam y las Filipinas.

La consecuencia de esta jurisprudencia, que clasifica a los territorios como pertenecientes, pero no parte de los Estados Unidos, ha solamente las garantías constitucionales fundamentales son aplicables a sus habitantes. Aún la concesión de la ciudadanía americana en el 1917 no supuso la incorporación del territorio, como concluyó el entonces Juez Presidente Robert Taft en ***Balzac v. Porto Rico*** (1922).

Más aún, como ha quedado evidenciado en el caso ***Sanchez Valle*** (2016) y en la reciente vista argumentativa en el caso ***Aurelius Management***, el Tribunal Supremo de los Estados Unidos ha evitado consistentemente confrontar la lógica de los casos insulares, extendiéndole por inercia su vida útil.

Publicado en ***El Vocero de Puerto Rico*** el 19 de noviembre de 2019.

La doctrina del territorio no incorporado específicamente le reconoce al Congreso la autoridad constitucional sobre los territorios y demás propiedades, de conformidad con el Artículo IV, Sección 3, de la Constitución. El Congreso es quien debe ejercer sus prerrogativas constitucionales y finalmente decidir que hacer con el territorio de Puerto Rico.

En el 2104 el Congreso legisló Public Law 113-76, asignando la suma de $2.5 millones para la celebración de un plebiscite no vinculante bajo la supervisión del Secretario de Justicia, quien debería revisar las definiciones de status a incluirse en la papeleta electoral para asegurar que las alternativas fueran constitucionalmente válidas, alineadas con las leyes y política pública de los Estados Unidos y que resolvieran el problema del status. Esta ley aún está vigente.

El plebiscito de junio de 2017 no recibió el endoso del entonces Secretario de Justicia Jefferson Sessions, aun cuando la papeleta le fuera sometida oportunamente al Departamento de Justicia luego de haber recogido las recomendaciones del entonces Subsecretario de Justicia interino Dana Boente. Aun cuando la estadidad prevaleció de manera contundente, los opositores a la estadidad fueron políticamente exitosos en llamar la atención a su baja participación electoral. Es precisamente para asegurar una robusta participación electoral en el plebiscito "estadidad sí o no" que se contempla celebrarlo conjuntamente con la elección general el 3 de noviembre de 2020.

Desde entonces, tanto Republicanos como Demócratas han llamado la atención al hecho de que la asignación federal continua disponible, y que cualquier plebiscito sobre el futuro político de Puerto Rico debe ceñirse a los parámetros de la ley 113-76. Aun cuando la administración Trump, y en específico el Secretario de Justicia William Barr, no inspiran confianza alguna que validarían un plebiscito bajo esta ley, los promotores de la estadidad deben agotar todos los mecanismos disponibles.

Le corresponde al Gobierno de Puerto Rico someter de manera oportuna la papeleta electoral a utilizarse en el plebiscito al Departamento de Justicia para su revisión. No se le debe dar al Departamento de Justicia el menor pretexto para dilatar su intervención bajo la ley. Aun bajo el supuesto de que el Departamento de Justicia no le imparta su aprobación, el plebiscito debe celebrarse. No celebrarlo sería equivalente a renunciar a la iniciativa política en beneficio de los adversarios de la estadidad.

Lamentablemente, este proyecto reciente vincula la incorporación del territorio al resultado del plebiscito. Si Puerto Rico ha de ser incorporado o no es una determinación eminentemente congresional. No hay necesidad de un proceso electoral para que el Congreso actúe sobre este asunto. Al proponer la incorporación del territorio sujeto al resultado de un plebiscito la Comisionada Residente ha añadido innecesariamente una complicación procesal para la admisión de Puerto Rico como un Estado.

Es razonable anticipar que los adversarios de la estadidad, tanto en Puerto Rico como en la Tierra Firme, ahora argumentarán sobre la necesidad de someter la incorporación a un proceso electoral, y que el Congreso no tiene por qué actuar hasta tanto haya una expresión clara por parte del pueblo de Puerto Rico. En un Congreso donde por su naturaleza se deja para mañana lo que se puede hacer hoy, es probable que algunos verán en esta propuesta la excusa perfecta para postergar decisiones fundamentales sobre el futuro de Puerto Rico.

En vez de estar radicando escritos como amigo de la corte en apoyo de las peleas de gallos y la exclusión de Puerto Rico del Animal Welfare Act – exclusión autorizada implícitamente por la no incorporación territorial – la Comisionada Residente debería aprovechar su tiempo radicando por separado un proyecto de resolución congresional conjunta favoreciendo la incorporación del territorio de Puerto Rico.

Servicios legales mandatorios (pro bono)

El 1 de enero de 2020 entra en vigor el Reglamento para la Asignación de Abogados y Abogadas de Oficio del Tribunal Supremo de Puerto Rico. El Reglamento impone, como regla general, que todo abogado en el ejercicio de la profesión preste hasta un mínimo de 30 horas de servicio *pro bono* al año, sin derecho a recibir honorarios por sus servicios. La Regla 1 del Reglamento invoca el poder inherente del Tribunal Supremo para reglamentar la profesión de la abogacía en Puerto Rico y de darle curso al deber ético-profesional impuesto por el Código de Etica Profesional según puntualizado en la jurisprudencia. Añade la regla que "recae sobre el Estado el deber de garantizar el acceso a la representación legal a personas de escasos recursos económicos, como corolario al principio constitucional de igualdad ante la ley del Artículo II, Sección 1 de nuestra Constitución".

Aun cuando uno pueda estar de acuerdo en términos generales con el ánimo y los propósitos que informan este Reglamento, hay que advertir que el mismo levanta una serie de interrogantes que obligan a la reflexión, no tan solo sobre el sentido y alcance de varias de sus disposiciones - que inevitablemente invitarán la controversia durante su implementación - sino también sobre los límites del poder de la Rama Judicial en un sistema republicano de gobierno.

Como cuestión de rigor, hay que señalar que el Tribunal Supremo de los Estados Unidos ha reconocido desde ***Gideon v. Wainwright*** (1963) el derecho constitucional de un acusado a tener representación legal en un procedimiento criminal. Los diversos programas de asistencia legal en todas las jurisdicciones de los Estados Unidos – con sus correspondientes asignaciones presupuestarias por el Congreso y las respectivas Asambleas Legislativas estatales - responden a este requerimiento constitucional.

El Reglamento viene a llenar el vacío de servicios legales gratuitos en casos civiles, y por supuesto también los casos criminales, por abogados en la práctica privada. Hay que notar que ninguna otra jurisdicción en los Estados Unidos tiene un reglamento que haga mandatorio los servicios legales *pro bono,* aun cuando lo reconocen como una aspiración y como un componente ético ineludible en el ejercicio de la profesión.

En varias de las jurisdicciones estatales y a nivel de Distrito federal se ha resuelto que un programa mandatario de servicios *pro bono* en casos civiles pudieran suponer una violación a la prohibición constitucional de la servidumbre involuntaria, de constituir una confiscación sin justa compensación del derecho de propiedad bajo un análisis del debido proceso de ley sustantivo, o una violación a la igual protección de las leyes.

No hay duda de que para muchos abogados el tener que servir hasta 30 horas *pro bono* en un año – número un tanto arbitrario - bien pudiera ser una carga económica onerosa en sus prácticas. El interés legítimo de promover el acceso a la justicia no es por sí solo razón suficiente para echar a un lado otros principios constitucionales de igual importancia, máxime cuando se hace a la sombra del poder coercitivo del Estado.

Otros casos – los más – han resuelto que los Tribunales tienen la facultad de regular la profesión legal por la naturaleza pública de sus servicios y por ser funcionarios de ellos. El ejercicio de la profesión legal, señala esta genealogía casuística, es por la licencia que le concede los Tribunales Supremo de cada Estado. Esta facultad, a su vez, se apoya – impropiamente, a mi juicio - sobre la doctrina de poderes inherentes.

Esta doctrina, la cual el Tribunal Supremo invoca como base para justificar su reglamentación, tiene su origen en el "common law" inglés, y respondía en su momento a la necesidad de regular al "barrister" en sus comparecencias ante los tribunales de la Corona Británica. Es perfectamente entendible que una monarquía reclame para sí poderes inherentes. Esta doctrina se trasladó a las colonias inglesas en Norteamérica, aún cuando pronto se abandonó la distinción inglesa entre el "barrister"

Publicado en ***El Vocero de Puerto Rico*** el 3 de diciembre de 2019.

y el "solicitor". Desde el siglo XVIII los tribunales han invocado la doctrina de poderes inherentes para justificar su reglamentación de la profesión legal, aun cuando los supuestos históricos que la justificarán en Gran Bretaña ya no están presentes. Como han señalado algunos tratadistas, la doctrina de poder inherente no está concebida como una justificación para obviar otros principios constitucionales. Hay que destacar que el Tribunal Supremo de los Estados Unidos no se ha expresado en cuanto a este extremo.

Desde la perspectiva filosófico-política, la idea de poderes inherentes es contraria a los principios democráticos y republicanos de gobierno que informan un gobierno limitado. En nuestro modelo constitucional los poderes que ejercen las tres ramas de gobierno derivan de la delegación de poderes hechas por El Pueblo, único ente corporativista que arguiblemente tiene poderes inherentes en una democracia. La anacrónica idea de que una rama de gobierno reclame para sí poderes inherentes hiere el principio cardinal de separación de poderes y de pesos y contrapesos.

Lo anterior no significa que el Tribunal Supremo no tenga facultad de regular la profesión legal, sino que no debería ser bajo esta cuestionable figura jurídica. En efecto, los respectivos Tribunales Supremos está constitucionalmente llamado a atender los casos y controversias que se le presenten, y de revisar la constitucionalidad de las leyes y reglamentos promulgadas, no tan solo por las otras ramas de gobierno, sino también las suyas propias. Tanto a nivel federal como estatal, la delegación de los poderes conferidos por sus respectivas constituciones a su Rama Judicial suponen de facultades implícitas para descargar sus responsabilidades. Es perfectamente entendible - y deseable - que el Tribunal Supremo regule el ejercicio de la profesión legal, ordenándola y dándole curso a sus funciones dentro de nuestro ordenamiento constitucional. Claro, siempre bajo el imperio de la ley, y no partir de atavismos monárquicos.

Los límites de las órdenes ejecutivas

La Orden Ejecutiva 2020-023 promulgada el domingo 15 de marzo de 2020 para atajar la epidemia del coronavirus (COVID-19) levanta una serie de interrogantes que con toda probabilidad terminará retándose en algunos aspectos en los tribunales. Si bien es cierto que uno puede estar de acuerdo con el ánimo que informa dicha orden, no es menos cierto que las justificaciones legales para así hacerlo, al igual que la vaguedad y sobre amplitud de porciones del texto, la hacen problemática.

Lo primero que hay que admitir, sin rodeos o prevaricaciones, es que la epidemia del coronavirus es en efecto una emergencia que requiere de la rápida movilización de todos los recursos gubernamentales para asegurar en la medida de lo posible la salud pública. A tales fines, la inmensa mayoría de las medidas tomadas por la Rama Ejecutiva para atender la crisis epidemiológica son perfectamente válidas y razonable, como, por ejemplo, el cierre de escuelas y operaciones gubernamentales no esenciales, la exhortación a la ciudadanía a las cuarentenas voluntarias, el congelamiento de precios, entre otras. Estas acciones requieren del apoyo ciudadano para lograr reducir la curva exponencial de los casos de coronavirus el cual amenaza con ahogar nuestro ya delicado sistema de salud.

Dicho lo anterior, también es importante subrayar que la articulación institucional de la política pública ante esta epidemia se haga dentro de los parámetros constitucionales y legales. El coronavirus eventualmente pasará con mayor o menor impacto sobre nosotros. Al día siguiente, sin embargo, estaremos aquí y tendremos que vivir con los efectos de cualquier ejercicio extralimitado del poder gubernamental. Una cosa es la movilización ciudadana para enfrentar el reto de la epidemia, otra cosa es imponerlo bajo el manto coercitivo de la legalidad.

En la OE 2020-23, en su sexto "por cuanto", se invoca los poderes extraordinarios del Gobernador(a) conferidos en el Artículo 6.10 de la Ley del

Publicado en **El Vocero de Puerto Rico** digital el 19 de abril de 2020.

Departamento de Seguridad Pública, para decretar un estado de emergencia en nuestra Isla y "enmendar y revocar aquellos reglamentos y emitir, enmendar y rescindir aquellas ordenes que estime convenientes para regir durante el estado de emergencia o desastre". En el quinto "por cuanto" se invoca impropiamente el Artículo VI, Secciones 5 y 6, de la Constitución, los cuales evidentemente no aplican.

El Artículo 6.14 de la Ley del Departamento de Seguridad Pública, por su parte, tipifica como delito menos grave el que "persista en realizar cualquier actividad que pongan en peligro su vida o la de otras personas, después de haber sido alertada por las autoridades una vez se haya declarado un aviso de azote de huracán u otra declaración de emergencia por las autoridades pertinentes, o mientras esté vigente un estado de emergencia promulgado por el Gobernador de Puerto Rico mediante una Orden Ejecutiva". Está por verse si este lenguaje cumple con la suficiente especificidad requerida por el principio de legalidad en el ámbito penal y el derecho que tiene todas persona a que no se le prive de su libertad (la reclusión) o propiedad (la multa) sin el debido proceso de ley.

Por efectiva que sea esta ley para atender situaciones de emergencia es imperativo que se tenga presente que la misma – como cualquier otra ley esta supedita a la Constitución de Puerto Rico y a la Constitución de los Estados Unidos.

Un repaso del texto constitucional arroja que la única referencia que se hace a una epidemia (conjuntamente con una rebelión, invasión o cualquier otra situación que provoque un estado de emergencia) la encontramos en el Artículo VI, Sección 17, para fines de autorizar al Gobernador a convocar a la Asamblea Legislativa para reunirse fuera del sitio en que tengan su asiento las cámaras, sujeto a la aprobación o desaprobación de la Asamblea Legislativa.

En cuanto a la ley marcial, el Artículo IV, Sección 4, la autoriza cuando la seguridad pública lo requiera en casos de rebelión o invasión o inminente peligro de ellas, y la Asamblea Legislativa deberá inmediatamente reunirse por iniciativa propia para ratificar o revocar la proclama. Nótese que una epidemia no se encuentra dentro de las razones contempladas para proclamar la ley marcial. Queda por ver si el decreto de un toque de queda de 9:00 p.m. a 5:00 a.m. es equivalente a una proclamación de ley marcial.

De mayor preocupación, la OE2020-023, en sus secciones cuarta y quinta, ordena "por las facultades concedidas por la Constitución de Puerto Rico" el cierre "de todos los comercios en Puerto Rico a partir de hoy 15 de marzo a las 6:00 pm hasta el 30 de marzo de 2020, con excepción de aquellos dedicados a la venta de alimentos al detal solo mediante el modelo de servi-carro, o entrega ("carry out" o "delivery"), incluyendo alimentos preparados, o al par mayor, medicamentos o equipo médico, farmacias, supermercados, gasolineras, instituciones bancarias o financieras, centros de cuido de ancianos, o aquellos que estén relacionados a las cadenas de distribución de alimentos, medicamentos, artículos médicos o combustible"; expresamente extendiendo su aplicación a centros comerciales, cines, discotecas, salas de conciertos, teatros, salones de juego, casinos, parques de atracciones, gimnasios, bares o cualquier lugar análogo o evento que propicie la reunión de un grupo de ciudadanos en el mismo lugar".

Lo primero que hay que subrayar es que la Constitución no le concede estas facultades a la Rama Ejecutiva, ni a la Legislativa. Lo segundo que hay que destacar, aparte de su vaga redacción y sobre amplitud, es que la orden incide directamente sobre los derechos civiles de rango constitucional como el derecho de asociación, trabajo y religión. De igual manera puede entenderse que el cierre del comercio por dos semanas supone un acto confiscatorio que pudiera dar pie a causas de acción por violaciones al derecho al debido proceso de ley y la igual protección de las leyes.

No creo que haya duda de que la Rama Ejecutiva tiene facultad de decretar un estado de emergencia. Tampoco creo que haya controversia de que el Estado tiene la facultad de tomar las medidas necesarias en el sector público para enfrentar la emergencia de salud pública. Los problemas se presentan cuando se pretende suspender sin mayores contemplaciones los derechos civiles garantizados por la Constitución.

Puerto Rico como Territorio Ultramarino

El pasado 6 de marzo de 2020 la Biblioteca Jesús T. Piñero adscrita al Sistema Universitario Ana G. Méndez celebró un Primer Encuentro de los Territorios Ultramarinos de los Estados Unidos. Las diversas presentaciones y paneles de discusión giraron en torno a los retos económicos, sociales, políticos y jurídicos de los cinco territorios no incorporados de los Estados Unidos: Puerto Rico, Guam, Islas Vírgenes, Samoa Americana y las Islas Marianas del Norte. Como es de esperarse en una actividad de esta naturaleza hubo diversidad de opiniones sobre los prospectos de los territorios ultramarinos.

Sobre el caso de Puerto Rico en específico, varios distinguidos panelistas y comentaristas insistieron en caracterizar la relación con los Estados Unidos como colonial, el cual obstruye el derecho inalienable a su libre auto-determinación. Estos argumentos, que se escuchan regularmente en la discusión pública de parte de los sectores que favorecen la independencia, requieren de mayor precisión jurídica.

Hay que comenzar por señalar lo que uno hubiera esperado fuera evidente: los términos "territorio" y "colonia" no son sinónimos, y se mueven en universos jurídicos distintos. El primero se ubica en el ámbito del Derecho Constitucional estadounidense; el segundo se ubica en el campo del Derecho Internacional. Es perfectamente entendible que los partidarios de la independencia – en cualquiera de sus vertientes - prefieran caracterizar nuestra relación con los Estados Unidos como "colonial".

El gobierno de los Estado Unidos tradicionalmente ha argumentado que el status político de Puerto Rico es un asunto doméstico, bajo la jurisdicción de la Constitución y las leyes de los Estados Unidos. Por virtud del Tratado de París de 1898, España cedió a Puerto Rico a los Estados Unido, quien lo adquirió con el derecho de disponer de los derechos civiles de sus habitantes. En 1900 la Ley Foraker creo al pueblo de Puerto Rico como personalidad jurídica independiente, pero sujeto a los poderes plenarios del Congreso. Coetáneamente, el Tribunal Supremo articuló la doctrina del territorio no-incorporado en una ristra de casos conocidos como los casos insulares que mantienen a los territorios ultramarinos en un limbo político. En 1917 la Ley Jones nos concedió la ciudadanía americana, lo cual decisivamente alteró nuestro devenir político.

En 1952 el Congreso de los Estados Unidos autorizó que Puerto Rico redactara su propia Constitución y creara sus propias instituciones gubernamentales. Luego de su ratificación, los Estados Unidos le informó a las Naciones Unidas que Puerto Rico había logrado un nivel de gobierno propio que justificaba su exclusión de la lista de territorios no autónomos.

En 1953 las Naciones Unidas eximió a los Estados Unidos de continuar presentando sus informes sobre Puerto Rico. Todo este proceso ocurrió dentro del contexto de la Guerra Fría y las guerras de liberación nacional. Es de notar que los principales proponentes de la independencia para Puerto Rico en el campo internacional – Cuba, Nicaragua, Venezuela – son regímenes que apoyan gobiernos autoritarios y no democráticos. Para ellos, la inalienable libre determinación de los pueblos es un derecho usurpado por una minoría que reclama hablar en su nombre. El pueblo es, desde esta perspectiva corporativista, el testaferro de sus prejuicios.

En 1960 las Naciones Unidas aprobó la Resolución 1514 (XV) la cual recoge el derecho a la autodeterminación de los pueblos y la descolonización.

Desde el 1953, El Comité de Descolonización de las Naciones Unidas ha recomendado en múltiples ocasiones que la Asamblea General retome el caso de Puerto Rico. Dado que la Resolución 1514 (XV) se aprobó luego de que Puerto Rico fuera excluido de la lista de territorios no autónomos, las Naciones Unidas carece de jurisdicción sobre la materia, lo cual explica por qué la Asamblea General consistentemente ha rechazado las recomendaciones del Comité de Descolonización.

Publicado en **El Vocero de Puerto Rico** digital el 20 de abril de 2020.

El argumento de que los tratados internacionales de los cuales los Estados Unidos es signatario son parte del "supreme Law of the Land", razón por la cual viene compelido en Derecho a implementarlos, no es persuasivo por dos razones. Primero, porque los tratados internacionales de los cuales los Estados Unidos es signatario no son necesariamente auto-ejecutables, según una larga doctrina establecida por el Tribunal Supremo desde ***Ware v. Hylton*** (1796) en adelante. Uno puede estar en acuerdo o desacuerdo con esta doctrina, pero no hay duda de que es la normativa vigente en los Estados Unidos. La noción de que el Derecho Internacional es intrínsecamente de mayor jerarquía que el Derecho Nacional es una fibrilación jurídica sin contenido normativo. Segundo, y de mayor importancia, aun suponiendo su ejecutabilidad para fines argumentativos, estos aún estarían sujetos a las disposiciones de la Constitución. Es decir, en la medida en que el poder plenario del Congreso sobre los territorios está dispuesto en el Artículo IV, Sección 3, le sigue que el Derecho Internacional en lo referente al tema "colonial" está supeditado a la Constitución de los Estados Unidos y su interpretación por el Tribunal Supremo.

Si bien PROMESA supone una reversión jurídica a los tiempos de la Ley Foraker - por no hablar de ***Sanchez Valle***, la pela de gallos o el Seguro Social Suplementario - no es menos cierto que los puertorriqueños del 2020 no somos idénticos a lo que fueron los puertorriqueños del 1900. El tiempo no pasa en vano, y los valores políticos y sociales e identidad de las gentes cambian con los tiempos. Pretender que el pueblo de Puerto Rico es un ente estático implica asumir una postura esencialista y a-histórica.

La política, como el Derecho, es rogado. En tanto el electorado puertorriqueño no se exprese contundentemente sobre su destino político – como un ejercicio de libre determinación de los ciudadanos individuales que componen el pueblo y no del pueblo como construcción discursiva de una minoría-no saldremos del atolladero histórico en que nos encontramos. El plebiscito "Estadidad Si o No" contemplado para el día de las elecciones generales es un paso necesario en esa dirección.

La infección de la ley

En días recientes se enmendó la Ley del Departamento de Seguridad Pública de Puerto Rico, a los fines de tipificar dos delitos menos grave que aparejan una pena de 6 meses de cárcel o multa que no excederá de $5,000.00, a discreción del tribunal. Tomemos cada uno de esto delitos por separado.

El primer delito se comete cuando cualquier persona que desacate o desobedezca de cualquier forma una orden ejecutiva del Gobernador de Puerto Rico estableciendo un toque de queda o decretando un estado de emergencia.

La comisión de este delito supone que el Gobernador de Puerto Rico está facultado de emitir órdenes ejecutivas estableciendo un toque de queda o decretando un estado de emergencia o desastre. La Ley de Departamento de Seguridad Pública del 2017 fue un ejercicio de restructuración administrativo del aparato der seguridad del Estado. Con el paso del huracán María esta ley sirvió de base legal para el toque de queda que se impuso en aquel entonces. Frente a la magnitud de los daños sufridos a lo largo de toda la isla, el toque de queda fue generalmente observado por la población, aunque hubo algunos cuestionamientos sobre cómo dicha orden ejecutiva daba margen para la detención de ciudadanos sin necesidad de tener motivos fundados, como lo requiere la Constitución y la jurisprudencia. Desconozco si esa orden ejecutiva sobre el toque de queda se impugnó en los tribunales.

Ahora con la declaración de un estado de emergencia por razón de la pandemia del coronavirus, esta ley se vuelve a utilizar para justificar el toque de queda y el cierre selectivo de comercios. Las enmiendas antes mencionadas se aprobaron estando vigentes las actuales órdenes ejecutivas.

Lo primero que hay que notar es que los poderes conferidos al Ejecutivo por la Asamblea Legislativa en la esta ley no pueden ir por lo general por encima de los derechos constitucionales, tanto de

Publicado en **El Vocero de Puerto Rico** el 28 de abril de 2020.

los derechos civiles de los individuos garantizados por la Carta de Derechos como de los poderes estructurales de las tres ramas de gobierno.

Si bien es cierto que los derechos individuales, como la libertad de asociación, la libertad de culto y el derecho al disfrute de la propiedad privada, no son absolutos, no es menos cierto que el Estado no puede limitarlos sin justificación debidamente articuladas. No basta con meros decretos ejecutivos nacidos de la opinión del ejecutivo de turno y sus grupos de trabajo. La Rama Legislativa tiene una obligación constitucional de pasar revista sobre estas restricciones y justificar cada una de ellas en atención a la salud pública. No basta con una delegación genérica propia del Derecho Administrativo y del Estado Benefactor, lamentablemente validada con poca rigurosidad por la Rama Judicial en las últimas décadas. Poder delegado no puede ser delegado a su vez, sentencia el conocido aforismo. Las órdenes ejecutivas no son reglamentos administrativos, y pretender compararlos para así justificarlas denota una falta de vocación republicana y democrática.

Una lectura de nuestra Constitución, documento que constituye simultáneamente la fuente y la limitación del poder del Estado, arroja que el Ejecutivo puede decretar ley marcial en casos de invasión o rebelión, no en casos de epidemia. Un toque de queda declarado por decreto tiene todos los ribetes del ejercicio de uno de los poderes a característicos de la ley marcial. Una determinación de esta naturaleza requiere – como señala la propia Constitución – la pronta ratificación o rechazo de la Asamblea Legislativa.

La tipificación de este delito es una abdicación de la Asamblea Legislativa de su responsabilidad constitucional. Cualquier imputación de la comisión de este delito bajo este precepto tendrá que justificar en su día ante un tribunal porque no constituye una delegación implícita impropia del poder legislativo al Ejecutivo y una peligrosa tergiversación del principio de legalidad.

El segundo delito creado por esta enmienda dispone que cualquier persona que transmita o permita transmitir por cualquier medio, a través de cualquier red social o medio de comunicación masivo, información falsa con la intención de crear confusión, pánico o histeria pública colectiva, con respecto a cualquier proclama u orden ejecutiva decretando un estado de emergencia o desastre o toque de queda.

Esta disposición es ofensiva a cualquier persona que reclame defender el derecho a la libertad de expresión. El nervio de este delito es criminalizar la expresión contra el Estado, independientemente de si constituye un peligro inminente a la seguridad pública. Este no es el caso del conocido grito de fuego en el teatro o del llamado a la insurrección o a la violencia, que pudieran justificar la criminalización de la expresión. La esencia misma de la libertad de expresión se pone de manifiesto en la crítica – sea cierta o falsa – al Estado. La absurda preocupación del Estado de que vaya a haber confusión, pánico o histeria pública colectiva por la trasmisión de información falsa convierte al ciudadano en súbdito discapacitado.

Quizás la mejor forma de ilustrar lo ofensivo de este estatuto es cometiendo en esta misma columna el acto que se tipifica como delito. Consecuentemente, sirva las palabras que siguen a continuación como manifestación indubitable de mi intención de transmitir información falsa y cometer el delito tipificado: Las ordenes ejecutivas de la Gobernadora no tienen fuerza de ley. Le ruego a los lectores a que al leer estas expresiones que por favor entren en confusión, pánico o histeria, según prefieran, y así se lo hagan saber a las autoridades pertinentes.

Aguardo la citación del Departamento de Justicia.

El verdadero propósito del censo decenal

La baja participación ciudadana en completar el Censo 2020 ha dado pie a una campaña publicitaria por La Oficina del Censo, adscrita al Departamento del Comercio, así como por algunas personas particulares, exhortando a cumplimentar la misma. La promoción va dirigida fundamentalmente a explicar la importancia de los datos demográficos que arroje el Censo para fines de asignar proporcionalmente los fondos federales a los diversos programas a lo largo y ancho de la nación.

Esta promoción es una verdad a medias que omite mencionar su original y verdadera razón de ser: la proporcional representación congresional de los representantes de los Estados.

El Artículo I, Sección 2, párrafo 3, de la Constitución de los Estados Unidos dispone en lo pertinente: "Los representantes y los impuestos directos se prorratearán entre los distintos Estados que formen parte de esta Unión, de acuerdo con su población respectiva, la cual se determinará sumando al número total de personas libres, inclusive las obligadas a prestar servicios durante cierto término de años y excluyendo a los indios no sujetos al pago de contribuciones, las tres quintas partes de todas las personas restantes. El recuento deberá hacerse efectivamente dentro de los tres años siguientes a la primera sesión del Congreso de los Estados Unidos y en lo sucesivo cada 10 años, en la forma que dicho cuerpo disponga por medio de una ley."

Luego de la Guerra Civil (1865), la Decimocuarta Enmienda, sección 2, eliminó la referencia indirecta a la esclavitud en la cláusula referente a las tres quintas partes de personas para fines del censo, el cual había sido incluida como parte del "Great Compromise" de 1787 en Filadelfia entre los Estados libres del Norte y los Estados esclavistas del Sur. La exclusión de los indígenas en las reservaciones continuó hasta el Censo de 1900. En 1954 el Congreso codificó en ley el mandato constitucional decenal de manera uniforme.

Es decir, la finalidad primordial del Censo es la identificación de las concentraciones poblacionales en toda la nación para fines de fijar el número de representantes de cada Estado en la Cámara de Representantes. Por mandato constitucional el censo tiene que llevarse a cabo cada 10 años, precisamente para calibrar los cambios demográficos en los Estados y reasignar la representación correspondiente. Esto explica, por ejemplo, porque el Estado de Alaska tiene solo 1 representante no obstante su enorme tamaño, y porque Puerto Rico tendría derecho a 4 o 5 representantes si fuera Estado. En este sentido, la Cámara de Representantes es el cuerpo deliberativo que representa de manera más directa a la población en general, contrario al Senado, que representa a la unidad política del Estado como tal.

Esta organización política, denominada federalismo, contrapone los poderes de los ciudadanos en su carácter individual, frente a los poderes de los Estados dentro de su esquema constitucional. En este contexto se puede apreciarse el propósito del tan criticado Colegio Electoral, que pretende balancear ambas fuerzas políticas – a modo de separación de poderes - en la selección del Presidente de los Estados Unidos.

En una entrevista radial hace varios años el saliente Representante de Nueva York José Serrano, Presidente del Comité de Medios y Arbitrios de la Cámara, comentaba sobre la asignación de fondos federales a Puerto Rico. Decía que las asignaciones presupuestarias se hacen a base de fórmulas pre-acordadas entre los Estados, de manera equitativa, según sus poblaciones. Los territorios, sin embargo, al no ser Estados y no tener representación con voto, les toca lo que el Congreso decida asignarles en su enorme sabiduría.

En otras palabras, la asignación de fondos federales es consecuencia de la fuerza política reflejada en la representación congresional de los Estados. El territorio no incorporado de Puerto Rico no tiene fuerza política en el Congreso para exigir el trato equitativo de sus ciudadanos. Está, como los otros territorios de Islas Vírgenes, Guam y Marianas del Norte, a la merced de la voluntad congresional. He aquí un claro ejemplo de las implicaciones de "los

---

Publicado en ***El Vocero de Puerto Rico*** digital el 18 de julio de 2020.

poderes plenarios" del Congreso bajo la Cláusula Territorial. Los últimos años han dado innumerables ejemplos de nuestra absoluta indefensión en el Congreso para adelantar nuestros intereses, sea en el campo de la salud, FEMA, educación, PROMESA, etc. La Oficina del Comisionado Residente en Washington es – llamémoslo por su nombre - un puesto decorativo de escasa eficacia política.

Resulta un tanto desconcertante escuchar al ex-representante de Illinois Luis Gutiérrez intervenir en la discusión pública en Puerto Rico desvirtuando la participación ciudadana en el Censo como mecanismo para lograr mayores asignaciones federales, ello bajo el argumento espurio de reparación por los daños y perjuicios alegadamente sufridos colectivamente por los puertorriqueños, a la misma vez que se opone a nuestra participación plena y eficaz en el Congreso. El fin del Censo no es obtener más fondos federales, sino lograr mayor representatividad política en el Congreso.

Reflexiones desde la decadencia

La decadencia es fundamentalmente una noción histórica. Vivimos en la temporalidad desde nuestras experiencias, sin remedio. Nos proyectamos en esa temporalidad consciente de la finitud, de nuestra muerte. Esa proyección no es exclusivamente un diálogo que cada cual tiene consigo mismo. Quien habla solo, versaba Antonio Machado, espera hablar con Dios un día. También es un proceso dialógico en el cual compartimos con otros nuestras esperanzas y temores, querencias y resentimientos. Ese proceso – lingüístico en todo caso – le reclama al tiempo algún significado, algún propósito que justifique ese devenir. ¿Pero qué si la historia – como sugieren algunos desde su cúspide – no es más que una construcción social, un relato sin desenlace?

Desde la perspectiva epistemológica, la historia plantea serias dificultades. Cómo nos acercamos a los eventos pasados es un proceso accidentado que descansa en el ejercicio de la memoria, sea el de uno propio o de otros. Ya Borges nos advertía en *Funés, el memorioso* de los peligros de la memoria absoluta. Leemos *La Guerra del Peloponeso* de Tucídedes o *Naufragios* de Cabeza de Vaca desde la relación imperfecta de sus autores y desde la imperfección de nuestro propio entendimiento. No hay garantía alguna que en efecto las cosas hayan ocurrido como dicen que hayan ocurrido.

La relación causal que le imponemos a los hechos pasados son suposiciones – que pueden ser más o menos persuasivas, dependiendo del historiador *du jour* – que le atribuimos *a posteriori*. La continua sucesión de eventos no implican necesariamente que estén necesariamente concadenados. Toda narrativa histórica esta imbricada con los prejuicios de su autor y de sus lectores. La semilla de la falsedad está presente en toda aproximación histórica.

Sin duda que hay relaciones históricas más verosímiles que otras, según su uso y configuración de los hechos. Decir que la Guerra Hispanoamericana ocurrió en 1898 es un dato histórico. Sin embargo, de por sí dicho evento no explica su importancia. El pasado tiene una cantidad infinita de eventos,

---

Publicada en ***El Vocero de Puerto Rico*** el 9 de marzo de 2021.

no por ello relevantes. Es el ejercicio de discriminación entre ellos y su puesta en escena lo que la da valor persuasivo.

El historiador inglés E.H. Carr hacia la analogía de que felicitar a un historiador por haber identificado los hechos correctamente era como felicitar a un albañil por su selección de ladrillos. Hay que evitar entender al pasado como una cantera de eventos inagotables que aguardan ser recolectados. La plenitud del pasado nos está vedada.

La popularidad de teorías conspiratorias de la historia – el grupo *Q-anon*, siendo el ejemplo más reciente – son sintomáticos del colapso de un marco de referencia compartido para entender el pasado. La crisis de las meta-narrativas pregonada por Lyotard y compañía ha desembocado en la crisis de la crisis misma.

Basta con que cada cual haga su propio ejercicio de recordación para caer en cuenta que el acto memorioso está impregnado de un presente siempre desvaneciente. La inexactitud del recuerdo, la nostalgia, el deseo retroactivo, todos conspiran en nuestra imaginación. El pasado aún no ha pasado, como agudamente comentaba William Faulkner.

Esto no quiere decir que no se deba pensar la historia. Todo lo contrario. Somos seres históricos, y cómo entendemos el pasado es constitutivo de nuestro entendimiento presente. Ese entendimiento, sin embargo, siempre corre el riesgo de convertirse en un refugio inhóspito. Basta con ver como en diferentes momentos históricos se han invocado mitos fundacionales para intentar legitimar algún proyecto político. Las recientes controversias en los Estados Unidos sobre la remoción de las estatuas de los generales de la Confederación durante la Guerra Civil son ejemplos recientes de cómo las luchas presentes se proyectan hacia el pasado.

Entender el pasado significa apreciar sus ambigüedades y contradicciones. Tucídides dio acaso la explicación más sucinta – y menos comprendida - de porqué debemos estudiar el pasado: para evitar cometer los mismos errores.

Para algunos el motor de la historia es la lucha de clases o el *Geist* hegeliano. Para otros es la Providencia o su secularizado descendiente, el Progreso. Para muchos en Puerto Rico el colonialismo, como categoría histórica, juega el papel de *Deus ex machina*. Lo explica todo y nada. Aún los moralistas contemporáneos de la microhistoria y de la reivindicación contra los discursos del poder no pueden escapar la atracción gravitacional de la metafísica. Contrario a la noción popular, la historia no se repite, ni se mueve conforme algún diseño maestro.

He aquí el nervio de la decadencia: no se entiende el presente que nos ha tocado vivir porque no se entiende el pasado. Esa desorientación histórica, de sentirse a la deriva, es la nota definitoria de nuestro tiempo.

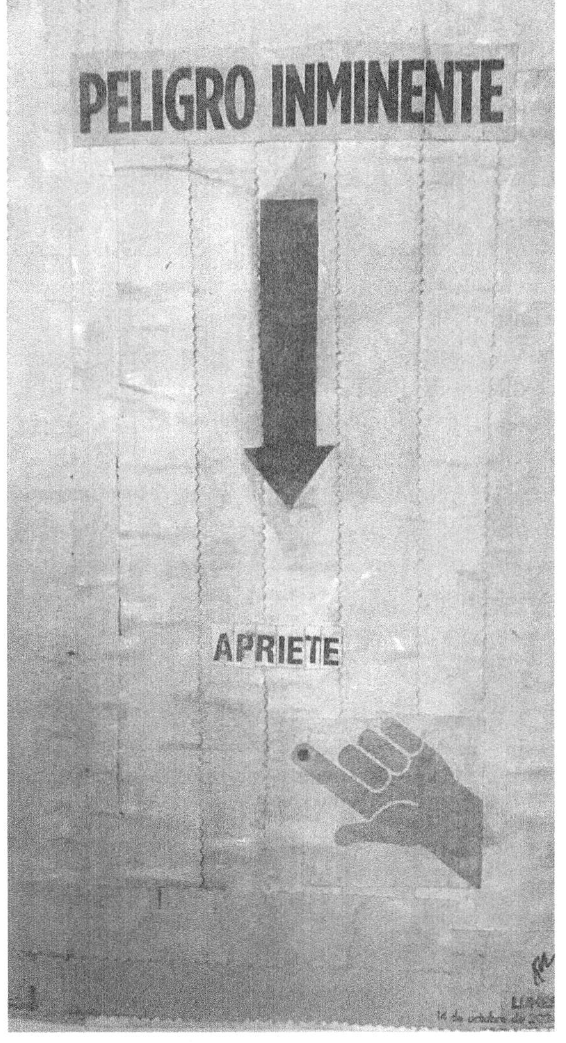

Definiendo las terapias de conversión

Terapia de conversión – Significa aquella práctica o tratamiento provisto por una entidad o profesional licenciado o certificado para proveer servicios de salud mental, que busca cambiar la orientación sexual o identidad de género en un individuo. Incluye cualquier esfuerzo o tratamiento dirigido a cambiar el comportamiento corporal, expresiones o la orientación sexual de un individuo, así como eliminar o reducir atracciones románticas o sexuales o sentimientos hacia individuos del mismo género. La terapia de conversión no incluye aquella práctica que provee aceptación, apoyo y comprensión o facilita el obtener ayuda, apoyo y exploración y desarrollo de la identidad, incluyendo intervenciones neutrales de orientación sexual para prevenir conducta ilegal o prácticas sexuales inadecuadas, que pudieran tener en riesgo su salud física o mental siempre que dicha práctica no busque cambiar la orientación sexual o identidad de género del individuo.

P del S. 184, Artículo 1.06, inciso (ñññ).

El P. del S. 184, presentado el 9 de febrero de 2021, persigue enmendar los artículos 1.06 y 2.03 de la Ley de Salud Mental, y los artículos 3 y 41 de la Ley para la Seguridad, Bienestar y Protección de Menores, a los fines de prohibir la práctica de la terapia de conversión sobre sus personas.

Para propósitos de esta intervención dejo a un lado la polémica entre los diversos sectores sobre la deseabilidad de tal legislación. Al final del día es un asunto de política pública sobre la cual la Asamblea Legislativa tiene perfecta facultad en atender. Sí creo, sin embargo, que es necesario efectuar una lectura cuidadosa, jurídica, del proyecto para ver cómo se reconcilian el legítimo interés del Estado de proteger la seguridad física y sicológica de los menores con el también legítimo interés de los padres de criar y educar a sus hijos de conformidad con sus creencias, y los derechos ciudadanos frente al poder de policía del Estado. De igual importancia, creo que hay que preguntarse sobre la deseabilidad de la intervención del Estado al legislar el contenido sustantivo del ejercicio de una profesión. Hoy son las terapias de conversión; mañana serán otras las ideas que se quieran sancionar.

El proyecto de ley define terapia de conversión en su Artículo 1.06. Hay que notar que el texto sugerido no se limita a casos de menores de edad. Es decir, la definición sugerida le es aplicable a toda intervención por un proveedor de servicios de salud mental, sea a menores o mayores de edad. Hay que preguntarse sobre el interés del Estado en prohibirle a un ciudadano mayor de edad de recibir el tratamiento que prefiera. Cada cual en el ejercicio de su libertad tiene el perfecto de derecho de ir al médico brujo de su preferencia, y la intervención del Estado en este renglón no persigue, a mi juicio, un fin legítimo que justifique limitar los derecho libertarios de los ciudadanos. No hay que perder de vista que la regulación del ejercicio de las profesiones de salud mental por el Estado tiene como consecuencia directa la prohibición del ejercicio de tales profesiones y prácticas por aquellos que no gozan de la autorización legal conferida por su licenciamiento. Bajo esta hipótesis, una persona que no sea profesional de la salud mental muy bien pudiera enfrentarse a la sanción del Estado por ejercer como tal sin la debida licencia. En este sentido, las preocupaciones de algunos sectores de que la prohibición de la terapia de conversión pueden incidir en el ejercicio de la libertad religiosa y libertad de expresión no son frívolas, como algunos insisten en caricaturizar.

Por otro lado, el Artículo 2.06, Sección 3, artículo 3, inciso ([w]x), del proyecto de ley la incluye como una modalidad de maltrato de menores, constitutiva de violencia doméstica, remitiéndose al final del párrafo a la Ley 54-1989, la cual lo tipifica como delito grave. Es decir, de manera un tanto oblicua, el proyecto tipifica la terapia de conversión como conducta delictiva bajo algunos supuestos. Siendo ese el caso, es necesario volver sobre la definición sugerida, pero ahora desde el lente del principio de legalidad y el derecho penal, y no meramente desde la perspectiva de un estatuto reglamentario de las profesiones de salud mental.

El principio de legalidad, recogido en el Artículo 2 del Código Penal, dispone que no se instará acción penal contra persona alguna por un hecho que no esté expresamente definido por ley. Este precepto cardinal del Derecho Penal está anclado, a su vez, en los derechos constitucionales a que nadie puede ser privado de su libertad sin un debido proceso de ley y a la igual protección de las leyes.

Publicado en ***El Vocero de Puerto Rico*** el 26 de marzo de 2021.

Según la primera oración del proyecto, la terapia de conversión es una práctica o tratamiento por una entidad o profesional licenciado o certificado para proveer servicios de salud mental. Es decir, la terapia de conversión no es meramente una expresión o creencia particular, sino que es una práctica o tratamiento que se da dentro de un contexto clínico terapéutico. Desde esta perspectiva no se advierte cómo los padres o encargados de un menor pueden incurrir en el delito de maltrato toda vez que ellos no serían los que estarían ofreciendo la práctica o tratamiento. Es evidente que la inclusión de la terapia de conversión como conducta delictiva bajo la modalidad de maltrato en la ley de violencia doméstica no está alineada con la definición propuesta bajo la Ley de Salud Mental.

De igual importancia, hay que subrayar que según está tipificada, la conducta tiene consecuencias diferentes para distintas personas, según sea quien la haga. Así, al profesional de la salud mental, el incumplimiento con la prohibición de la terapia de conversión lo expone a un proceso disciplinario. A los padres o encargados, sin embargo, los expone a la radicación de cargos penales por maltrato bajo la Ley de Violencia Doméstica. Esta disparidad en el trato a personas situadas de manera distinta por una misma conducta, sin explicación o justificación, constituye una clara violación a la protección constitucional de la igual protección de las leyes. O la terapia de conversión es delito o no lo es; no puede serlo para uno y no para otros.

La definición añade que la práctica o tratamiento busca cambiar la orientación sexual o identidad de género. ¿Cómo ha de entenderse "busca cambiar"? ¿Es este un criterio objetivo? ¿Cómo distinguir en la práctica lo que significa "busca cambiar", digamos, del apoyo o exploración de la identidad que la propia ley admite? ¿Se requiere del elemento de intencionalidad criminal, de *mens rea*? Por supuesto, como cuestión de neutralidad habría que incluir en ese "busca cambiar" todas las orientaciones sexuales e identidad de género, no importa en qué dirección vayan.

De mayor preocupación, la definición no tipifica la conducta específica prohibida. La terapia de conversión, dice un tanto vagamente, es el tratamiento dirigido a cambiar comportamiento corporal, expresiones, así como eliminar o reducir atracciones románticas (desconozco qué exactamente significa esto para fine penales) o sexuales o sentimientos hacia individuos del mismo género. Noto que el precepto no contempla los casos donde la terapia pretenda aumentar y promover las atracciones románticas o sexuales o sentimientos hacia individuos del mismo género. ¿Neutralidad? El precepto se limita al tratamiento de la conducta hacia individuos de un mismo género, no sexo. La diferencia jurídica entre género y sexo no se desprende de la conducta tipificada como maltrato.

Finalmente se ofrece un lenguaje en extremo vago para excluir algunas prácticas o tratamientos como "proveer aceptación, apoyo y comprensión o facilita el obtener ayuda, apoyo y exploración y desarrollo de la identidad, incluyendo intervenciones neutrales de orientación sexual para prevenir conducta ilegal o prácticas sexuales inadecuadas que pudieran tener en riesgo su salud física o mental siempre que dicha práctica no busque cambiar la orientación sexual o identidad de género del individuo". Admito mi incomprensión de lo que significa esto para fines de la exclusión de responsabilidad penal. ¿Quiere decir esto que si mi intención es proveer ayuda, apoyo y exploración del desarrollo de la identidad sexual, eso de por sí ya no "busca cambiar" la orientación sexual? Este lenguaje contradictorio erosiona el sentido y alcance del texto. La protección de los derechos civiles de los ciudadanos del poder del Estado requiere que se deslinde con precisión jurídica la conducta delictiva de la que no lo es.

Por último, en la exposición de motivos – que no es parte de la ley - se consigna la oposición generalizada de las entidades profesionales de la salud mental a las terapias de conversión como cuestión de práctica profesional. A lo cual uno tiene que preguntarse, si las profesiones de salud mental ya se han pronunciado sobre estas prácticas, ¿qué necesidad hay de legislar? ¿Son las prácticas de terapias de conversión un problema común en el ejercicio de las profesiones de salud mental que ameritan la atención legislativa? La ausencia de un estudio o fundamento científico – más allá de relatos anecdóticos - que evidencie un problema actual que requiera movilizar el aparato normativo del Estado, y que no sea únicamente un ejercicio de reivindicación histórica o afectación política, llaman a la cautela al momento de legislar.

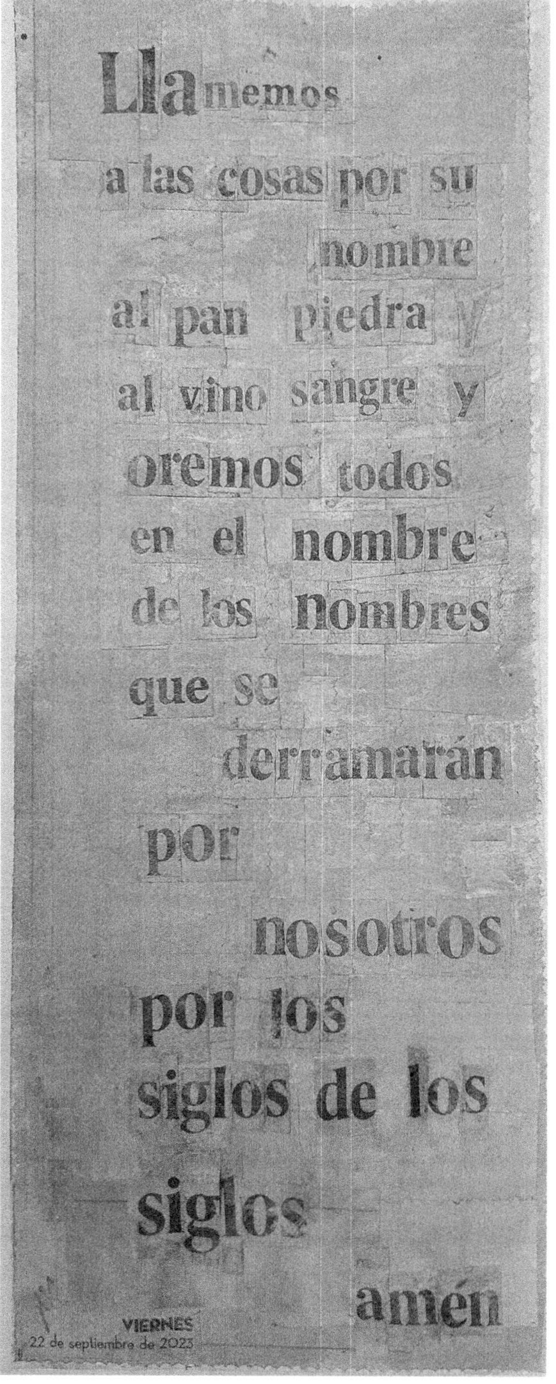

La Resolución HR 279

El 26 de marzo de 2021 se presentó en la Cámara de Representantes de los Estados Unidos la ***Resolución HR 279*** para condenar la continua aplicación de los casos insulares y su doctrina del territorio no-incorporado a los casos y controversias que se diriman bajo la Constitución de los Estados Unidos.

La Resolución va dirigida en primera instancia, evidentemente, a expresarse sobre el caso ***United States v. Vaello Madero***, hoy ante el Tribunal Supremo de los Estados Unidos. Este caso trata sobre el trato desigual en los beneficios del Seguro Social Suplementario (SSI) a los ciudadanos americanos en los territorios. La justificación legal de este trato desigual en este programa y otros ha sido la doctrina de no-incorporación articulada en los casos insulares que permiten la aplicación selectiva de los derechos constitucionales a los territorios, dependiendo si son fundamentales o no. Como acertadamente señala la Resolución HR 279, esta doctrina fue el fruto de una visión racista propia de la época y que aún continua vigente.

La determinación de la incorporación de un territorio, como se señala en los casos insulares, es una determinación congresional, no jurisprudencial. Es decir, el Congreso no tiene por qué esperar una adjudicación judicial para incorporar a un territorio.

A la vez que este caso sigue su ruta jurisprudencial, el Comité de Recursos Naturales de la Cámara estará celebrando una vista el miércoles 14 de abril de 2021 para escuchar testimonio sobre los proyectos sobre la admisión de Puerto Rico como un Estado (HR 1522) y sobre la celebración de una convención de status (HR 2070).

El proyecto HR 2070 de la autoría de la Congresista Nydia Velázquez reproduce la idea de una convención de status promovida por los sectores anti-estadistas para atender nuestro perenne problema político. Desde el punto de vista formal esta propuesta adolece de serias fallas – jurídicas

Publicado en ***El Vocero de Puerto Rico*** el 13 de abril de 2021.

y políticas – que a mi juicio la hace inviable, y su único propósito parece ser el de obstaculizar el proyecto HR 1522.

En el caso ***Pueblo v. Sánchez Valle*** (2016) el Tribunal Supremo dejó meridianamente claro que Puerto Rico carece de soberanía, que no sea la delegada por el Congreso de los Estados Unidos. Pretender una legislación federal que reconozca la soberanía del Pueblo de Puerto Rico a la libre autodeterminación como un derecho natural supondría una abdicación de los poderes y facultades constitucionales del Congreso.

Tanto hemos abusado del término "colonia" en la discusión pública que nos hemos creído el cuento de que, en efecto, Puerto Rico tiene una personalidad jurídica soberana distinta y separada de la de los Estados Unidos. He aquí un buen ejemplo de los peligros del uso impreciso del lenguaje.

Desde la perspectiva democrática, es inconcebible imaginarse una convención de status donde la mayoría de los electores no la favorecen. Si 53% del electorado voto en el plebiscito del 2020 a favor de la estadidad difícilmente puede alegarse que tal convención represente a "el Pueblo". Una convención de status es fundamentalmente un ejercicio político para detener la estadidad bajo el pretexto de un ente colectivo ficticio y acomodaticio. No se debe perder de vista que "el Pueblo" es un tropo corporativista sin contenido existencial, propio de una imaginación colectivista que privilegia los conceptos sobre la realidad histórica.

Hay que destacar que la promotora de la convención de status, la Congresista Nydia Velázquez, también endosa la ***Resolución HR 279*** para condenar la continua aplicación de los casos insulares y la doctrina del territorio no-incorporado. Hay una irremediable tensión entre ambas posturas que imposibilitan su reconciliación.

Bajo el supuesto de que el Congreso (también el Senado tendría que expresarse) declarara la inaplicabilidad de los casos insulares, habría que preguntarse qué quedaría en su lugar. Sin el fundamento de esta jurisprudencia, Puerto Rico (y los demás territorios) quedarían automáticamente incorporados. Es decir, Puerto Rico pasaría – en el lenguaje de ***Downes v. Bidwell*** (1901) – a ser parte de los Estados Unidos y no meramente una pertenencia.

No solamente tendrían los territorios derechos a participar en los programas federales en igualdad de condiciones, sino que también le serían de aplicabilidad todos los principios constitucionales, incluyendo la cláusula de uniformidad en materia tributaria. Como territorios incorporados estaríamos irreversiblemente de camino a la estadidad, bajo los parámetros de la Ordenanza del Noreste de 1787. Hay que destacar que, en la historia de los Estados Unidos, nunca ha habido un territorio incorporado que no haya advenido a ser Estado.

Resulta, pues, un tanto contradictorio que la Congresista Nydia Velázquez y sus aliados en el Partido Popular Democrático promuevan la igualdad en el trato de los programas federales a los ciudadanos americanos en Puerto Rico, a la misma vez que pretenden adelantar un proyecto de convención de status que está predicado en la soberanía del "Pueblo" de Puerto Rico como un ente político distinto y separado de los Estados Unidos.

La pregunta no es si se está "fuera de la cláusula territorial" – como insiste un Partido Popular Democrático obcecado por encontrar las Siete Ciudades de Cíbola - sino si se está dentro o fuera de la Constitución de los Estados Unidos. No se puede estar en misa y repicar las campanas a la misma vez

De feminicidios, perspectiva de género y estados de emergencia

Es un comentario revelador del ambiente en la discusión pública que crea que tenga que comenzar haciendo constar mi repudio y condena de la violencia contra las mujeres, tan trágicamente marcada en días recientes por los asesinatos de Keishla Rodríguez Ortiz y Andrea Ruiz Costas. Es necesario atender estos casos con premura e inteligencia, salvaguardando los derechos de todos las partes en el siempre difícil y sufrido ejercicio de la justicia.

Resulta ahora, sin embargo, que, si uno presenta reservas o reparos a la forma y manera en que las ideas de feminicidio, perspectiva de género y estados de emergencia son caracterizadas por sus promotores, queda uno pintado por la brocha del patriarcado. A riesgo de señalar lo obvio, uno puede estar a favor de la igualdad ante la ley de todos los seres humanos sin necesidad de aceptar el lenguaje, la terminología o la narrativa política de ciertos sectores que la enmarcan en atención a sus predilecciones ideológicas.

La concepción tribal de las ideas – si no estás conmigo estás en contra mía – tan corriente hoy día en tantos órdenes del debate público representan, a mi juicio, una amenaza al estado liberal democrático que informa nuestro ordenamiento. De ordinario uno no les prestaría mayor atención a estas diferencias de opinión. A fin de cuentas, son tan solo eso, opiniones. Creemos y esperamos que nuestro ordenamiento sea capaz de reconciliar tales diferencias en atención a un bien común. Esa reconciliación, sin embargo, se hace más difícil cada día cuando los diversos grupos que conforman una sociedad ni siquiera comparten un entendido de lo que pudiera entenderse como un mínimo del bien común.

La dignidad del ser humano es inviolable, sentencia el Artículo II, Sección 1, de la Constitución de Puerto Rico. Creo que la inmensa mayoría de las personas, independiente de sus creencias acogen este pronunciamiento. Ahora bien, los principios generales – sean filosóficos, jurídicos o religiosos - se dan en un espacio de abstracción que no atienden casos específicos. El problema histórico siempre ha sido como concretizar esos principios a las realidades y exigencias del momento. A la vez que se intenta pormenorizar su aplicación y alcance se comienza a distinguir. Normar es discriminar. El hecho de que todos podamos estar de acuerdo con algún principio general nunca ha significado que estaremos de acuerdo en cómo se entiende y aplica en situaciones particulares.

Desde esta perspectiva, la intuición medular de nuestro ordenamiento liberal democrático, ganado a lo largo de siglos de violencia y guerras, es que la organización política reside en la protección los derechos individuales en condiciones de igualdad frente al poder del Estado. Esa concepción de igualdad, y de los derechos del individuo, se ha ido ampliando al calor de las reivindicaciones históricas como la lucha contra la esclavitud y la segregación racial, el discrimen contra la mujer, entre otros. La lista es larga. El marco institucional de estos procesos reside en el reconocimiento – muchas veces tardío - de los derechos individuales en todas sus expresiones, sean raciales, nacionales, culturales, económicas, sexuales o religiosas.

Hay sectores políticos en nuestra sociedad que no comparten está intuición liberal democrática, y que reducen el fenómeno político-jurídico al común denominador del ejercicio del poder y la fuerza en atención a sus creencias ideológicas. Desde esta concepción de lo político, la arena normativa es fundamentalmente un instrumento a utilizarse para adelantar sus visiones, a toda costa. El ordenamiento que parte de la limitación del poder, es entendido por algunos como un obstáculo que hay que superar.

Los últimos años han visto un recrudecimiento de lo que inglés llaman *the politics of identity*. Se privilegia la identificación de la persona en atención a su grupo de preferencia, sea el trabajador, el negro, la mujer, el puertorriqueño, etc.. Definimos nuestra individualidad de conformidad a una idea colectiva de la identidad. Ya no basta con ser humano. Esta concepción sociológica de la persona está reñida con nuestra concepción político-jurídica.

Publicado en ***El Vocero de Puerto Rico*** el 18 de mayo de 2021.

Una consecuencia inmediata de esta forma de entenderse es que acentúa la oposición entre grupos de una misma sociedad, desarticulando la idea de un bien común y exacerbando las diferencias entre ciudadanos. Las contradicciones no tardan en florecer. Las voces que reclaman justicia para Keishla Rodríguez Ortiz, no tienen problemas con alentar la violencia contra el acusado en la cárcel. Los defensores de los derechos de los acusados callan cuando la jurisdicción federal no le reconoce el derecho a la fianza a Félix Verdejo. El acusado tiene derecho al debido proceso de ley hasta que lo encontremos culpable, anticipando ya la conclusión. Los jueces deben actuar con imparcialidad y conformes a su mejor criterio jurídico sin dejarse presionar por el afán público, pero los sancionamos cuando estamos en desacuerdo con sus determinaciones. Escoja en qué grupo se quiere estar.

En este ambiente tóxico, la prudencia y la racionalidad han quedado relegadas para otro día. La ya acostumbrada declaración de estados de emergencias (en el espíritu de Carl Schmidt), la legislación expedita del feminicidio como un asesinato en primer grado, la propuesta de tipificar como asesinato la muerte del feto de una mujer asesinada que estuviera embarazada, la promoción coyuntural de la educación de perspectiva de género a todos los niveles educativos como si fuera un dogma religioso, son instancias de una falta de entendimiento de los límites de la normatividad y de valoración de los derechos libertarios de los individuos.

Desde la perspectiva política es interesante observar como los grupos que adelantan estas posiciones particulares coinciden en la inmensa mayoría de los casos con los reclamos de la UTIER contra el contrato de LUMA , se oponen como cuestión de principio a las alianzas público-privadas y exacerban la lucha de clases a la menor provocación, favorecen según redactado en el proyecto de ley la prohibición de las terapias de conversión, favorecen el proyecto de Nydia Velázquez sobre la Convención de Status y se oponen a la estadidad para Puerto Rico, entre tantos otros. Es evidente que hay un esfuerzo concertado por ciertos sectores de una auto-denominada *intelligentsia* criolla por mover a Puerto Rico en una dirección contraria a la de un ordenamiento liberal democrático. Después nos preguntamos por qué estamos en crisis.

La declaración jurada sobre creencia religiosa

Si es cierto, como argumentara Juan de Mairena, que no hay regla sin excepción, entonces una regla con excepciones será siempre más firme que una regla sin excepciones, a la cual le faltaría la excepción que la confirmase. A lo cual concluye que por estos razonamientos encadenados se alcanza el vórtice de nuestro ingenio. La Orden Ejecutiva OE-2021-058 es un buen ejemplo de este tipo de razonamiento.

La reciente Orden Ejecutiva le impone a los empleados públicos de la Rama Ejecutiva la obligación de acreditar su vacunación contra el COVID-19 para regresar a sus puestos de trabajo, exceptuándose (entre otros) a los que se oponen a la vacunación porque va en contra de los dogmas de la religión del empleado. A estos, sin embargo, se les requiere que sometan una declaración jurada en la que certifique junto al ministro o líder eclesiástico de su religión o secta, ambos declarando bajo juramento y sujeto a perjurio, que por causa de sus creencias religiosas el empleado no podrá ser inoculado contra el COVID-19. Esta excepción resulta problemática por tantas razones.

La orden ejecutiva cita a los casos de ***Cruzan v. Director, Missouri Department of Health***, 497 US 261 (1990) y ***Lozada Tirado v. Testigos de Jehová***, 177 DPR 893 (2010), que resuelven que el derecho de rechazar un tratamiento médico no es absoluto, y que puede haber ciertos intereses del Estado que deben tomarse en cuenta, como la protección de terceros inocentes, como por ejemplo requerir de manera obligatoria ciertas vacunas ante la amenaza de una epidemia.

El problema jurídico no es la facultad del Estado de imponer la vacunación compulsoria en protección de la salud pública, aunque óptimamente esta imposición debería hacerse por via de legislación. Como cuestión de principio de separación de poderes, le compete a la Rama Legislativa legislar en asuntos que suponen una intromisión extrema en las libertades individuales de los ciudadanos. Peligrosamente nos hemos ido acostumbrando en el último año y medio al ejercicio del poder omnímodo por la Rama Ejecutiva, bajo una lectura vaga de su facultad de decretar estados de emergencia bajo la Ley del Departamento de Seguridad Pública. Luego de dieciocho meses ausencia de pandemia en este renglón, es hora que la Rama Legislativa retome sus deberes constitucionales.

La excepción religiosa contemplada en la Orden Ejecutiva presenta sus propias dificultades que no se pueden despachar con la invocación de frases genéricas como el bienestar común, el balance de intereses, y que los derechos individuales no son absolutos. El Estado tiene la obligación de evidenciar de manera objetiva y científica que en efecto la vacunación compulsoria es el medio idóneo para salvaguardar la salud pública y que no hay otra manera menos invasiva de lograrlo. No basta con apelar al etéreo sentido común y a los prejuicios compartidos.

De primera impresión, la excepción religiosa contemplada en la Orden Ejecutiva parecería ser un reconocimiento de los derechos individuales al culto. En realidad la excepción supone la articulación de un criterio ("test") religioso para eximirse del cumplimiento de una norma. Es decir, bajo la orden ejecutiva 0E-2021-058, para que un empleado público pueda aprovecharse de la excepción contemplada, tiene que hacer un auto de fe.

No hay fundamento constitucional, ni jurisprudencia alguna que autorice al Estado a requerirle una declaración de fe religiosa como condición para tener la protección que la ley confiere. Una cosa es admitir que los derechos individuales no son absolutos – con lo cual dicho sea de paso, estoy de acuerdo. Otra cosa es que el Estado le requiera al ciudadano que someta una profesión de fe como exigencia para poder tener la igual protección de la ley.

Más aún el requerimiento de que dicha declaración se haga junto al ministro o líder eclesiástico, supongo como medida para acreditar una creencia religiosa bona fide, es igualmente cuestionable. El Estado no es quien para pasar juicio sobre

Publicada en ***El Vocero de Puerto Rico*** el 30 de julio de 2021.

el contenido de las creencias religiosas. Si algún miembro de la Iglesia del Monstruo del Espagueti Volador quiere declarar que la vacunación compulsoria es contrario a los dogmas de la Santa Semolina, y tales fines su líder espiritual así lo certifica, no le compete al Estado pasar juicio sobre la solvencia de tal creencia. Esta Orden Ejecutiva se ha puesto en la imposible y peligrosa posición de autorizar a funcionarios públicos a pasar juicio sobre el contenido de una profesión de fe de los empleados públicos.

El requerimiento de que se haga por vía de una declaración jurada de ambos añade insulto a la injuria. El juramento expone al declarante al delito de perjurio. He aquí el problema: una creencia religiosa es, por definición, una opinión. Una opinión, también por definición, es una creencia que puede ser cierta o falsa. Si las opiniones pueden ser ciertas o falsas, su juramentación no la convierte por ese acto en una proposición cierta. Si la declaración hecha bajo juramento es una creencia, no hay manera lógica o jurídica de mostrar su falsedad, y por tanto la comisión del delito de perjurio. ¿Será que los funcionarios públicos llamados a evaluar las declaraciones dogmáticas sometidas tendrán ahora el don de la omnisciencia? El requerimiento de la juramentación nada aporta.

La Primera Enmienda de la Constitución de los Estados Unidos y el Artículo II, sección 3, de la Constitución de Puerto Rico, protegen al ciudadano en su libertad de culto ("free-exercise clause") y le prohíben al Estado el establecimiento de cualquier religión ("anti-establishment clause"). El requerimiento de una declaración bajo juramento de creencia religiosa como condición para recibir la igual protección de la ley es exactamente lo que le esta constitucionalmente vedado al Estado.

Las ejecuciones de hipoteca y el retracto de cosa litigiosa

La crisis económica, el colapso del mercado inmobiliario, los efectos del huracán María y la pandemia han implicado un incremento marcado en los procesos de quiebra y ejecución de hipoteca en los últimos años, con el correspondiente empobrecimiento de miles de familias. Con la revocación judicial la moratoria decretada por el Center for Disease Control (CDC) de los procesos de desahucio y ejecución de hipoteca de los préstamos garantizados con fondos federales, es de esperar un incremento sustancial en estos casos en los próximos meses.

En los procesos judiciales de ejecución de hipoteca una defensa que los deudores pudieran levantar en algunas situaciones es el derecho al retracto de cosa litigiosa. En términos generales, este derecho le confiere al deudor en un proceso judicial a reclamar el bien en litigio cuando el acreedor se lo cede a un tercero. El principio jurídico que justifica el retracto de cosa litigiosa es dual: controlar la especulación desenfrenada en los procesos judiciales y reconocerle al deudor, como cuestión de equidad, la facultad de recobrar el bien bajo los mismos términos de pago que el acreedor estuvo dispuesto a aceptar al momento de cedérselo al tercero.

En ***DLJ Mortgage Capital Inc. v. Santiago Martínez***, 2019 TSPR 129, el Tribunal Supremo resolvió que en un pleito de ejecución de hipoteca que trata sobre un instrumento negociable (entiéndase un pagaré hipotecario) le es aplicable la Ley de Instrumentos Negociables y no el retracto de cosa litigiosa dispuesto en el Código Civil entonces vigente. En la medida en que la Ley de Instrumentos Negociables es la ley especial, la normativa del Código Civil queda desplazada, señala la opinión. Esta opinión es perfectamente entendible hasta donde llega, que no es muy lejos.

La opinión no entra a discutir las disposiciones aplicables de la Ley de Instrumentos Negociables referentes a las protecciones que se le reconoce al deudor frente a un adquirente de un instrumento

---

Publicada en ***Microjuris al día*** el 25 de septiembre de 2021.

cuando no es un tenedor de buena fe. La sección 2-104 de esta ley define instrumentos negociables como una promesa o una orden incondicional de pagar una cantidad específica de dinero, con o sin intereses u otros cargos descritos en la promesa u orden. Los cheques y pagarés hipotecarios son los ejemplos paradigmáticos de estos instrumentos.

La sección 2-302 define al tenedor de buena fe como aquel quien toma el instrumento (i) por causa, (ii) de buena fe, (iii) sin tener aviso de que el instrumento estuviese en mora o hubiere sido desatendido o de que existiese un incumplimiento no subsanado con respecto al pago de otro instrumento emitido como parte de las mismas series. Añade el inciso (c) de esta sección que una persona no adquiere derechos de tenedor de buena fe de un instrumento adquirido mediante procedimiento legal o por compra en una ejecución, quiebra o venta por el acreedor u otro procedimiento similar.

Los especuladores - eufemísticamente llamados inversores - que adquieren los pagarés hipotecarios de los bancos con conocimiento de que hay pendiente un proceso litigioso existente de ejecución de hipoteca no son tenedores de buena fe bajo la Ley de Instrumentos Negociables.

La sección 2-306, a su vez, expresamente dispone que una persona que toma un instrumento, que no sea una con derechos de tenedor de buena fe, está sujeta a una reclamación de derecho de propiedad o de posesión sobre el instrumento o su producto, incluyendo una reclamación para rescindir una negociación y recobrar el instrumento o el producto de éste.

Esta causa de acción reconocida en la Ley de Instrumentos Negociables es análoga al derecho de retracto de cosa litigiosa. En ambas instancias se le reconoce al deudor del instrumento de recobrar el derecho de propiedad o su producto, o sea el valor pagado por el cesionario o nuevo acreedor. ¿Acaso no es esto lo que precisamente persigue el derecho retracto de cosa litigiosa?

Finalmente, al pasar revista sobre el nuevo Código Civil, los artículos 1212 y 1220 recogen nuevamente el derecho del retracto de cosa litigiosa. El artículo 1220 dice que si se cede un crédito litigioso, el deudor tiene derecho a extinguirlo mediante el reembolso al cesionario de lo que este haya pagado, de las costas ocasionadas y de los intereses del pago desde el día cuando se hizo. Se tiene por litigioso un crédito desde el momento cuando se contesta la demanda.

El artículo 1212 del Código Civil, por su parte, señala que en el caso de la cesión de un derecho litigioso, la acción que ejercita el cesionario es sin perjuicio de cualquier reclamación en contrario o de otro derecho existente al tiempo de notificarse la cesión, o antes; pero esto no es aplicable a la cesión de un instrumento negociable, traspasado de buena fe y por valor, antes de su vencimiento.

Esta última frase del artículo 1212, fraseado un tanto torpemente en la negativa, autoriza la defensa de retracto de la cesión de crédito litigioso por parte del deudor frente al cesionario que no es un tenedor de buena fe cuando adquiere el instrumento negociable.

Es decir, con estos dos artículos el legislador revocó parcialmente lo dispuesto en ***DLJ Mortgage Capital Inc. v. Santiago Martínez,*** y autoriza la acción de retracto de cosa litigiosa en casos de instrumentos negociables cuando se dan las condiciones antes expresadas. *Caveat emptor.*

De tatuajes, perforaciones y teñidos

El P. del S. 286 va dirigido a establecer prohibiciones expresas en el campo laboral al discrimen de personas con tatuajes, perforaciones de cuerpo ("piercing") o cabello teñido en el empleo público y privado. La justificación invocada por la medida es que la dignidad del ser humano inviolable. El proyecto fue aprobado en el Senado. En la Cámara de Representantes se aprobó a viva voz, pero no hubo votación electrónica final, por lo cual queda como asunto pendiente al día de hoy.

Este proyecto de ley denota la ya acostumbrada y peligrosa inclinación de algunos miembros en la Asamblea Legislativa de utilizar el proceso legislativo para adelantar sus preferencias distópicas y populistas a expensas de las libertades individuales. La mera invocación genérica de la dignidad no es suficiente para justificar la intervención legislativa. El que mucho abarca poco aprieta, nos recuerda el refrán.

Uno puede entender que la intención que informa el proyecto es la de reconocer y proteger el ejercicio de la autonomía individual sobre el cuerpo. La decisión de una persona de tatuarse, perforarse el cuerpo o teñirse el cabello es un ejercicio de voluntad perfectamente aceptable. Esas creencias son asuntos rigurosamente privados que no le conciernen al Estado. Igual rigurosidad privada es aquella voluntad individual que decide no hacerlo.

Una legislación que persigue sancionar a una persona (patrono) que no comparte la creencia de otra persona (el empleado) sobre su tatuaje, perforación del cuerpo o teñido del cabello, implica necesariamente la intromisión por parte del Estado en el ámbito privado de las personas, en este caso de los que no comparten los gustos de otros. Como todo ejercicio normativo, es necesario poner en la balanza los intereses contrapuestos para jerarquizarlos en atención a salvaguardar los derechos libertarios de cada uno de nosotros.

Hay que hacer hincapié en que las personas que se tatúan, perforan o tiñen lo hacen porque quieren. La ley no lo prohíbe, excepto el tatuaje en casos de menores. El Estado no está allí para pasar juicio sobre los aciertos o desaciertos estéticos de los ciudadanos.

Desde el derecho constitucional estas prácticas han sido contextualizado como ejercicios de expresión y, por tanto, merecedoras de la protección judicial. En algunos casos pudieran calificarse como ejercicios de expresión política o religiosa. Como expresión pueden regularse de ordinario conforme la doctrina de tiempo, lugar y manera. Dentro de este contexto cualquier reglamentación pública debe ser neutral en cuanto a su contenido, y su aplicación debe estar limitado al interés apremiante del gobierno que se pretende proteger.

En otros casos estas prácticas son meros ejercicios de vanidad. Al igual que en la vestimenta, en estos modos de expresión el cuerpo se convierte en un tablón de expresión que transita a través de todos los órdenes sociales, incluyendo el mundo del trabajo. La vanidad y la convicción, por supuesto, no son mutuamente excluyentes.

Como es sabido, en el mundo laboral hay códigos de vestimenta que pueden ir desde regímenes estrictos hasta guías liberales de apariencia. En principio, estos códigos de vestimenta por lo general han sido avalados por los tribunales. En este contexto, un patrono bien pudiera requerir de sus empleados que se cubran los tatuajes para mantener uniformidad en la apariencia (en los puestos de servicio al público), que se remuevan los "piercings" por razón de seguridad (en la manufactura), o se cubran el cabello por razones de sanidad (en los servicios de dispendio de comidas). Una persona que rehúse seguir un código de vestimenta debidamente articulado, pudiera ser razón suficiente para no contratarlo o sancionarlo.

Bajo el Título VII de la Ley de Derechos Civiles, los tribunales han reconocido en asuntos de vestimenta que impliquen derechos civiles protegidos, la necesidad de los patronos de proveer acomodos razonables sin que supongan una onerosidad excesiva

---

Publicado en ***El Vocero de Puerto Rico*** el 1 de diciembre de 2021.

("undue hardship"). En ***EEOC v. Abercrombie & Fitch Stores, Inc.*** (2015), el Tribunal Supremo determinó que bajo la Ley de Derechos Civiles el patrono tiene que hacer los esfuerzos necesarios para acomodar al empleado, en este caso de una mujer musulmana que usaba el tradicional hijab, lo cual constituía una legítima expresión religiosa.

El asunto se agudiza bajo ciertas situaciones que bien pudieran significar un conflicto con otros derechos constitucionales, como el derecho a la libertad de culto y de asociación. A modo de ejemplo, piénsese en una escuela religiosa que no quiere reclutar a una persona como maestro porque tiene el cuerpo tatuado o perforado, y cree que no es un apto modelo para los estudiantes a su cargo cónsono con las creencias religiosas de la institución. En ***Our Lady of Guadalupe School v. Morrisey-Berru*** (2020) el Tribunal Supremo afianzó la excepción ministerial discutida en ***Hosanna-Tabor Evangelical Lutheran Church and School v. EEOC***, (2012), la cual exime a las instituciones religiosas de la aplicación de leyes sobre discriminación en el empleo cuando trata de asuntos de fe y doctrina.

Lo innecesariamente problemático de este proyecto de ley es que desgaja estas prácticas del contexto de la expresión constitucionalmente protegida y le concede protección estatutaria por sí sola, sin atender las razones por la cual un patrono en la legítima persecución de sus intereses patrimoniales y creencias bien pudiera oponerse a ella. Este proyecto de ley es una invitación al litigio.

La racionalidad y el fin de los tiempos

La realidad es más rica que la ficción, sentencia el aforismo. En días recientes se supo que en el bosque Guilarte de Adjuntas un grupo de creyentes se reunieron en anticipación del fin de los tiempos, en esta ocasión por terremoto o tsunami. Durante el culto, la pastora aprovechó para ungir al Senador Albert Torres Berríos del PPD como rey. No está del todo claro porque hace falta un rey si el mundo está por terminar. Será que el mesías vendrá, como comentaba Kafka, no en el último día, sino en el día después, cuando ya no sea necesario.

Al enterarse de la noticia la Senadora María de Lourdes Santiago del PIP aprovechó el momento para criticar al Senador Albert Torres Berríos. Como es posible – parafraseo - que un Senador, llamado a proteger el medio ambiente como Presidente de la Comisión de Recursos Naturales del Senado, participe de unos actos de cuestionable racionalidad. Según la Senadora, si algo caracteriza la labor legislativa del estado secular es su racionalidad, aunque no se esté muy claros qué significa eso. El pez muere por la boca.

La creencia en el fin de los tiempos y la intervención divina en la historia es uno de los fundamentos del cristianismo, en todas sus vertientes. Algunos grupos evangélicos y carismáticos de ordinario están más atentos al momento escatológico de sus creencias. Cuando las cosas van mal, la esperanza se refugia en el día después. Aún el cristianismo más platonizado y privatizado admite como parte de su dogma que la historia de la humanidad tendrá su fin, y que el Reino de Dios se instaurará en algún momento futuro. El pudor teológico los lleva a guardar esas creencias en el armario de la fe.

Los grupos religiosos tradicionales que han logrado afianzarse en las estructuras políticas y económicas del presente – piénsese en la Iglesia Católica y las Iglesias Protestantes llamadas histórica - tienden a minimizar sus creencias escatológicas por razones

Publicado en ***El Vocero de Puerto Rico*** el 7 de enero de 2022.

evidentes: tienen un interés patrimonial que defender. El fin de los tiempos no propende a una sana administración.

En tiempos de crisis, la veta apocalíptica cobra preminencia. Piénsese en el mesianismo judaico que llevó a la destrucción del Templo en el año 70 A.D., el milenarismo campesino de Thomas Muntzer en el siglo XVI y la rebelión Taiping en China en el siglo XIX, por mencionar algunos. En nuestro tiempo secularizado, donde la creencia y práctica religiosa es entendida como un derecho constitucional protegido, la visión apocalíptica se manifiesta en eventos de avivamiento colectivo.

No es de extrañar en estos tiempos de debacle económica y política, de huracanes, terremotos y pandemia, que algunos interpreten estos eventos como signos del porvenir. A nadie le está impedido a entender a la historia desde sus preconcepciones, sea desde el cristianismo escatológico o el materialismo histórico. Estas creencias, hay que decirlo, no están fundadas sobre la racionalidad sino sobre la fe, no por ello inadmisibles. No hay que creer en las doctrinas milenarias-escatológicas para entender que representan una corriente constante y persuasiva en el pensamiento judeo-cristiano, que les imparten urgencia a los reclamos del presente.

Es en este contexto que el llamado a la racionalidad que hace la Senadora María Lourdes Santiago contra el mesianismo abochornado del Senador Albert Morales Berríos se nos presenta como una instancia de lo real maravilloso. A la vez que critica la irracionalidad de las creencias religiosas de otros, en otros espacios políticos invoca el derecho natural como una revelación y profetiza a cada momento el porvenir de la historia y la liberación del pueblo de Puerto Rico. Es decir, la historia como Éxodo.

Nadie tiene el monopolio sobre la racionalidad. Las diversas aproximaciones a la racionalidad, desde el empirismo científico hasta la inteligencia artificial, entre otras, sugieren que todavía no estamos muy convencidos sobre sus fundamentos epistémicos. En todo caso, la concepción social de lo racional supone como mínimo un espacio compartido de prácticas y creencias, en donde los seres humanos puedan intercambiar sus opiniones sin tener que recurrir a la coacción para imponer su voluntad. Las creencias religiosas de todo tipo son un componente de ese espacio compartido. Si comenzamos a excluir la irracionalidad del debate público pronto acabaremos mudos.

Los cuerpos legislativos, que por definición son instituciones normativas, tienen como singular propósito la articulación e imposición de sus deliberaciones bajo el manto de la legalidad. En la medida en que los miembros de estos cuerpos son electos en procesos políticos legítimos – no como el de la Nicaragua de Ortega y Murillo - son representativos de una multitud de voces y perspectivas. Sus opiniones y creencias son parte integral del proceso democrático. Nuestro modelo político está predicado en la experiencia histórica, en la separación de poderes y la defensa de los derechos individuales, no en preconcepciones *a priori* de la racionalidad.

Cuando un político reclama a otro con la clarividencia que le da su opinión sobre lo que constituye la racionalidad, censurando a otro por sus creencias religiosas, estamos ante una iteración del dogmatismo secularizado. ¿Será esto un signo del final de los tiempos?

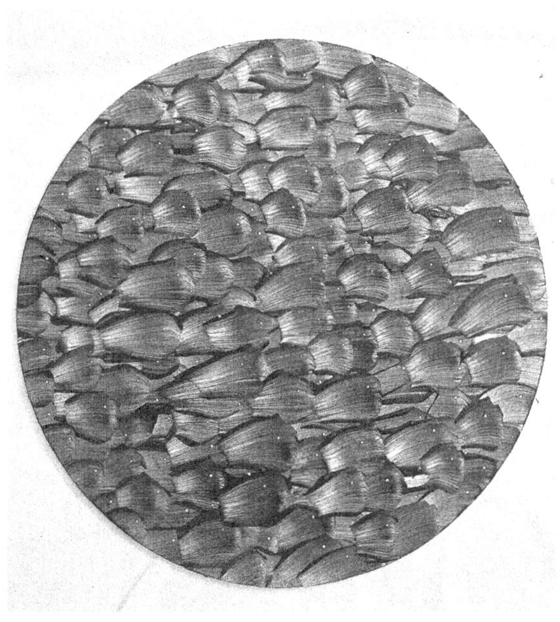

La guerra y los límites del Derecho

Si por Derecho entendemos la ciencia de la normatividad, es decir, la articulación de la legalidad con miras a limitar la conducta humana de su siempre presente proclividad al exceso, la guerra supone su incapacidad ante el ejercicio de esa voluntad.

Desde la perspectiva histórica, la guerra entre grupos humanos, sean tribales o entre naciones-estados, es la manera en que se han atendido y resuelto decisivamente los conflictos. Concluidas las conversaciones interminables y agotados los mecanismos diplomáticos, las diferencias se atienden mediante el uso de la fuerza. La perenne pregunta, claro está, es si el uso de la fuerza le concede la razón a quien finalmente prevalece. Nada más decisivo, por ejemplo, que la batalla de Maratón o de Lepanto.

El Derecho se presenta en escena para adjudicar las responsabilidades, como el búho de Minerva, después que la sangre y la violencia y el sufrimiento se han asentado sobre la tierra. No solo la Historia está escrita por los victoriosos. Todo reclamo de justicia viene mediatizado por esta realidad histórica.

Escribiendo desde su experiencia de la guerra civil inglesa (1642-1651) Thomas Hobbes ensayo acaso la descripción pesimista más profunda de la condición humana al calificar el estado de naturaleza como uno de guerra de todos contra todos. Como diría en el ***Leviatán***, la vida en su estado natural es solitaria, pobre, desagradable, bruta y corta. No hay que aceptar la idea de un estado de naturaleza originaria para admitir la realidad de la crueldad humana. El Estado (como monstruo bíblico) es, según Hobbes, la respuesta a esa brutalidad.

Esa misma historia nos sugiere, sin embargo, que la vida en sociedad también puede ser igualmente violenta y abyecta. Basta con recordar la experiencia de la Alemania Nazi y del estalinismo soviético. En ambos casos – no son los únicos ejemplos, por supuesto - el Derecho jugó el nefasto papel de habilitador del totalitarismo. Sirva esto como lección cautelar a nuestra romántica y peligrosa inclinación de sobreestimar el estado de derecho como defensor de la dignidad humana en el entramado histórico.

Si la guerra es, según Clausewitz, la continuación de la política por otros medios, ¿qué dice esto del Derecho como extensión de lo político? He aquí acaso la contradicción central del Derecho como disciplina: su reclamo de someter la conducta humana a la exigencia de la normatividad es consecuencia de esa misma violencia que intenta limitar. Esta contradicción tradicionalmente se sublima recurriendo al Derecho Natural, a la trascendentalización de los principios, como criterios rectores universales de lo humano. Esta sublimación queda desmentida, tanto por nuestra inhabilidad de asentar tales principios sobre fundamentos puramente racionales, como ejemplifica el elocuente fracaso de Kant, como por la predecible corrupción y decadencia de las instituciones creadas por el ser humano para dispensar justicia. El monopolio de la violencia reclamado por el Estado moderno deviene eventualmente en su ilegitimidad política.

Desde la perspectiva antropológica es interesante notar como aún en la guerra, donde uno pensaría que por definición no hay necesidad de la normatividad, el ser humano ha ido articulando toda una serie de reglas para "humanizar" el confrontamiento bélico. El temor al revanchismo lleva a los combatientes a admitir alguna reciprocidad entre ellos, aunque sea negativa. Los diversos Tratados de Ginebra sobre la conducción de la guerra son ejemplos paradigmáticos de estos esfuerzos por mitigar su crudeza. En esta misma vena, el historiador militar John Keegan argumentaba contra Clausewitz que la guerra es un fenómeno cultural que debe entenderse como una manifestación de nuestra agresiva naturaleza.

De la teoría agustiniana de la guerra justa a la justificación del terrorismo por grupos marginales, los principios que informan la manera en que se debe practicar la guerra son admitidas por sus participantes en su incumplimiento. A modo de ejemplo, la creación del Tribunal Penal Internacional para enjuiciar crímenes de guerra, son un

Publicado en ***El Vocero de Puerto Rico*** el 18 de marzo de 2022.

intento internacional e institucional por someter el ejercicio de la guerra al Derecho. Aún cuando la experiencia de los juicios de Nuremberg después de la Segunda Guerra Mundial siguen siendo el paradigma a seguir, no se debe perder de vista que ese Tribunal Militar Internacional fue criatura de la victoria de los aliados en la guerra. En la medida en que la jurisdicción del Tribunal Penal Internacional suponga la rendición parcial de la soberanía nacional es muy difícil que logre la aceptación generalizada de las naciones estados, particularmente de las de mayor ascendencia política y militar. No debe sorprender que ni Estados Unidos, ni Rusia, ni China, ni India, entre otros, hayan ratificado la creación de este Tribunal Penal Internacional.

El Derecho fluye desde la soberanía, y la soberanía es un ejercicio de voluntad. La guerra pone en evidencia los límites del Derecho.

La amenaza del uso de armas nucleares

Al inicio de la invasión de Ucrania, el presidente ruso Vladimir Putin lanzó la amenaza del uso de armas nucleares si las fuerzas armadas de la OTAN fueran a intervenir en el conflicto, poniendo en estado de alerta sus fuerzas nucleares. Estados Unidos y la OTAN respondieron inmediatamente diciendo que no había tal intención, rechazando incrementar el nivel de alerta de sus respectivas fuerzas nucleares, pretendiendo con ello desescalar la retórica bélica rusa. Ucrania, señalaron los portavoces de Estados Unidos y la OTAN, no es miembro de la OTAN razón por la cual no puede reclamar la protección del tratado que obliga a sus miembros a repeler cualquier agresión contra cualquiera de sus miembros bajo su artículo 5.

Este intercambio diplomático y legalista en las primeras etapas de la guerra han sentado la tónica de la respuesta de los Estados Unidos y la OTAN, que han intentado trazar una ruta intermedia, apoyando política, económica y materialmente a Ucrania, pero evitando intervenir directamente por temor a precipitar una Tercera Guerra Mundial. Estos temores son fundados.

Por la seriedad que supone la posibilidad de una guerra nuclear para todos nosotros es necesario que abordemos los fundamentos e implicaciones de las posiciones adoptadas por Rusia por un lado, y por lo Estados Unidos y la OTAN por el otro, de manera que seamos conscientes del riesgo al cual estamos expuestos.

Durante la Guerra Fría la doctrina de MAD ("Mutual Assured Destruction") lograba que las potencias nucleares mantuvieran en perspectiva que en una guerra con armas nucleares no habría victoriosos. Una Cuarta Guerra Mundial, decía Einstein, se pelearía con palos y piedras.

A raíz del colapso de la Unión Soviética, una de las consideraciones primordiales era como disponer de las armas nucleares, ahora en manos de las repúblicas independientes. Como parte de su adhesión

Publicada en ***El Vocero de Puerto Rico*** el 24 de marzo de 2022.

al Tratado de No-Proliferación de Armas Nucleares, en 1994 Ucrania suscribió con Rusia, el Reino Unidos y los Estados Unidos un Memorando sobre garantías de seguridad, conocido como el Memorando de Budapest.

En este memorando los signatarios acordaron respetar la independencia, soberanía y las fronteras existentes de Ucrania. De mayor importancia para la crisis que hoy enfrentamos, los signatarios reafirmaron su obligación de no amenazar o usar la fuerza contra la integridad territorial e independencia de Ucrania, y que ninguna de sus armas se utilizarían en su contra salvo en casos de defensa propia y de conformidad con las Carta de las Naciones Unidas. Los signatarios también acordaron asistir a Ucrania ante el Consejo de Seguridad de las Naciones Unidas en casos de incumplimiento. A cambio de lo anterior, Ucrania acordó eliminar las armas nucleares de su territorio.

La notable omisión del Memorando de Budapest es la falta de disposiciones que contemplen un remedio en caso de incumplimiento. A lo más que se obligaron los signatarios fue a consultarse en casos que surgiera alguna situación que levantara preguntas referentes a las obligaciones contraídas. El 22 de febrero de 2022 el Presidente de Ucrania Volodymyr Zelensky expresó que luego de varias consultas hechas por Ucrania, ya desde la invasión a Crimea en el 2014, había que poner en duda su eficacia y continuidad.

Entre tantas otras consecuencias, la guerra entre Rusia y Ucrania, suponen una herida profunda al Tratado de No-Proliferación de Armas Nucleares. Basta pensar que si Ucrania hubiera retenido sus armas nucleares no estaría en la situación precaria en que ahora se encuentra. La lección está a la vista de todas las naciones del mundo.

A petición de las Naciones Unidas, el 8 de julio de 1996 la Corte Internacional de Justicia emitió una opinión consultiva sobre la legalidad de la amenaza o uso de armas nucleares. Esta opinión consultiva declaró que la amenaza o el uso de armas nucleares en casos de guerra era contrario a la Carta de las Naciones Unidas, aunque dejó la puerta abierta para casos de defensa propia.

De igual manera resolvió que la amenaza y uso de armas nucleares en un conflicto bélico tiene que ser compatible con el derecho internacional, y que en casos de agresiones injustificadas, la amenaza y uso de armas nucleares siempre sería contrario al derecho internacional.

El 2 de marzo de 2022 la Asamblea General de las Naciones Unidas, en votación de 141-5 (con 35 abstenidos), aprobó una resolución condenando la invasión rusa. Esta resolución es similar en lenguaje a la resolución vetada por Rusia en el Consejo de Seguridad el 25 de febrero de 2022.

Para nuestros propósitos lo importante es destacar como el uso y la amenaza de uso de armas nucleares se atiende bajo una misma hipótesis. La mera amenaza de usar las armas nucleares a modo de chantaje, como la hecha por Putin al inicio de las invasión, supone *de iure* una violación al derecho internacional, la cual no puede tolerarse.

En esta tesitura, las acciones de los Estados Unidos y la OTAN, imponiendo sanciones económicas robustas a Rusia y enviando asistencia económica y militar a Ucrania, son una respuesta proporcional y correcta a la agresión rusa. No debe haber controversia a nivel internacional de la imperiosa necesidad de detener y revertir la conducta criminal de Putin. Todas las alternativas tienen que estar sobre la mesa.

Contra el derecho natural

Hay quienes postulan al derecho natural como fundamento jurídico-filosófico necesario para asentar los derechos humanos, como por ejemplo el proyecto de ley HR 2070, "The Puerto Rico Self-Determination Act", hoy ante el Comité de Recursos Naturales de la Cámara de Representantes de los Estados Unidos. Sin el derecho natural, se arguye, no habría manera de que se pudiera contrarrestar y corregir los excesos y desmanes de las convenciones sociales e históricas del momento. Este aproximación es problemática por razones filosóficas como jurídicas, y corre el continuo riesgo de entronizar nuestros prejuicios e intereses bajo el manto de una moralidad abstracta de poco contenido existencial.

En términos generales, hay cuatro argumentos ensayados de una manera u otra para fundamentar el derecho natural sobre bases racionales. Primero, se dice que captamos el derecho natural a través de los sentidos. Vemos que la naturaleza tiene sus ciclos, y que todo ocurre de manera periódica y repetitiva. Podemos inferir razonablemente que el ser humano como parte de esa naturaleza está sujeto a esos mismos ciclos periódicos y repetitivos. Si en efecto hay normas que describen y regulan a la naturaleza, le sigue que el ser humano también está sujeto a esas normas, como argumentaba Cicerón en *De Legibus.*

Este es un argumento analógico, estrategia retórica favorecida por los *ius naturalistas*. El argumento por analogía siempre es uno por aproximación, nunca definitivo. Esto se parece a aquello, sugieren las analogías, por lo tanto, es cierto. El hecho de que haya una similitud o disimilitud no implica identidad. En la noche oscura, observaba Hegel, todas las vacas son negras.

Los ciclos de la naturaleza son propios de ella, independientemente de nuestro entendimiento de ellos. Los principios que inferimos para describirlos no los regulan. El primer principio de termodinámica de Newton, la teoría de la relatividad de Einstein o el teorema de la indeterminación de Gödel, son – no obstante sus elevadas abstracciones - descripciones y proyecciones son la realidad física. Es decir, no son normas prescriptivas. El argumento clásico del derecho natural supone una correspondencia entre nuestra naturaleza y nuestra normatividad. Esa alegada correspondencia tiene igual número de excepciones que la desmienten.

Un segundo argumento aduce que, como ser social, el ser humano reproduce en sociedad las prácticas y conductas que le son propias a su naturaleza. Lo socio-histórico no está reñido *a priori* con la naturaleza. El ser humano aspira a conciliar su estado de naturaleza con su condición socio-histórica - como el Leviatán de Hobbes - y las leyes que articula persiguen atemperarse a los principios universales que le son propios.

Si la historia es un producto de la humanidad, como sugería Vico, entonces los principios que aspiran a describirlas también lo son. Esta es el nervio epistémico que separa el pensamiento histórico del pensamiento científico moderno. Cualquier articulación del derecho natural que pretenda prescribir la conducta humana que no tome en consideración su propia historicidad está condenada a la cosificar a la racionalidad.

En la era del antropoceno, la dicotomía entre nuestra naturaleza y nuestra historicidad se ha tornado peligrosamente adversativa. La idea de una humanidad en estado de naturaleza, propio de las teorías contractualistas de la modernidad, no pasa de ser una conceptualización creada para justificar el Estado moderno. Entendida desde la muerte de Dios, el derecho natural se entiende como justificación, no como condición, del derecho positivo.

Un tercer argumento es que además de ser una exhortación moral, también es una descripción objetiva de la realidad, que transciende las limitaciones impuestas por nuestra voluntad y racionalidad en tiempo y espacio. La universalidad de ciertos principios como el derecho a la vida, a la seguridad, a la libertad, entre otros, son prueba de su existencia.

El derecho natural, como corriente filosófica contemporánea, adopta una aproximación procesalista.

Esta columna se publicó en ***Microjuris al día*** el 10 de abril de 2022.

Frente a la dificultad de articular principios universales que superen las acusaciones de imperialismo, de colonialismo, o de cualquier otra crítica histórica, el derecho natural contemporáneo se enfoca en articular las condiciones para la posibilidad de este o aquel principio. Esta aproximación kantiana se repite en Fuller, Rawls y Habermas, entre otros. Óptimamente, estas aproximaciones buscan salvaguardar ese espacio crítico de las complacencias del *status quo*. Arguíblemente, reproducen la misma complacencia que cuestionan.

La concepción procesalista, sin embargo, está predicada sobre un prejuicio moral que supone a un nivel de generalidad un entendido compartido sobre lo bueno y lo bello, a lo largo y ancho de nuestra humanidad. Nuestra historia sugiere lo contrario. La razón no vive en la abstracción, y el mero hecho de que se postule un principio universal no le confiere por ello realidad. Ya el padre Gaunilo le anticipaba a San Anselmo, que el hecho de que uno conciba una idea no significa por esa sola razón que exista.

Por último, se plantea que, *si* se admite la universalidad de las matemáticas a modo de ejemplo, le sigue que hay que admitir que la razón es capaz de articular principios *a priori* que no están sujetos a la experiencia y que la verdad de sus proposiciones no depende de ella. Como diría Kant, el hecho de que el conocimiento empiece con la experiencia, no significa que termine en ella. De la misma manera, los principios del derecho natural son principios universales accesibles a la razón, y como tales, no están sujetas a modificaciones por los cambios históricos, aunque en la práctica no se apliquen consecuentemente.

Este planteamiento va al nervio del problema: ¿qué entendemos por la verdad? Si la verdad es meramente una convención social, no hay manera de escapar el vórtice de nuestras opiniones. En cambio, si la verdad es un principio inmutable susceptible de ser entendida por la razón, entonces puede ser posible articular algún principio que evite la radical contingencia de nuestra historicidad. El problema, por supuesto, reside en que históricamente toda articulación normativa, por universal que sea, desemboca en su inevitable especificidad. Nadie tiene un acceso privilegiado a la verdad. Puede que haya un derecho natural - parafraseando a Kafka - pero no para nosotros.

El fraude de la ley

El acto realizado al amparo de una ley, que persigue un resultado prohibido o contrario al ordenamiento jurídico, se considera ejecutado en fraude de la ley y no impide la debida aplicación de la ley que se haya tratado de incumplir.

Artículo 17 del Código Civil del 2020, 31 L.P.R.A. §5336

Vamos por partes.

"El acto realizado al amparo de una ley..." El acto en cuestión reclama haberse hecho al amparo de ley, lo cual supone *prima facie* su legalidad.

"...que persigue un resultado prohibido o contrario al ordenamiento jurídico..." La finalidad del acto hecho al amparo de la ley persigue un resultado prohibido o contrario al ordenamiento jurídico. Pero, si el acto está hecho al amparo de la ley, ¿cómo puede ser contrario al ordenamiento jurídico? ¿Acaso no es la ley invocada parte de ese mismo ordenamiento? Y si en efecto el acto está amparado por la ley, ¿no es su resultado el previsto por ella?

"...se considera ejecutado en fraude de ley..."¿-Quién considera? ¿Dónde reside la frustración del propósito de la ley: en el acto en sí o en la invocación de su protección por la ley? Si la frustración reside en el acto mismo, no cabe hablar de fraude de ley, sino meramente de un acto ilícito. Si la frustración reside en el texto de la ley entonces, ¿será el problema de la legalidad misma y no del acto en sí?

"...y no impide la debida aplicación de la ley que se haya tratado de incumplir..." Ahora aparece otra ley, la que se ha tratado de incumplir. Hay que suponer no es la misma que se invocó para justificar el acto ahora impugnado. ¿De dónde vino esta otra ley? ¿Quién invoca como incumplida para oponérsela a la otra?

El artículo 17 anticipa e impide el uso de una ley para justificar algún acto que estaría reñido con otra. Esta hipótesis tiene dos aproximaciones, ambas neuróticas.

Una primera aproximación invita al lector a contemplar la letra de una ley que está tan torpemente articulada que su significado se presta a una aplicación contraria a su propósito. El espacio entre el sentido y la intención del texto queda expuesto como una herida abierta.

Una segunda aproximación implica hacer suyo la contradicción entre la ley invocada y la ley incumplida, distinguiendo como cuestión de interpretación entre una ley favorable y otra odiosa, ello en virtud de la propia ley.

Como concepto, el fraude de la ley reside en un espacio filosófico-jurídico abstracto, lejos de las concesiones que a diario hacemos a nuestros intereses y prejuicios. Como tal supone un reconocimiento de la imperfección de toda norma y de su inhabilidad de anticipar las mil y una permutaciones de la conducta humana que a diario minan su propósito. En fin, a nadie le está permitido ver más allá de sus propias narices.

Leída de la manera más favorable, la prohibición es una admisión de la necesidad de tutelar la legalidad desde la ética en su sentido más propio. Los reclamos de la justicia no quedan agotados por la legalidad. Es un asunto de higiene metodológica que el Derecho positivo mantenga esta intuición a distancia, remitiéndola a los principios generales que informan el ordenamiento jurídico. *Infraudem legis facit, qui, salvis verbis legis sentenciam eius circunvenit,* citaba el Digesto al tratadista Paulo.

Como estatuto, sin embargo, el fraude de la ley desemboca en la contradicción. El choque entre la ley invocada y la ley incumplida es la esencia del fraude.

Si la ley prohíbe el uso de una ley para obtener un fin contrario a otra ley, le sigue lógicamente que el precepto en sí mismo no debería invocarse para socavar lo que otra admitiría. Esto exactamente es lo que parece autorizar el estatuto: proteger a la ley de sí misma.

Cuando se persigue justificar alguna acción al amparo de una ley, bastaría de ordinario leer y entenderla en su recta perspectiva para concluir si le aplica o no. Si resulta que no le aplica allí acabaría el análisis. Si resulta que le aplica, pero a juicio de algún portero kafkiano fuera contrario a su propósito, y hubiere otro precepto incumplido, entonces la invocación estatutaria del fraude autorizaría su derrota. ¿Acaso no es esto exactamente lo que el principio pretende evitar?

Operamos bajo la peligrosa ilusión de un ordenamiento jurídico liso, sin fallas o fracturas. Nos aproximamos a él desde el interés del Estado y no desde la experiencia vivida de las gentes. A mayor normatividad, mayor inflexibilidad y privación de la libertad. La codificación de los principios generales de derecho denota una falta de prudencia que termina por desarticularlos.

La ignorancia de la ley no exime de su incumplimiento, pontifica el artículo 12 del nuevo Código Civil, dicho esto desde las alturas de la celosa normatividad. Resulta ahora que el conocimiento y cumplimiento con la ley tampoco nos exime.

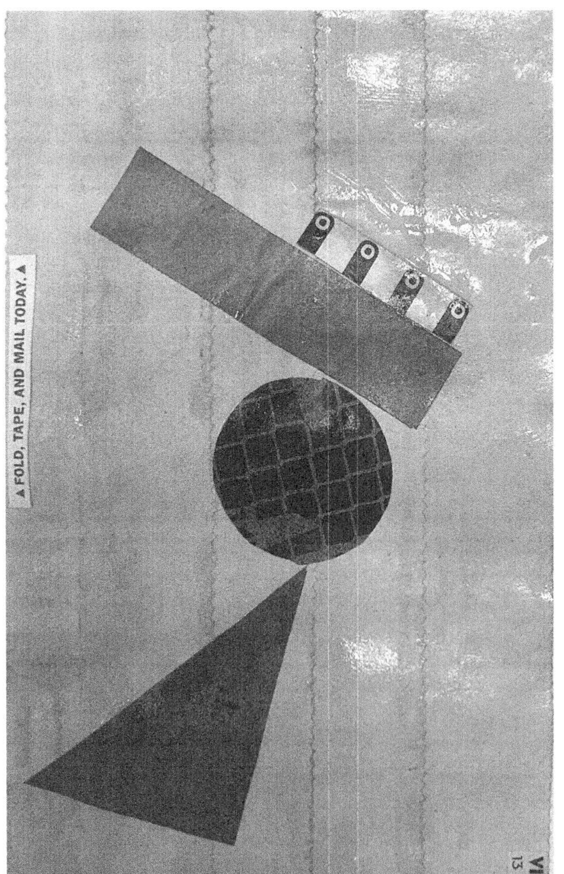

El P. del S. 326: ¿Acoso Legislativo?

El P. del S. 326 busca incluir el llamado "acoso callejero" como una modalidad del delito de hostigamiento sexual bajo el artículo 135 (a) del Código Penal vigente. Este proyecto fue aprobado en el Senado por una abrumadora mayoría, y está ahora ante la consideración de la Cámara de Representantes. Como ya nos tienen acostumbrados, algunos legisladores no pierden la oportunidad para promover legislación sin darle importancia a las implicaciones o consecuencias de sus propuestas en nuestro entramado político-constitucional. Como buenos jacobinos, la complejidad de la realidad tiene que ceder ante la pureza de sus alucinaciones moralistas. Esta actitud denota una falta de prudencia y de entendimiento de los fines de la normatividad en una sociedad democrática que aspira a la protección de los derechos individuales de todos los ciudadanos.

Hay que comenzar señalando que el artículo 135 del Código Penal vigente ya tipifica como delito grave el acoso sexual en el ámbito laboral. De igual manera la Ley 84-1999 contra el acecho tipifica como delito menos grave o grave, según las circunstancias, toda persona que intencionalmente manifieste un patrón constante o repetitivo de conducta de acecho dirigido a intimidar a una determinada persona a los efectos de que ella, o cualquier miembro de su familia podría sufrir daños, en su persona o en sus bienes; o que mantenga dicho patrón de conducta a sabiendas de que determinada persona razonablemente podría sentirse intimidada. En la definición de acecho se incluye amenazas escritas, verbales o implícitas a determinada persona. Ambos preceptos están predicados en una conducta intencional dirigida a causarle daño a otra persona. Por otro lado, el artículo 241 del Código Penal tipifica la alteración a la paz, la cual bien pudiera ser aplicable en casos de esta naturaleza.

Uno se pregunta cuál es la necesidad de legislar un nuevo delito, el cual ya aparenta estar contemplado en nuestro ordenamiento. Una lectura detenida

Esta columna se publicó en ***Microjuris al día*** el 3 de mayo de 2022.

del texto propuesto nos da la clave. Dispone el texto: "Toda persona que incurra en actos o gestos obscenos verbalizados, de improperios o piropos de naturaleza sexual a una tercera persona, en espacios públicos o cuasi públicos, y que mediante este comportamiento provoque una situación que resultase intimidatoria, degradante, hostil o humillante para la víctima, será sancionada con la obligación de asistir a un Taller de Sensibilización contra el Acoso Callejero y multa de cincuenta (50) dólares, o en la alternativa, labor comunitaria que sustituya la multa."

El primer problema que tiene esta tipificación se encuentra en su primera frase. Salta a la vista que el delito propuesto no requiere intención criminal. Con meramente incurrir en el acto o gesto obsceno verbalizado se comete el delito. Es decir, la conducta delictiva se configura con la mera expresión. Al equiparar la expresión con la conducta el texto colisiona con las garantías constitucionales de libertad de expresión y nos obliga a atender el tipo de expresión que se pretende sancionar.

Si bien es cierto que el material obsceno ha sido excluido históricamente de la protección de la libertad de expresión, no es menos cierto que la doctrina jurisprudencial ha tenido mucha dificultad en articular exactamente en qué consiste la obscenidad en la expresión. En ***Miller v. California*** (1973) el Tribunal Supremo señaló que para calificar un material como obsceno este deberá (i) atraer el interés lascivo de una persona promedio; (ii) ilustrar la conducta sexual de una "manera obviamente ofensiva" según lo definen los estándares de la comunidad; y (iii) tomado en su conjunto, no debe tener valor literario, artístico, político o científico serio. Los intentos posteriores de aplicar estos criterios han demostrado lo eminentemente subjetivo que es toda definición de la obscenidad. Basta con recordar la exasperada expresión del Juez Asociado Stewart en ***Jacobellis v Ohio*** (1964) al tratar de definir la pornografía: "I know it when I see it".

Por otro lado, el mero uso de palabras "obscenas" no supone de por si un ejercicio de acoso callejero. Pienso, por ejemplo, en el conocido caso de ***Cohen v. California*** (1968) donde la expresión "f*ck the draft" escrita en una chaqueta en protesta contra la guerra de Vietnam constituía un ejercicio protegido de expresión política. Valga la observación: no toda expresión de contenido sexual constituye de por si un "gesto obsceno verbalizado".

Además, el artículo 2 del Código Penal recoge el principio de legalidad el cual requiere que el delito tipificado esté expresamente definido. Al proyecto no definir qué constituye un "gesto obsceno verbalizado" o un "improperio o piropos de naturaleza sexual" su significado y alcance no está muy claro. ¿Qué exactamente constituye un gesto obsceno verbalizado? No es difícil advertir los retos judiciales por su vaguedad y excesiva amplitud.

En el fondo, lo que late en este proyecto es un cierto puritanismo proselitista; una pretensión de que las personas hablen como ellos quieren que hablen, piensen como ellos quieren que piensen, expuestos al poder del Estado para enviarlos a campos de adoctrinamiento moral cuando transgredan la ley. ¿Acoso legislativo?

Hermenéutica neurótica

"El contrato", declara el artículo 1237 del nuevo Código Civil, 31 L.P.R.A. §9771, "queda perfeccionado desde que las partes manifiestan su consentimiento sobre el objeto y la causa, salvo en los casos en que se requiere el cumplimiento de una formalidad solemne o cuando se pacta una condición suspensiva".

Este precepto recoge en su primera cláusula la tradicional doctrina sobre los elementos esenciales para que se configure el perfeccionamiento de un contrato: objeto, consentimiento y causa. Acto seguido, hace excepción en lo referente a los contratos *ad solemnitatem* o, y aquí lo problemático, "cuando se pacta una condición suspensiva".

El significado textual que se desprende de este artículo es que un contrato sujeto a una condición suspensiva no queda perfeccionado. Es decir, no obstante que el contrato goce de los elementos esenciales del objeto, consentimiento y causa, su perfeccionamiento queda en entredicho. En estricta juridicidad, al no haber perfeccionamiento no hay vínculo jurídico, y por tanto no hay contrato. "Cuando la letra de la ley es clara y libre de toda ambigüedad su texto no debe menospreciarse bajo el pretexto de cumplir su espíritu", nos advierte el artículo 19 del Código Civil, 31 L.P.R.A. §5341.

¿Cuál es el verdadero sentido de esta excepción? ¿Habrá querido el legislador – ese animal mítico de la selva hermenéutica- decir que no hay contrato cuando éste queda sujeto a condición suspensiva? Pero si el propio texto reconoce que se pactó una condición suspensiva en el contrato, ¿entonces no le sigue que hay que admitir que hay un contrato? De lo contrario no habría condición suspensiva que impidiera su perfeccionamiento. En otras palabras, porque hay un contrato, no hay un contrato. La contradicción es inevitable.

Ese mismo animal mítico nos alienta en el artículo 23 del Código Civil, 31 L.P.R.A. §5345, señalado que "[c]uando las palabras de una ley son ambiguas, su sentido debe buscarse en su espíritu o en su intención, en su contexto y en comparación con otras palabras y frases que se relacionen". Con miras a evitar la conclusión preliminar arriba anticipada, me remito al artículo 303 del Código Civil, 31 L.P.R.A. §6241, que define una condición como un tipo de obligación que "supedita la eficacia de un negocio jurídico a que ocurra un hecho positivo o negativo, futuro e incierto". Añade la próxima oración, dicha condición es suspensiva "[...]si ocurrido el hecho se produce el efecto del negocio jurídico".

El negocio jurídico, a su vez, lo define el artículo 268 del Código Civil, 31 L.P.R.A. §6121, como "el acto jurídico voluntario lícito que tiene por fin directo establecer, modificar o extinguir relaciones jurídicas". El contrato es el negocio jurídico por antonomasia.

Al contrastar el artículo 1237, *supra*, con el 303, *supra*, es evidente que la condición suspensiva tiene diferentes consecuencias jurídicas según el precepto que se invoque. En uno le niega existencia al contrato, en el otro defiere sus efectos, aunque lo admite.

En materia contractual, su existencia es fundamental toda vez que de él dimana el vínculo jurídico entre las partes y sus respectivas prestaciones y acreencias. Si no hay contrato, no hay vínculo y, por tanto, no hay responsabilidad *ex contractu*. Bajo el Código Civil anterior y la doctrina centenaria, si hay un contrato sujeto a condición suspensiva, hay vínculo, y hay responsabilidad contractual, pero su exigibilidad queda supeditado al hecho estipulado.

Basta con pensar en la cantidad de contratos otorgados todos los días a lo largo y ancho de Puerto Rico en los cuales las partes sujetan el cumplimiento de alguna obligación contractual a un evento futuro e incierto. A modo de ejemplo entre tantos otros, piénsese en la promesa de compraventa de un terreno pendiente de obtenerse un permiso de segregación de OGPe.

Bajo una lectura textualista del artículo 1237, *supra*, una parte bien pudiera alegar que, no habiéndose dado la condición suspensiva pactada,

Publicado en ***Microjuris al día*** el 1 de mayo de 2022.

el contrato no se ha perfeccionado, razón por la cual no hay responsabilidad contractual exigible. La parte contraria, en respuesta, alegaría bajo el artículo 303, *supra*, que la condición suspensiva solo posterga el efecto del contrato, pero no niega su existencia, razón por la cual el acreedor pudiera buscar la protección judicial para salvaguardar sus derechos, como lo contempla el artículo 305 del Código Civil, 31 L.P.R.A. §6243, o si el deudor lo impide, que se dé por cumplida, como dispone el artículo 307 del Código Civil, 31 L.P.R.A. §6245.

El artículo 20 del Código Civil, 31 L.P.R.A. §5342, pontifica que "[p]ara descubrir el verdadero sentido de una ley cuando sus expresiones son ambiguas, se considerará su razón y su espíritu, mediante la atención a los objetivos del legislador, a la causa o el motivo para dictarla". Si el artículo 1237, *supra*, constituye la verdadera intención legislativa, entonces los artículos 303, 305 y 307, *supra*, son un error. En cambio, si los artículos 303, 305 y 307, *supra*, son la verdadera intención legislativa, entonces la última cláusula del artículo 1237, *supra*, es un error. Los preceptos no son armonizables, y las contorciones hermenéuticas no son capaces de rescatar la mal llamada intención legislativa de su error estatutario.

En el ejercicio interpretativo los principios hermenéuticos elevan sus alas como el búho de Minerva al caer la tarde. Cuando la letra de la ley no es clara y está llena de ambigüedades no queda más remedio que menospreciarla so pretexto de salvaguardar la racionalidad.

La interpretación literal

Cuando la ley es clara y libre de toda ambigüedad, su texto no debe menospreciarse bajo el pretexto de cumplir su espíritu.

Artículo 19 del Código Civil de 2020, 31 L.P.R.A. § 5341

La literalidad, o la esperanza de que las palabras significan lo que denotan, obtiene su rigor interpretativo a expensas de su amplitud. Invirtiendo el refrán: el que mucho aprieta, poco abarca.

Cuando digo, por ejemplo, que la ley es clara, quiero decir eso mismo, que la ley es clara. La claridad supone de una cierta testarudez tautológica, que descansa a su vez en una implícita ignorancia compartida. Todos sabemos lo que significan las palabras mientras no se nos pregunte.

Aun la ley más clara, como alguna vez ha dicho el tribunal en un breve momento de lucidez, requiere de alguna interpretación.

Toda palabra está definida por otras palabras, y esas palabras por otras. El lenguaje es, en metáfora de Wittgenstein, como las calles de una ciudad, se puede llegar a diferentes puntos de diversas maneras. Difícil creer, por lo tanto, que se pueda contener su exuberancia semiótica.

Ante la torre babélica, la literalidad pretende domesticar este salvajismo metafórico mediante una voluntariosa restricción contextual. "Cuando uso una palabra," decía Humpty Dumpty como todo buen originalista, "significa exactamente lo que yo quiero que signifique, ni más ni menos."

Esta pretensión es perfectamente entendible desde la perspectiva jurídica. Para que una ley cumpla su función normativa debe estar claro lo que comanda. De lo contrario, ¿para qué la ley?

Como principio hermenéutico, la literalidad impone una cierta disciplina adjudicativa que controla ese afán oracular que reside en todos nosotros. El peligro está en creerse que éste es el único principio hermenéutico relevante.

No obstante, los contextos se imponen. La literalidad se articula dentro de un marco jurídico-político. Otros contextos inciden: económicos, sociales, históricos, literarios… Aún los contextos requieren de contextualización, *ad infinitum*. La ambigüedad es constitutiva de la textualidad. Tú que me lees, preguntaba el narrador en la Biblioteca borgiana, ¿estás seguros de entenderme?

El espíritu de la ley aletea sobre las aguas de la palabra.

Stare decisis

Como concepto el precedente judicial está anclado en el pasado.

La nota característica del *common law* inglés - en oposición a los tribunales *sitting in equity* - es la articulación normativa mediante las opiniones judiciales. Dentro de este universo discursivo, la norma judicial es fuente de derecho en tanto que se aplica prospectivamente a situaciones análogas. Este entendimiento del *common law*, a su vez, es acaso el mayor legado del ***Institutes of the Lawes of England*** de Edward Coke (1628-1644).

En un sistema judicial jerárquico, los tribunales inferiores vienen obligados a aplicar la casuística aplicable como cuestión de derecho. El tribunal de mayor jerarquía tiene facultad de no aplicarla, o de enmendarla o modificarla según las exigencias de caso ante si. Las prácticas interpretativas judiciales de distinguir y diferenciar la casuística van dirigidas precisamente a atemperar el rigor del precedente. El *chain-gang* interpretativo de Ronald Dworkin es, a modo de ejemplo, una descripción metafórica de la continuidad de los tribunales en el *common law* a lo largo del tiempo, dándole estabilidad y certeza a sus determinaciones.

Al final del día, la intuición del *common law* es generar la norma judicial partir de las exigencias del caso ante su consideración. El peligro con esta intuición, por supuesto, es que le concede un poder discrecional desmedido a la rama judicial.

En la tradición angloamericana esta concepción clásica del *common law* tiene hoy día poca vitalidad práctica. El ordenamiento jurídico, y la jurisprudencia derivada del *common law*, se ha ido incorporado estatutariamente. Al día de hoy son contadas las ocasiones en que un tribunal está llamado a articular una norma jurídica desde el estrado.

En la tradición civil-continental, en cambio, la función judicial esta demarcada por la ley, y sus facultades están limitadas – dejamos para otro día los tribunales de casación – a la interpretación y

Publicado en ***Microjuris al día*** el 4 de junio de 2022.

aplicación estatutaria. A modo ilustrativo, dispone el artículo 2 del nuevo Código Civil, en lo relevante, "[l]a jurisprudencia complementa el ordenamiento jurídico con la doctrina que establezca el Tribunal Supremo al interpretar y aplicar la Constitución, la ley, la costumbre y los principios generales del Derecho."

En el campo del Derecho Constitucional estamos ante una realidad donde lo político y lo jurídico se entrecruzan. En estricto derecho, el poder del Tribunal Supremo de los Estados Unidos de revisar la constitucionalidad de las leyes, facultad que se arrogó por *fiat* judicial, proviene del conocido caso ***Marbury v Madison*** (1801). La doctrina del precedente – o *stare decisis* – responde a la percibida necesidad política de darle certidumbre y continuidad a los pronunciamientos judiciales. Desde esta perspectiva, la doctrina de *stare decisis* es una de prudencia judicial, no de sumisión irreflexiva a pronunciamientos anteriores.

Todo ejercicio de prudencia claro está, queda expuesto a la crítica y la diferencia de opinión. Precisamente, la razón por la cual los tribunales deben distanciarse de sus opiniones anteriores con mesura es porque al hacerlo invitan la acusación de la politización institucional. El ejemplo de ***Brown v. Board of Eduaction*** (1953) es acaso el ejemplo paradigmático de este fenómeno.

En algunos supuestos el no distanciarse de los precedentes también invita la misma acusación. En el reciente ***U.S. v Vaello Madero*** (2022) el Tribunal Supremo se alineó con los precedentes de los Casos Insulares en un ejercicio de carpintería jurídica que pone en entredicho sus juicios políticos. La falta de coherencia filosófico-jurídica (dejemos a un lado las contradicciones de sus teorías interpretativas originalistas) sobre como ejercer esa prudencia, que no sea entendido como mero oportunismo ideológico, es el mayor peligro a la legitimidad política del Tribunal Supremo.

En el borrador de la opinión del Juez Asociado Samuel Alito en el caso ***Dobbs v. Jackson Women's Heatlth Organization*** (2022), éste declara: "*Stare decisis*, the doctrine on which Casey's controlling opinion was based, does not compel unending adherence to *Roe's* abuse of judicial authority. *Roe* was egregiously wrong from the start. Its reasoning exceptionally weak, and the decision has had damaging consequences. And far from bringing about a national settlement of the abortion issue, Roe and *Casey* have enflamed debate and deepened division." Este borrador de opinión, filtrado en contravención de una larga práctica de confidencialidad, coloca al Tribunal Supremo en estos tiempos de extrema polarización política en una posición insostenible.

¿Recuerdos de ***Dredd Scott***?

La intención en el negocio jurídico

En la interpretación del negocio jurídico son de aplicación las siguientes reglas:

(a) se presume que el negocio jurídico se otorga de buena fe; y

(b) si el negocio jurídico es unilateral, se atenderá al sentido literal de sus palabras, a no ser que aparezca claramente que fue otra la voluntad de su autor. En tal caso, se observará lo que parezca más conforme a la intención que tuvo al otorgarlo.

Si los términos de un negocio jurídico bilateral son claros y no dejan duda sobre la intención de las partes, se estará al sentido literal de sus palabras.

Si las palabras parecen contrarias a la intención evidente de las partes, prevalecerá la intención sobre lo expresado.

Para determinar la intención en ambos casos, debe atenderse principalmente a la conducta de la parte, sea coetánea, posterior o aún anterior al otorgamiento del negocio jurídico.

Artículo 354 del Código Civil, 31 L.P.R.A. § 6342

El artículo 354, sobre cómo determinar la intención en un negocio jurídico, es un buen ejemplo de lo provisional de todo ejercicio interpretativo. Al leerse este artículo uno se percata que su significado está enmarcado en toda una serie de supuestos jurídicos y filosóficos no articulados sobre el lenguaje y la intencionalidad que lo contextualizan y matizan.

La intención es la formación de un ejercicio de la voluntad. Como ejercicio de la voluntad parte supone la existencia de la persona con capacidad de obrar. Esa capacidad, del libre albedrío propiamente entendido, es la nota distintiva de la intencionalidad. El deseo nos mueve.

La intención sin lenguaje es un mero pujo mudo de voluntad, inaccesible al entendimiento. Las ideas, aspiraciones y querencias se manifiestan necesariamente en el lenguaje, que en todo caso nos precede y nos excede, como observara H.G. Gadamer.

La hipótesis del artículo 354 presenta una fisura epistémica: la intención se desdobla entre la voluntad y el sentido que le atribuimos al lenguaje. La voluntad y el sentido se manifiestan como diagramas de Venn, solapándose y excluyéndose simultáneamente según nuestra aproximación a la intencionalidad.

Para interpretar el negocio jurídico, dice el artículo, hay que aplicar ciertas reglas. ¿Qué debe entenderse por negocio jurídico? Su significado literal, valga reconocer, no resulta de mucho provecho. Como término técnico, inevitablemente, hay que recurrir a su significado según utilizado en las ciencias jurídicas, como advierte el artículo 24 del Código Civil.

El artículo 268 del Código Civil, define el negocio jurídico como "el acto jurídico voluntario lícito que tiene por fin directo establecer, modificar o extinguir relaciones jurídicas". Esta definición nos remite, a su vez, al concepto del acto jurídico voluntario.

El artículo 264 del Código Civil, señala que "si el hecho jurídico tiene lugar por la actuación de una o más personas, este se denomina acto jurídico. Los actos jurídicos pueden ser voluntarios o involuntarios. Son voluntarios aquellos actos que se exteriorizan y se realizan con discernimiento, intención y libertad. Son involuntarios aquellos que no reúnen las características anteriores."

Como el cangrejo, vamos al artículo 263 del Código Civil, que define los hechos jurídicos como "aquellos que producen la adquisición, la modificación o la extinción de derechos. Estos pueden acontecer sin la actuación de las personas o por voluntad de estas."

Atando cabos, el negocio jurídico es un tipo de acto voluntario, que se realiza con discernimiento, intención y libertad, y que produce la adquisición, modificación o extensión de un derecho. Ejemplos comunes de negocios jurídicos son los contratos y los testamentos.

Este breve ejercicio definitorio es en sí mismo un ejemplo de la insuficiencia de la literalidad para precisar el sentido de una palabra. Toda palabra necesariamente requiere de otras palabras para su definición, y estas otras de otras, y así sucesivamente.

Las definiciones no son puntos de llegada, sino de partida. Para determinar el sentido provisional de cualquier palabra se requiere de un proceso dialógico continuo entre el texto y el intérprete.

Para interpretar el negocio jurídico, continua el artículo 354, se parte de la presunción de la buena fe. Esta presunción introduce un estándar de conducta y expresión que sirve de criterio socialmente reconocible al momento de atribuirle su significado jurídico. Es decir, la presunción de la buena fe, más allá de una definición subjetiva de comportamiento individual, contextualiza todo negocio jurídico en atención a su desenvolvimiento en las prácticas reconocidas por el ordenamiento, como lo anticipa el artículo 15 del Código Civil. La buena fe es una esas categorías pre-jurídicas que se presumen, no se definen.

El inciso (b) del artículo 354 dispone: "Si el negocio jurídico es unilateral, se atenderá al sentido literal de sus palabras, a no ser que aparezca claramente que fue otra la voluntad de su autor. En tal caso, se observará lo que parezca más conforme a la intención que tuvo al otorgarlo".

Aquí otra distinción, el negocio jurídico "unilateral" y el "bilateral" del párrafo siguiente. Esta distinción ha sido fuente de confusiones e imprecisiones dogmáticas. De ordinario los tratadistas atienden estos dos conceptos en su discusión sobre el vínculo de la obligación, haciendo hincapié en que tratan sobre la exigibilidad de la prestación y no sobre los sujetos partícipes del negocio jurídico. Es decir, un negocio jurídico es unilateral cuando una de las partes (el acreedor) está facultado a exigir el cumplimiento de la prestación, y la otra parte (el deudor) viene obligado a cumplirla, sin contraprestación correspondiente. Esta distinción obligacional se hace en abstracción de la complejidad contractual, donde el vínculo jurídico bien puede incluir una multiplicidad de obligaciones recíprocas.

"[S]e atenderá al sentido literal de sus palabras[...]", continúa el precepto. No está del todo claro qué se entiende por literalidad. Parecería que aquí opera un cierto oscurantismo interpretativo, que imagina que el significado de las palabras está dado por sí mismas, sin referencia a otras palabras y a otros contextos que las informan. La mal llamada literalidad no es más que un llamado a una interpretación restrictiva, descontextualizada, epistémicamente imposible de precisar.

Continua la frase, "[...]a no ser que aparezca claramente que fue otra la voluntad de su autor". La hipótesis anticipa una fractura entre el significado de la palabra y la intención de su locutor/escritor. Queda por ver qué tan clara es esa fractura. Si existe alguna distinción entre lo dicho/escrito y lo querido, ¿acaso no es porque el texto no está del todo claro? Claramente, la falta de claridad es un problema. Más aún, ¿a qué autor se refiere la oración? Una primera lectura parecería sugerir que el texto parte de la premisa de que en la unilateralidad solamente hay un autor, como en el caso de un testamento ológrafo, que controla la redacción del texto. Si hubiera más de un autor, como en el caso de un contrato unilateral, conjuntamente redactado por las partes, entonces sus voluntades habría que atemperarlas. ¿Acaso no es esa la justificación para privilegiar el significado literal de las palabras sobre la controvertida intención?

Acto seguido, sin embargo, el precepto señala que en caso de discrepancia "[...]se observará lo que parezca más conforme a la intención que tuvo al otorgarlo". Esa intención habrá que captarla, no solo por las palabras del texto, sino por "la conducta de la parte, sea coetánea, posterior o aún anterior al otorgamiento del negocio jurídico", como se indica en la última oración del precepto. Inevitablemente, esa conducta se vertirá tarde o temprano en palabras, lo cual reintroducirá por la cocina el problema de la literalidad.

La próxima oración declara que "[s]i los términos de un negocio jurídico bilateral son claros y no dejan duda sobre la intención de las partes, se estará al sentido literal de sus palabras". La oración calla, sin embargo, en cuanto a la posibilidad de una discrepancia entre la palabra y la intención de su autor. Esta aparente omisión queda subsanada en la próxima oración al señalarse que "[s]i las palabras parecen contrarias a la intención evidente de las partes, prevalecerá la intención sobre lo expresado".

Es decir, el ejercicio de la interpretación en la unilateralidad y en la bilateralidad es idéntico: se atenderá en primera instancia al sentido de las palabras, y de haber dudas sobre su significado se recurrirá a la intención para fijarla. Todo lo cual nos obliga preguntar: ¿Por qué entonces distinguir entre los negocios jurídicos unilaterales y bilaterales para fines de su interpretación? Esta es una distinción sin una diferencia.

La raíz del problema reside en la falsa oposición entre el sentido de las palabras y la intención. Ambos son dos momentos inseparables del significado a atribuirse al texto. La tarea del intérprete reside en reconciliar, no en cosificar a los conceptos.

Breves apuntes al artículo 1 del Código Civil (2020)

Esta ley se denominará como "Código Civil de Puerto Rico", que por ser de origen civilista, se interpretará con atención a las técnicas y a la metodología del Derecho Civil, de modo que se salvaguarde su carácter.

Artículo 1 del Código Civil d Puerto Rico (2020)

Esta introducción estatutaria al Código Civil, innecesariamente prescriptiva, levanta toda una serie de interrogantes que habrán de perseguir al texto a lo largo y ancho de todos sus artículos. Recuerdo el letrero a la entrada al infierno de Dante: *Lasciate ogne speranza, voi ch'intrate.*

La primera frase del artículo lee: "Esta ley se denominará como Código Civil de Puerto Rico...", igual al precepto del Código Civil de 1902, enmendando el artículo del Código de 1889. De haberlo dejado ahí, no habría necesidad de mayor comentario. La parquedad también tiene sus virtudes.

Acto seguido, sin embargo, se añade: "...que por ser de origen civilista..." ¿Qué ha de entenderse por esto? Ese reclamado origen, tanto en su sentido histórico como gnoseológico, ¿cómo ha de articularse? Cuando alude a la tradición civilista-continental – en oposición implícita a la tradición anglo-americana del *common law* – ¿habrá que asumirla como uniforme, homogénea, contraria inclusive a su propia historia?

Este pronunciamiento de dudoso conceptualismo le impone un contexto a-histórico jurídico al lector-interprete del texto. La frase "origen civilista" arrastra una accidentada y conflictiva historia cuyo significado es equívoco y ambiguo, pasando por el derecho romano hasta las codificaciones decimonónicas. Si algo arroja ese proceso histórico es que no hay un jardín edénico civilista. Este postulado, de claroscuros políticos e ideológicos, enturbia nuestro acercamiento al fenómeno jurídico en Puerto Rico y al rol protagónico que la jurisprudencia y las controversias constitucionales han tenido en la articulación normativa del Derecho Privado.

Publicado en ***Microjuris al día*** el 18 de junio de 2022.

Anticipándonos, el artículo 2 del nuevo Código Civil, expresamente le asigna a la jurisprudencia un papel "complementario" en la articulación normativa de nuestro ordenamiento, aun cuando reconoce el papel decisivo de Tribunal Supremo en establecer la doctrina. Esa disyuntiva forzada entre la jurisprudencia (hay que suponer que se refiere a las opiniones y resoluciones de los tribunales de menor jerarquía) y la doctrina articulada por el Tribunal Supremo se hace un poco difícil de entender, particularmente dado el uso y significado que se la ha dado al término "jurisprudencia" en nuestro entorno lingüístico-jurídico. Desde la perspectiva de un tribunal general de justicia, los pronunciamientos jurisprudenciales atienden toda clase de controversias, que inevitablemente imbrican las diversas áreas del derecho, no solo aquellos de "origen civilista". El principal defecto formal de la aproximación propuesta en el articulado es que invita la producción fragmentada y aislada de los pronunciamientos judiciales, segmentando el análisis en atención a la tradición jurídica bajo inspección. Dejamos para otro día la discusión sobre si éste acercamiento conceptual también debe serle de aplicación al Tribunal Supremo en su producción jurisprudencial. Esta aproximación es a todas luces insostenible como práctica hermenéutica, la cual tiene como norte una lectura textual coherente e integrada.

La frase que le sigue, "...se interpretará con atención a las técnicas y metodología del Derecho Civil...", es igualmente problemática. En primer lugar, el precepto reconoce la necesidad de la interpretación, aunque no precisa exactamente qué significa eso o cómo se efectúa. No hay peor norma que la que no dice nada. La *episteme* de la interpretación, y de los diversos y difíciles problemas jurídicos que suponen su ejercicio en el contexto constitucional de la separación de poderes en un sistema republicano de gobierno (el cual, hay que subrayar, no es de origen civilista), ponen en entredicho la directriz del precepto. Dada la intrínseca porosidad semiótica del lenguaje, el ejercicio de la interpretación siempre está expuesto a diversas aproximaciones textuales que con mayor o menor persuasión postulen las diversas corrientes hermenéuticas. A modo de observación tangencial, los artículos del 19 al 27 referentes a la interpretación y aplicación de la ley, que reproducen fielmente los preceptos del Código Civil anterior, no pasan de ser pronunciamientos generalizados del significado a atribuirse a las palabras bajo diferentes supuestos, independientemente de la metodología que se utilice. Me temo que hay cierta ofuscación conceptual cuando se hace referencia a técnicas y metodologías del Derecho Civil, sin especificar exactamente en qué consisten.

Sobre los problemas de metodología, el relativamente reciente caso de ***María Burgos López v LXR/Condado Plaza Hotel & Casino***, 2015 T.S.P.R. 56, 193 D.P.R. ___ (2015), es ilustrativo de sus diferentes aproximaciones. En este caso – bajo el Código Civil anterior - el Tribunal Supremo atendió una controversia sobre el alcance de una cláusula de relevo de responsabilidad y acuerdo de indemnización en un contrato redactado en inglés entre un contratista y el dueño de la obra. Específicamente, la controversia giraba sobre la obligación contractual del deudor de pagar por los servicios de un abogado de la parte indemne previo a una determinación de negligencia. El análisis jurídico la opinión mayoritaria recurre al derecho angloamericano y la forma y manera en que se han interpretado estas cláusulas contractuales en los Estados Unidos, para acoger su validez y alcance, y aplicarlo aquí en Puerto Rico. La opinión concurrente, en cambio, estima que si bien es perfectamente aceptable dar una mirada al derecho angloamericano a modo de derecho comparado, la controversia debió ser resuelta bajo principios civilistas y nuestro Código Civil. La diferencia fundamental metodológica entre ambas opiniones reside en si debe ser resuelta de conformidad a los principios contractuales derivados del *common law* o del derecho civil.

La discusión sobre si Puerto Rico es una jurisdicción de derecho civil o *common law* no es exclusivamente un debate jurídico. Al interior, lo que supone esta discusión es una valoración de las tradiciones normativas, y por tanto políticas, que rigen en Puerto Rico. Una constante en la educación jurídica de aquellos que se formaron bajo la larga sombra del Tribunal de Trías Monge es la reivindicación del llamado "derecho puertorriqueño" frente a la llamada intervención jurídica del *common law*, propio de las primeras seis décadas del siglo XX. No es difícil advertir en esta dicotomía la expresión ideológica de una élite intelectual y académica criolla que busca retener y reforzar sus privilegios de intercesión e interpretación de nuestra realidad.

Desde la perspectiva metodológica, la diferencia fundamental entre el *common law* y el derecho civil consiste en su manera de aproximarse y articular la norma jurídica. La intuición del derecho civil es que la naturaleza humana y su conducta son lo suficientemente predecibles a lo largo del tiempo que es posible anticipar una norma general que la atienda. La función del adjudicador es aplicar la norma, no crearla, como advierte el artículo 19 del Código Civil. Conceptualmente al menos, el derecho civil privilegia la uniformidad y la estabilidad normativa a través de su codificación. La dificultad surge cuando la realidad se impone sobre nuestras ficciones jurídicas y la conducta humana rehúsa entrar por el embudo de nuestras expectativas normativas.

La intuición del *common law*, por otro lado, es que cada caso es único, y cada situación tiene su particularidad que requiere de la articulación normativa por el juzgador para asegurar los fines de la justicia. En este sentido el *common law* como método es reaccionario. Su dificultad conceptual surge cuando surgen los reclamos de igualdad por aquellos que están en circunstancias análogas. La figura del *stare decisis* viene a llenar esa laguna. La justicia encuentra su límite en la igualdad.

Ambas tradiciones jurídicas (las cuales no son excluyentes entre sí en su aplicación metodológica) y el desarrollo de sus instituciones, por supuesto, responden a sus contextos históricos, a los reclamos de sus respectivas sociedades a lo largo del tiempo y espacio. Hoy día, en las llamadas jurisdicciones del *common law*, la inmensa mayoría de sus normas jurídicas están debidamente estatuidas y la función judicial está enmarcada por ellas. En las jurisdicciones de derecho civil, se ha ido reconociendo la importancia de la función judicial de esclarecer el sentido y alcance de la norma jurídica, en ocasiones articulándola por vía de la interpretación. En este contexto, Puerto Rico es una jurisdicción híbrida - la burundanga palesiana para algunos - en donde el derecho civil posee gran vitalidad en el campo del derecho privado.

En el campo del derecho público, en cambio, la normativa angloamericana necesariamente se ha ido cimentado a lo largo del siglo XX y XXI. En este contexto hay que destacar, por ejemplo, el caso ***Obergefell v. Hodges***, 576 U.S. 644 (2015), en donde el Tribunal Supremo de los Estados Unidos atendió la controversia sobre el matrimonio de personas del mismo sexo, y el cual acentúa el desplazamiento de nuestra normativa civil en materia de matrimonio a favor de los derechos constitucionales de los ciudadanos. Si el artículo 2 del Código Civil 2020 reconoce a la Constitución como fuente de derecho en nuestro ordenamiento, y se reconoce al Tribunal Supremo como su último intérprete, hay que admitir que sus pronunciamientos en materia de derecho civil en el cual inciden los derechos constitucionales son fuentes de derecho, y que sus ejercicios de interpretación no están limitados por las técnicas y metodología civilista, sea cuales puedan ser esas.

Toda esta discusión e imprecisión normativa bien se hubiera evitado con meramente disponer en su Artículo 1 el nombre de la ley, sin más. La ley, como el pez, muere por la boca.

Lógica y derecho

El tribunal tiene el deber inexcusable de resolver diligentemente los asuntos ante su consideración, ateniéndose al sistema de fuentes del ordenamiento jurídico establecido.

El tribunal que rehúse fallar a pretexto de silencio, obscuridad, o insuficiencia de la ley, o por cualquier otro motivo incurrirá en responsabilidad.

Artículo 6. — Deber de resolver, 31 L.P.R.A. §5316

El siguiente relato proviene de la antigua Grecia. Un buen día Eulato decidió estudiar derecho. A tales fines buscó los servicios de Protágoras para que le enseñara. Dado que Eulato no tenía la capacidad económica para pagarle en esos momentos, Protágoras accedió a enseñarle bajo la condición que le pagara sus honorarios cuando ganara su primer caso. Una vez tomadas las clases, Eulato cambio de parecer y decidió que no le interesaba ejercer el derecho. Al enterarse, Protágoras presentó una causa de acción en el tribunal contra Eulato.

El argumento esbozado por Protágoras ante el tribunal fue demoledor: "Eulato contrató mis servicios para enseñarle derecho y acordó que me pagaría cuando ganara su primer caso. Este es su primer caso, y por necesidad tiene que ganarlo o perderlo. Si lo gana se habrá dado la condición contractual, razón por la cual vendrá obligado a pagarme. Si lo pierde, entonces por orden del tribunal tendrá que pagarme. Sea como sea, tiene que pagarme."

Eulato, quien había sido un estudiante aventajado, presentó su contraargumento: "Es cierto que contraté los servicios de Protágoras para que me enseñara derecho, y que acordé pagarle cuando ganara mi primer caso. Es cierto que este es mi primer caso, y que por necesidad tengo que perderlo o ganarlo. Si lo pierdo no se habrá dado la condición contractual, razón por la cual no vendré obligado a pagarle. Si lo gano, entonces no tendré que pagarle, por orden del tribunal. Sea como sea, no tengo que pagarle."

Desde la perspectiva lógica, los argumentos de Protágoras y Eulato son igualmente persuasivos. La diferencia formal entre sus respectivos argumentos reside en la inversión proposicional de los términos "ganar" y "perder" en sus premisas menores. Según se gane o se pierda queda uno corneado por el dilema. La conclusión de cada uno se desprende por necesidad, a modo de silogismo imperfecto.

La lógica no puede adjudicar el dilema. Si bien es cierto que la lógica, sea aristotélica o simbólica, es una diciplina que inculca el juicio crítico, no es menos cierto que su estructura y principios están adheridos a la radical contingencia del lenguaje y de la experiencia. Aun el principio de la no contradicción, a modo de ejemplo, encuentra su límite en la paradoja de Epiménides. La duda del silencio se impone.

Entendido desde el derecho, en cambio, la controversia contractual entre Protágoras y Eulato no plantea mayor complejidad. Los tribunales no están llamados a escudarse detrás del silencio oracular que la lógica invita. Los casos y controversias que se litigan ante los tribunales no son seminarios de filosofía.

En términos generales, el razonamiento jurídico de corte civilista contemporáneo pudiera atender la controversia de varias maneras.

Primero, como ejercicio de la voluntad, el contrato es la ley entre las partes, y los tribunales no deben de ordinario revelarlos de sus consecuencias libremente asumidas. *Pacta sunt servanda*, declara el latinismo. Este principio de libertad contractual es un fundamento jurídico derivado de la valoración social, que según el momento histórico en que se haga, puede ser tan amplio o estrecho como imponga la ley.

En este caso específico los respectivos argumentos de Protágoras y Eulato colisionan en el texto del contrato y la aplicación de la condición suspensiva que regula el pago. Como cuestión de derecho positivo en materia obligacional, el deudor que impida o obstaculice que se materialice la condición queda expuesto a que se declare cumplida. Véase el artículo 307 del Código Civil, 31 L.P.R.A. §6245.

Según el relato, Eulato decidió no ejercer la profesión. Su propia conducta es la razón por la cual no se diera la condición suspensiva anticipada. Consecuentemente, el tribunal daría por cumplida la condición, autorizándose a Protágoras a cobrar sus honorarios.

Dada la ausencia de lenguaje contractual que anticipara que el primer caso fuera el de Eulato, nada impide que se interprete el mismo de manera que surta su efecto. Véase el artículo 353 del Código Civil, 31 L.P.R.A. §6341.

Otra aproximación sería plantear como cuestión de hecho y derecho el defecto de un elemento esencial en la formación del contrato, digamos por vicio en el consentimiento, que lo hiciera nulo para fines jurídicos, con la consecuente devolución de las prestaciones y/o indemnización por los daños sufridos. Véanse los artículos 342, 346 y 347 del Código Civil, L.P.R.A. §6312, §6316, §6317. Aunque no se le pueda quitar lo bailao' a Eulato, sí se le pudiera cobrar por la taquilla al baile.

Una última aproximación, en la ausencia de un contrato válido, pudiera recurrir a los principios generales del derecho para disponer de la controversia, invocándose las figuras del enriquecimiento injusto, actos propios y el principio de la buena fe que permea todo nuestro ordenamiento. Si Eulato efectivamente recibió las lecciones de derecho por parte de Protágoras, difícilmente podrá alegar - como cuestión de equidad - que no tiene que pagar por ellas. El principio de la reciprocidad en las relaciones humanas es el supuesto ético que hace posible la vida en sociedad.

"The life of the law has not been logic; it has been experience", sentenciaba con razón Oliver Wendell Holmes. Esto no significa que la lógica no sea relevante, sino que su aplicación responde en última instancia a otros factores y consideraciones. Toda controversia jurídica tiene múltiples avenidas para su adjudicación. Quizás el derecho como la experiencia sean, como sugiere el Critical Legal Studies, indeterminable.

¿Impericia política?

Según informes en la prensa, el Gobernador Pedro Pierluisi declaró en días recientes que entendía que era razonable incluir la ciudadanía americana bajo la alternativa de la libre asociación en el borrador de proyecto del ***Puerto Rico Status Act***. Dado su anterior endoso al borrador anunciado por el líder de la mayoría de la Cámara Steny Hoyer, hay que suponer que sus expresiones son una reiteración de su previa posición. A la vez que hizo estas declaraciones el Gobernador también declaró que no era el tiempo para promover un plebiscito criollo como lo autoriza la ley de Puerto Rico, y que para el mismo no hace falta el endoso del Departamento de Justicia federal. Estas expresiones del Gobernador ponen de sobre aviso que su interés por adelantar a la estadidad está subordinada a su ambición política de cara al 2024.

Esta reiteración sobre la inclusión de la ciudadanía americana bajo la libre asociación invita varias observaciones. Primero, como se ha comentado extensamente, las probabilidades de que se apruebe en este Congreso una ley federal para atender le asunto del status de Puerto Rico es - seamos caritativos - remota. Aun suponiendo que se aprobara en el Comité de Recursos Naturales y en la Cámara de Representantes, con la ya anticipada oposición del Partido Republicano, no hay posibilidad que prospere en el Senado, menos en año de elecciones de medio término. Las expresiones del Congresista Westerman, de que el borrador del proyecto de consenso no le fue consultado dice mucho de la falta de seriedad en el proceso. En otras palabras, y como se anticipó, todo el esfuerzo y capital político vertido durante estos dos años va camino a hacerse sal y agua. La falta de realismo político y la probada inhabilidad de responder creativa y coherentemente a sus retos no hablan bien del liderato político estadista actual.

En su mejor luz, la aparente estrategia del Gobernador, la Comisionada Residente y el PNP es obtener al menos un proyecto de ley que, aunque no culmine el trámite legislativo, sirva de modelo para futuros esfuerzos, incluyendo un plebiscito criollo. Si efectivamente esta es la estrategia, mas

Publicado en ***El Vocero de Puerto Rico*** el 5 de julio de 2022.

razón para estudiar el lenguaje de las alternativas de status con minuciosa atención. En su peor luz, la estrategia parece ser más un ejercicio publicitario diseñado para el consumo público insular que para adelantar la estadidad en el Congreso.

La alegada razonabilidad de la inclusión de la ciudadanía americana en la alternativa de la libre asociación parte de un cálculo político que no está, a mi juicio, jurídica o políticamente justificado. Hay que subrayar que la ciudadanía americana de los puertorriqueños es de naturaleza estatutaria, y siendo Puerto Rico un territorio no-incorporado, no está cobijada bajo la XIV Enmienda. En este aspecto, nada impide que el Congreso legisle bajo sus poderes plenarios la forma y manera en que los puertorriqueños de manera individual tengan que escoger entre la ciudadanía americana y la puertorriqueña bajo la hipótesis de la independencia en cualquiera de sus modalidades. Esta legislación sería el debido proceso de ley dado para retener la ciudadanía bajo el supuesto de un cambio de soberanía, algo análogo a como se hizo con la Ley Foraker (1900) con la ciudadanía española de los puertorriqueños.

La teoría peregrina de que los puertorriqueños pueden optar por la independencia y retener la ciudadanía americana parte de una lectura estreñida y sesgada de las estatutos federales en materia de ciudadanía e inmigración y no de los acuerdos entre naciones-estados. La experiencia histórica de los Estados Unidos en este asunto ha sido que la ciudadanía sigue a la soberanía. Que sean los líderes del PNP los que estén endosando esta teoría, junto a otras propuestas como los de un plebiscito con resultados *a priori* vinculantes, acusa un agudo caso de insularismo de la historia y de la política de los Estados Unidos.

Es perfectamente entendible por qué los promotores de la independencia en cualquiera de sus modalidades favorecen, expresas o implícitamente, la inclusión de la ciudadanía americana en su ofertas políticas. Electoralmente, y por razones que sobran explicar, es mucho más fácil abogar por los bondades de la independencia con ciudadanía americana que sin ella.

Lo que es a mi juicio un verdadero acto de impericia política es que el Gobernador, la Comisionada Residente y el PNP le entreguen en bandeja de plata a su oposición su mejor carta de presentación: la ciudadanía americana. La creencia cuasi-mística de algunos de que la estadidad va a prevalecer abrumadoramente en cualquier consulta de status, no importa bajo qué condiciones, esta desmentida por la historia reciente. Los opositores a la estadidad no tienen que ganar un plebiscito para detenerla. El plebiscito del 2020 es el ejemplo más reciente de este fenómeno. Esa lección no parece haber calado.

Mediando un nuevo Congreso en el 2023, habrá que ver si los Republicanos readquieren el control de la Cámara y el Senado. Baso esta hipótesis, y dada la hostilidad a la estadidad de un Partido Republicano secuestrado por el trumpismo, la única alternativa para mover el status será otro plebiscito criollo, con o sin aval federal. La administración de Biden no ofrece mucha esperanza en esta dirección. El borrador del proyecto de status que hoy nos ocupa muy probablemente siente la pauta de la discusión pública. A ver como entonces se toman el agua que ahora están ensuciando. Bajo el escenario de que los Demócratas retengan la Cámara y obtengan mayoría en el Senado (difícil proposición, por demás) habrá que ver la configuración de su liderato, en la cual seguramente Nydia Velázquez tendría nuevamente un rol protagónico. Nos esperan tiempos borrascosos.

Culpa in contrahendo

Los tratos previos a la perfección del contrato deben desarrollarse conforme a la lealtad y la buena fe entre los probables contratantes. Se exige especialmente el deber de colaborar en la formación del contrato, obtener y proporcionar información de circunstancias de hecho y derechos relevantes, mantener la confidencialidad de la información recibida y conservar el bien que será objeto del contrato futuro.

Artículo 1271 del Código Civil, 31 L.P.R.A. §9881

El artículo 1271 del Código Civil recoge estatutariamente la figura de la responsabilidad extracontractual por *culpa in contrahendo,* anteriormente expuesto en ***Tommy Muñiz v. COPAN***, 113 D.P.R. 517 (1982) y la casuística subsiguiente.

Como concepto jurídico la figura se ubica en la frontera entre la conducta extracontractual – ahora regulada por el artículo 1537 del Código Civil, 31 L.P.R.A. §10801, y siguientes - y la responsabilidad dimanante del contrato, regulado por el artículo 1230 del Código Civil, 31 L.P.R.A. § 9751, y siguientes. Si bien uno no viene obligado a contratar, como acertadamente señala la doctrina, una vez uno se entra en un proceso de negociación se asume una responsabilidad de actuar conforme las exigencias de la buena fe.

En ***Tommy Muñiz v. COPAN,*** *supra*, se reconoció que, como cuestión de principio derivado de la autonomía de la voluntad, nadie viene obligado a contratar, dicho esto desde la perspectiva del formalismo del Derecho Privado. Este principio se recoge en el artículo 1232, 31 L.P.RA. §9753, que dispone que es facultativo contratar o no hacerlo, aunque no se puede ejercer este derecho abusivamente ni contra una disposición legal. Esta última coletilla, como veremos en breve, tiene consecuencias. Como cuestión de realidad histórica, sin embargo, hay que reconocer que ésta limitada libertad contractual esta incidida por las complejidades y exigencias socio-económicas modernas que la ponen en entredicho.

El hecho de que uno entre en un proceso de negociación contractual – proceso tan sencillo o complejo según las exigencias de cada negocio jurídico - no significa necesariamente que uno vaya a culminarlo. En el ejercicio de esa libertad contractual puede haber mil y una razones para no perfeccionar un contrato. Ese ejercicio, sin embargo, nos dice el artículo 1232, *supra*, no puede hacerse de manera abusiva. ¿Qué hemos de entender por esta advertencia?

El artículo 23 del Código Civil, 31 L.P.R.A. §5345, señala que cuando las palabras de una ley son ambiguas, su sentido debe buscarse en su espíritu o en su intención, en su contexto y en comparación con otras palabras y frases que se relacionen. Lamentablemente, este precepto adolece de la misma ambigüedad que trata de conjurar. El uso de la voz "espíritu" – recuerdos trasnochados de Montesquieu - sufre de cierta polisemia semántica difícil de precisar. Cuando copula el espíritu con la intención, hay que suponer, los utiliza de manera intercambiable. Este es un ejemplo de la falta de precisión y uniformidad terminológica que corre a lo largo del nuevo Código Civil.

Hay que insistir en que referirse a la intención de la ley - tropo retórico favorecido de los prestidigitadores - no pasa de ser una expresión metafórica de poco contenido existencial. Los textos no tienen intención, que es a fin de cuentas una categoría sicológica, de la voluntad. En todo caso los textos tienen significado y es a sus palabras a las que hay que atenerse. La doctrina tradicionalmente ha equiparado incorrectamente la intención con el sentido del texto, cuando ambos conceptos responden a supuestos distintas. La espiritualización del texto es fuente de discordia.

En una primera lectura, el significado y alcance del término "abusivamente" contenido en el artículo 1232, *supra*, parece seguir al artículo 18 del Código Civil, 31 L.P.RA. §5337, que regula el abuso de derecho y que lo define como un acto u omisión que exceda manifiestamente los límites normales del ejercicio de un derecho. Al leer esta aproximación al término, es notable su circularidad: el abuso del derecho consiste en un ejercicio que excede los límites normales del derecho, y todos aquello que exceda tales límites constituye un abuso de derecho. Por consideración lógica, el término a definirse (*definens*) no debe ser utilizado en la definición (*definiendum*).

Publicado en ***Microjuris al día*** el 8 de julio de 2022.

El abuso de derecho supone una admisión de que éste, en ocasiones, es capaz de descarrilarse y traspasar sus límites. El exceso al interior del derecho lo incapacita, y le toca a la ley llamarlo a tutelarlo. La perenne tensión entre la ley y el derecho es la nota distintiva de la accidentada historia de la justicia. Como estatuto, el abuso de derecho reside en un espacio contradictorio: la ley se convierte en el custodio del derecho, en el nombre del derecho.

Bajo el artículo 1272 del Código Civil, 31 L.P.R.A. § 9882, siguiendo de cerca lo establecido previamente por la jurisprudencia, constituyen violaciones a los deberes de conducta exigidos durante la etapa precontractual: (a) romper las negociaciones de forma repentina, inoportuna o arbitrariamente; (b) no respetar los acuerdos parciales ya logrados; (c) iniciar o continuar sin seriedad las negociaciones; (d) incurrir en dolo o violencia; (e) revocar una oferta vinculante o, repentinamente, una oferta no vinculante; y (f) causar la nulidad de un contrato.

En este contexto, al volver sobre el artículo 1271, *supra*, el texto declara que "los tratos previos a la perfección del contrato[...]" . Este lenguaje es un reconocimiento de que al momento de darse los tratos previos no existe un vínculo jurídico entre las partes. Esos tratos previos, continua el precepto, deben ser "conformes a la lealtad y la buena fe entre los probables contratantes". No habiendo vínculo jurídico entre los probables contratantes, queda por ver cuál es el alcance de ese deber de lealtad y buena fe. Como se ha señalado en múltiples ocasiones, lo que constituye lealtad y buena fe es un fundamentalmente una cuestión de hecho, a determinarse por los tribunales en cada caso según criterios de valoración social. La subjetividad inevitablemente hace acto de presencia.

Continua el artículo 1271, *supra*, diciendo, "[s]e exige especialmente el deber de colaborar en la formación del contrato, obtener y proporcionar información de circunstancias de hecho y derechos relevantes, mantener la confidencialidad de la información recibida y conservar el bien que será objeto del contrato futuro." *¿Qué exactamente supone ese "deber de colaborar en la formación del contrato"? Al entrar en un proceso de negociación contractual, ¿se asume un deber jurídico – no hablemos de obligación – de colaborar para que se perfeccione el contrato? ¿Si no llega a perfeccionarse por falta de colaboración, se incurre se incurre en responsabilidad?*

Este lenguaje parece crear una presunción de que en el proceso de negociación contractual las partes asumen una responsabilidad de colaboración en atención al perfeccionamiento del contrato, que de no darse expone a las partes a una reclamación por no haber descargado su deber jurídico. Esa falta de colaboración bien puede calificarse como una actuación abusiva y contraria a una disposición legal, en el ejercicio de la facultad de no contratar, conforme el artículo 1232, *supra.*

Esta presunción se afianza en la próxima cláusula del precepto al imponerle responsabilidad a las partes de "obtener y proporcionar información de circunstancias de hecho y derechos relevantes, mantener la confidencialidad de la información recibida y conservar el bien que será objeto del contrato futuro". Nótese que este deber impuesto para la consecución del contrato no dimana de un contrato, sino de la propia ley.

De igual preocupación, en materia del proceso de formación del contrato, el artículo 1240 del Código Civil, 31 L.P.R.A. §9774, señala que una oferta revocada "intempestivamente" da lugar a responsabilidad precontractual. Las palabras de la ley, nos recuerda el artículo 22 del Código Civil, 31 L.P.R.A. §5344, deben entenderse generalmente por su significado usual y corriente, sin atender demasiado al rigor de las reglas gramaticales, sino al uso general y popular de las voces. Según el diccionario de la Real Academia Española, "intempestivo" se define como que es o está fuera de tiempo y sazón, inoportuno, no esperado. Por su parte, el artículo 1272 (e), *supra*, reconoce que la revocación repentina de una oferta no vinculante constituye incumplimiento con ese deber jurídico precontractual. Aparentemente, intempestivo y repentino hay entenderlos como términos intercambiables. Otra vez la falta de uniformidad terminológica.

Contra este precepto, hay que subrayar que la intempestividad o el retiro repentino de una oferta no vinculante bien puede estar justificado bajo un sinnúmero de circunstancias según los hechos de cada caso. La intempestividad por sí sola no parece ser razón suficiente para imponer responsabilidad precontractual.

La caracterización de la revocación de una oferta de manera intempestiva que da lugar a la responsabilidad por *culpa in contrahendo*, así como la aparente presunción creada a favor del deber de colaborar en la formación del contrato en el artículo 1271, *supra*, son otra instancia bajo el nuevo Código Civil que invita innecesariamente al litigio.

La inoponibilidad del derecho real

Los títulos de dominio o de otros derechos reales sobre bienes inmuebles que no están debidamente inscritos o anotados en el Registro de la Propiedad, no perjudican a tercero, salvo cuando la ley dispone algo distinto.

Artículo 701 del Código Civil, 31 L.P.R.A. §7665

El derecho real, en contraste con el derecho de crédito, es la reconocida facultad de su titular de actuar sobre la cosa en oposición a otros. Su oponibilidad es acaso su elemento esencial. La transmisión del derecho real, como históricamente ha recogido la doctrina civilista y la jurisprudencia, requiere del título y modo para lograrse.

Por título, en su acepción más técnica, entiéndase el derecho que se reclama sobre un bien (o derecho) en virtud de un negocio o acto jurídico. Es decir, el título no es, como popularmente se entiende, los papeles que evidencian el derecho que se reclama. El requerimiento de forma en el título, a modo de excepción, responde a la intervención del Estado a través de sus funcionarios – de ordinario el Notario Público - para sancionar el acto como jurídicamente reconocible. Inclusive, el artículo 1245 del Código Civil, 31 L.P.R.A. §9792, señala de la necesidad de la formalidad contractual – sea por escrito o escritura pública - para algunos negocios jurídicos para efectos probatorios

El requerimiento de la forma de la escritura pública, digamos las capitulaciones matrimoniales, no es porque de alguna manera cuasi-religiosa el Notario Público la enviste por su mera comparecencia con suficiencia sustantiva, sino porque en la tradición del derecho civil se estima que la seguridad del tráfico jurídico queda mejor servida por su intervención y calificación profesional. Baste con compararlas con los llamados "pre-nuptial agreements" del *common law* angloamericano, que no utilizan la escritura pública latina.

En los últimos años se ha observado en nuestra jurisdicción un creciente formalismo jurídico en materia contractual y en el derecho de propiedad. El requerimiento de contratos por escrito en asuntos de contratación pública, su registro en la Oficina del Contralor, y el requerimiento de escritura pública para ciertas transacciones denominadas solemnes (hipoteca, donación de inmueble, compraventa de participación *pro-indiviso* de un bien inmueble, etc.), son instancias donde el principio del consensualismo contractual, recogido hoy implícitamente en el torpe artículo 1237 del Código Civil, §9771, ha tenido que ceder ante las exigencias del manejo del interés público.

La histórica tensión entre el consensualismo y el formalismo jurídico es una manifestación de la lucha entre la autonomía de la voluntad individual frente al reclamo de certeza y seguridad pública en la transmisión de los derechos de propiedad. El artículo 86 de la Ley 52-2022 fue una iteración defectuosa de esa pugna.

Hay que tener presente que el creciente formalismo jurídico dificulta y encarece las transacciones patrimoniales entre los ciudadanos. La respuesta histórica de la ciudadanía a los obstáculos formales ha sido la simulación contractual. Este fenómeno se manifiesta en ocasiones en el uso del efectivo en las transacciones y el esfuerzo de un Estado acaparador decidido en imponer cargas y medidas tributarias para impedirlo. Paradójicamente, a mayor reglamentación, mayor incumplimiento.

Además del título, la constitución del derecho real requiere del modo, que versa sobre la manera en que se transmite el bien objeto de titularidad. Al atender el concepto del modo, el artículo 796 del Código Civil 31 L.P.R.A. §8051, define la tradición como "[...]la entrega real o simbólica que una persona hace a otra de la posesión de un determinado bien con la intención de transmitir el dominio" o, digo yo, cualquier otro derecho real. Los requisitos de la tradición ahora se recogen estatutariamente en el artículo 797, del Código Civil, 31 L.P.R.A.§8052, y son "[...] (a) que la persona que trasmite sea dueña del bien; (b) que exista justa causa para la transmisión; (c) que haya voluntad de trasmitir en el transmitente y de adquirir en el adquirente; y (d) que el transmitente y el adquirente tengan capacidad para trasmitir y adquirir, respectivamente".

Obsérvese que la tradición, o la exteriorización de la voluntad de transmitir el bien o derecho, puede lograrse real o simbólicamente. La formalidad de la escritura pública en la transmisión de un bien (mueble o inmueble) es conocida como la tradición simbólica instrumental y, a menos que la ley lo requiera, no es la única manera de efectuar la entrega. A modo de ejemplo, para fines jurídicos, el dominio de un bien (mueble o inmueble) se puede transmitir mediante contrato privado, con la entrega de la llave. El caso de ***VELCO v. Industrial Service Apparel***, 143 D.P.R. 243 (1997) ilustra el punto.

Todo lo cual nos lleva a los artículos 700 y 701 del Código Civil, 31 L.P.R.A. §7664, §7665. En materia del Derecho Inmobiliario Registral, el principio es que la inscripción el en el Registro de la Propiedad es voluntaria. El Registro de la Propiedad, como dice el aforismo, no da ni quita derechos, solo los anuncia. Es decir, su función ordinaria en materia de derechos reales es declarar la existencia de derechos, no constituirlos. Este es principio declarativo se recoge en el artículo 700, *supra*, cuando dispone que "[l]os derechos reales no requieren inscripción en un registro público para que queden constituidos, excepto cuando la ley exija algo distinto".

Las notables excepciones a este principio son, a modo de ejemplo, el derecho real de garantía de hipoteca, la ley de condominios, las servidumbres en equidad y el derecho de superficie, cuyas inscripciones son constitutivas del derecho. Es decir, si no se inscriben en el Registro de la Propiedad no advienen a la realidad jurídica y carecen de eficacia.

El artículo 701, *supra*, similar al antiguo artículo 546 del Código Civil, 31 L.P.R.A. §1872, parece minar lo anterior. Dice el precepto que, "[l]os títulos de dominio o de otros derechos reales sobre bienes inmuebles que no están debidamente inscritos o anotados en el Registro de la Propiedad, no perjudican a tercero, salvo cuando la ley dispone algo distinto".

Si la esencia del derecho real es su oponibilidad frente otros, y la inscripción del derecho de dominio en el Registro de la Propiedad es declarativa, creería uno que el dominio sobre el bien inmueble – este o no en escritura pública - en efecto es oponible ante terceros.

Este precepto, según redactado, sugiere lo contrario. Primero, dice que no es oponible, razón por la cual la naturaleza real del derecho de dominio queda en entredicho. Resulta que su no inscripción le resta oponibilidad. Segundo, el precepto no define quien es ese tercero que no queda perjudicado por el derecho no inscrito. La redacción de este precepto da a entender que la inscripción del título sobre un bien inmueble en el Registro del a Propiedad es lo que le confiere oponibilidad frente a un tercero genérico.

En materia contractual, tercero (civil) es quien no es parte en un contrato. En materia inmobiliaria registral, el tercero registral es el adquirente de un derecho inscrito previamente en el Registro de la Propiedad, conforme el artículo 35 de la Ley Hipotecaria vigente, 30 L.P.R.A. §6050. En el contexto del artículo 701, *supra*, ¿quién es el tercero? ¿Cualquier persona que no haya sido parte del contrato de compraventa en la cual se transmitió el dominio? ¿O se referirá únicamente al caso al tercero registral de la Ley Hipotecaria, quien arguíblemente no quedo notificado por la fe pública registral de la transmisión del derecho real en controversia?

La coletilla al final del artículo 701, *supra*, "[...] salvo cuando la ley dispone algo distinto", no evita el debilitamiento del derecho real, que ahora ve la necesidad de inscribirse en el Registro de la Propiedad para obtener la protección que la ley antes le confería, sin necesidad de mayores formalismos y costos arancelarios y notariales. La excepcionalidad del"salvo..." crea la presunción de la necesidad de la inscripción registral del título para gozar de la protección *qua* derecho real.

La interpretación de que el precepto solo se refiere a la inoponibilidad del derecho real únicamente en casos de tercería registral bajo el derecho inmobiliario registral, no se desprende, a mi juicio, de una lectura desapasionada del texto. Tal interpretación es arguíble solamente en tanto la letra de la ley general se lea exclusivamente a través del lente de la ley especial, inyectándole al texto precisiones extrínsecas, distorsionando el sentido evidente de su construcción sintáctica y su ubicación contextual bajo un capítulo de disposiciones generales sobre el derecho real.

Tan sencillo que hubiera sido evitar la anfibología y la necesidad del jiu-jitsu exegético con una mejor redacción del texto, como, por ejemplo: "los títulos de dominio o de derechos reales sobre inmuebles no inscritos en el Registro de la Propiedad no serán oponibles antes terceros registrales protegidos por la Ley Hipotecaria, salvo cuando la ley disponga lo contrario."

El derecho real

Son derechos reales aquellos que crean una relación inmediata y directa entre un bien y la persona a cuyo poder aquel se encuentra sometido, facultando al titular a hacerlos valer frente a todos.

Artículo 697 del Código Civil, 31 L.P.R.A. §7661

El derecho real – del latín *res*, cosa – trata sobre los derechos de propiedad. De entrada, hay que hacer una precisión conceptual, en demasiadas ocasiones ignoradas: las cosas (o bienes) no tienen, en sí, derechos.

Este error, precisamente, queda implicado en el artículo 697, *supra*, cuando define al derecho real como "aquellos que crean una relación inmediata y directa entre un bien y la persona a cuyo poder aquel se encuentra sometido".

El problema con esta aproximación al derecho de propiedad es que supone que hay una relación de inmediatez entre la persona y el bien. Los bienes son cosas, sin voluntad. Por su naturaleza no son capaces de entrar en relaciones. Son, en sentido propio, objetos. Dejamos para otro día la problemática categoría de seres sensibles - animales domésticos y domesticables - de los artículos 232 y siguientes del Código Civil, 31 L.P.R.A §5951, *et seq*. Al definir el derecho real en virtud de la relación que se crea entre las personas y el bien el texto supone que, en efecto, hay un vínculo jurídico entre ellos. He aquí el problema.

En las narrativas fundacionales de la modernidad – entiéndase Hobbes, Locke, Rousseau, y demás, cada cual con sus variaciones - se parte de la noción de un estado de naturaleza en la cual el ser humano "entra" en sociedad. Nuestra metáfora de un contrato social como puntal de la organización político-jurídico es un derivado de esta concepción. El ejemplo más evidente de esta noción la encontramos en el preámbulo de la Constitución. El Pueblo, como personalidad jurídica corporativa, es fundamentalmente una categoría política, no sociológica, creada para legitimar la institucionalidad del Estado moderno. Esto explica en parte las temibles confusiones conceptuales que cometemos al atribuirle características personales a lo que a fin de cuentas son abstracciones filosóficas.

La idea del estado de naturaleza de la humanidad – en oposición a su sociabilidad - no tiene fundamento histórico o antropológico, sea el indio ingenuo de los diarios de Cristóbal Colón, el noble salvaje de Rousseau o el comunismo primitivo de Karl Marx.

En la novela ***Robinson Crusoe*** su personaje naufraga en una isla tropical y por años está solo, luchando por su supervivencia, sin derechos ni obligaciones. No es hasta que se encuentra con Viernes que se redescubren las tensiones sociales y de la necesidad de normar la conducta. Otro ejemplo, acaso más contemporáneo, es la película de Robert Zemeckis ***Castaways***, en la cual el personaje principal es un náufrago solitario quien entabla una "relación" con una bola de futból, al cual apoda "Wilson". ¿Cabe pensar que el náufrago como dueño de la bola? En la rabiosa y abandonada individualidad no hay derecho de propiedad, sino de la explotación de las cosas para satisfacer las necesidades básicas.

En fin, el derecho de propiedad supone fundamentalmente de relaciones sociales dirigidas no solamente a la apropiación de las cosas, sino de su distribución entre sus miembros. Es decir, el animal político de Aristóteles.

No hay que ser marxista para entender que su antropología (*homo faber*) explica con mayor rigurosidad el fenómeno social de la apropiabilidad y la distribución social del trabajo y la riqueza. Tampoco hay que ser partidario del derecho natural y del *laissez-faire* clásico de Adam Smith para admitir que las decisiones económicas y patrimoniales están mejor servidas para los intereses de las personas desde la descentralización política. Cómo reconciliar ambas perspectivas es la tarea de la teoría económica contemporánea.

La distopía colectivista y el individualismo absolutista, ambos, giran sobre concepciones inexistentes, ahistóricas, de las relaciones de propiedad en sociedad. El derecho no es únicamente instrumento de legitimación de los intereses económicos, como

---

Publicado en ***Microjuris al día*** el 17 de julio de 2022.

insisten algunos. El derecho también es limitación de la arbitrariedad en el ejercicio del poder político y económico, que provee estabilidad y certeza en las relaciones patrimoniales en sociedad, necesarias para la consecución de la libertad.

El artículo 697, *supra*, delata cierto fetichismo cuando califica el derecho de propiedad como una relación inmediata y directa de la persona con un bien al cual somete a su señorío. Esta concepción propia de la Ilustración retrata ese derecho como uno intrínseco de la persona, a modo de un derecho natural, independiente de las relaciones sociales en que se encuentra. Poco o ninguna utilidad jurídica tiene reclamar un derecho de propiedad sobre un bien que nadie más pretende.

Su última cláusula, "[...]facultando al titular a hacerlos valer frente a todos", subraya esa concepción naturalista. La oponibilidad del derecho, su característica *erga omnes*, se concibe como un atributo o consecuencia del derecho real y no como su elemento constitutivo. Al final del día, es la oponibilidad ante otros lo que define al derecho real y no algún vínculo místico entre la persona y el bien.

Todo derecho de propiedad supone una valoración social e histórica. A riesgo de señalar lo obvio: un derecho es de naturaleza real porque lo dispone el ordenamiento, y no por alguna virtud inherente a la relación.

Bestiario jurídico

Los animales domésticos y domesticados son seres sensibles.

Son animales domésticos, aquellos que han sido criados bajo la guarda de una persona, que conviven con ella y necesitan de esta para su subsistencia y no son animales silvestres.

Los animales domesticados son aquellos que han sido entrenados para modificar su comportamiento para que realicen funciones de vigilancia, protección, búsqueda y rescate de personas, terapia, asistencia, entrenamiento, y otras acciones análogas.

Los animales domésticos y domesticados no son bienes o cosas, ni están sujetos a embargo. Los animales destinados a la industria, a actividades deportivas o de recreo están excluidos de esta categoría.

Artículo 232 del Código Civil, 31 L.P.R.A. §5951

Como género, los bestiarios medievales eran manuales taxonómicos que describían y anticipaban a las criaturas fantásticas y peligrosas que acechaban a los viajeros en sus largas travesías a través de los inhóspitos bosques europeos. No hemos perdido del todo esa milenaria tradición de clasificar a los animales según nuestras preocupaciones.

El nuevo Código Civil, dejando atrás a las palomas y a los enjambres de abeja, caracteriza a los animales domésticos y domesticados como seres sensibles. Esta caracterización supone una clasificación intermedia entre los bienes y las personas. Al no clasificarse como bienes (véase los artículos 236 y 237 del Código Civil, 31 L.P.R.A. §6011, §6012), se le limita a su titular su facultad dispositiva y de uso. Al no clasificarse como persona, sea natural o jurídica (véase artículo 67 del Código Civil, 31 L.P.R.A. §5501), el ser sensible no goza de las protecciones y garantías que el ordenamiento le reconoce a aquellos. Más aún, el propio artículo 232, *supra*, excluye estatutariamente toda otra serie de animales que, por no ser domésticos o domesticados, no son seres sensibles.

Como toda categoría intermedia, sus linderos no están claramente definidos, sus perfiles imprecisos, asemejándose a los bienes o las personas según las circunstancias de cada controversia y, en su día, de la valoración del adjudicador. Esta ambigüedad conceptual es acaso el mayor problema de

Publicado en ***Microjuris al día*** el 27 de julio de 2022.

la categoría, que evita declararse de manera clara sobre la subjetividad u objetividad jurídica de los animales.

Todo concepto pretende explicar un fenómeno. Este es su finalidad. Concepto que no explique, o explique de manera incompleta o ambigua, no cumple su cometido. Si bien es cierto que, en el campo del derecho, las categorías persiguen normar la conducta, no es menos cierto que no se puede abdicar a la necesidad de precisarlas epistémicamente. Nuestra inveterada inclinación a la producción de conceptos, como si estuviéramos sacando conejos de un sombrero, debe ceder ante la realidad práctica y concreta que persigue atender.

Clasificar a los animales como seres sensibles en atención a su domesticidad crea unas distinciones que ponen en entredicho su solvencia jurídica. Primera observación: ¿Qué se entiende por *seres sensibles*? Notable por demás es la falta de una definición estatutaria, lo cual nos lleva a auscultar el sentido del término, tanto en el campo especializado de los derechos de animales como en el lenguaje común y corriente.

En el campo de los derechos de animales se refiere a los animales como *seres sintientes*, con capacidad de tener sentimientos positivos y negativos. Esta capacidad sintiente es propia de los animales vertebrados, que poseen un sistema nervioso. Basta con leer las declaraciones de los organismos adscritos a las Naciones Unidas, para identificar este uso del término.

La voz *sensible*, adjetivación de *sensibilidad*, en cambio, significa no solamente la facultad de sentir, sino la propensidad de dejarse llevar de los afectos de compasión, humanidad y ternura. Es decir, el término *sensible* recoge connotaciones de valoración moral entre los seres humanos, a diferencia del término *sintiente*, que se limita a caracterización objetiva de la respuesta del sistema nervioso del animal.

Esta distinción no es solamente semántica. El uso del término *seres sensibles* supone una arrogación de atributos humanos a los animales. La aplicación de esta clasificación únicamente a los animales domésticos y domesticados sugiere un cierto antropomorfismo, en atención a la valoración de los seres humanos.

Por otro lado, no se puede dejar de señalar que a esa reputada sensibilidad se le reconoce un efecto jurídico debido a que los seres humanos sometemos a tales animales a nuestra voluntad y propósitos. Es decir, su calificación jurídica esta predicada en las creencias del ser humano, y no en la naturaleza del animal.

El artículo 232, *supra*, define animales domésticos como "aquellos que han sido criados bajo la guarda de una persona, que conviven con ella y necesitan de esta para su subsistencia y no son animales silvestres." Hay que notar aquí la referencia a la categoría de animal silvestre que, salvo esta mención, queda en el tintero. Los animales domesticados, en cambio, "son aquellos que han sido entrenados para modificar su comportamiento para que realicen funciones de vigilancia, protección, búsqueda y rescate de personas, terapia, asistencia, entrenamiento, y otras acciones análogas." Lo distintivo de estas definiciones es que la sensibilidad del animal es conferida por el cuido humano.

La última oración del 232, *supra*, aclara que los animales destinados a la industria, a actividades deportivas o de recreo están excluidos de esta categoría. Esta distinción parece responder más a los intereses patrimoniales de la industrias concernidas - piénsese en las vaquerías, el hipódromo, los mataderos - que en los animales propiamente.

Para fines del Código Civil, los animales destinados a la industria y los animales silvestres tienen un trato similar, aunque le apliquen leyes especiales distintas a cada cual, como por ejemplo la Ley para el Bienestar y la Protección de los Animales, 5 L.P.R.A. §1660, *et seq.*, o la Nueva Ley de Vida Silvestre, 12 L.P.R.A. §107 *et seq*.

Lo cual nos lleva a la pregunta: ¿son los animales objetos o sujetos de derecho? En la medida en que el estatuto parte la diferencia, reconociendo la sensibilidad de algunos animales, y no de otros, en virtud de los fines y usos que les damos, hay que concluir que no hay nada intrínseco al animal que lo haga titular de un derecho.

Contrario a lo proclamado en la Declaración Universal de los Derechos de los Animales de la UNESCO (1978), y por el borrador de la Convención sobre la Salud y Protección de los Animales (2018), a modos de ejemplos, que postulan sus derechos a la vida, al respeto y al cuido; en nuestro ordenamiento los animales no tienen derechos intrínsecos. En otras palabras, bajo nuestro ordenamiento los animales, sean o no sensibles, no son sujetos de derecho, sino objetos de derecho que hay que proteger, ya sea bajo La Ley para el Bienestar y la Protección de los Animales, *supra*, y ahora bajo el Código Civil.

Esta ambivalencia conceptual encuentra eco en los artículos 233 y 235 del Código Civil, 31 L.P.R.A. §5953, §5954, que faculta al tribunal a adjudicar la el cuido de los animales garantizando su bienestar y seguridad física, y en casos de separación o divorcio de la familia "teniendo en cuenta el mejor interés de los miembros de la familia y el bienestar y la seguridad del animal". ¿El poder de *parens patria* del Estado – que implica un sujeto de derecho a quien se tiene que proteger - se extiende ahora a los animales domésticos y domesticados? Y los otros animales, los no sensibles, ¿no merecen igual protección?

También, en el artículo 2 (I) de la Ley sobre Controversias y Estados Provisionales de Derecho, 32 L.P.R.A. §2872, se le confiere jurisdicción a al tribunal para atender controversias en casos de crianzas de animales en distritos residenciales; y, también el maltrato de mascotas según descrito en la Ley para el Bienestar y protección de Animales, *supra*, como una modalidad de intimidación y violencia psicológica bajo la Ley para la Prevención e Intervención con la Violencia Doméstica, 8 L.P.R.A. § 601, *et. seq*, firmada por el Gobernador en días recientes.

Este bestiario, de animales sensibles y no sensibles, domésticos y domesticados, silvestres y destinados a la industria, de mascotas, con poca coherencia filosófica entre ellos, nos alerta a que el derecho habita en su propia flora y fauna.

El concepto de la obligación

La obligación es el vínculo jurídico de carácter patrimonial en virtud de la cual el deudor tiene el deber de ejecutar una prestación que consiste en dar, hacer o no hacer algo en provecho del acreedor, quien, a su vez, tiene un derecho de crédito para exigir el cumplimiento.

Artículo 1060 del Código Civil, 31 L.P.R.A. §8981

El nuevo artículo 1060 del Código Civil empieza con un tropiezo: "la obligación es el vínculo jurídico..." El vínculo jurídico es el nexo, el *ratio iure*, que justifica la relación por la cual viene uno llamado a efectuar alguna prestación. Es decir, la obligación dimana del vínculo jurídico. De no haber vínculo jurídico no cabe hablar de obligación propiamente. Equiparar una con la otra es confundir el huevo con la gallina. Precisamente, la inclusión en el Libro Primero, Título IV, del Código Civil sobre los actos, hechos y negocios jurídicos, artículos 263 al 361, 31 L.P.R.A. §§6111-6363, atiende los múltiples aspectos normativos referentes a la formación y validez del vínculo jurídico.

Esto no es únicamente un desliz semántico, sino que implica genuinas controversias prácticas. Al final del día las categorías jurídicas no son primordialmente abstracciones teóricas, sino que se articulan para mejor entender y normar la conducta en atención a un fin social reconocible. Decir que la obligación es el vínculo jurídico implica que la presencia de una prestación, independientemente de su origen o algún defecto, pudiera argüirse que supone, de por sí, su exigibilidad.

Por supuesto, el ordenamiento le reconoce la exigibilidad de la prestación en función de su legalidad. Así, el nuevo artículo 1063, 31 L.P.R.A. §8984, enumera las fuentes de las obligaciones: la ley, los contratos, los cuasicontratos, los actos ilícitos, los actos u omisiones en que interviene culpa o negligencia y cualquier otro acto idóneo para producirlas, de conformidad con el ordenamiento jurídico. Este última referencia a "cualquier otro acto idóneo para producirla", autoriza estatutariamente la aplicación de los principios generales del derecho como fuente de obligación, reiterando lo ya anticipado en el nuevo artículo 5, 31 L.P.R.A. §5315.

Continua el artículo 1060, "[...] de carácter patrimonial...". El uso del término patrimonio, en este contexto, significa, como inmediatamente señala el siguiente artículo 1061, 31 L.P.R.A. §8982, "susceptible de valoración económica". Véase además ***Vda. de Delgado v. Boston Insurance Co.***, 101 D.P.R. 598 (1973). A modo de observación tangencial, hay que notar la falta de uniformidad en el uso dogmático tradicional del término *patrimonio* en estos preceptos referente a las obligaciones contrastado con su uso (o falta de uso) en el capítulo referente a los bienes de dominio público en el artículo 239, 31 L.P.R.A. § 6022.

Ese patrimonio, presente y futuro, más aún, sirve de garantía del cumplimiento de la obligación, como dispone el artículo 1156, §31 L.P.R.A. § 9301. Hay que subrayar que este precepto incluye de manera expresa unas limitaciones de responsabilidad, excluyéndose los bienes inembargables señalados en el artículo 1157, 31 L.P.R.A. §9302. A modo ejemplificativo, algunos de los bienes patrimoniales inembargables son el hogar seguro (según delimitado por los nuevos artículos 476-487 del Código Civil, 31 L.P.R.A. §6841-6861; y la Ley Núm. 195-2011, 31 L.P.R..A. §§1858-1858k); el ajuar de la casa y los electrodomésticos cuyo valor conjunto no exceda de $10,000; la vestimenta personal del deudor y su familia; las provisiones realmente destinadas al uso individual o de la familia, en cantidad suficiente para un mes; las herramientas, instrumentos, animales domésticos y domesticados, muebles, bibliotecas, armas, uniformes requeridos por ley y equipo necesarios para la profesión u oficio del deudor, cuyo valor no exceda de $10,000; el vehículo de motor considerado como instrumento de trabajo de su dueño excepto en casos de cobro de deudas relacionadas con el precio de compra, arrendamiento financiero, o la adquisición del vehículo; el dinero, los beneficios, los privilegios o las inmunidades que provengan de cualquier seguro de vida del deudor, cuando el beneficiario es el cónyuge o heredero forzoso del deudor; el balance de fondos en las cuentas de retiro individual mantenidas a nombre del deudor; y el balance de los beneficios acumulados a nombre del deudor en los planes privados de beneficios de jubilación cubiertos por leyes federales. Estas limitaciones a la responsabilidad patrimonial del deudor suponen una inclusión en nuestro ordenamiento civil de principios de los procedimientos de la quiebra en la jurisdicción federal.

En este contexto es preciso traer a colación el impedimento constitucional del encarcelamiento por concepto de deuda, recogido en el Artículo II, §11, de la Constitución del Estado Libre Asociado de Puerto Rico. La antigua acción del apremio personal, mediante el cual uno estaba expuesto a garantizar el cumplimiento de sus obligaciones con su libertad personal ha quedado atrás como un vestigio que respondía a valores socio-económicos históricamente superados, precisamente por imposición de la garantía patrimonial. El encarcelamiento por concepto de deuda en casos de pensiones alimentarias sigue siendo al día de hoy la única excepción jurisprudencialmente reconocida. Véase ***Viajes Lesana, Inc. v. Saavedra***, 115 DPR 703 (1984); ***Díaz Aponte vs DACO***, 130 DPR 782 (1992). Admito mi dificultad en torno a la interpretación del Tribunal Supremo sobre este extremo. El texto constitucional de la prohibición contra el encarcelamiento por concepto de deuda no contiene excepciones, precisamente en atención al alto valor político-jurídico de proteger la libertad individual. La creación de una excepción en los casos de pensión alimentaria – que, en fin, son deudas pecuniarias - apelando a una mito-poética tabla de valores supone una arrogación de facultades legislativas por parte del poder judicial.

De igual importancia, la última frase del artículo 1156, *supra*, incluye expresamente la facultad de pactar contractualmente limitaciones a la responsabilidad patrimonial, recogiendo estatutariamente lo que jurisprudencialmente se había contemplado en ***Campos del Toro v. American Transit***, 113 D.P.R. 337 (1982).

Continua el artículo 1060, *supra*, "...en virtud de la cual el deudor tiene el deber de ejecutar...". El vínculo jurídico del cual dimana la obligación está compuesto – conceptualmente hablando – del deudor y el acreedor. Como deudor, este tiene el deber de ejecutar. Es decir, el deudor de la obligación es aquel que viene jurídicamente compelido a efectuar la prestación para beneficio de su acreedor. Ese deber es de carácter legal, no moral. La discusión doctrinal sobre la distinción entre el deber jurídico y la obligación es pertinente en esta coyuntura.

El deber jurídico, como imposición del ordenamiento en todos los renglones de la conducta, sea en el campo del derecho público o privado, persigue a la persona a lo largo y ancho de su vida en sociedad. Cuando decimos popularmente que nadie esta por encima de la ley a lo que nos referimos implícitamente es a ese deber jurídico que nos expone a la sanción en caso de incumplimiento. La obligación, en sentido estricto, es una modalidad del deber jurídico. Su nota característica es que ese deber tiene como su origen la autonomía, el *auto nomos*, la propia imposición de la norma. Es decir, la fuente primordial de la obligación no dimana del ordenamiento, que al final del día solo la reconoce y la encausa, sino del libre albedrío. Con razón se ha dicho que en las Obligaciones y Contratos encontramos uno de los últimos reductos de la auténtica libertad individual.

Sigue el 1060, *supra*, "...una prestación que consiste en dar, hacer o no hacer algo ..." Calificar la obligación como una prestación no es meramente una sustitución de palabras. Al hacer hincapié en el concepto de la prestación se enfatiza lo que es característico de la obligación: la conducta. A saber, la prestación que puede consistir en dar, hacer o no hacer, supone una conducta que el deudor tiene que desplegar para hacerla efectiva. Sin esa conducta no hay la exteriorización jurídicamente reconocible de la obligación. En otra ocasión volveremos sobre el contenido de las obligaciones de dar, hacer o no hacer.

El entendimiento de la prestación como una conducta que tiene que desplegar el deudor, hay que tenerla presente cuando leemos la última frase del artículo 1060, *supra*, cuando dispone " ... en provecho del acreedor quien, a su vez, tiene un derecho de crédito para exigir el cumplimiento". El acreedor, aquel que tiene la facultad de exigir el cumplimiento de la obligación del deudor, tiene un derecho de crédito.

La palabra crédito proviene del latín *credititus*, sustantivación del verbo *credere*: "creer"; que significa "cosa confiada". En su origen crédito significa confiar o tener confianza. En su acepción obligacional, el derecho de crédito es la facultad del acreedor de exigir la conducta acordada en la obligación. Esa exigibilidad, su vez, esta predicada en la confianza que se le atribuye normativamente.

El derecho de crédito, por supuesto, hay que entenderlo a su vez, en oposición al derecho real o al derecho actuar sobre las cosas a exclusión de otros, hoy recogido en el nuevo artículo 697 del Código Civil, 31 L.P.R.A. §7661. Aún cuando el derecho real y el derecho de crédito coinciden en el incumplimiento, en frase Puig Brutau, la distinción conceptual entre ambas es importante precisamente por los remedios que el ordenamiento le concede a cada cual.

Los bienes de dominio público

Los bienes públicos son aquellos bienes privados, pertenecientes al Estado o a sus subdivisiones o a particulares, que han sido afectados para destinarlos a un uso o servicio público. Estos bienes públicos se denominan bienes de uso y dominio público.

Artículo 238 del Código Civil, 31 L.P.R.A. §6021

La controversia reciente en torno a la compraventa de una franja de terreno colindante con la Parque del Indio en el Condado, si en efecto es parte de un parque público o propiedad privada del Estado, obliga que volvamos sobre el concepto de los bienes de dominio público, con particular referencia a las disposiciones del nuevo Código Civil.

El artículo 236, 31 L.P.R.A. § 6011, define bienes como "las cosas o derechos que pueden ser apropiables y susceptibles de valoración económica". Esta definición pone énfasis en su carácter patrimonial, entendido esto último en su acepción doctrinal. Es decir, los bienes como aquello susceptible de aprovechamiento económico. Esta aproximación al concepto del *patrimonio* es el que informaba el artículo 256 del anterior Código Civil, el cual distinguía entre los bienes de uso público de los bienes patrimoniales. Dentro de esta acepción, los bienes patrimoniales del Estado eran objetos dentro del tráfico jurídico. Sobre el concepto del *patrimonio* véase ***Vda. de Delgado v. Boston Insurance Co.***, 101 D.P.R. 598 (1973).

El nuevo Código Civil abandona esta clasificación tradicional, reservándose ahora el término *patrimonio* para la valoración legislativa de ciertos bienes que quedan excluidos del tráfico jurídico. Así, el nuevo artículo 239, 31 L.P.R.A. § 6022, señala que "[o]tros bienes públicos se declaran patrimonio del Pueblo de Puerto Rico por su interés o valor ecológico, histórico, cultural, artístico, monumental, arqueológico, etnográfico, documental o bibliográfico. Estos bienes están fuera del tráfico jurídico y se regirán por la legislación especial correspondiente".

Este uso del término *patrimonio* gira sobre la difusa noción popular de los bienes públicos, a los cuales se les atribuye una protección jurídica adicional por alguna percibida importancia socialmente reconocible. Bajo esta clasificación un bien patrimonial puede ser desde el astrolabio objeto de litigio en *López Sobá v. Fitzgerald*, 130 D.P.R. 46 (1992), hasta el parque ceremonial de Tibes. Hay que advertir, sin embargo, que los artículos 1060, 1061 y 1156 del nuevo Código Civil, 31 L.P.R.A. §8981, §8982, §9301, aún utilizan el término *patrimonio* en materia obligacional en su acepción doctrinal clásica, lo cual introduce innecesariamente un uso equívoco de la palabra.

El nuevo artículo 237, 31 L.P.R.A. §6012, clasifica los bienes, entre otros, entre públicos y privados, refundiendo la distinción reconocida anteriormente en el artículo 253 del anterior Código Civil. Acto seguido, sin embargo, esta distinción se desdibuja en la primera frase del artículo 238, 31 L.P.R.A. §6021, el cual comienza con la frase, "[l]os bienes públicos son aquellos bienes privados,[...]". Esta galimatía subsume los bienes públicos en bienes privados, contrario a la distinción hecha en el artículo precedente.

De mayor preocupación, y contrario a los artículos 255 y 256 del anterior Código Civil, que definían los bienes de dominio y uso público – como los destinados al uso público, como los caminos, canales, ríos, torrentes y otros análogos, los caminos estaduales y vecinales, las plazas y las calles, fuentes y aguas públicas - el nuevo artículo 238, *supra*, dispone que estos bienes públicos (privados) son "pertenecientes al Estado o sus subdivisiones o a particulares..."

Bajo la normativa previa, los bienes de dominio y uso público eran para el aprovechamiento de toda la ciudadanía, y el Estado era su custodio, con la obligación ministerial de cuidarlos y protegerlos para beneficio de todos.

Tangencialmente, la distinción entre los bienes de dominio público y los cosas de uso común se mantiene en el artículo 241 del nuevo Código Civil, 31 L.P.R.A. §6024, definiéndose estos últimos como "[...] aquellas cuya propiedad no pertenece a nadie en particular y en las cuales todas las personas tienen libre uso, en conformidad con su

Publicado en ***Microjuris al día*** el 10 de agosto de 2022.

propia naturaleza: tales son el aire, las aguas pluviales, el mar y sus riberas". Aún queda por precisar, sin embargo, la relación jurídica entre las cosas de uso común y los desarrollos tecnológicos para su explotación económica, como por ejemplo la luz y el viento. En este aspecto piénsese en las recién tipificadas servidumbres de energía solar y eólica que le reconocen al titular de un derecho de propiedad sobre una finca tiene derecho a servirse de la energía solar o eólica que de ordinario llega a su finca, imponiéndole a otros titulares de abstenerse de crear sombra u obstruir el viento sobre los predios cercanos mediante la siembra de árboles o plantas. Véase el artículo 963 del Código Civil, 31 L.P.R.A. §8550. En la medida en que una persona puede oponer un derecho de uso frente a otro sobre el aprovechamiento de una cosa de uso común, ¿no supone esto una limitación a su libre uso por todos?

Bajo el nuevo Código Civil los bienes de dominio público son privados del Estado o sus divisiones o a particulares. Es decir, la naturaleza pública de los bienes se le adscribe al aparato gubernamental, no a la ciudadanía. Este giro conceptual implica que es el Estado o sus subdivisiones o particulares (supongo corporaciones públicas y otras entidades jurídicas creadas por ley) quien tiene la legitimación activa (*standing*) para iniciar o responder de cualquier acción judicial sobre un bien de dominio público.

Siendo los bienes públicos, privados del Estado, la ciudadanía y las organizaciones comunitarias no tienen la capacidad jurídica para incoar una acción en defensa de un bien de dominio público. La tendencia jurisprudencial de limitar la legitimación activa de entidades comunitarias en casos ambientales en protección de la propiedad privada, encuentra eco en este artículo. La crítica en una columna reciente del Profesor Luis Rivera Rivera en lo referente a la tutela comunitaria del espacio público y la amenaza del Estado acaparador pone de relieve este problema.

Si la anterior reclasificación de los bienes no fuere suficiente para enturbiar su finalidad jurídica, el artículo 242 del Código Civil, 31 L.P.R.A. § 6025, define entre los bienes privados "los pertenecientes al Pueblo de Estados Unidos de América, al Pueblo de Puerto Rico y a cada una de sus subdivisiones políticas; y que no están afectados al uso o servicio público". Al contrastarlo con el artículo 238, *supra,* resulta que la categoría del bien privado del Pueblo de Puerto Rico (¿sinónimo del Estado?) es como el gato de Schrödinger, que puede ser y no ser a la misma vez, según haya sido afectado o no.

Una observación adicional. El artículo 242, *supra,* introduce el concepto del bien privado pertenecientes al Pueblo de Puerto Rico afecto al *servicio público.* Dado el uso un tanto indiscriminado de esta frase en múltiples acepciones y contextos, es necesario precisar con exactitud a qué se refiere esta categoría. Si lo que se quiere tutelar son los bienes públicos, privados del Estado, destinados para su uso limitado a un sector o grupo, entonces especifíquese. Al no hacerlo, el término queda un tanto en el aire, sin referente concreto.

Por otro lado, y como ha sido la norma histórica, el nuevo artículo 240, 31 L.P.R.A. §6023 reconoce que los bienes públicos – estén o no afectos al uso o servicio público - son susceptibles de aprovechamiento privado en casos de concesiones concedidas por ley, como por ejemplo, las marinas, la explotación de canteras, los pozos de agua, etc.. Al final del día, el mecanismo de las concesiones administrativas ha sido la manera en que el Estado históricamente ha autorizado la explotación de los bienes públicos para aprovechamiento privado. En tiempos de crisis económica y del uso desmedido de los decretos ejecutivos bajo la justificación del desarrollo económico, la forma y manera en que las concesiones administrativas son dadas requiere, a mi juicio, mayor rigor.

Parecería, pues, que el concepto de afectación de los bienes es la clave para distinguir entre los diferentes tipos de bienes públicos, privados del Estados. El artículo 244, 31 L.P.R.A. §6027, dispone que "[l]os bienes privados de las personas pierden esta cualidad por dedicarse a fines públicos incompatibles con la propiedad privada y readquieren su primitiva condición tan pronto cesan dichos fines. El cambio o la alteración de la clasificación jurídica de los bienes puede realizarse por cesar el fin público al cual fueron destinados, lo cual puede ocurrir en la forma prescrita por ley o reglamento."

Este precepto recoge sustancialmente la doctrina en los casos ***Figueroa v. Municipio***, 98 D.P.R. 534 (1970) y ***San Gerónimo Caribe Project, Inc. v. E.L.A.***, 174 D.P.R. 640 (2008), aunque deja en el tintero la figura jurisprudencial de la desafectación tácita administrativa. Habrá que esperar a ver si el Tribunal Supremo le extiende vigencia a esta categoría en casos futuros.

Finalmente, la última oración del artículo 238, *supra*, clasifica los bienes públicos como bienes de uso y dominio público, subsumiendo en uno los artículos 255 y 256 del anterior Código Civil.

Consecuente con todo lo anterior, y formalizando el escolasticismo trasnochado del nuevo Código Civil, los bienes públicos ahora son distinguibles entre bienes privados del Estado y bienes patrimoniales. Los bienes privados del Estado, a su vez, son distinguibles entre aquellos que están destinados al uso y servicio público y aquellos que no lo están, que aparentan ser equivalentes a los bienes patrimoniales del Estado del antiguo Código.

Estos bienes públicos, privados del Estado, continua el artículo 238, *supra*, son aquellos afectados para destinarlos a un uso o servicio público. No obstante, al clasificarse como bienes privados del Estado, la segunda oración del artículo 243 del Código Civil, 31 L.P.R.A. §6026, admite que [l]a administración y la enajenación de los bienes privados pertenecientes al Pueblo de Puerto Rico y a cada una de sus subdivisiones políticas se rigen por leyes y reglamentos especiales y solamente pueden ser objeto de enajenación en la manera y con las restricciones prescritas en las leyes y reglamentos aplicables".

En fin, un bien de dominio público lo define la ley, por torpe que sea. *Dura lex, sed lex.*

Introducción a la posesión

Posesión natural es la tenencia de una cosa o el disfrute de un derecho por una persona. Posesión civil es esa misma tenencia o disfrute, unidos a la intención de haber la cosa o derecho como suyos.

Artículo 704 del Código Civil, 31 L.P.R.A. §7822

El artículo 704 del Código Civil, 31 L.P.R.A. §7822, idéntico al previo artículo 360, a su vez proveniente del antiguo artículo 430 del Código Civil español, dispone que la "[p]osesión natural es la tenencia de una cosa o el disfrute de un derecho por una persona. Posesión civil es esa misma tenencia o disfrute, unidos a la intención de haber la cosa o derecho como suyos".

Hay que destacar la redundancia del artículo 703, 31 L.P.R.A. §7821, la cual se limita a repetir la primera frase del artículo 704, *supra.*

La distinción efectuada entre la posesión natural y la posesión civil, reclama de entrada algunas observaciones preliminares de carácter histórico y dogmático con miras a poner en justa perspectiva lo que ha resultado ser un tema un tanto confuso.

Las normas que hoy aparecen reunidas en materia de posesión son procedentes de etapas diversas del desarrollo histórico jurídico que daban respuestas a problemas sociales que eran en gran medida propias de sus épocas. Así, en materia de posesión convergen criterios, prácticas y principios procedentes del derecho romano, el derecho germánico, el derecho canónico, con aportaciones de los glosadores y humanistas. Esta convergencia doctrinal hace muy difícil, por no decir imposible, ofrecer un esquema unitario y homogéneo.

En el Derecho romano, la idea de la posesión no era unívoca, sino que se distinguía en tres clases de situaciones : (i) la simple tenencia o detentación de la cosa, carente de protección jurídica ; (ii) una situación de poder sobre una cosa, protegida por los interdictos; y (iii) una situación de señorío de hecho sobre una cosa que además de estar protegida por los interdictos, podía llegar a convertirse en propiedad en virtud de la usucapión. Se designaban estas situaciones respectivamente como *possessio naturalis o possessio corpore*, *possessio civiles* y *possessio ad interdicta.* Se le reconocía protección interdictal a los propietarios mientras tiene la cosa en su poder; los que tienen la cosa creyendo que es suya; los que la tienen ilícitamente a sabiendas; el acreedor pignoraticio; el precarista; el secuestratario; el enfiteuta y el superficiario. En cambio, no tenían protección interdictal el arrendatario, el depositario, el comodatario, el usufructuario.

Desde sus orígenes la posesión ha ido de la mano de la protección interdictal como medio para asegurar su efectividad. En lo referente a la protección interdictal ha habido diversas teorías que han pretendido explicar su razón de ser. Niebuhr y Savigny sostuvieron que la protección interdictal tiene su origen en el *ager publicus* como medio de expresar el poder atribuido a los concesionarios de estas tierras. Ihering, por su parte, concebía a los interdictos como un remedio concedido a los propietarios para facilitar la prueba de su derecho.

La tesis dominante desde comienzo del siglo XIX, según Diez Picazo, es el que entiende a los interdictos como acciones penales establecidas con fines de policía, para impedir que los propietarios tomaran la justicia en sus propias manos. En este sentido los interdictos eran medidas protectoras provisionales sin valor definitivo y sin ningún efecto de declaración de derechos.

Los compiladores del Derecho romano, redujeron las tres categorías a dos: la *possessio naturalis* y la *possessio civiles*, esta última incorporando la antigua *possesio ad interdicta* y la *possessio civiles* propiamente dicha.

El Derecho germánico, produjo una ampliación de la doctrina romana de la posesión con la introducción de la *Gewere.* Etimológicamente *Gewere* es de origen gótico derivada de la raíz *were*, es equivalente al verbo latino *vestire* o *investire*, del cual proviene la voz vestidura o investidura; y expresó el acto por medio del cual se transmitía el señorío jurídico sobre los bienes inmuebles (toma de posesión). Posteriormente designó también el poder que se adquiría y tenía sobre la cosa (la posesión misma).

La importancia que reviste la *Gewere* para la discusión de la posesión es que el concepto no distingue entre la posesión como un hecho o situación fáctica de la posesión como el ejercicio de un derecho real correspondiente o causa que da lugar a la posesión. Señala Diez Picazo, citando a Barassi, los germanos atribuyeron efectos jurídicos a la *Gewere* en cuanto se les aparecía como la exteriorización del derecho real. Más aún, la *Gewere* germánica se distingue entre la *Gewere* jurídica (*rechte Gewere*) y la *Gewere* corporal (*leibliche Gewere*). En todo caso, la consecuencia de la expresión fundamental de la *Gewere* en su relación al derecho real es la presunción de la existencia del derecho exteriorizado con la mera detentación de la cosa, con sus implicaciones procesales y probatorias.

La *Gewere* germánica se distingue de la *possessio* romana en que: (i) la *Gewere* no distingue entre la posesión jurídica y la detentación; (ii) la *Gewere* se aplica indistintamente a las cosas y a los derechos; (iii) aunque la *Gewere* signifique el puro señorío de hecho sobre una cosa, este se basa en elementos variados según los casos; (iv) la *Gewere* sobre muebles es una *Gewere* corporal y es incompatible con la existencia de otra *Gewere* sobre la misma cosa, y la *Gewere* sobre inmuebles puede ser *Gewere* corporal y la *Gewere* ideal (*ideelle Gewere*) que no implica el señorío de hecho de la cosa.

El Derecho canónico, a su vez, expandió el ámbito de la posesión al hacerla extensible a bienes incorporales y, posteriormente, a los oficios, dignidades eclesiásticas, estado matrimonial, diezmos, y a todos los derechos honoríficos, de familia y estado. Como señala Diez Picazo, "la protección se extiende a cualquier detentador, sin indagación sobre la existencia de título o de *animus.* La inspiración del ordenamiento canónico conducía a proponerse como finalidad principal el mantenimiento de la paz social. La protección posesoria debía ante todo servir para el mantenimiento del status de hecho constituido y la evitación de la violencia."

La ampliación de la protección posesoria en el Derecho canónico se logró a través de los remedios procesales del *exceptio spolii* y la *actio spolii.* Sobre estos remedios señala Vázquez Bote, citando a Fiarén, que "los canonistas dibujan la figura del *spolium* o acto violento por el que alguien adquiere la posesión; la sanción de tal acto es, en todo caso, la pérdida de cualquier derecho por el expoliador, de tal manera que el demandado puede en todo caso enervar la acción de un demandante demostrando que la posesión que le es reclamada en juicio había sido antes pretendida por vías de hecho (*exceptio spolii*); tal *exceptio* amparaba al poderoso que, después del *spolium* conseguía recobrar la cosa, pero era insuficiente en el caso de que el usurpador no pudiera ser despojado a su vez de lo que él había conseguido: a tal fin se desarrolla la *actio spolii*, que con iguales elementos y requisitos permite utilizar las vías procesales del despojado".

Inspirados en las tradiciones jurídicas antes expuestas, los Códigos civiles modernos han combinado en mayor o menor grado estos elementos en su regulación de la posesión. Se puede, no obstante, detectar dos tendencias o matices de carácter general hacia la posesión, según se inclinen a la tradición romana o a la tradición germánica.

Se ha señalado que gran parte de las dificultades que se presentan al tratar de entender lo que significa la posesión resultan del hecho de que el legislador atribuyó diversos significados a la palabra "posesión". En este sentido, Vázquez Bote señala que la controversia sobre la naturaleza jurídica de la posesión, a saber si el mismo trata de un hecho, de un derecho, etc. traza sus origenes en los textos clásicos de Paulo, conforme al cual *possessio est rei facti, non iuris*, y Papiniano, que declara *non tantum corporis sed et iuris est.*

Ha habido diversas opiniones a lo largo de los años sobre la naturaleza jurídica de la posesión. Según Vázquez Bote, el criterio tradicional de los romanistas anteriores a Savigny, era que la posesión era un simple hecho, en donde la posesión se basa en circunstancias materiales y se protege sin consideración a que exista o no un fundamento jurídico de la misma, concretamente un derecho del que la posesión sería su apariencia externa.

Otros han asumido posiciones intermedias, afirmando que la posesión es una relación jurídica (Windscheid), que la posesión es un hecho y un derecho simultáneamente (Savigny), y otros declarando que es un derecho en tanto tutelado por el ordenamiento (Ihering). Vázquez Bote por su parte, es de la opinión que la posesión es un hecho jurídico de la especie acto jurídico siendo éste aquel hecho con respeto al cual el ordenamiento toma en consideración el comportamiento de la persona valorando la conciencia que la acompaña y la voluntad que la determina para atribuirle efectos jurídicos.

Puig Brutau señala que la discusión de si la posesión es un hecho o un derecho debe quedar superada. "La posesión", añade este autor, "es un hecho en cuanto se refiere al señorío efectivo sobre una cosa, con independencia de la causa o fundamento jurídico de este poder o dominación, pero es un derecho en la medida en que la ley regula consecuencias jurídicas del hecho de la posesión. Al depender de la voluntad del sujeto que posee la producción de estas consecuencias previstas por la ley, la posesión aparece como un derecho subjetivo, aunque de un tipo peculiar. Es un derecho provisional porque no podrá ser opuesto – por lo menos no de manera definitiva – a la propiedad y a otros derechos reales.[...]".

Por supuesto, toda discusión sobre la posesión debe en última instancia atender a la razón de ser de la institución. En este sentido es necesario mantener presente las observaciones que hiciera en su día Hernández Gil sobre la función social de la posesión, en tanto que su sentido institucional se encuentra en que se aparta de la propiedad, en lo que la corrige y excluye. "[L]la posesión", señala este autor, "se ofrece, en último término, como una estructura o función que en la sociedad capitalista, con la libertad exaltada y las necesidades colectivas reprimidas, tiende a ser correctivo de la propiedad monopolista de algunos, abriendo paso al proceso socializador; y en las sociedades socialistas, dada la posición recíproca inversa en los órdenes de la libertad y la necesidad, se manifiesta también como un correctivo de la propiedad estatalizada y actúa como reducto de la libertad personal."

Retomando el artículo 704, *supra*, lo primero que llama la atención del precepto es la distinción hecha entre la posesión natural y la posesión civil. Como señaláramos, esta clasificación parece responder en primera instancia a la clasificación del derecho romano, a saber la *possessio naturalis* o *corpore* y la *posssesio civiles* y *la posssessio ad interdicta*. Esta clasificación su fue complicando en la medida en que los glosadores, influenciados por el Derecho germánico y el Derecho canónico, de la Edad Media fueron considerando los factores del *corpus* y el *animus*. El *corpus* es el hecho material de una persona quien tiene bajo su voluntad y poder una cosa. El *animus*, en cambio, es el elemento interno volitivo que guía al poseedor. Es decir, la intención con que detenta la cosa.

A primera vista la clasificación de posesión natural parecería referirse a cualquier detentación, cualquier contacto físico o material con una cosa, en oposición a la posesión civil que obtiene para si la tutela del ordenamiento. Sin embargo, a la mera detentación se le atribuye el título de poseedor y, por tanto, beneficiario de los efectos jurídicos del mismo. Así, a modo de ejemplo, el artículo 724 del Código Civil, 31 L.P.R.A.§7862, dispone que todo poseedor tiene derecho a ser respetado en su posesión, sin distinguir entre un poseedor civil o un poseedor natural.

De igual modo, el artículo 690 del Código de Enjuiciamiento Civil, 31 L.P.R.A. §1461, que atiende el interdicto posesorio de bienes inmuebles en su vertiente procesal, dispone que "[s]e concederá un *injunction* para retener o recobrar la posesión material de propiedad inmueble, a instancia de parte interesada, siempre que éste demuestra, a satisfacción del tribunal, que ha sido perturbada en la posesión o tenencia de dicha propiedad por actos que manifiestan la intención de inquietarle o despojarle, o cuando haya sido ya despojada de dicha posesión o tenencia."

El concepto de posesión civil que se plasma en la segunda oración del artículo 360 recoge el elemento volitivo característico del *animus* posesorio, cuando se refiere a la intención del poseedor "de haber la cosa o derecho como suyo". La controversia doctrinal sobre dicho precepto gira en torno a precisar el verdadero alcance de la expresión "como suyo". Para un sector tradicional la expresión apunta al *animus domini*, o voluntad dominical. De ser este el caso, como persuasivamente observa Diez Picazo, entonces la posesión civil sería equivalente a la posesión en concepto de dueño que se recoge en el artículo 707 del Código civil, 31 L.P.R.A. §7825. La consecuencia de tal posición como observara Bartolo en la Edad Media sería que la posesión civil – como posesión en concepto de dueño - solo tendría consecuencias jurídicas con miras a la usucapión, mientras que la posesión natural sería aquella a la que se conceden los interdictos.

Otro sector doctrinal entiende que la intención a la cual hace referencia el artículo 704, *supra*, es la simple voluntad posesoria, o *animus possidendi*, que puede variar según el título que se ostente o se pretenda ostentar. Así, a modo de ejemplo, el usufructuario o el arrendatario tienen la voluntad de poseer la cosa en virtud del título que ostentan, pero no a título de dueño. En otras palabras, la expresión "como suyo" se refiere a la voluntad del poseedor de reclamar la cosa en virtud del derecho que reclame sobre ella. La implicación de esta posición, por supuesto, es que hace irrelevante para fines jurídicos la categoría de posesión natural, pues no tendría mayores consecuencias. Es en este sentido que deben contextualizarse las expresiones de Puig Brutau cuando señala que el concepto de la posesión natural no debe entenderse en el sentido de que todo contacto material con la cosa deba calificarse de posesión. Diez Picazo, a su vez, recomienda evitar distinguir entre poseedor natural y poseedor civil, toda vez que la distinción esta imbricada en una controversia histórica que resulta inútil desde el punto de vista práctico.

En cuanto a la inclusión de los derechos como susceptibles de la posesión civil, nuestro Código Civil acoge la posesión no solamente de bienes corporales, sino de bienes incorporales o inmateriales.

Como observa Albaladejo, "[a]demás de las cosas, ¿pueden ser poseídos (en el sentido de posesión como hecho) los derechos? Desde luego, la posesión de éstos (como la de las cosas inmateriales) no puede ser un hecho en el sentido de tenencia corporal (de hecho) del derecho, ya que éste carece de una entidad físicamente aprensible. Pero por posesión de un derecho se entiende el tener de hecho el poder en que el derecho consiste. Es decir, señorear de hecho, como si se tuviese el derecho, el objeto sobre que éste recaiga (o, ya que, incluso tal derecho puede no existir realmente, sobre el que recaería si existiese). Ese es el sentido de la expresión "disfrute de un derecho", expresión con la que define la posesión de éste artículo 430 del C.c. (igual a nuestro art. 704.[...] En conclusión,: *titular* o *sujeto* de un derecho es la persona a quien pertenece el poder jurídico en que aquél consiste; *poseedor* de un derecho es la persona que de hecho tiene el poder que corresponde a un derecho."

Sobre el alcance del disfrute de un derecho el profesor Rivera Rivera, citando a Sánchez Román, ha señalado que la expresión es un tanto vaga toda vez que el disfrute de un derecho sólo puede equivaler al ejercicio del mismo.

Queda tela por cortar.

La posesión mobiliaria

La posesión de las cosas muebles adquiridas de buena fe y por causa onerosa equivale al título de dominio. Sin embargo, la persona que pierde una cosa mueble o es privada de la posesión involuntariamente, puede reivindicarla de quien la posee.

Si la adquisición ocurre en venta pública, la persona que pierde la cosa o es privada de la posesión involuntariamente, puede obtener la restitución reembolsando al adquirente el precio dado por ella.

Si la adquisición ocurre en bolsa, feria o mercado, o de una persona dedicada habitualmente al tráfico de cosas análogas, no hay lugar a reivindicación sobre ellas.

Lo dispuesto en este artículo es sin perjuicio de las acciones civiles o criminales que puedan corresponder contra la persona que las haya vendido indebidamente.

Artículo 717 del Código Civil, 31 L.P.R.A. §7844

A continuación un breve comentario sobre el artículo 717 del Código Civil, 31 L.P.R.A. §7844. Este artículo enmienda el previo artículo 393, el cual – a su vez - provenía del artículo 464 del antiguo Código Civil español.

Los cambios esenciales son los siguientes: (i) En el primer párrafo añade el requisito de la onerosidad en la adquisición del bien mueble y especifica que el equivalente del justo título es del dominio, adoptándose el criterio germánico de la posesión mobiliaria. (ii) El tercer párrafo elimina la remisión a la prescripción instantánea del Código de Comercio y expresamente declara que no hay derecho a la acción reivindicatoria bajo el supuesto de la compra de bienes muebles en bolsa, feria, mercado o de una persona dedicada habitualmente al tráfico de cosas análogas. (iii) Se añade un cuarto párrafo reservándose la acción civil o criminal contra la persona que haya vendido el bien indebidamente.

El tratadista Puig Brutau comentaba que el antiguo artículo 464 del Código Civil español distinguía la posesión de los bienes muebles, particularmente en lo referente a la apariencia y publicidad, en contraposición a la posesión de los bienes inmuebles. En materia inmobiliaria, la intervención de la Ley Hipotecaria y de las presunciones establecidas en materia registral pueden redundar en

---

Publicado en ***Microjuris al día*** el 10 de septiembre de 2022.

la conversión de las presunciones *iuris tantum* en presunciones *iuris et de iure* bajo algunos supuestos. No así referente a los bienes muebles.

El artículo 717, *supra*, atiende la hipótesis de conflictos entre tres distintos sujetos de derecho en lo referente al bien mueble: el auténtico propietario, el poseedor que aparenta ser propietario y el adquirente del propietario aparente. Dependiendo si se sigue el criterio romano o el germánico, los efectos jurídicos de la posesión variarán correspondientemente.

El derecho romano, observaba el tratadista Diez Picazo, no distinguía la posesión mobiliaria de la inmobiliaria, al cual le eran aplicables la reglas de que nadie puede transmitir a otro más derechos que los que tiene – *nemo plus iura in alium transfere quam ipse habet* – y que todo poseedor quedaba por tanto expuesto a la acción reivindicatoria del propietario - *ubi rem mea invenio ibi vindico.* Sobre el derecho de todo propietario de un bien mueble a la acción reivindicatoria véase también el artículo 823 del Código Civil, 31 L.P.R.A. §8104, el cual recoge sustancialmente lo expuesto en el artículo 717, *supra.*

El derecho germánico, en cambio, trataba los bienes mobiliarios (*Fahrniss*) de manera distinta a los bienes inmobiliarios (*Liegenschahfr*), distinguiendo entre los bienes que hayan salido voluntaria o involuntariamente del patrimonio de su titular. La acción reivindicatoria de los bienes muebles era reconocida únicamente bajo los supuestos del extravío, el hurto o el robo. En los casos de la entrega voluntaria de la posesión de un bien mueble – piénsese en el comodato o el depósito - se creaba frente a terceros la apariencia de la facultad de trasmitir el bien, lo cual requería, por tanto, protección del ordenamiento. En estos casos, el antiguo propietario carecía de acción reivindicatoria frente al adquirente de buena fe que confió en la posesión de su transmitente, produciéndose una adquisición inimpugnable, aunque no fuera a título de dominio.

Este principio fue acogido por el antiguo Derecho consuetudinario francés, consagrado en los latinismos *mobilia non habent sequellam* y *meubles n'ont pas de suite.* Estos principios rigieron por lo menos hasta el siglo XIII, momento en el cual, por obra de la recepción del Derecho romano, la reivindicación mobiliaria reapareció. El principio de la no reivindicación se mantuvo en los casos en que la cosa mueble hubiera sido pignorada o dada en garantía.

Durante el siglo XVIII la práctica y la doctrina francesa tipificó la regla *possession vatu titre.* Es decir, toda vez que las ventas, donaciones, y demás enajenaciones de bienes muebles se realizaban por la simple tradición manual, sin formalizar documentalmente por escrito la transmisión, el poseedor no disponía de más título que su propia posesión. En la regla *possession vatu titre* se encontraba resucitada la antigua regla de la limitación de la reivindicación mobiliaria, que permitía dicha reivindicación únicamente en los casos de extravío o robo de la cosa. Este principio fue recogido en el artículo 2,279 del Código Napoleónico, que a su vez influyó al artículo 464 del Código Civil español, y así en nuestro Código Civil.

La relevancia de la anterior exposición histórica se advierte al momento de interpretar el alcance del artículo 717, *supra.* El nuevo artículo expresamente dispone que el título adquirido por causa onerosa por el poseedor de buena fe equivale al título de dominio, adoptándose expresamente el criterio germánico que equipara la posesión y el título (*Gewere*), lo cual hace posible la adquisición del bien a *non domino.* Bajo el nuevo Código Civil, solamente en aquellos casos donde el poseedor no adquiere a *non domino* cabría la posibilidad de la usucapión.

El artículo 717, *supra*, al igual que el anterior 393, limita la reivindicación mobiliara, exigiendo que el que la impugnación de la posesión debe demostrar la pérdida o extravío de la cosa, la privación ilegal y la falta de buena fe en su adquisición.

Sobre el concepto de la buena fe, hay que llamar la atención a las dos definiciones recogidas en el Código Civil en materia posesoria. El artículo 710, 31 L.P.R.A. §7828, reputa al poseedor de buena fe a la persona que en su título o modo de adquirir ignora que exista vicio que lo invalida. Esta definición negativa de la buena fe recoge una concepción de corte sicológico que persigue establecer el estado psíquico del poseedor, es decir su falta de conocimiento o ignorancia. El artículo 784, 31 L.P.R.A. §8028, en cambio, dispone que la buena fe del poseedor consiste en la creencia de que la persona de quien recibió la cosa era dueña de ella y podía transmitir su dominio. Esta segunda definición – dada en el capítulo de la usucapión - también es de corte sicológico, aunque le impone al poseedor la creencia afirmativa de haberla adquirido de quien tenía la facultad para transmitirla.

Mas allá de la concepción sicológica, la buena fe tiene una dimensión ética que valora el proceder honesto y leal conforme un modelo ideal de conducta. Como señala Diez Picazo, "[n]o se tiene buena fe simplemente por el hecho de ignorar algo, sino por ignorarlo en virtud de un error que sea excusable según los criterios normalmente utilizados para medir la diligencia socialmente exigible". A mi juicio, y en la medida en que estemos atendiendo la hipótesis de la adquisición dominical, la buena fe del poseedor bajo el artículo 717, *supra*, supone la acepción afirmativa del artículo 784, *supra*.

En lo referente a la locución "privación involuntaria" hay que notar que es conceptualmente más amplia que la previa locución de "privación ilegal". La ilegalidad supone una disposición normativa que se ha violentado, la involuntariedad subsume la ilegalidad y admite la privación de la posesión por razones no contempladas por la legalidad. Es decir, que la privación involuntaria tiene haberse producido en el acto o hecho jurídico por el cual el propietario reivindicante fue privado o desposeído de la cosa, lo que no ocurre en casos de abuso de confianza en que la entregó voluntariamente. El ordenamiento parece sugerir que, en estos casos, es más importante proteger la seguridad del tráfico jurídico que el derecho de propiedad de una persona.

En la casuística bajo el Código Civil anterior, el Tribunal Supremo adoptó el criterio romano del título. En ***García v. Sabin*** 19 D.P.R. 279 (1913). se resolvió que si bien la posesión de los bienes muebles adquiridos de buena fe equivale al título, dicho título no equivale al dominio en el caso en que el vendedor no sea el verdadero dueño, requiriéndose que para adquirir el dominio bajo tal supuesto se necesita además la posesión continua por el período de tres años.

En ***Mieres, Fiscal v. Pagán***, 76 D.P.R. 699 (1954), el cual trataba sobre la reivindicación de un billete de la lotería que se había extraviado y encontrado por otra persona, se reconoció el derecho del dueño original de reivindicar su propiedad. Advertimos que en materia de extravío de bienes y su hallazgo por otro, los artículos 748 y 749, 31 L.P.R.A. §7964, §7965, en materia de ocupación recogen el deber jurídico de restituir o entregar a la autoridad municipal correspondiente en caso de que su poseedor anterior fuera desconocido. Véase en este contexto ***Díaz Ramos v. E.L.A.,*** 174 D.P.R. 194 (2008).

En ***Fuente v. Fulano de Tal,*** 84 D.P.R. 506 (1962), el cual atiende una controversia sobre la reivindicación de un billete de la lotería extraviado por el dueño original, encontrado por otro, y adquirido por compra por un tercero, se reiteró la doctrina establecida en ***García***, *supra*, y ***Mieres***, *supra*. De mayor importancia, se resolvió que la voz *título* en la disposición del antiguo artículo 393 quería decir *título* a los fines de la prescripción y no *título* para la propiedad, razón por la cual el propietario de un bien mueble perdido o sustraído tiene derecho a recobrar la cosa perdida o sustraída sin que sea necesario considerar la buena o mala fe del adquirente.

En ***González, et al. v. Cooperativa Ahorro y Crédit***,122 D.P.R. 1 (1988), se atendieron varios casos consolidados sobre billetes de lotería, en donde varios agentes y vendedores autorizados por la agencia gubernamental pertinente alegaron que sus billetes habían sido hurtados o extraviados, según fuere el caso. Dichos agentes y vendedores autorizados pretendían reivindicar dichos billetes de lotería premiados de terceras personas que lo habían adquirido de otras personas haciéndose pasar por vendedores autorizados. El Tribunal Supremo distinguió esta situación de hechos de lo resuelto en ***Mieres***, *supra*, y ***Fuentes***, *supra*, señalando que habiendo los terceros adquirentes adquirido de quienes representaban ser vendedores autorizados, le era de aplicabilidad lo dispuesto en el tercer párrafo del entonces artículo 393, sobre la adquisición de cosas muebles en bolsa, feria o mercado y lo dispuesto en las disposiciones pertinentes del Código de Comercio. A saber, la prescripción instantánea a favor del comprador.

En la medida en que sea pertinente a una controversia sobre la posesión mobiliaria de buena fe por causa onerosa y a título de dominio, hay que concluir que esta jurisprudencia ha quedado superada por el nuevo artículo 717, *supra.*

La marijuana como objeto del negocio jurídico

El objeto del negocio jurídico debe ser determinable. No pueden ser objeto del negocio jurídico los hechos de realización imposible, ilícitos, inmorales, contrarios al orden público, a las buenas costumbres, o lesivos de derechos de terceros.

Artículo 269 delk Código Civil, 31 L.P.R.A. § 6131

El negocio jurídico debe tener un fin lícito en atención a las circunstancias existentes al tiempo de su celebración y al de su ejecución. No es lícito el fin contrario a la ley, a la moral o al orden público, o lesivo de derechos de terceros.

Artículo 270 del Código Civil, 31 L.P.R.A. §6141

En años recientes ha habido un creciente y pujante movimiento por legalizar la marijuana. En esa corriente Puerto Rico, al igual que otros estados de la Unión, ha legislado para autorizar y regular la cosecha y dispendio de la marijuana – ahora calificada con eufemismo científico como cannabis medicinal - bajo la Ley 42-2017, referida como la Ley para Manejar el Estudio, Desarrollo e Investigación del Cannabis para la Innovación, Normas Aplicables y Límites. Esta ley le confiere al Departamento de Salud la jurisdicción para regular esta industria. A tales fines el Departamento de Salud promulgó el Reglamento 9038 el 2 de julio de 2018. Hoy día vemos brotar en cada esquina como la hierba puntos – perdón, dispensarios - anunciándose con vocación salubrista por sus enormes banderas de cruz verde. De verlas mi ansiedad disminuye. Ya algunos proveedores de la marijuana medicinal han levantado su voz para solicitarle al Departamento de Salud que los proteja de la incursión de demasiados competidores en el mercado. ¿Recuerdos de la industria de los Certificados de Necesidad y Conveniencias (CNC) de farmacias y laboratorios?

Dejo a un lado la discusión médica sobre bondades o peligros de la marijuana medicinal. Independientemente de donde uno este parado en el debate sobre la legalización de la marijuana – y adelanto, favorezco la descriminalización de todas las drogas - este desarrollo normativo levanta un serio cuestionamiento sobre la integridad y coherencia del ordenamiento.

Publicado en ***Microjuris al día*** el 18 de septiembre de 2022.

Como es sabido, los elementos esenciales del contrato son el objeto, el consentimiento y la causa. El nuevo Código Civil subsume estos elementos del contrato bajo la figura del negocio jurídico. Conforme el artículo 269, 31 L.P.R.A. §6131 y el artículo 270, 31 L.P.R.A. §6141, el objeto y la causa del contrato tienen que ser lícitos y, por tanto, no pueden ser contrarios a ley, la moral, el orden público, las buenas costumbres o lesivos de derechos de terceros. El artículo 342, 31 L.P.R.A. §6312, a su vez, dispone que los negocios jurídicos cuyo objeto o causa sea ilícito es nulo.

La pregunta jurídica que hay que hacerse es si la marihuana medicinal comercializada bajo la Ley 42-2017 es un objeto lícito bajo nuestro ordenamiento civil patrimonial. De ser ilícito, todos los contratos otorgados en la cadena de producción y distribución pudieran ser nulos de pleno derecho. Esto significaría que cualquier disputa contractual entre los diversos actores de la industria no tendrían la protección de la ley, y los tribunales no podrían conceder los remedios correspondientes que contempla el ordenamiento. El autor o participante del acto ilícito no puede recurrir al juez en demanda de su nulidad. *Nemo auditur suma turpitunidem allegans.* **Rubio Sacarello v. Roig**, 84 D.P.R. 344 (1962). El caso de ***Serra v. Salesian Society***, 84 D.P.R. 311 (1961), cobra renovada relevancia.

Los defensores de la marijuana medicinal arguyen que en la medida en que la Ley contempla y autoriza su siembra, producción y comercialización le sigue que es legal. Este planteamiento convenientemente olvida que la Ley de Sustancias Controladas Federal, 21 U.S.C §812(b)(1), tipifica la marijuana como sustancia controlada , cuya posesión y distribución aún constituyen un delito bajo ley federal. El hecho de que el Departamento de Justicia haya adoptado una política pública de no radicar cargos criminales en casos de marijuana medicinal, bajo su discreción administrativa, no implica que se haya enmendado la ley. Un memorando o guía del Departamento de Justicia Federal, hay que subrayar, no está por encima de la ley. No debemos perder de vista que al día de hoy aún se radican cargos criminales en la jurisdicción federal y estatal por la posesión y distribución de marijuana, y que hay personas convictas y cumpliendo cárcel por la misma conducta que ahora se admite bajo excusa médica.

Algunos han planteado que en tanto la le ley de Puerto Rico autoriza la marijuana medicinal no es una actividad ilícita. En la medida en que Puerto Rico, como territorio de los Estados Unidos, está sujeto a su jurisdicción, las leyes federales en asuntos criminales le son de aplicabilidad. La última vez que revise, Puerto Rico no es una República, asociada o no. El hecho de que los dueños de los dispensarios de marijuana no pueden depositar sus ganancias en la banca por estar prohibido por ley federal bancaria, es un renuente reconocimiento de la aplicabilidad de la ley federal a estas transacciones.

Otros han argumentan que en la medida en que la marijuana medicinal no se exporte, según lo requiere el memorando del Departamento de Justicia, no plantea un problema federal porque no entra en el comercial interestatal. Este argumento, ensayado recientemente también con la pelea de gallos ignora, la larga casuística sobre la enorme flexibilidad conceptual de lo que constituye comercio interestatal.

Es pertinente señalar en este contexto la estudiada ambigüedad del artículo 2 del Código Civil, 31 L.P.R.A.§5312, que omite referencia a la Constitución de los Estados Unidos o a las leyes federales como fuente de nuestro ordenamiento jurídico. Su exclusión, por supuesto, no implica inaplicabilidad.

Dada la naturaleza humana y su siempre proclividad al conflicto, es de esperar que más temprano que tarde se presentaran las controversias contractuales entre suplidores y distribuidores, entre socios mercantiles y accionistas corporativos, ya sea sobre el precio, el pago, la calidad de la hierba, la mora en la entrega, entre tantas otras posibles controversias. No requiere mucha imaginación anticipar que los respectivos abogados de las partes levantaran en su momento defensas de nulidad contractual, fraude de ley, actos propios, todas ellas teniendo como centro de gravedad la evidente contradicción normativa entre la Ley42-2017 y las Leyes federales.

A la vez que esto ocurre, el Estado – actuando como guardaespaldas de los productores y distribuidores de la marijuana medicinal - criminaliza el mercado clandestino de la marijuana. La hipocresía normativa acaba por socavar a la legalidad misma. Después nos lamentamos de nuestra evidente decadencia.

La forma en los contratos

Cuando la ley no designa una forma para la realización de un negocio jurídico, se puede utilizar aquella que se considere conveniente.

Cuando las partes han convenido que determinado negocio jurídico habrá de formalizarse de determinada manera, el negocio jurídico no tiene validez si se realiza de forma distinta.

Si la ley impone una forma determinada para la validez de un negocio jurídico, la inobservancia produce la nulidad.

Artículo 277 del Código Civil, 31 L.P.R.A. §6161

Hay un tensión histórica y conceptual en materia contractual entre el principio del consensualismo y el requerimiento de forma.

El consensualismo está predicado en la autonomía de la voluntad como criterio rector de la libertad contractual. Es decir, la obligatoriedad nace del ejercicio de esa libertad que se auto impone, independientemente de requerimientos formales. Desde la perspectiva histórica el consensualismo es pieza decisiva en la ascendencia del individualismo burgués de inicios de la modernidad en su pugna contra el formalismo feudal y la tradición ritualista del derecho romano. Este proceso histórico ha sido contencioso y violento.

La concepción de individuos que entran en relaciones contractuales como manifestación de su voluntad, por encima y en contra de las restricciones propias de un sistema feudal jerárquico, fue tan poderosa que sirvió inclusive de base como modelo teórico para el contrato social que informa las concepciones del Estado constitucionalista moderno.

Entendido desde el consensualismo, el formalismo jurídico es una piedra en el camino al ejercicio de la libertad contractual, y la cual supone lentitud y complicación en las transacciones patrimoniales. Si el tiempo es oro, como se dice en el mundo comercial, entonces la forma es pirita.

El requerimiento de la formalidad, a su vez, ha sido una constante en la historia occidental – no hablamos de otras tradiciones. En su mejor luz, el formalismo es la respuesta jurídica a la incertidumbre

---

Publicado en ***Microjuris al día*** el 12 de septiembre de 2022.

inherente en el tráfico patrimonial. Es decir, frente a la ausencia de requerimientos formales en la redacción y otorgamiento de lo contratos, las partes quedan expuestos a la falta de seguridad y certeza de sus transacciones. La confianza y la buena fe en el otro es necesaria para hacer viable cualquier relación contractual. Este principio general de derecho, se recoge en el artículo 15 del Código Civil, 31 §5334. La expectativa de reciprocidad en el trato es el nervio de las relaciones humanas.

Dicho lo anterior, y admitiéndose las inevitables controversias y diferencias de opinión e intereses que coinciden en la preparación, perfección y consumación del contrato, el formalismo persigue impartirle seguridad y certeza al contrato, en atención a su importancia en el tráfico jurídico. Esa seguridad y certeza se reconoce mediante el requerimiento de alguna formalidad que enviste al negocio jurídico con la autoridad de la legalidad. Esta precisamente es, a modo de ejemplo, la función del Notario Público como dador de la fe pública, y quien interviene en la confección del contrato (*qua* escritura pública) imprimiéndole solvencia y validez jurídica.

Entre los polos del consensualismo y el formalismo contractual hay gradaciones normativas que los modulan según la importancia que le reconozca y otorgue el ordenamiento.

Así el artículo 277 del Código Civil, 31 L.P.R.A. §6161, dispone que "[c]uando la ley no designa una forma para la realización de un negocio jurídico, se puede utilizar aquella que se considere conveniente. Cuando las partes han convenido que determinado negocio jurídico habrá de formalizarse de determinada manera, el negocio jurídico no tiene validez si se realiza de forma distinta. Si la ley impone una forma determinada para la validez de un negocio jurídico, la inobservancia produce la nulidad".

Este precepto contiene tres hipótesis distintas. La primera recoge el consensualismo puro, dejando a las partes la decisión de seleccionar la forma que quieran para la celebración de un negocio jurídico, sujeto a que la ley no lo prohíba. Acotamos que el contrato es, por excelencia, el ejemplo paradigmático del negocio jurídico, como lo define el artículo 268 del Código Civil, 31 L.P.R.A. §6121.

La segunda frase dice que cuando se haya convenido que el negocio jurídico debe formalizarse de alguna manera determinada, el mismo no tendrá validez si se realiza de forma distinta. Es difícil entender exactamente que se quiere tutelar en esta hipótesis.

Si las partes han convenido realizar un negocio jurídico es porque hay un contrato de por medio. La hipótesis, pues, parece anticipar la existencia de algún contrato preliminar o preparatorio – véase artículo 1235, 31 L.P.R.A. §9756 - en antesala a un contrato definitivo, en el cual se dispone un requerimiento de forma. Un ejemplo ordinario de esta hipótesis es el contrato de opción de compra sobre un bien inmueble, que incluya una cláusula que disponga el otorgamiento futuro de una escritura de compraventa. En cambio, si las partes no hubieren celebrado un contrato preparatorio, entonces no cabe hablar de exigibilidad y, por tanto, no habría obligación de celebrar el negocio jurídico bajo forma alguna. En otras palabras el precepto tropieza sobre sus propios pies.

De mayor preocupación, el precepto parece sugerir que una vez las partes acuerdan una forma para el negocio jurídico, vienen estatutariamente obligados a ella, y no tienen la libertad contractual de modificarla. Según este lenguaje, parecería que la formalidad pactada no es susceptible de novación, véase artículo 1182, 31 L.P.R.A. §9421 y siguientes, lo cual sería un tanto contradictorio.

Esta construcción sintáctica parece querer introducir sustantivamente la norma angloamericana del *common law* del *parole evidence*, que prohibía, en términos generales y con sus conocidas excepciones, la admisión en evidencia de declaraciones orales para contradecir el contrato escrito. Aún cuando las Reglas de Evidencia de Puerto Rico de 2009 eliminaron la regla sobre *parole evidence*. Hay que tener presente que como cuestión sustantiva el principio que informaba la regla puede aún ser pertinente en una controversia contractual. Pienso, por ejemplo, en la cláusula que normalmente se incluye en los contratos a los fines que las partes convienen que contiene todo lo acordado entre ellos y ninguna representación, promesa o contrato verbal que aquí no se haya incluido tendrá valor o efecto alguno. Estas cláusulas – como obligación contractual - son objeto de litigio precisamente en la media en que se pretenda traer como evidencia acuerdos orales posteriores.

La tercera frase del precepto recoge el requerimiento de la formalidad propiamente dicha, la cual impone el cumplimiento de la forma so pena de la nulidad del negocio jurídico. El inciso (c) del artículo 342, 31 L.P.R.A. § 6312, expresamente lo designa como nulo, no anulable, si carece de las formalidades exigidas por la ley para su validez.

Bajo el artículo 277, *supra*, los contratos orales son perfectamente válidos, a menos que exista una prohibición de ley. Como es sabido, el problema de los contratos orales no es uno sustantivo, sino probatorio. Las palabras, como dice el refrán, se las lleva el viento. Una vez acordado algo verbalmente siempre habrá la posibilidad de que en un futuro alguna de las partes niegue o recuerde lo acordado de manera distinta. El contrato oral queda siempre expuesto a la controversia y a los vaivenes del litigio.

La escritura – entiéndase la formalidad - viene a rescatar al contrato de esta incertidumbre. El artículo 278 del Código Civil, 31 L.P.R.A. §6162, dispone que "[l]a manifestación de voluntad por escrito puede efectuarse sobre cualquier medio o soporte, en cualquier idioma o alfabeto, aunque para su comprensión se requiera la utilización de medios técnicos. La expresión oral registrada en cualquier soporte se considera como expresión escrita".

Este artículo atempera el requerimiento e la escritura a los nuevos medios tecnológicos, reconociéndose que la escritura no se exterioriza únicamente sobre medios tradicionales como el papel, sino que puede darse sobre "cualquier medio o soporte, en cualquier idioma o alfabeto", entiéndase los medios electrónicos. Los contratos celebrados electrónicamente son, entonces. perfectamente válidos y se entienden como escritos. Esto, sin duda, es un acierto del nuevo Código Civil. Hay que hacer la observación, sin embargo, que en el espacio cibernético, de ordinario, pueden entrar en juego otras disposiciones normativas que gobiernan los contratos, como el Uniform Commercial Code (UCC), leyes federales aplicables y tratados internacionales de Derecho Privado. En este contexto, las cláusulas contractuales sobre selección de ley aplicable y foro cobran mayor importancia.

La última frase del precepto declara que "la expresión oral registrada en cualquier soporte se considera como expresión escrita". Esta disposición seguramente será objeto de múltiples litigios en un futuro. Si bien es cierto que las nuevas tecnologías digitales facilitan enormemente la grabación de llamadas, no es menos cierto que El Artículo II, §10, de la Constitución del Estado Libre Asociado de Puerto Rico prohíbe la intercepción de llamas telefónicas. Igual, el artículos 169 del Código Penal, 33 L.P.R.A. §5235, tipifica como delito menos grave la grabación de comunicaciones por un participante sin el consentimiento expreso de todas las partes que intervengan en dicha comunicación; y el Artículo 171, 33 L.P.R.A. §5237 que tipifica la violación de comunicaciones personales, incluyendo las electrónicas. La admisibilidad en evidencia de una expresión oral en cualquier soporte para probar la existencia y el contenido de un contrato - este en posesión de parte o de un tercero - queda expuesta inevitablemente a planteamientos constitucionales sobre el derecho a la intimidad y a defensas propias del derecho penal.

Dentro de la categoría de los contratos escritos, están los que se otorgan por instrumento público. Dispone el artículo 279 del Código Civil, §6171: "Es instrumento público el que autoriza un notario o un funcionario público competente en el ejercicio de su función, con las formalidades que requiere la ley. La validez del instrumento público se rige por las normas administrativas aplicables y, si es un instrumento público autorizado por un notario, por lo dispuesto en la legislación notarial." Hay que notar la distinción entre el instrumento público autorizado por un funcionario gubernamental autorizado – denominado "documento público" en el Código Civil anterior – o por Notario Público. Para fines contractuales la distinción no tiene mayor consecuencia.

A lo anterior hay que incluir las leyes referentes a la formalidad en la contratación en el sector público, como la ***Ley de la Oficina del Contralor***, Ley Núm. 18 de 30 de octubre de 1975, 2 LPRA § 97 (2009); la ***Ley para establecer los parámetros uniformes en los procesos de contratación***, Ley Núm. 237 de 31 de agosto de 2004, 3 LPRA §§8613(a)-8613(b) (2011); ***Ley de contabilidad del Gobierno de Puerto Rico***, Ley Núm. 230 de 23 de julio de 1974, 3 LPRA §283(h) (2009); y su jurisprudencia reciente sobre estos extremos, ***Fernández & Gutiérrez, Inc. v. Mun. de San Juan***, 147 DPR 824, 833 (1999), ***Ríos v. Mun. de Isabela***, 159 DPR 839, 846 (2003); ***Colón Colón v. Mun. de Arecibo***, 170 DPR 718, 730 (2007); ***Alco Corp. v. Mun. de Toa Alta***, 183 DPR 530, 537 (2011***); Jaap Corp. v. Depto. de Estado***, 187 DPR 730 (2013), entre otros. Como evidencian todos estos pronunciamientos, y dado la marcada diferencia de intereses que se tutelan, es hora de separar los principios de la contratación pública de los principios que informan la contratación en el Derecho Privado.

Sobre los contratos otorgados en instrumento público, hay que distinguir los que la ley lo exige como requisito de forma - los llamados contratos solemnes o *ad solemnitatem*, como las capitulaciones matrimoniales, el derecho de superficie, donación de inmueble, compraventa de participación *pro indiviso* de un bien inmueble, entre otros – a los cuales hacen referencia la última oración del artículo 1245 del Código Civil, 31 L.P.R.A. §9792, y el problemático artículo 1237, 31 L.P.R.A. §9771. Véase ***Minima juridicæ: hermenéutica neurótica***.

Por otro lado, el requerimiento del otorgamiento instrumento público por voluntad de las partes se recoge en el artículo 1246, 31 L.P.R.A. §9793, exigible en los negocios jurídicos señalados en el artículo 1245, 31 L.P.R.A. §9792, el cual señala que "[d]ebe constar, en un instrumento público o privado, para efectos probatorios: (a) la creación, transmisión, modificación o extinción de derechos reales sobre inmuebles; (b) el arrendamiento de inmuebles por seis (6) años o más; (c) la cesión o renuncia de derechos hereditarios o de los de la sociedad conyugal; (d) el poder que debe presentarse en juicio, el poder para administrar bienes y los poderes que afecten los derechos de un tercero; (e) la cesión de derechos o acciones procedentes de un acto consignado en documento público. [...] Elipsis nuestro.

Hay que notar que se excluyó el antiguo artículo 1231, 31 L.P.R.A. §3452, que autorizaba el otorgamiento del instrumento público para hacer efectiva las obligaciones propias de un contrato cuando la ley así lo exigiere, y que no se limitaba únicamente a los contratos enumerados en el antiguo artículo 1232, 31 L.P.R.A. 3453. Por supuesto, la autonomía de la voluntad contractual autoriza pactar el otorgamiento de un contrato en instrumento público, aunque la ley no lo disponga.

El artículo 1245, *supra*, aclara que el requerimiento del instrumento público en los contratos enumerados del inciso (a) al (e) es para fines probatorios, con miras a configurar la mejor evidencia, y que su inobservancia - digo yo - no necesariamente supone la inexistencia del negocio jurídico. En este aspecto, el caso de ***Velco v Industrial Service Apparel***, 143 D.P.R. 243 (1997), continua ilustrando que el contrato de compraventa de un bien inmueble en documento privado, en el cual media la entrega simbólica no instrumental, reúne los requerimientos del título y el modo, y logra la trasmisión del derecho real de dominio.

Como cuestión probatoria, "[e]l instrumento público hace plena fe ante las partes y ante terceros de los hechos y los negocios jurídicos que autoriza el notario o el funcionario público, y de sus circunstancias de tiempo y lugar. Su fuerza probatoria solo puede desvirtuarse por sentencia judicial en juicio civil o penal. El notario o funcionario público autorizante y los testigos de un instrumento público no pueden contradecir el contenido del instrumento, si no alegan haber sido víctimas de dolo, violencia o intimidación. El instrumento que no reúne los requisitos exigidos para ser instrumento público vale como instrumento privado si está firmado por los otorgantes". Artículo 280, 31 L.P.R.A. § 6172.

En cambio, "[e]s instrumento privado el que contiene una manifestación escrita y firmada de la voluntad de su otorgante. El supuesto otorgante de un instrumento privado a quien se atribuye una firma, debe declarar si es suya o no, pero sus sucesores deben limitarse a declarar si saben que es la firma de su causante o si no lo saben. El reconocimiento de la firma implica el reconocimiento del contenido del instrumento privado. El instrumento privado con firma reconocida en un juicio hace plena fe entre sus otorgantes y sucesores universales. Artículo 281, 31 L.P.R.A. § 6173.

Navegamos entre el Escila del consensualismo y el Caribdis de la formalidad.

El contrato de adhesión

El contrato es celebrado por adhesión si el aceptante se ve precisado a aceptar un contenido predispuesto. Las cláusulas del contrato celebrado por adhesión se interpretan en sentido desfavorable a la persona que las redacta y en favor de la persona que se vio precisada a aceptar su contenido.

Artículo 1248 del Código Civil, 31 L.P.R.A. §9802

El contrato denominado de adhesión es la respuesta jurídica a la masificación contractual propia del mercado de consumo en la era contemporánea. Se denomina de adhesión porque la parte a quien se le hace la oferta contractual se limita a adherirse a él, sin tener la oportunidad de negociar o cambiar sus términos y condiciones.

La concepción contractual al principio de la modernidad suponía la igualdad entre los actores contractuales, quienes en el ejercicio de su autonomía de la voluntad decidían vincularse en atención a algún fin o propósito patrimonial, mientras no sea contrario a la ley, la moral o el orden público. Esta concepción es la que estuvo recogida en el artículo 1207, del Código Civil anterior, 31 L.P.R.A. §3372, y aún subsisten en los artículo 1232 y 1233 del Código Civil, 31 L.P.R.A. §9753, §9754.

Con el desarrollo de la economía de consumo, el comercio pronto entendió la necesidad de uniformar sus ofertas, ya no entre actores contractuales que se encuentran en una relativa posición de igualdad formal, sino frente a consumidores destinados a la adquisición y uso de sus mercancías. Hay que reconocer, en este aspecto, que las exigencias y fuerzas del mercado moderno socavan - ello a la misma vez que lo celebra retóricamente - la concepción liberal de la individualidad como fundamento de la organización política. El fatal reduccionismo del ciudadano a mero consumidor es una de las tragedias político-filosóficas de la modernidad.

Desde el punto de vista de agilidad y eficacia, la práctica de celebrar contratos debidamente negociados con cada uno de sus prospectivos clientes era un obstáculo a las exigencias del mercado. A fines del siglo XIX y principios del siglo XX comenzaron a desarrollarse contratos modelos de consumo, que

Publicado en ***Microjuris al día*** el 25 de septiembre de 2022.

disponían de manera integrada sus términos y condiciones. El adquirente del bien o servicio se limitaba a admitirlo o rechazarlo, si tener oportunidad o facultad para negociarlo.

La respuesta doctrinal a esta práctica fue la de reconocer que, desde la perspectiva clásica contractual, al momento de dirimir una controversia era necesario pasar revista sobre el texto para ver si el contrato contenía clausulas ambiguas que favorecían a quien lo hubiera redactado. El artículo 1240, del previo Código Civil, 31 §3478, recogía esta intuición en materia de interpretación contractual, al disponer que las cláusulas oscuras no debían favorecer a la parte que hubiere ocasionado la oscuridad.

La jurisprudencia se ha expresado en innumerables ocasiones sobre los llamados contratos de adhesión, y que deben interpretarse de la manera más liberal a favor de la parte perjudicada que no haya participado en su redacción. Las pólizas de seguro han sido ejemplos paradigmáticos de este desarrollo. En **Echandi Otero v. Stewart Title Guaranty Co.**, 174 D.P.R. 355 (2008) que trata sobre el alcance de una póliza de seguro de título, se aclaró – sin embargo - que cuando no haya oscuridad o ambigüedad que motiven diversas interpretaciones, se debe hacer valer la clara voluntad de las partes. El contrato de adhesión - hay que decirlo - es tan válido como cualquier otro contrato. Bajo el nuevo Código Civil, sin embargo, queda ahora sujeto a disposiciones que anteriormente no tenía.

A modo comparativo, en el *common law* contractual ha habido un desarrollo normativo contradictorio. Por un lado, el *common law* ha reconocido los *adhesion contracts*, introduciéndose por primera vez en 1919 del derecho civil francés, utilizándose los principios interpretativos restrictivos para beneficio de la parte que no participó en su redacción. Inclusive, hay toda una genealogía casuística sobre lo que se catalogan como *shrinkwrap contracts*, que vienen empacados con los artículos adquiridos en el comercio, y que colocan al consumidor en una posición de indefensión contractual. Los llamados *click wrap, browse wrap or scroll wrap contracts*, son otra clase de contratos de adhesión utilizados en transacciones electrónicas y cibernéticas, y que como cuestión de realidad fáctica pocos leen o estudian.

Por otro lado, sin embargo, el Uniform Commercial Code (UCC) – el cual ha sido legislado como derecho positivo en todos los estados de los Estados Unidos - regula las transacciones comerciales y crea ciertas presunciones contractuales sobre la validez y exigibilidad del contrato en beneficio del comerciante. La §2-302 del UCC autoriza, por ejemplo, que un tribunal determine como cuestión de derecho que alguna de las cláusulas de un contrato sean *unconscionable* (análogo a nuestro prohibición de cláusulas contrarias a la moral o al orden público) puede prohibir su eficacia, pero solamente luego de haberle dado oportunidad razonable a las partes a presentar evidencia sobre su contexto comercial, propósito y efecto.

El Artículo 2 del UCC sobre ventas no fueron incorporadas en nuestra Ley de Transacciones Comerciales, 19 L.P.R.A. §401, *et seq.* Advertimos, no obstante, que la inmensa mayoría de las transacciones (contractuales) electrónicas celebradas por los ciudadanos en Puerto Rico con proveedores en los Estados Unidos, sin domicilio o contactos mínimos en Puerto Rico, están gobernadas por el UCC y no por nuestro Código Civil. Frente a esta realidad económica y jurídica les compete a los abogados en Puerto Rico conocer este cuerpo normativo.

El artículo 1248 del Código Civil, 31 L.P.R.A.§9802, dispone que "[e]l contrato es celebrado por adhesión si el aceptante se ve precisado a aceptar un contenido predispuesto." Su segundo párrafo añade: "Las cláusulas del contrato celebrado por adhesión se interpretan en sentido desfavorable a la persona que las redacta y en favor de la persona que se vio precisada a aceptar su contenido."

El artículo 1247 del Código Civil, 31 L.P.R.A. §9801, sobre los contratos con cláusulas generales, adopta un lenguaje similar, dando a entender que las cláusulas generales contenidas en un formulario que ha diseñado y redactado una de las partes, son una modalidad de un contrato de adhesión.

Ambos de estos preceptos se distinguen del antiguo 1240, *supra*, en la medida en que reconocen explícitamente al contrato de adhesión y su consecuencia interpretativa. Hay que llamar la atención a que el artículo 1248, no hace referencia alguna a la existencia de un texto oscuro. En este aspecto, la interpretación favorable de su texto a favor de la persona que se vio precisada a aceptar su contenido no depende de la existencia de alguna oscuridad o ambigüedad textual. Este nuevo lenguaje estatutario pone el énfasis en el relativo poder patrimonial de los contratantes y no en la ambigüedad del texto contractual. Hay que concluir, por tanto, que la normativa jurisprudencial recogida, por ejemplo, en **Echandi Otero v. Stewart Title Guaranty Co.**, *supra*, sobre la preeminencia de la claridad textual para calibrar la voluntad de las partes, quedó superada.

Esta conclusión queda evidenciada por los artículos 358, 31 L.P.R.A. §6346 y el 1249, 31 L.P.R.A. §9803. El artículo 358, *supra*, atiende la interpretación de las disposiciones ambiguas de un negocio jurídico, y señala que "[l]a disposición ambigua debe interpretarse conforme a las normas siguientes: (a) si el negocio jurídico es gratuito, en favor de la menor transmisión de derechos, excepto en los negocios jurídicos por causa de muerte; (b) si el negocio jurídico es oneroso, en favor de la mayor proporcionalidad de intereses; y (c) si el negocio jurídico es bilateral, en sentido desfavorable a quien la redactó y en favor de la parte que tuvo menor poder de negociación". Llamamos la atención a que este precepto subsume fundamentalmente lo dispuesto en el artículo 1240 del anterior Código Civil, *supra*.

El artículo 1249, *supra*, a su vez, expresamente señala cláusulas abusivas en los contratos de adhesión. "Son especialmente anulables en los contratos celebrados por adhesión las siguientes cláusulas: (a) la que no se redacta de manera clara, completa y fácilmente legible, en idioma español o inglés; (b) la que autoriza a la parte que la redactó a modificar, unilateralmente, los elementos del contrato; (c) la que le prohíbe o limita al adherente la interposición de acciones, y restringe las defensas o los medios de prueba a disposición del adherente, o invierte la carga de la prueba; (d) la que excluye o limita la responsabilidad de la parte que la redactó; (e) la que cambia el domicilio contractual del adherente sin que medien razones para ello; (f) la que, ante el silencio del adherente, prorroga o renueva un contrato de duración determinada; y (g) la que excluye la jurisdicción de una agencia reglamentadora."

La primera observación que hay que hacer es la referencia a anulabilidad especial las cláusulas del contrato, y no a la nulidad absoluta, sea de la cláusula particular o del contrato en general. Sobre las clases de invalidez de un negocio jurídico, incluyendo la anulabilidad, véase los artículos 341 y siguientes, 31 L.P.R.A. §6311, y siguientes. La facultad de declarar anulable una cláusula contractual, subsistiendo la eficacia el resto del negocio jurídico es de factura jurisprudencial. En esta vena véase **Banco Popular v Sucesión Talavera**, 174 D.P.R. 686 (2008).

Vayamos por cada una de las cláusulas anulables especificadas en el artículo 1249, *supra*. El inciso (a), sobre la falta de claridad en la redacción, va en la dirección de la ambigüedad textual, y es la única comparable al propósito del artículo 358, *supra*. Hay que resaltar que los restantes incisos no versan sobre la claridad textual, pero que se entienden anulables por razones de política pública.

El inciso (b) se refiere a anulabilidad la facultad de modificar unilateralmente los elementos del contrato por quien lo redactó, notamos que no distingue a que elementos se refiere, principales o accesorios, razón por la cual hay que suponer se incluyen a ambos. Sobre la distinción entre las obligaciones principales y accesorias véase el artículo 1170, 31 L.P.R.A. §9391.

El inciso (c) atiende la anulabilidad de las cláusulas que prohíban o limiten al adherente la interposición de acciones, y restringe las defensas o los medios de prueba a disposición del adherente, o invierte la carga de la prueba. En su día este inciso habrá que armonizarlo con las cláusulas de arbitraje contractual, los pactos de confidencialidad y diversas cláusulas ordinariamente recogidas en las limitaciones de responsabilidad y acuerdos de indemnización (*hold harmless and indemnity agreements*) en la medida en que incidan o afecten los derechos del adherente.

El inciso (d) supone la anulabilidad de las cláusulas que excluyen o limitan la responsabilidad de la parte que la redactó. La exclusión o limitación de responsabilidad por quien la redacta impacta sin duda los relevos de responsabilidad que de ordinario se exigen como condición de algún servicio o actividad. Véase en este contexto **Chico v. Editorial**, 101 D.P.R. 759 (1973).

El inciso (e) persigue anular las cláusulas que autorizan el cambio de domicilio contractual del adherente sin que medien razones para ello para impedir que se levante la defensa de falta de jurisdicción *in personam* bajo las Reglas de Procedimiento Civil.

El inciso (f) declara anulable aquellas cláusulas, comunes en contratos de arrendamiento, residencial y comercial, por ejemplo, que le imponen una consecuencia al silencio del adherente, prorroga o renueva un contrato de duración determinada.

Finalmente, el inciso (g) declara anulable las cláusulas que excluyen la jurisdicción de una agencia reglamentadora. Esta cláusula habrá que armonizarla con las disposiciones de leyes especiales que regulan los procedimientos de revisión administrativa de diversos tipos de contratos de adhesión como, por ejemplo, la compra y servicios de teléfonos celulares, garantías de equipos domésticos, vehículos de motor, contratos de opción de compra y promesa de compraventa de nuevas viviendas, entre tantos otros.

Esta lista no parece ser taxativa, lo cual se infiere del uso de la frase "especialmente anulable" al introducir los anteriores incisos indicados. Es decir, si los incisos dispuestos son especialmente anulables, ¿querrá implicarse que habrá otras cláusulas anulables por determinación judicial?

Además de lo anterior. el artículo 1258 del Código Civil, 31 L.P.R.A. §9841 recoge furiosamente la doctrina de la revisión contractual esbozada en **Banco Popular v Sucesión Talavera,** *supra*, por razón de lesión por ventaja patrimonial desproporcionada. Dice el artículo: "Puede demandarse la anulación o la revisión de un contrato oneroso si una de las partes se aprovecha dolosamente de la necesidad, inexperiencia, condición cultural, dependencia económica o avanzada edad de la otra, y como consecuencia de ello, obtiene una ventaja patrimonial desproporcionada y sin justificación, conforme a las siguientes reglas: (a) el cálculo debe hacerse según los valores al tiempo de la celebración del contrato y la desproporción debe subsistir en el momento de la demanda. La desproporción hace presumir el aprovechamiento si supera a la mitad del valor de la prestación prometida; (b) la acción solo puede presentarse por el lesionado o sus herederos; (c) el demandante puede exigir la anulación o el reajuste equitativo de las prestaciones, pero la acción de anulación se transforma en acción de reajuste, si este es ofrecido por el demandado; y (d) el reajuste equitativo debe efectuarse en consideración al tipo contractual y a su causa, para eliminar el desequilibrio de las prestaciones."

Bajo la figura de la revisión contractual, ahora una causa de acción independiente, de factura estatutaria, el tribunal queda facultado a intervenir y atemperar la relación contractual frente al evidente desbalance de las prestaciones entre las partes y la desventaja patrimonial desproporcionada y sin justificación. El inciso (c) de este precepto reconoce el remedio de la anulación o el reajuste equitativo de las prestaciones. Si este es ofrecido por el demandado.

Todo lo anterior pone de relieve que el clásico principio *pacta sund servada* encuentra hoy su contra cara en las figuras expansivas del contrato de adhesión y la revisión contractual bajo el nuevo Código Civil. Las controversias contractuales que sin duda florecerán a raíz del paso del huracán Fiona los pondrán a prueba.

La causa en el contrato

El poeta es un fingidor.
Finge tan completamente
Que hasta finge que es dolor
El dolor que de veras siente.

Fernando Pessoa, ***El poeta es un fingidor***

El negocio jurídico debe tener un fin lícito en atención a las circunstancias existentes al tiempo de su celebración y al de su ejecución. No es lícito el fin contrario a la ley, a la moral o al orden público, o lesivo de derechos de terceros.

Artículo 270 del Código Civil, 31 L.P.R.A. §6141

El nuevo Código Civil reubica los elementos esenciales del contrato - objeto, consentimiento y causa -, bajo el capítulo sobre el negocio jurídico. Sobre el negocio jurídico el artículo 268, 31 L.P.R.A. §6121, lo define como "el acto jurídico voluntario lícito que tiene por fin directo establecer, modificar o extinguir relaciones jurídicas". Ya anteriormente hemos comentado sobre el concepto del negocio jurídico. Véase ***La interpretación del negocio jurídico.***

Lo primero que hay que alertar es que el nuevo Código Civil, no define el significado y alcance de la causa. El artículo 270, 31 L.P.R.A. §6141, se limita a declarar que "[e]l negocio jurídico debe tener un fin lícito en atención a las circunstancias existentes al tiempo de su celebración y al de su ejecución. No es lícito el fin contrario a la ley, a la moral o al orden público, o lesivo de derechos de terceros".

El fin – entiéndase esto en su acepción teleológica, supongo – es la causa del negocio jurídico. Es decir, la causa es el propósito, que además tiene que ser lícito. El artículo 275, 31 L.P.R.A. §6146, el requerimiento de licitud del negocio jurídico, tanto al momento de su celebración como durante su ejercicio. La causa ilegal y la causa torpe (el contrato contrario a la moral) del antiguo artículo 1227, 31 L.P.R.A. §3432, quedan ambos subsumidos bajo la causa ilícita.

Llama la atención que el artículo 270, *supra*, añade como causa ilícita los negocios jurídicos que sean "lesivo de derechos de tercero". La falta de precisión de esta frase levanta interrogantes sobre su alcance. Bajo el Código Civil anterior, la acción de nulidad de los contratos podía ser ejercitada por los obligados principal o subsidiariamente por ellos. Véase artículo 1254, 31 L.P.R.A. 3513.

Bajo el artículo 342, 31 L.P.R.A. §6312, se clasifican las clases de invalidez de un negocio jurídico, catalogando como nulos, entre otros, aquellos cuya causa sea inexistente o ilícita. Expresamente se excluye la inexistencia o ilicitud de la causa de la clasificación de los actos anulables. Es decir, no son subsanables.

El artículo 343, 31 L.P.R.A. §6313, a su vez, autoriza a cualquier interesado que no haya actuado con mala fe para lograr un provecho, a solicitar la declaración de invalidez de un negocio jurídico nulo, autorizándose inclusive al tribunal a así declararlo *motu proprio* si resulta manifiesto. En otras palabras, un tercero que estime que sus derechos hayan sido lesionados por un contrato en el cual no es parte, está legitimado a recurrir al tribunal para alegar su nulidad. La confusión conceptual entre la causa de acción autorizada en el artículo 270, *supra*, y la interferencia torticera de tercero es tan evidente como preocupante.

La discusión doctrinal sobre el elemento esencial de la causa contractual se aproxima en ocasiones a un debate escolástico sobre cuantos ángeles caben sobre la cabeza de un alfiler. Si la causa del contrato es fundamental para plantear la existencia jurídica del contrato, su razón de ser es decisiva para aquilatar su validez. Esa razón, tradicionalmente se ha bifurcado en diversas teorías objetivas o subjetivas, según el parecer de sus respectivos autores.

La teoría objetiva plantea, en términos generales, que la causa del contrato esta dado por el propio negocio jurídico, sin necesidad de pasar revista sobre las razones o motivaciones de sus actores. Esta aproximación tiene la virtud de la sencillez y de evitar – al menos a primera vista – el pantanal de la subjetividad. Basta con aquilatar el negocio jurídico y las prestaciones pactadas para inferir su propósito. En caso de compraventa, por ejemplo, al identificar el intercambio del por su pago se logra precisar su porqué.

El artículo 1226 del anterior Código Civil, 31 L.P.R.A. §3431, adoptaba esta posición. Decía, "[e]n los contratos onerosos se entiende por causa, para cada parte contratante, la prestación o promesa de una cosa o servicio por la otra parte; en los remuneratorios, el servicio o beneficio que se remunera, y en los de pura beneficiencia, la mera liberalidad".

Hay que subrayar que bajo esta aproximación la causa en los contratos onerosos se definía en función de la prestación o promesa por la otra parte. Es decir, la causa de uno es el objeto del otro, mostrando con ello característica patrimonial relativa. Sobre los remuneratorios – que son los contratos en que se remunera a la otra parte por algún bien o servicio sin estar obligado a ello, el contenido patrimonial de la remuneración es en sí misma la causa del contrato, independiente del bien o servicio prestado por la otra parte. Sobre los de pura beneficiencia, la mera liberalidad constituía la causa. Hay que notar como en este último la intención del donante constituye la causa, introduciéndose la subjetividad como factor determinante.

El tan estudiado caso de ***San Juan Credit v. Ramirez***, 113 D.P.R. 181 (1982), ha sido ejemplo de la co-existencia de la teoría objetiva y subjetiva de la causa en nuestro ordenamiento. En síntesis, este caso trata sobre cómo valorar la causa contractual de la obligación asumida por una madre como co-deudora de una deuda hipotecaria de su hijo, a lo cual consintió para evitarle un procedimiento de ejecución inmobiliaria. Desde una perspectiva objetiva rabiosa de la causa resultaba claro que, al no haber una contraprestación de parte del acreedor hipotecario a favor de la madre, ahora como co-deudora, había una ausencia de causa según definido por el entonces artículo 1226, *supra*. El tribunal señala que la causa contractual de la madre – sus motivos personales - era sencillamente que no se ejecutara el bien inmueble de su hijo. Con esta llana observación - correcta por demás – el tribunal reconoció e introdujo la causa subjetiva en los contratos onerosos. Al final del día, la expectativa de la madre de que no le ejecutaran la casa al hijo ocurre al interior de la psiquis materna, y supone una valoración eminentemente subjetiva de porqué accedió a garantizar la deuda. Esta conclusión parecía estar reñida con la postura tradicional de que los motivos de una parte para celebrar un contrato eran irrelevantes.

Consecuente con este desarrollo jurisprudencial, el artículo 273 del Código Civil, 31 L.P.R.A. §6144, ahora dispone que "[l]os motivos personales solo son relevantes al negocio jurídico si integran la declaración de voluntad". Es decir, el nuevo Código Civil admite en todos los negocios jurídicos – sean contratos onerosos o de pura beneficiencia - la causa subjetiva, requiriéndole que se integren a la declaración de voluntad para adquirir relevancia. Este último requerimiento parece sugerir que los motivos personales tiene que recogerse en la declaración, sea escrita u oral, para que tengan eficacia como causa del contrato. No se precisa si dicha integración debe ser expresa o su puede ser implícita. Hay que suponer que si no se integra en la declaración el motivo personal carece de relevancia para determinar la causa del negocio jurídico, girando por eliminación sobre la teoría objetiva de la causa. A saber, las prestaciones.

Desde el punto de vista formal este precepto guarda la posibilidad de reestructurar la forma y manera en que se redactan los contratos en Puerto Rico. Si los motivos personales son parte integral de la voluntad será oportuno incluirlos en el texto contractual. La práctica en los contratos de estilo anglo-americano de incluir un preámbulo en donde se especifican los diversos "por cuantos" (*where as*) que consignan la razón del contrato aún cuando de ordinario no forman parte de él, ahora encuentra utilidad práctica para documentar los motivos como parte de la causa.

Al igual que el anterior artículo 1229, 31 L.P.R.A. §3434, el artículo 271, 31 L.P.R.A. §6142, presume la licitud de la causa del negocio jurídico aunque no esté expresada. En atención a esta presunción, el artículo 274, 31 L.P.R.A.§6145, incorpora los negocios jurídicos abstractos. Dice: "Solo son eficaces los negocios jurídicos abstractos cuando la ley así lo dispone. Es negocio jurídico abstracto aquel al que la ley atribuye efectos con abstracción de su causa. No puede discutirse la existencia o licitud de la causa de un negocio jurídico abstracto hasta que produzca sus efectos".

La discusión doctrinal define el negocio jurídico abstracto como aquel que produce sus efectos normales con independencia de que exista causa. Por lo tanto, haya o no causa del acto o negocio, éste será válido y eficaz. El ejemplo paradigmático es el instrumento negociable, cuya causa jurídica no se desprende de su texto, sino que lo asume. En estos casos, para suplir la deficiencia que conlleva la falta de expresión de la causa, se exige que el negocio jurídico adopte unas determinadas formalidades que garanticen la prueba de su existencia como la forma escrita. A modo de excepción. solo se permite el negocio jurídico abstracto cuando la ley así lo dispone, como en efecto hace con los instrumentos negociables recogida en la Ley de Transacciones Comerciales 19 L.P.R.A. §401, *et seq.*

Sobre la expresión de una causa falsa en un negocio jurídico el artículo 272, 31 L.P.R.A. §6143, nos remite a las normas de la simulación, no sin antes precisar en Artículo 276, 31 L.P.R.A. §6147, que la falta de una causa lícita coetáneamente con su celebración lo vicia de nulidad. En cambio, añade este precepto, si el vicio nos es imputable a las partes al momento de su cumplimiento, el perjudicado puede resolverlo o pueden adecuarse las prestaciones. La redacción de esta última cláusula no está del todo clara. Si el negocio jurídico es nulo, entonces no cabe hablar de que se pueda resolver. Por otro lado, la inclusión sintáctica de la "o" copulativa para fines de la adecuación de las prestaciones da margen a entender que ese remedio está disponible para el perjudicado y no para la otra parte, aunque no le sea imputable la inexistencia de la causa.

En cuanto a la simulación, el artículo 301, 31 L.P.R.A. §6234, dispone que "[h]ay simulación si los otorgantes de un negocio jurídico, acuerdan realizarlo mediante la expresión de una causa falsa, independientemente de que exista o no un acto jurídico disimulado. Se considera simulado el acto de interposición ficticia de una persona." Este artículo recoge la distinción entre la simulación absoluta y la relativa, y la figura del testaferro. Sobre la simulación véase entre otros, ***Delgado Rodríguez v. Rivera Siverio***, 173 D.P.R. 150 (2008).

El artículo 302, 31 L.P.R.A. §6235, declara que el negocio jurídico simulado es nulo si es ilícito y anulable si perjudica los derechos de un tercero. Este lenguaje no compagina del todo con el lenguaje del artículo 270, *supra.* Si la causa no es lícita cuando es lesivo de derechos de terceros, entonces es nulo por ilicitud, y le es de aplicabilidad el artículo 342, *supra*, sobre la inexistencia de la causa. Aquí, sin embargo, se dice que la simulación de la causa – sea relativa o absoluta – lo hace anulable si perjudica a terceros, poniendo en entredicho si la ilicitud de la causa que perjudica a un tercero es nula o anulable.

Continua el artículo 302, *supra*, "[q]uedan a salvo los derechos adquiridos de buena fe y a título oneroso por terceros". Esta cláusula hay que leerla en contraposición a los artículos 298 y 299, 31 L.P.R.A. §6231, §6232, sobre la acción rescisoria por fraude a los acreedores - la cual discutiremos en otro momento - y el artículo 717, 31 L.P.R.A. §7844, sobre la posesión mobiliaria. Véase también ***La posesión mobiliaria***.

El tercer párrafo del artículo 302, *supra*, concluye, "[a]demás, en cuanto a los derechos reales que recaen sobre bienes inmuebles, se atenderán de acuerdo a lo dispuesto en la legislación registral inmobiliaria". Esta remisión a la legislación registral inmobiliaria lamentablemente no hace referencia a las propias de los adquirentes de un derecho real sobre un bien inmueble. Véase ***La inoponibilidad de los derechos reales***.

Recuerdo los versos de César Vallejo: "Me duelo sin explicaciones. Mi dolor es tan hondo, que no tuvo ya causa ni carece de causa. ¿Qué sería su causa? ¿Dónde está aquello tan importante, que dejase de ser su causa? Nada es su causa; nada ha podido dejar de ser su causa."

El poder del perdón presidencial

El 6 de octubre de 2022 el Presidente Joseph Biden promulgó una Orden Ejecutiva declarando el indulto absoluto, completo e incondicional de todos los ciudadanos americanos y residentes legales permanentes que hubieran cometido la violación de posesión simple de marijuana según codificada en la Ley de Sustancias Controladas, 21 U.S.C. §844.

El apoyo constitucional de esta Orden Ejecutiva descansa sobre el Artículo II, Sección 2, de la Constitución de los Estados Unidos, la cual dispone en lo relevante, "and he shall have Power to grant Reprieves and Pardons for Offences against the United States, except in Cases of Impeachment".

Esta facultad, históricamente de origen monárquico, ha sido justificada como un ejercicio de clemencia ejecutiva para casos que hieren el sentido de la justicia, a juicio del ejecutivo de turno por supuesto, y para atemperar el rigor la ley, como argumentara Alexander Hamilton en ***Federalist 74***. Según el texto constitucional, la única excepción al poder de indultar o perdonar las ofensas contra los Estados Unidos – nótese que aplica solo al gobierno federal no a los gobiernos estatales – es a casos de residenciamiento.

La amplitud textual de esta facultad ha dado pie al desarrollo de varias modalidades del perdón ejecutivo, desde el indulto absoluto e incondicional, hasta bel indulto limitado y condicional, según la discreción del Presidente de turno. El ejercicio de esta prerrogativa tradicionalmente viene acompañado de un costo político. Aún el proceso administrativo creado para depurar las solicitudes y concesiones de indulto, descansan al final del día en la sana o malsana discreción presidencial.

La práctica común, con sobradas excepciones, ha sido que los Presidentes postergan la concesión de algún indulto para tarde en su término, pretendiendo con ello evitar o minimizar las consecuencias políticas adversas que de ordinario lo acompañan. Basta con pasar revista a los indultos otorgados por los Presidentes Clinton, Bush, Obama y Trump, por mencionar los más recientes en la memoria colectiva, para constatar lo anterior.

Los indultos del Presidente Trump, por ejemplo, motivaron fuertes críticas por entenderse que se utilizaba esa facultad para minar el estado de derecho. Los indultos de Bannon y Stone, entre otros, tuvieron mucho de los visos de contraprestación política y poco de clemencia. Tampoco debemos olvidar toda la discusión que hubo sobre si el Presidente tiene la facultad de conceder indultos prospectivos o siquiera de perdonarse a sí mismo.

En ***United States v. Wilson***, 32 U.S. (7 Pet.) 150 (1833), el Juez John Marshall fundamentó la facultad del perdón presidencial en la tradición histórica del *common law* inglés. La jurisprudencia oscila entre dos concepciones del poder del perdón presidencial. En ***Burdick v. United States***, 236 U.S. 79 (1915), por ejemplo, el Presidente Wilson indultó a un editor de un periódico, George Burdick, que rehusaba testificar invocando su derecho a no auto incriminarse. El indulto perseguía obligar el testimonio al eliminarse la posibilidad de auto incriminarse. Burdick rechazó el perdón y rehusó testificar. En un caso de desacato, el Tribunal Supremo resolvió que el perdón presidencial tenía que ser aceptado para que tuviera eficacia legal. Esta aproximación al perdón presidencial lo concibe como un contrato privado, para beneficio de la persona a quien se le concede.

En ***Biddle v. Perovich***, 274 U.S. 480 (1927), el Tribunal Supremo reconoció que el Presidente podía conmutar una pena de muerte a una pena perpetua sin el consentimiento de la persona. Este caso desarrolla la teoría de que le ejercicio del perdón presidencial no es un contrato privado y que su propósito fundamental promover un bien común. De la misma manera que el castigo impuesto al convicto no requiere de su consentimiento, escribía Oliver Wendell Holmes, tampoco se requiere para su perdón.

De ordinario, aquellos que favorecen un entendimiento amplio del poder del perdón presidencial

---

Publicado en ***El Vocero de Puerto Rico*** el 13 de octubre de 2022.

favorecen su versión contractualista, en tanto que le reconoce mayor discreción y no requiere rendición de cuentas. En cambio, los que de ordinario persiguen limitar ese poder favorecen un entendimiento de que tiene que mediar un bien común identificable. Si bien es cierto que en ***Schick V. Reed***, 419 U.S. 256 (1974), el Tribunal describió el poder del perdón presidencial como uno completamente independiente del poder legislativo, no es menos cierto que ninguna cláusula constitucional es absoluta.

La Orden Ejecutiva del Presidente Biden se distingue del uso tradicional del perdón presidencial en tanto que no va dirigida a ninguna persona en específica, sino que va dirigida a un grupo clasificado en virtud de la ley: los convictos por posesión simple de marijuana bajo la Ley de Sustancias Controladas. En la historia presidencial, solo el indulto de Carter a los evasores del servicio militar obligatorio después de Vietnam y el indulto a los soldados confederados después de la Guerra Civil, son comparables. Este perdón presidencial, como se desprende de la justificación de la propia Orden Ejecutiva, es un ejercicio de política pública y como tal subvierte el poder de la Rama Legislativa. De poco vale la tipificación del delito si el Ejecutivo la hace sal y agua por vía del ejercicio del perdón presidencial *tout court*. Bajo el principio de separación de poderes, es al Congreso, no al Presidente, a quien le corresponde legislar sobre la Ley de Sustancias Controladas.

En nuestro modelo republicano de gobierno, la falta de fuerza política para adelantar legislación no puede ser justificación ni pretexto para ampliar los poderes del Ejecutivo. Con este precedente, nada impide que en un futuro un Presidente promulgue una Orden Ejecutiva, concediendo perdones genéricos por comisión de todo tipo de delito según sus creencias y preferencias, en contravención de lo dispuesto en la ley. En estos tiempos de amenaza autocrática uno hubiera deseado mayor prudencia y sensatez de los que se rasgan las vestiduras en defensa del estado de derecho.

La acción rescisoria por fraude de acreedores

Son rescindibles los negocios jurídicos realizados en fraude de acreedores. Se presume que un negocio jurídico se otorga en fraude de los acreedores cuando: (a) es de fecha posterior al crédito del acreedor perjudicado, o se realiza para impedir las consecuencias de un acto doloso; (b) consiste en excluir un bien del patrimonio del deudor, o impedir su incorporación, aunque se trate de derechos en expectativa o meras facultades, u otorgar nuevas garantías a créditos anteriores; (c) produce o agrava la insolvencia del deudor; o (d) se otorga con la intención de menoscabar la acción de los acreedores, lo que se presume en los negocios realizados entre parientes dentro del cuarto grado de consanguinidad o segundo de afinidad, en los gratuitos y en los onerosos si se realiza luego de una sentencia o de haberse librado un mandamiento de embargo contra el otorgante.

Artículo 298 del Código Civil, 31 L.P.R.A. §6231

Históricamente ha habido una confusión entre la acción rescisoria y la acción resolutoria del contrato, utilizándose su terminología de manera intercambiable, como si fueran sinónimos. La distinción conceptual que marca la diferencia entre una y otra es quién está facultado a ejercerla. En el caso de la acción resolutoria las partes son quienes están llamados a ejercerla, según lo recoge el artículo 1255 del Código Civil, 31 L.P.R.A. §9823. Dejamos para otro día esa discusión. La acción rescisoria, en cambio, es un remedio excepcional que autoriza a un extraño al contrato – un tercero, propiamente entendido – a impugnarlo por las razones contempladas en ley.

Esta acción también conocida como la acción paulina, en honor al pretor romano Paulus, recogida posteriormente en el Derecho Justinianeo, refundiéndose en ella tres remedios de origen pretoriano: el *interdictum fraudatorium*, que reintegraba al acreedor en la posesión de un bien que el deudor ha traspasado a otro; la *restitutio in integrum ob fraudem*, de caracterización más dudosa, destinada a destruir los efectos de la enajenación con la consecuencia de restituir los bienes a la situación anterior a ella y la *actio ex-delicto*, de naturaleza penal, en cuya virtud se condena al deudor y sus cómplices al pago de una indemnización.

A distinción de la nulidad contractual – sea esta absoluta o relativa – la acción rescisoria parte de la premisa de la existencia de un contrato válidamente otorgado que éste incide sobre los derechos del tercero. De ordinario, no siendo parte del contrato ese tercero no tendría legitimación para impugnar el contrato. La acción rescisoria viene a llenar esa laguna, aunque el artículo 300, 31 L.P.R.A. §6233, le impone un carácter subsidiario que solamente pueden ejercerse cuando el acreedor no dispone de otro remedio para hacer efectivo su crédito. Hay que señalar que este lenguaje entra en aparente contradicción con el artículo 270, 31 L.P.R.A.§6141, cuando señala que un contrato lesivo a terceros tiene una causa ilícita, razón por la cual adolece de nulidad, y cualquier tercero lesionado tendría legitimación activa para así alegarlo ante el tribunal. Véase artículo 343, 31 L.P.R.A. §6313. También véase La causa en el contrato.

Bajo los artículos 1242-1251 del anterior Código Civil, 31 L.P.R.A. §3491-3500, la acción rescisoria se limitaba a los casos del tutor, el ausente, a casos de cosa litigiosa, fraude de acreedores y cualquier otra situación determinada por ley.

El artículo 298 del Código Civil, 31 L.P.R.A. §6231, dispone ahora que "[s]on rescindibles los negocios jurídicos realizados en fraude de acreedores[...]". Es de notar que el precepto excluye expresamente de la acción rescisoria los casos del tutor, el ausente y la cosa litigiosa, remitiéndose a lo dispuesto específicamente en cada una de esas figuras. Por otro lado, es menester señalar que la acción rescisoria se encuentra en algunas leyes especiales, como por ejemplo en la Sección 2-306 de la Ley de Instrumentos Negociables, 19 L.P.R.A. §606, que faculta a un deudor de un instrumento a rescindir su negociación a un tercero cuando este no es un tenedor de buena fe según definido por la propia ley. Inclusive, la acción de retracto de cosa litigiosa recogida en los artículos 1212 y 1220 del Código Civil, 31 L.P.R.A. §9573, §9581, son, en su esencia, una modalidad de la acción rescisoria. Véase La ejecución hipotecaria y el retracto de cosa litigiosa. Hay que destacar, además, que el uso del término "fraude" es en este contexto de carácter civil. En todo caso, sin embargo, el concepto de fraude civil implica necesariamente un elemento volitivo, de intención, de las partes que incurren en la conducta. Véase ***Velco v. Industrial Service Apparel***, 143 D.P.R. 243 (1997). No habiendo tal intención no cabría hablar de fraude.

Continúa el artículo, "[...]Se presume que un negocio jurídico se otorga en fraude de los acreedores cuando [...]". Esta presunción es una rebatible (*iures tantum*), que implica que para fines procesales y evidenciarios se invierte el peso de la prueba. Hay que enfatizar que el listado de negocios jurídicos que detalla a su continuación no excluye otros posibles negocios jurídicos celebrados en fraude de acreedores; solamente que quien lo alega no tiene presunción legal a su favor y viene obligado a probarlo con la preponderancia de la prueba.

El artículo detalla en varios incisos los siguientes negocios jurídicos que se presumen en fraude de acreedores:

"(a) es de fecha posterior al crédito del acreedor perjudicado, o se realiza para impedir las consecuencias de un acto doloso; [...]". Dos son los supuestos de este inciso. Primero, la fecha posterior del negocio jurídico al crédito perjudicado, lo cual implica conocimiento y volición para afectar el crédito perjudicado. El segundo supuesto es un poco mas problemático. Tal y cual esta fraseado, un negocio jurídico es rescindible si se realiza para impedir las consecuencias de un acto doloso. Esta construcción sintáctica no está del todo clara. ¿Qué significa que el autor (o autores) del negocio jurídico impugnado lo celebra para impedir las consecuencias del acto doloso? Una primera lectura sugiere que tal negocio jurídico perseguiría evitar la consumación de un engaño y, por tanto, va dirigido a la protección del crédito alegadamente perjudicado. Difícil entender como tal actuación supondría un fraude de acreedores. Otra lectura, acaso la mas sensata, sería que el autor del fraude realiza un negocio jurídico para escudar las consecuencias de un acto doloso. El uso del término "impedir" crea un equívoco semántico innecesario. En todo caso, para darle sentido a la hipótesis, que el negocio jurídico es en fraude de acreedores cuando intenta ocultar las consecuencias de un acto doloso previo, sería conveniente enmendar el precepto, sustituyéndose la palabra "impedir" por "ocultar" u otra análoga.

Queda pendiente, por otro lado, el hecho de que si el negocio jurídico realizado para ocultar un acto doloso previo supone una causa ilícita razón por la cual sería nulo. Bajo este supuesto un acreedor – como tercero perjudicado – estaría legitimado para impugnarlo por nulidad y no tendría que agotar la subsidiariedad de la acción rescisoria.

"(b) consiste en excluir un bien del patrimonio del deudor, o impedir su incorporación, aunque se trate de derechos en expectativa o meras facultades, u otorgar nuevas garantías a créditos anteriores; [...]".

Aquí hay varios supuestos. La primera cláusula se refiere a la exclusión de un bien del patrimonio del deudor, la cual supone que estando dentro de su patrimonio, se dispone de él en el ejercicio su facultad de dominio. Notamos que no se le pone tiempo a cuando tal exclusión ocurre, si antes o después del crédito perjudicado del acreedor. El inciso (a) anterior expresamente menciona la fecha posterior del negocio jurídico al crédito perjudicado, no así este inciso. Como cuestión de técnica interpretativa, uno no lee el significado y el alcance del inciso (b) por el lente del inciso (a). La distinción entre el inciso (a) y (b) suponen supuesto distintos e independientes uno del otro. De lo contrario, ¿para qué distinguirlo? En todo caso, este lenguaje invita la lectura de que un acreedor pudiera alegar que un acto dispositivo de su deudor que desmerece su patrimonio, aun cuando no hubiere limitación o restricción sobre él mismo, fuera en fraude de su crédito. Esta lectura expansiva supondría una entrega *de jure* del patrimonio del deudor para beneficio del acreedor hasta la extinción de su obligación.

La segunda cláusula, "o impedir su incorporación", atiende la hipótesis que la doctrina ha calificado como la acción subrogatoria, reconocida en el artículo 1064 del Código Civil anterior, 31 P.R.A. §3028, y reconocida ahora como la acción indirecta u oblicua bajo el artículo 1222, 31 L.P.R.A. §9631. Es decir, el deudor toma medidas, o mejor dicho se cruza de brazos, para evitar que a su patrimonio se incorpore un bien de manera tal que no responda por sus obligaciones frente a sus acreedores. Lo anterior es el típico caso de las cuentas por cobrar que un deudor no persigue para así evitar tener que entregárselo a su acreedor.

Ya es común ver en el campo contractual comercial acreedores – pienso en la banca particularmente – que incluyen cláusulas en donde el deudor viene obligado a entregar anticipadamente en garantía del pago de un préstamo las cuentas futuras, autorizándole a tomar las medidas necesarias para proteger su crédito frente a terceros. Precisamente este es, a mi juicio, el alcance de la última cláusula del inciso, "aunque se trate de derechos en expectativa o meras facultades, u otorgar nuevas garantías a créditos anteriores".

"(c) produce o agrava la insolvencia del deudor; o [...]". Hay que tener claro que el concepto de insolvencia no es sinónimo de la quiebra, que se rige por las disposiciones del Bankruptcy Code, 11 U.S.C. §101 *et seq.*, y es de jurisdicción exclusiva federal. La insolvencia civil es la deficiencia patrimonial para responder a todas las obligaciones. Hay que tener presente en este contexto que el nuevo Código Civil enmendó la responsabilidad patrimonial del deudor del anterior artículo 1811, 31 L.P.R.A. §5171, a los fines de imponer un mínimo de bienes no sujetos a responsabilidad patrimonial. Véase los artículos 1156 y 1157, 31 L.P.R.A. §9301, §9302. Esto también hay que compaginarlo con la Ley del Derecho a la Protección del Hogar Principal y el Hogar Familiar, Ley Núm. 195 de 13 de septiembre de 2011, según enmendada. 31 L.P.R.A. §1858 *et seq.*

La determinación de insolvencia o que se agrave la insolvencia, por supuesto, es una eminentemente judicial. Bajo esta hipótesis, la presunción del fraude de acreedores estaría sujeta a una previa determinación judicial de insolvencia.

"(d) se otorga con la intención de menoscabar la acción de los acreedores, lo que se presume en los negocios realizados entre parientes dentro del cuarto grado de consanguinidad o segundo de afinidad, en los gratuitos y en los onerosos si se realiza luego de una sentencia o de haberse librado un mandamiento de embargo contra el otorgante."

La construcción sintáctica de este inciso no es la más feliz. La primera frase, "se otorga con la intención de menoscabar la acción de los acreedores", es redundante. La acción rescisoria en fraude acreedores anunciada al inicio del artículo 298, *supra*, implica necesariamente la intención de parte del deudor de menoscabar sus derechos, razón por la cual es innecesario repetirlo aquí.

La segunda frase dispone que "lo que se presume en los negocios realizados entre parientes dentro del cuarto grado de consanguinidad o segundo de afinidad, [...]" , arrojando sin justificación una sombra sobre la validez de la contratación entre parientes. Hay que llamar la atención que esta presunción no exige alguna determinación judicial previa, razón por la cual todo negocio jurídico entre parientes dentro de los grados especificados queda expuesto a la acción rescisoria. Esta presunción va a alentar disputas patrimoniales interfamiliares innecesariamente.

La tercera frase, "[...]en los gratuitos y en los onerosos si se realiza luego de una sentencia o de haberse librado un mandamiento de embargo contra el otorgante", recoge sustancialmente la hipótesis del artículo 1249 del Código Civil anterior, *supra,* subsumiendo las enajenaciones a título gratuito bajo la misma disposición de las enajenaciones onerosas.

El artículo 299, 31 L.P.R.A. §6232, recoge los remedios de la acción rescisoria: "La acción rescisoria o pauliana es la que el acreedor puede interponer para rescindir los efectos de un negocio jurídico realizado en fraude de su crédito. La sentencia que decreta la rescisión tiene los siguientes efectos: (a) declara el negocio jurídico inoponible al acreedor en la medida necesaria para satisfacer su crédito; y (b) afecta al adquirente del bien enajenado en fraude a los acreedores, y al subadquirente, excepto si obra de buena fe y adquiere a título oneroso. La acción pauliana solo beneficia al acreedor demandante. Además, en cuanto a los derechos reales que recaen sobre bienes inmuebles, se atenderán de acuerdo a lo dispuesto en la legislación registral inmobiliaria."

Este precepto amerita varios comentarios. Su primera oración es introductoria y quizás tiene algún valor histórico al reconocer el origen histórico de la acción.

La segunda oración dispone que la acción rescisoria se decreta por sentencia. Es decir, no hay rescisión de un negocio jurídico sin intervención judicial.

Acto seguido, el inciso (a) señala que el efecto de la sentencia es que declara el negocio jurídico inoponible ante el acreedor hasta el monto de su crédito. Sobre el concepto de inoponibilidad, el artículo 352, 31 L.P.R.A. §6331, señala "Por la inoponibilidad se priva a un negocio jurídico válido y eficaz entre las partes, de sus efectos respecto de un tercero al que la ley protege y permite ignorar el acto, y le impide al otorgante ejercer acciones contra aquel. Si la inoponibilidad tiene carácter sancionador, el legitimado debe solicitarla en cada caso por vía de acción. Si no lo tiene, el interesado puede alegarla por vía de defensa." Bajo el supuesto de la acción rescisoria por fraude de acreedores, el acreedor promovente deberá solicitar como parte de sus alegaciones la inoponibilidad del negocio jurídico impugnado ante sí.

El inciso (b), a su vez, señala que la sentencia afecta al adquirente del bien enajenado en fraude a los acreedores, y al subadquirente, excepto si obra de buena fe y adquiere a título oneroso. Este lenguaje reclama tres observaciones. Primero, cuando dice que la sentencia afecta al adquirente del bien enajenado, no se debe obviar la necesidad de haberlo acumulado como parte indispensable bajo las Reglas de Procedimiento Civil, so pena de nulidad de la sentencia. Segundo, la inclusión del subadquirente como parte que pudiera quedar afectada por la sentencia requiere precisión. ¿Se refiere a cualquier subadquirente sin importar cuan distante en la cadena de trasmisión se encuentre? ¿Se limita la pretendida adquisición del dominio sobre el bien a cualquier subadquirente de un derecho sobre el bien, incluyendo digamos un acreedor hipotecario? Tercero, la excepción de la adquisición de la buena fe y a título oneroso – nótese que se excluye la adquisición a título gratuito aunque sea de buena fe – recoge en principio la segunda oración del artículo 1247 del Código Civil anterior, 31 L.P.R.A. §3496.

La próxima oración especifica que la acción pauliana solo beneficia al acreedor demandante, expresamente excluyendo a otros acreedores del mismo deudor que quisieran aprovecharse de dicha sentencia.

La última oración atiende el caso de derechos reales que recaen sobre los bienes inmuebles remitiéndolo a la legislación registral inmobiliaria. Quedan en el aire, sin embargo, los casos de los derechos reales sobre bienes inmuebles que no estén inscritos en el Registro de la Propiedad. No debemos olvidar que la inmatriculación de los bienes inmuebles en el Registro de la Propiedad es voluntaria, y que muchos propietarios no tienen los recursos económicos para incurrir en los gastos legales necesarios para lograr su inscripción. A falta de disposición estatutaria sobre este extremo, hay que suponer que las controversias sobre bienes inmuebles no-inscritos se regirán en estos casos por los principios y preceptos del derecho real, específicamente sobre la adquisición del derecho de propiedad y sus acciones protectoras, incluidas en el Libro Tercero del Código Civil, los cuales en todo caso también aplican a los bienes inmuebles inscritos, con sus consabidas excepciones. Véase La inoponibilidad del derecho real.

La revisión contractual

Puede demandarse la anulación o la revisión de un contrato oneroso si una de las partes se aprovecha dolosamente de la necesidad, inexperiencia, condición cultural, dependencia económica o avanzada edad de la otra, y como consecuencia de ello, obtiene una ventaja patrimonial desproporcionada y sin justificación, conforme a las siguientes reglas:

(a) el cálculo debe hacerse según los valores al tiempo de la celebración del contrato y la desproporción debe subsistir en el momento de la demanda. La desproporción hace presumir el aprovechamiento si supera a la mitad del valor de la prestación prometida;

(b) la acción solo puede presentarse por el lesionado o sus herederos;

(c) el demandante puede exigir la anulación o el reajuste equitativo de las prestaciones, pero la acción de anulación se transforma en acción de reajuste, si este es ofrecido por el demandado; y

(d) el reajuste equitativo debe efectuarse en consideración al tipo contractual y a su causa, para eliminar el desequilibrio de las prestaciones.

Artículo 1258 del Código Civil, 31 L.P.R.A. §9841

Los artículos 1258 al 1260, 31 L.P.R.A. §§9841-9843, contemplan la causa de acción de revisión de los contratos. La jurisprudencia ya había admitido la revisión contractual, no como causa de acción independiente, sino como un remedio que el Tribunal podía conceder bajo su facultad revisora en situaciones particulares si reunían ciertos elementos que ahora se recogen estatutariamente. Esta causa de acción ya había sido anticipada jurisprudencialmente ***Utility Consulting v. Municipio de San Juan***, 115 DPR 88 (1984), y más contundentemente en ***Banco Popular v. Sucesión Talavera***, 174 D.P.R.686 (2008). Esta jurisprudencia constituye un buen ejemplo de cómo los principios generales del derecho informan y modifican la aplicación del derecho positivo. Hay que notar que la causa de acción de revisión contractual esta ubicada en el Libro Quinto de Los Contratos y no bajo el negocio jurídico del Libro Primero de Las Relaciones Jurídicas. Es decir, en virtud de su ubicación hay que concluir que la acción de revisión está limitada a los contratos y no está necesariamente disponible para otros negocios jurídicos.

Los artículos 1259 y 1260, *supra*, específicamente, estatuyen la causa de acción por excesiva onerosidad sobreviviente, incorporándose la doctrina jurisprudencial de *rebus sic stantibus* recogida en ***Casera Foods, Inc. v. E.L.A.***, 108 DPR 850 (1979), ***Municipio de Ponce v. Autoridad de Carreteras y Transportación***, 153 DPR 1 (2001) y ***Oriental Bank & Trust v. Perapi S.E***; 192 DPR 7 (2014). Limitamos los comentarios a continuación al artículo 1258, *supra*.

La primera frase del artículo introduce la causa de acción, "Puede demandarse[...]". Hay que subrayar que el tribunal viene ministerialmente obligado a darle el debido proceso de ley conforme las Reglas de Procedimiento Civil, adjudicando las alegaciones conforme la prueba desfilada, no estando bajo la discreción judicial invocar la doctrina.

Acto seguido continua el precepto, "...la anulación o la revisión de un contrato oneroso...", lo cual a primera lectura parecería contemplar dos alternativas distintas, la anulación o la revisión. Esta lectura no es cónsona con el propio texto ni con sus lineamientos doctrinales.

La hipótesis de la anulación parece aludir a un defecto en la formación del contrato o en su cumplimiento, en todo caso oneroso. Por supuesto, en caso de nulidad o anulabilidad estaríamos bajo lo dispuesto en el artículo 342, 31 L.P.R.A. §6312, y no bajo la acción revisora.

Si bien es cierto que, en ***Banco Popular v. Sucesión Talavera***, *supra*, y en ***De Jesús González v. Autoridad de Carreteras***, 148 D.P.R. 255 (1999), el Tribunal plantea la posibilidad de anular las cláusulas contractuales que fueran leoninas, manteniendo vigente el vínculo y la exigibilidad contractual en el resto del negocio jurídico, no es menos cierto que su justificación doctrinal dimana de una aquilatación de política pública judicial y no de la lógica interna del concepto.

La escisión conceptual de cláusulas anulables del resto del contrato, como si el tribunal fuera un cirujano quirúrgico extirpando un tumor, es pura ficción judicial, no por ello menos eficaz. En caso de nulidad absoluta no habría manera de rescatar el contrato enfermizo, para continuar con la metáfora. En caso de nulidad relativa, si las partes no consienten a rescatarlo, sea por confirmación, artículo 359, y siguientes, 31 L.P.R.A. §6319, sea por ratificación, artículo 325, 31 L.P.R.A. §6268, igual fortuna le depararía.

La hipótesis de la intervención judicial para anular una cláusula del contrato supone implícitamente que una de las partes se opone a ello, razón por la cual no es susceptible de ser rescatado por voluntad de las partes. El ejercicio de esa facultad está limitado solamente por el buen juicio judicial al aplicar las reglas que más adelante se detallan en el precepto. En este sentido, el ejercicio de la revisión contractual implica necesariamente la anulación o reajuste de una porción del contrato, subsistiendo la eficacia del resto. Siendo consecuentes, el uso de la "o" entre anulación y revisión, hay que entenderla de manera copulativa, no disyuntiva, la cual establece una sinonimia entre la anulación y la revisión. En síntesis, la causa de acción de revisión contractual es una para determinar la nulidad relativa parcial del contrato por las razones dispuestas en el estatuto, subsistiendo la eficacia del resto del contrato. De esta manera el Tribunal modifica las prestaciones en atención a algún bien jurídico tutelado, pero no releva del todo a las partes de las consecuencias de su libre voluntad.

Continua el precepto, "[...]si una de las partes se aprovecha dolosamente de la necesidad, inexperiencia, condición cultural, dependencia económica o avanzada edad de la otra, y como consecuencia de ello, obtiene una ventaja patrimonial desproporcionada y sin justificación[...]".

Esta frase hay que descomponerla. "[U]na de las partes se aprovecha dolosamente[...]". No está claro si el dolo – la maquinación insidiosa del antiguo artículo 1221, 31 L.P.R.A. §3408 - aquí referido es el dolo grave, artículo 292, 31 L.P.R.A. §6211, que daría paso a la anulabilidad del contrato por vicio en el consentimiento, artículo 286, 31 L.P.R.A. §6192, o el dolo incidental, artículo 294, 31 L.P.R.A. §6213, que daría paso a la indemnización por los daños y perjuicios, ***Colón Rivera v. Promo Motors Imports, Inc.***, 144 D.P.R. 659 (1997). En la medida en que la revisión contractual supone la anulación parcial del contrato y la subsistencia del resto, hay que pensar que el dolo aquí referido no es el dolo grave.

Dicho lo anterior, sin embargo, la premisa inarticulada de la hipótesis es que la conducta dolosa ocurre en la redacción del contrato en cuyo lenguaje se aprovechó una parte sobre la otra, en cuyo caso estaríamos propiamente ante el dolo *in contrahendo* y la anulabilidad nulidad por vicio en el consentimiento si fuera determinante, artículo 286, *supra*, y que sin ellas no hubiera contratado, artículo 292, *supra*. La única manera de evitar la contradicción sería caracterizando el dolo como incidental, lo cual, a su vez, sería conceptualmente inconsistente con su anulabilidad por revisión.

La lista de situaciones de aprovechamiento incluye: la necesidad, la inexperiencia, condición cultural, dependencia económica, edad avanzada. En una realidad económica-patrimonial dominada por contratos de adhesión, esta lista bien puede ser aplicable a la inmensa mayoría de casos donde en virtud de la astucia y la ofuscación en la redacción de la otra parte queda uno sujeto a términos y condiciones que ninguna persona razonable aceptaría. En la medida en que el ejercicio de la revisión contractual descansa sobre la prudencia judicial, el contenido existencial que se le dé a cada uno de estos posibles escenarios dependerá fundamentalmente de la configuración moral e ideológica del juzgador.

Ese aprovechamiento tiene que traducirse en "una ventaja desproporcional y sin justificación". El caso de ***Banco Popular v. Sucesión Talavera***, *supra*, es ilustrativo de lo que puede entenderse como una "ventaja desproporcional". En este caso el precio de compraventa de $22,500.00 sobre un bien inmueble pactado en 1973, no guardaba proporción con su incremento en valor, que fluctuaba entre $312,000.00 y $497,000.00 al momento de vencer el derecho de opción de compra en 1993. El significado a atribuirse a la falta de justificación pudiera ser problemático en la medida en que incida sobre la causa del negocio jurídico, en cuyo caso estaríamos de vuelta a la hipótesis de nulidad. Precisamente, el inciso (d) del artículo 1258, *infra*, va dirigido a evitar este problema.

Las reglas que gobiernan la anulación o revisión contractual son cuatro. La primera es que el cálculo de la desproporción es el contraste entre los valores al momento de celebrarse el contrato los valores al momento de instarse la demanda. Se presume desproporción si el aprovechamiento supera la mitad del valor de la prestación prometida. Esta ecuación jurídica responde, a mi juicio, a la experiencia de ***Banco Popular v. Sucesión Talavera***, *supra*. Esta presunción, que supongo es rebatible, no debe excluir otros aprovechamientos desproporcionados de difícil valoración pecuniaria.

La segunda es que solamente el lesionado o sus herederos tienen legitimación para presentar la causa de acción. Llama la atención el uso del término "lesionado" para referirse al legitimado a presentar la acción, dando a entender que un tercero lesionado por el aprovechamiento de la desproporción pudiera tener derecho a ella, lo cual sería cónsono con los derechos que el nuevo Código Civil les concede a los terceros lesionados a instar una acción de nulidad contractual por causa ilícita, artículo 270, 31 L.P.R.A. §6141. De ser correcta esta apreciación, la acción de anulación o revisión pudiera ser concurrente con una acción de nulidad por causa ilícita.

La tercera regla es que el demandante puede exigir la anulación o el reajuste equitativo de las prestaciones, pero la acción de anulación se transforma en acción de reajuste, si este es ofrecido por el demandado. Esta norma autoriza al promovente a exigir la anulación o el reajuste equitativo de las prestaciones.

Qué exactamente constituye un reajuste equitativo dependerá de la situación de cada caso, unido al ejercicio de la discreción judicial. La regla contempla que el demandado – entiéndase el acreedor de la prestación – puede a su discreción transformar la anulación al reajuste equitativo. Este lenguaje es, a todas luces, es una invitación al acreedor a solicitar el reajuste equitativo para evitar la consecuencia de la anulación. Este fue, dicho sea de paso, el remedio que se concedió en ***Banco Popular v. Sucesión Talavera***, *supra*, al devolverse el caso determinar el valor del bien inmueble objeto del contrato de opción de compra. El rabo del reajuste termina por menear el perro de la anulación.

La cuarta regla requiere que el reajuste equitativo se efectúe en consideración al tipo contractual y a su causa, para eliminar el desequilibrio de las prestaciones. Este lenguaje fundamentalmente viene a atemperar el reajuste equitativo de manera que se cumpla el propósito del contrato. Esta regla, la cual se activa meramente con el acreedor solicitar el reajuste equitativo pone de relieve que el propósito fundamental de la acción revisora no es anular las prestaciones o el contrato sino todo lo contrario, impartirle consecuencia y finalidad. El norte del reajuste equitativo, por tanto, será el principio de conservación, de darle eficacia al negocio jurídico judicialmente modificado para que produzca efectos, ello según recogido en el artículo 353, 31 L.P.R.A. § 6341. Véase además La interpretación del negocio jurídico.

Rebus sic stantibus

La parte perjudicada por la excesiva onerosidad sobreviniente de la prestación a su cargo, causada por un acontecimiento extraordinario e imprevisible, puede alegar la ineficacia o pedir la revisión del contrato, conforme a las siguientes reglas:

(a) el contrato debe ser de ejecución diferida o de tracto sucesivo;

(b) si el contrato es aleatorio, la excesiva onerosidad debe ser ajena al alea propio del contrato;

(c) el acontecimiento extraordinario e imprevisible debe ser ajeno a la conducta de las partes;

(d) para juzgar la previsibilidad, debe atenderse al mayor deber de obrar con prudencia y pleno conocimiento de las circunstancias; y

(e) la parte que alega la excesiva onerosidad sobreviniente, debe estar exenta de culpa y mora relevante.

Artículo 1259 del Código Civil, 31 L.P.R.A. §9842

En el conocido caso de ***Casera Foods v. E.L.A.***, 108 D.P.R. 850 (1979), girando sobre los tratadistas Castán Tobeñas, Diez Picazo y otros, se introdujo la figura de excesiva onerosidad sobreviniente como eximente del cumplimiento de una obligación contractual, conocida por el latinismo *rebus sic stantibus* (abreviación de la frase *contractus qui habent tractum succesivum vel dependentiam de futuro rebus sic stantibus intelligimtur). Esta figura que se remonta a la época medieval y que luego fue descartada en la era moderna en aras de la fidelidad e inflexibilidad contractual, fue admitiéndose luego de la Segunda Guerra Mundial para atender situaciones graves e imprevistas que requerían de la revisión por cambios dramáticos de las circunstancias.* Como bien resumió el Juez Asociado Negrón García en su opinión: "Representa un contrapeso a la rigidez y absolutismo expuesto en la prédica de sostener a ultranza, en todo momento y circunstancia, la voluntad contractual de las partes simbolizada en la conocida máxima *pacta sunt servanda* recogida en el Art. 1044 del Código Civil."

Posteriormente, ***Municipio de Ponce v. Autoridad de Carreteras y Transportación***, 153 DPR 1 (2001) y ***Oriental Bank & Trust v. Perapi S.E***; 192 DPR 7 (2014), entre otros, han reiterado la doctrina. Es pertinente observar que aun cuando la

Publicado en ***Microjuris al día*** el 11 de octubre de 2022.

jurisprudencia la ha reconocido teóricamente, en la práctica ha sido en extremo renuente en aplicarla, al parecer tomado al pie de la letra la advertencia del Juez Negrón García de que se trata de un remedio de excepción, para situaciones extraordinarias en que se impone un prudente y escrupuloso discernimiento judicial de moderación.

El nuevo Código Civil recoge en sus artículos 1259 y 1260, 31 L.P.R.A. §9842, §9843, la figura de *rebus sic stantibus* bajo el nombre de excesiva onerosidad sobrevenida. El artículo 1259, *supra,* autoriza que la parte perjudicada por la excesiva onerosidad sobreviniente de la prestación a su cargo puede alegar la ineficacia o pedir la revisión del contrato causada por un acontecimiento extraordinario e imprevisible. El remedio a la alegación es la ineficacia o la revisión contractual.

Qué constituye un una excesiva onerosidad sobreviniente o un acontecimiento extraordinario e imprevisible es, por supuesto, una determinación de hecho, tan variada como la conducta y la imaginación. Algunos ejemplos han sido escasez en la producción de bienes, inflación galopante, desastres naturales que interrumpen el intercambio de bienes y servicios, guerra y pandemias, interrupciones en la línea de suministros, huelgas, etc.

En cuanto al concepto de ineficacia, el artículo 339, 31 L.P.R.A. § 6302, señala las clases de ineficacia en los negocios jurídicos, disponiéndose que "[e]l negocio jurídico puede ser ineficaz en razón de su invalidez o de su inoponibilidad, o por causa sobreviniente en los casos de resolución, revocación o rescisión." Bajo los supuestos de ineficacia, expresamente se hace referencia a que sea por causa sobreviniente en casos de resolución, revocación o rescisión.

La hipótesis del artículo 1259, *supra,* es que la parte perjudicada es aquella cuya prestación se ve afectada por la excesiva onerosidad sobreviniente. Esta parte afectada bien puede ser una parte contractual o un tercero con interés en el contrato. Por tanto, la ineficacia por excesiva onerosidad sobreviniente puede darse bajo supuestos de resolución, revocación o rescisión.

El artículo 340, 31 L.P.R.A. §6303, sobre la ineficacia sobreviniente, la cual sería aplicable a los casos de *rebus sic stantibus* dispone:

"Resolución es el negocio jurídico unilateral previsto en la ley o en el acto jurídico, en virtud del cual este se extingue y queda privado de efecto con carácter retroactivo.

Revocación es el negocio jurídico unilateral previsto en la ley por el que se priva de efecto al negocio jurídico gratuito con carácter retroactivo.

Rescisión es el negocio jurídico bilateral, o el unilateral previsto en la ley o en el propio negocio jurídico, en virtud del cual este queda privado de efecto.

La resolución, revocación o rescisión de un negocio jurídico no afecta los derechos de terceras personas que han obrado de buena fe y no han dado su consentimiento a aquellas."

Este precepto adolece de varias confusiones conceptuales que son difíciles de armonizar. El primer párrafo nos habla de la resolución como negocio jurídico unilateral. El artículo 268, 31 L.P.R.A. §6121, define el negocio jurídico como el "acto jurídico voluntario lícito que tiene por fin directo establecer, modificar o extinguir relaciones jurídicas". Véase La interpretación del negocio jurídico. La facultad resolutoria, según dispone el artículo 1255, 31 L.P.R.A. §9823, se entiende implícita en los contratos con prestaciones recíprocas, es decir, bilaterales. Dejo a un lado la discusión académica sobre la diferencia entre las obligaciones recíprocas y sinalagmáticas. Hay que reconocer, también la facultad resolutoria unilateral, admitida como un ejercicio de la autonomía de la voluntad contractual. Véase ***Flores v. Municipio***, 114 D.P.R. 521 (1983).

Comúnmente, cuando se refiere a la naturaleza del vínculo en los contratos se atiende a la obligación de la parte o partes a efectuar la prestación. Así, en un contrato unilateral tan sólo una de las partes contratantes está obligada a efectuar la prestación, mientras en uno bilateral se genera una obligación recíproca entre las partes contratantes. Como señala Puig Brutau, en la obligación unilateral una de las partes tiene derecho a exigir el cumplimiento de la prestación debida y la otra está jurídicamente obligada a tener que realizar la prestación; mientras que, en la obligación bilateral, ambas partes son acreedoras y deudoras entre sí.

Sobre lo anterior hay tres observaciones que hacer. Primero, que la unilateralidad o bilateralidad de las obligaciones se refiere al contenido de la relación obligacional y no al origen de la relación. Es decir, si bien es cierto que toda relación de obligación se requiere al menos dos partes - dejamos a un lado el fenómeno de la autocontratación - no por ello debemos concluir que en lo relativo a la exigibilidad de la prestación estarán las partes necesariamente mutuamente obligados.

Segundo, que el hecho de que exista una obligación unilateral no excluye la posibilidad de que el acreedor de la prestación pueda de alguna forma estar obligado accesoriamente al deudor. Piénsese, por ejemplo, en un caso de cuido o depósito de un bien, en el cual el deudor de la prestación incurre en ciertos gastos en el cuido del bien.

Tercero, hay que tener presente la distinción entre las obligaciones y los contratos, lamentablemente muchas veces descuidada. Decir, por ejemplo, que el contrato de opción es sin más, unilateral, es una imprecisión. La unilateralidad y bilateralidad se refieren a las obligaciones, no a los contratos. Una relación contractual bien puede contener – y comúnmente contienen - un conjunto de derechos y obligaciones, en donde las partes contratantes son acreedores y deudores entre sí de múltiples obligaciones. El hecho de que una parte contractual sea acreedor o deudor de una prestación según pactada no supone necesariamente que con referencia a otras obligaciones contenidas en el contrato exista una relación de bilateralidad o unilateralidad. En las obligaciones bilaterales cada una de ellas es querida como equivalente de la otra y existen entre ellas una mutua condicionalidad. Este no es siempre el caso en un contrato en donde hay respectivas obligaciones entre las partes, pero no hay necesariamente una relación sinalagmática entre ellas. En todo caso, cada obligación habría que verla de manera específica.

La clasificación obligacional según el vínculo entre los sujetos pretende fundamentalmente llamar la atención a la exigibilidad de la prestación. Contestada esta interrogante, la categoría pierde utilidad. La dificultad se presenta cuando intentamos aprisionar la voluntad contractual dentro de conceptos obligacionales que no han sido pensados para otros supuestos.

En resumidas cuentas, y contrario a lo dispuesto en el artículo 340, *supra*, la facultad resolutoria – como acto jurídico voluntario que persigue extinguir una relación jurídica – puede darse en las relaciones bilaterales o unilaterales. Véase también El concepto de la obligación.

En cuanto a la acción revisora me remito a La revisión contractual. Sobre la acción revocatoria en los negocios jurídicos gratuitos véase el artículo 1320-1322, 31 L.P.R.A. §10064-10066, sobre la revocación de las donaciones. Sobre la rescisión me remito a la acción rescisoria y el fraude de acreedores.

La acción por excesiva onerosidad sobreviniente esta sujeta a las siguientes reglas:

(i) El contrato debe ser de ejecución diferida o de tracto sucesivo. Esto es así porque el cumplimiento de la prestación queda afectado por el evento sobreviniente, el cual obviamente no estaba presente al momento de pactar el contrato.

(ii) Si el contrato es aleatorio, la excesiva onerosidad debe ser ajena al alea propio del contrato. El elemento aleatorio supone una asunción de riesgo entre las partes. La eventualidad de la excesiva onerosidad sobreviniente no puede ser parte de la aleatoriedad asumida en el contrato. Sería un chiste de mal gusto, a modo de ejemplo, que una aseguradora de una póliza de seguro de vida alegara que la muerte del asegurado era un evento de excesiva onerosidad sobreviniente que lo liberaría de la responsabilidad de desembolsar el monto de la póliza.

(iii) El acontecimiento extraordinario e imprevisible debe ser ajeno a la conducta de las partes. Claro, si el acontecimiento extraordinario fuere por acción u omisión de la parte que la alega como eximente de cumplimiento entonces no sería sobreviniente. Este supuesto debe compaginarse con la hipótesis de fuerza mayor o caso fortuito, artículo 1166, 31 L.P.R.A. § 9318; la imposibilidad total, artículo 1176, 31 L.P.R.A. §9411, la imposibilidad parcial, artículo 1177, 31 L.P.R.A. §9412, y la imposibilidad temporal, 31 L.P.R.A. §9413. Cómo se advierte en ***Casera Foods. v. E.L.A.,*** *supra*, el acontecimiento extraordinario no debe llegar al grado en que se confunda con la imposibilidad de la prestación, lo cual es una cuestión de hecho sobre la que es difícil dar reglas de carácter general.

(iv) Para juzgar la previsibilidad, debe atenderse al mayor deber de obrar con prudencia y pleno conocimiento de las circunstancias. Es decir, la prudencia y razonabilidad que corresponde a las circunstancias de las personas, del tiempo y el lugar, conforme el artículo 1163, L.P.R.A. §9315.

(v) La parte que alega la excesiva onerosidad sobreviniente, debe estar exenta de culpa y mora relevante, lo cual reitera lo dispuesto en el artículo 1163, *supra*, y el artículo 1159, 31 L.P.R.A. §9311, sobre la mora, y sus efectos en casos de caso fortuito y fuerza mayor, artículo 1166, *supra.*

Bajo el supuesto de la excesiva onerosidad sobreviniente, el artículo 1260, 31 L.P.R.A. §9843, autoriza que la parte perjudicada puede alegar la ineficacia o pedir el reajuste equitativo de las prestaciones, pero la alegación de ineficacia se transforma en petición de reajuste, si este es ofrecido por la otra parte. El reajuste equitativo debe efectuarse en consideración al tipo de contrato y a su causa, para eliminar el desequilibrio de las prestaciones.

Al igual que en la revisión contractual, la acción por onerosidad excesiva sobreviniente queda sujeta a la discreción del acreedor de solicitar el reajuste equitativo, quedando el perjudicado obligado al cumplimiento según atemperado por el tribunal. Continúa el precepto disponiendo que "[l]a ineficacia puede ser total o parcial y no se afectan las prestaciones recíprocas cumplidas[...]". Es decir, la determinación de la excesiva onerosidad sobreviniente no supone una determinación de nulidad contractual. "Las acciones por lesión fundadas en la excesiva onerosidad sobreviniente caducan a los seis (6) meses de producido el acontecimiento extraordinario e imprevisible". Es decir, siendo de caducidad el término de tiempo - que es objetivo - no es interrumpible.

En tiempos de emergencia, como el que estamos viviendo después del paso del huracán Fiona, la excesiva onerosidad sobrevenida bien pudiera constituir para muchos una defensa afirmativa, según los hechos de cada caso particular.

La resolución contractual

En los contratos con prestaciones recíprocas se encuentra implícita la facultad de resolver extrajudicialmente el contrato por falta de cumplimiento de una obligación principal, conforme a las siguientes reglas:

(a) la parte incumplidora debe estar en mora;

(b) debe requerirse a la parte incumplidora, bajo apercibimiento de resolver el contrato total o parcialmente, que cumpla su obligación, incluyendo el daño moratorio;

(c) las prestaciones parcialmente cumplidas no se resuelven y quedan firmes;

(d) la resolución opera al momento de vencer el requerimiento;

(e) la resolución produce el efecto previsto en este Código para la condición resolutoria cumplida; y

(f) puede reclamarse el cumplimiento y el resarcimiento de daños.

Estas reglas se aplican, en lo pertinente, incluso a los casos de imposibilidad de cumplimiento sobreviniente y no culpable.

Artículo 1255 del Código Civil, 31 L.P.R.A §9823.

Bajo el Capítulo referente a los efectos del contrato el Código Civil incluye la acción resolutoria y la defensa afirmativa de la excepción del contrato no cumplido.

Sobre la acción resolutoria, sustancialmente similar al antiguo artículo 1077, 31 L.P.R.A. §3052, el artículo 1255, 31 L.P.R.A. §9823, dispone de manera introductoria que "[e]n los contratos con prestaciones recíprocas se encuentra implícita la facultad de resolver extrajudicialmente el contrato por falta de cumplimiento de una obligación principal[...]. Esto requiere varias observaciones.

Primero, la facultad implícita en los contratos con prestaciones recíprocas de resolver el contrato. Es decir, no es necesario en estos casos pactar la facultad resolutoria, toda vez que opera por fuerza de ley. Nada impide, por supuesto, que las partes pacten en el ejercicio de su autonomía contractual la facultad resolutoria, sea bilateral o unilateral, sin que esto suponga incumplimiento. Los contratos de obra – antes arrendamiento de obra - por ejemplo, incluyen de ordinario la facultad del dueño de resolver el contrato a su única discreción sin que medie incumplimiento del contratista. Eso sí, pagando por los servicios y gastos incurridos hasta ese momento. Los contratos gubernamentales también incluyen cláusulas resolutorias sin que medie incumplimiento, como, por ejemplo, el Reglamento 6598 del 28 de marzo de 2003, Artículo 5 (12), sobre contratación de servicios profesionales y consultivos de la Oficina del Contralor de Puerto Rico. Véase también, ***Flores v Municipio de Caguas***, 114 D.P.R. 521 (1983).

En este aspecto es necesario subrayar lo dispuesto en el artículo 340, 31 L.P.R.A. §6303, sobre la ineficacia sobreviniente de un negocio jurídico. En su primer párrafo, se dispone que la "[r]esolución es el negocio jurídico unilateral previsto en la ley o en el acto jurídico, en virtud del cual este se extingue y queda privado de efecto con carácter retroactivo". Este lenguaje sufre de cierto misticismo jurídico, calificando la resolución como negocio jurídico, a la vez que en otras disposiciones se reconoce que el contrato - que de ordinario incluyen múltiples cláusulas, entre ellas, la facultad resolutoria – es también, a su vez, un negocio jurídico. Es decir, el negocio jurídico parece ser como una caja de muñeca rusa: negocio jurídico dentro de negocio jurídico dentro de negocio jurídico... Poca utilidad tiene una categoría cuyo significado poco explica. De igual preocupación, la calificación de la resolución como unilateral confunde el ejercicio de un derecho por su titular con el vínculo jurídico del cual dimana. Véase La interpretación del negocio jurídico. En cuanto a su efecto retroactivo, es necesario matizarlo con referencia al artículo 1255, *supra*, inciso (c).

Segundo, que esa facultad se ejerce extrajudicialmente, lo cual implica que la sentencia que en su día se dicte acogiendo la resolución es declaratoria, lo cual pudiera tener consecuencias para fines del remedio – sea la resolución como tal o el cumplimiento específico - y la determinación del monto de indemnización de los daños y perjuicios a favor de la parte afectada por el incumplimiento.

Tercero, que la facultad resolutoria es por falta de cumplimiento de las obligaciones principales, no las accesorias, recogiéndose estatutariamente lo resuelto en le caso ***Ramírez v. Club Cala***, 123 D.P.R. 339 (1989). La distinción entre lo que constituye una obligación principal y una accesoria es hecha en atención a la naturaleza del contrato. Hay que notar, como en la práctica de la redacción contractual, se incluyen cláusulas que facultan a una de las partes a solicitar la resolución del contrato por el incumplimiento de la otra con cualquiera de las obligaciones asumidas, sean principales o accesorias. Este tipo de cláusula no está basada sobre el artículo 1255, supra, sino sobre la libre voluntad que autoriza a las partes a incluir las cláusulas que entiendan pertinentes mientras no sean contrarios a la ley, la moral o el orden público. Artículo 1232, 31 L.P.R.A. §9753.

Dicho lo anterior, hay que llamar la atención que, bajo los nuevos artículos sobre los contratos de adhesión y la revisión de los contratos, hay que preguntarse si este tipo de cláusula, bajo algunos escenarios, bien podrían ser patentemente abusivos y objeto de modificación por parte de los tribunales.

Bajo los supuestos antes indicados, la facultad resolutoria debe ajustarse a las siguientes normas:

(i) La parte incumplidora debe estar en mora. Por mora entiéndase el cumplimiento tardío o defectuoso de la prestación debida luego de su requerimiento. Véase artículo 1159, 31 L.P.R.A. §9311, sobre la definición de la mora. Hay que subrayar que no hay derecho a la facultad resolutoria bajo este artículo como mecanismo profiláctico, en anticipación del incumplimiento. Es precisamente en estos casos que la cautela aconseja pactarla y que no opere únicamente por virtud de lo dispuesto en la ley.

(ii) debe requerirse a la parte incumplidora, bajo apercibimiento de resolver el contrato total o parcialmente, que cumpla su obligación, incluyendo el daño moratorio. El apercibimiento de la resolución es un nuevo requerimiento, independiente de si su incumplimiento se desprende de la naturaleza misma de la obligación. Lo anterior hay que compaginarlo con la mora y las excepciones a la interpelación.

El artículo 1160, 31 L.P.R..A. §9312, reconoce como excepción a la interpelación como prerrequisito de la determinación de la mora, (a) si la ley o la obligación lo declara así expresamente; (b) si la obligación tiene una fecha cierta para su cumplimiento; (c) si el deudor hace algo que le está prohibido, pero que es posible deshacer; o (d) si de la naturaleza y circunstancias de la obligación, resulta que la designación de la época en que había de entregarse la cosa o hacerse el servicio fue motivo determinante para constituir aquella.

El artículo 1161, 31 L.P.R.A. §9313, en cambio, expresamente dispone que, en las obligaciones recíprocas, ninguno de los obligados incurre en mora si el otro no cumple o no ofrece cumplir lo que le incumbe; añadiéndose que desde que uno de los obligados cumple u ofrece cumplir su obligación, puede requerir al otro que cumpla y, desde ese entonces, empieza la mora. Esta última frase del precepto, a distinción del antiguo artículo 1053, 31L.P.R.A. §3017, incluyó la necesidad del requerimiento como condición del inicio de la mora, sin hacer excepciones.

Cuando se contrastan los artículos 1255, 1160 y 1161, *supra*, se identifica una confusión sobre el significado y alcance de la reciprocidad en las obligaciones vis a vis los contratos. El concepto de reciprocidad obligacional supone una bilateralidad en las prestaciones, donde la exigibilidad de una esta predicada sobre la exigibilidad de la otra. Esa exigibilidad, sin embargo, es susceptible de dilatarse en el tiempo, en atención a la voluntad de las partes y la naturaleza del negocio jurídico. Es decir, el cumplimiento bien puede ser de tracto único o sucesivo. Para ilustrar la confusión entre el artículo 1160 y el 1161 tómese de ejemplo, la compraventa de un bien, cuya fecha de entrega tiene pactada una fecha cierta. Si el bien no se entregara en la fecha pactada, y no hubiere eximente que lo justificara, bajo el artículo 1160, *supra*, estaría en mora sin necesidad de interpelación. Sin embargo, bajo el artículo 1161, *supra*, por ser la compraventa recíproca, ¿vendría obligado a requerir el cumplimiento como condición de determinar la mora? Mas aún, bajo el artículo 1255, *supra*, parecería que la acción resolutoria depende de la determinación de la mora y su notificación.

Para reconciliar los preceptos sería necesario excluir a las obligaciones y contratos recíprocos de la aplicación del artículo 1160, *supra*, o, en la alternativa, excluir la aplicación del artículo 1161, *supra*, de los casos expresamente contemplados en el artículo 1160, *supra*, haciendo el ajuste correspondiente en la aproximación al artículo 1255, *supra*. En ambos supuestos la interpretación estatutaria requiere una lectura innecesariamente forzada del texto.

(iii) Las prestaciones parcialmente cumplidas no se resuelven y quedan firmes. Este lenguaje es innecesariamente ambiguo por lo que no dice. La jurisprudencia había resuelto que en las obligaciones de tracto sucesivo – piénsese arrendamiento - la acción resolutoria solo tenía un efecto prospectivo, como una medida equitativa. En esos casos no había forma de devolver la prestación del uso y disfrute aprovechado. Véase, entre otros, ***Campos del Toro v. Tribunal***, 75 D.P.R. 370 (1953). Pero una cosa es una obligación de tracto sucesiva cuya contraprestación sea una obligación de hacer, véase artículos 1077 y siguientes, 31 L.P.R.A. §9012, *et seq*, de una obligación de dar, véase artículos 1066 y siguientes, 31 L.P.R.A. §9001, *et seq*. A riesgo de señalar lo obvio, en obligaciones de dar no tiene porqué cumplirse íntegramente la prestación en un momento dado, lo cual implica la posibilidad de cumplimientos parciales. ¿Qué razón de peso milita en contra de requerir la devolución de las prestaciones en las obligaciones de dar, aún cuando hubiera un cumplimiento parcial? Esta hipótesis queda en el tintero, intimándose que una vez uno cumpla una obligación de dar, no habrá manera de recuperarla bajo la acción resolutoria. Por otro lado, en cuanto al pago se refiere, no se debe olvidar que "[e]l acreedor no puede ser compelido a recibir parcialmente las prestaciones en las que consiste la obligación, salvo cuando el contrato o la ley expresamente lo autorizan, artículo 1119, 31 L.P.R.A. §9143.

(iv) La resolución opera al momento de vencer el requerimiento. El requerimiento aquí referido es el de la mora indicado en el inciso (b) anterior, haciendo explícito lo que el párrafo introductorio anticipa con la reclamación extrajudicial.

(v) La resolución produce el efecto previsto en este Código para la condición resolutoria cumplida. Una condición resolutoria es aquella que extingue el efecto del negocio jurídico si se produce un hecho futuro e incierto, artículo 303, 31 L.P.R.A. § 6241. El artículo 306, 31 L.P.R.A. §6244, atiende los efectos de la condición resolutoria cumplida, la cual opera retroactivamente al día en que hubiese producido efecto si la condición no existiera. La resolución retroactiva no afecta los actos de administración ejecutados con anterioridad, ni los derechos de terceros que han obrado de buena fe. Si el contenido del negocio jurídico es una prestación de hacer o no hacer, el tribunal determina el efecto retroactivo de la condición cumplida. Si el contenido del negocio jurídico es una prestación de dar, el objeto debe entregarse o restituirse con sus accesorios y frutos pendientes. El cumplimiento de la condición es indivisible, aunque consista en una prestación divisible.

(vi) Puede reclamarse el cumplimiento y el resarcimiento de daños. Además de poder solicitar la resolución del contrato, la parte afectada por el incumplimiento puede solicitar en vez, al igual que en el anterior artículo 1077, *supra*, de solicitar el cumplimiento específico del contrato, en adición a la indemnización por daños.

Estas reglas se aplican, en lo pertinente, incluso a los casos de imposibilidad de cumplimiento sobreviniente y no culpable.

El artículo 1253, 31 L.P.R.A. §9821, explícitamente recoge la defensa afirmativa del *exceptio non adimpleti contractus:* "En los contratos con prestaciones recíprocas, una las partes puede rehusar su cumplimiento mientras la otra no cumpla su contraprestación u ofrezca cumplirla." Hay que notar que el que incumple puede impedir la defensa con ofrecer cumplirla. Por supuesto, ese ofrecimiento debe tener suficientes garantías de confiabilidad de su oportuna ejecución.

El segundo párrafo señala que "[l]a excepción no procede si la contraprestación debida por el demandante debe cumplirse luego de la prestación que está a cargo del excepcionante", lo cual es perfectamente entendible dada la cronología de las prestaciones en el contrato objeto de la controversia. La referencia al demandante enfatiza la naturaleza procesal defensiva de la figura.

El tercer párrafo dispone que "[s]i la contraprestación se cumple en forma parcial o defectuosa el excepcionante puede reducir su prestación en proporción a lo que sigue adeudando el demandante", recoge el *exceptio rite non adimpleti contractus*, introducido en el caso ***Martínez v. Colón Franco***, 123 D.P.R. 339 (1989).

El artículo 1254, 31 L.P.R.A. §9822, autoriza la suspensión del cumplimiento de la prestación, por una parte, (a) si la otra parte está temporeramente imposibilitada de cumplir, aunque sea por causas que no le son imputables; o (b) si es previsible que la otra parte no cumpla, por haber sufrido un menoscabo significativo en su aptitud para cumplir.

Añade el tercer párrafo que la suspensión queda sin efecto cuando el deudor de la prestación correlativa cumple o da seguridades suficientes de su cumplimiento. La frase de "seguridades suficientes de su cumplimiento" es, a mi juicio, afín al ofrecimiento de cumplimiento mencionado en el artículo 1253, *supra*.

Finalmente, se impone la obligación de comunicar inmediatamente a la otra parte de la suspensión.

La incorporación de terceros en el contrato

Si el contrato contiene alguna estipulación a favor de un tercero determinado o determinable, este puede exigir su cumplimiento si comunica su aceptación a todas las partes. Son de aplicación las siguientes reglas:
(a) el beneficio puede aceptarlo únicamente el tercero; se transmite directamente del promitente al beneficiario aceptante; el beneficio se revierte al estipulante si el tercero no lo acepta o si se revoca;
(b) el estipulante puede revocar el beneficio antes de que el beneficiario le comunique la aceptación; el estipulante también puede modificar el beneficio si se reservó esta facultad en el contrato. En caso de incumplimiento puede exigir la prestación a nombre del beneficiario o resolver el contrato. En caso de revocación del beneficio o no aceptación por el tercero, puede demandar el cumplimiento en su propio provecho o resolver el contrato;
(c) el promitente puede oponer al tercero las mismas defensas originadas en el contrato que tiene contra el estipulante;
(d) las facultades que el tercero tiene de aceptar la estipulación y la que el estipulante tiene para revocarla, no se transmiten a los herederos ni a los acreedores; y
(e) la estipulación debe interpretarse restrictivamente.

Artículo 1255 del Código Civil, 31 L.P.R.A. §9813

Los artículos 1250, 1251 y 1252 del Código Civil, 31 L.P.R.A. §9811, §9812, §9813, atienden tres variaciones sobre la incorporación de terceros a un contrato: el contrato por persona a designarse; el contrato sobre el hecho de un tercero y la estipulación a favor de tercero.

La contratación contemporánea se caracteriza por sus relaciones de relativa complejidad, los cuales daban lugar a controversias que estaban parcamente reguladas bajo el Código Civil anterior. En los contratos de obra, por ejemplo, de ordinario coinciden diversos actores, cada cual con su particular vínculo jurídico, y los cuales inciden directa o indirectamente sobre los derechos y obligaciones de otros actores en la obra. Piénsese en los contratos de financiamiento de proyectos, los contratos de gerencia de obra, los contratos de inspección de obra, por no hablar de los contratos de obra, fianza, seguros, contratos de servicios profesionales de arquitectos, entre otros. Dependiendo de la complejidad del proyecto, por supuesto, así también la complejidad de los derechos y obligaciones derivadas de los vínculos contractuales, en instancias favoreciendo a terceros. La controversia jurídica de ordinario se circunscribe, como cuestión de derecho, si existe un vínculo jurídico el cual le pudiera reconocer al tercero derecho a exigir a alguna parte en un contrato un cumplimiento específico o la indemnización por daños y perjuicios.

En este contexto, es necesario deslindar el contrato por persona a designarse, el contrato sobre el hecho de un tercero y la estipulación a favor de tercero, de otros contratos típicos afines, como por ejemplo el contrato de fianza, los contratos de seguros, así como de otras modalidades contractuales como la cesión, y la representación o mandato, que en ocasiones se prestan a la confusión.

Tanto el contrato de fianza como el de seguro son contratos típicos recogidos en el artículo 1472 y siguientes, 31 L.P.R.A. §10551, *et seq.*, y el Código de Seguros, respectivamente. Si bien es cierto que es la esencia misma de estos tipos de contratos establecer ciertos derechos a favor de personas que no son partes del contrato, sean estos nominados o innominados, al estar tipificados independientemente en el ordenamiento es a las disposiciones especiales a las cuales hay que recurrir en primera instancia. En estos casos, la estipulación a favor de tercero dispuesta en el artículo 1255, *supra*, es supletoria.

La cesión de derechos, recogida en los artículos 1210 y siguientes, 31 L.P.R.A. §9571, *et seq.*, se diferencia precisamente porque el cesionario adquiere su derecho en virtud de un negocio jurídico posterior, mientras que en la estipulación de tercero éste adquiere su derecho sin necesidad de la celebración de otro negocio jurídico. Véase Puig Brutau, J., *Fundamentos de Derecho Civil*, Tomo II, Vol II., 3ra. Edición, pág. 262 (1988). Sobre el alcance del contrato de cesión en casos relevantes al campo de arrendamiento de obra véase ***The Comm. Ins. Co. v. Cía. de Fomento Industrial***, 123 D.P.R. 150 (1989).

En cuanto al contrato por representación o mandato este supone un contrato para beneficio de un tercero, pero a diferencia de la estipulación a favor de tercero que configura una verdadera relación triangular entre las partes, "este denota", en palabras de Puig Brutau, "un efecto sucesivo de dos figuras jurídicas diferentes: el contrato celebrado por el mandatario y su otra parte contratante y el que representa la rendición de cuentas entre el mandatario y su mandante." Puig Brutau, *supra*, pág. 262. Sobre el mandato véase los artículos 1401, y siguientes, 31 L.P.R.A. §10361, *et seq.*

Hay que subrayar el hecho de que aún en un contrato típico pueden encontrarse estipulaciones a favor de terceros que no constituyen elementos propios de dicho contrato y que crean derechos a favor de estos. Bajo esta hipótesis no será exclusivamente la normativa del contrato típico y su progenie jurisprudencial la que gobierne el alcance del derecho en controversia, sino el artículo 1255, *supra*. Dentro de este contexto véase las expresiones incluidas en ***United Surety & Indemnity v. Bayamón Steel***, 161 D.P.R. 609 (2004), a los efectos de negarle una reclamación a terceros bajo un contrato de fianza cuando la interpretación contractual no arroja dicha intención por parte de la fiadora, promitente bajo la estipulación a favor de tercero. En este caso el Tribunal Supremo no se apartó del contrato de fianza y remitió su interpretación a la intención de las partes contratantes conforme los principios de hermenéutica contractual.

Otra posible fuente de confusión es la interferencia torticera de tercero. Hay una aparente similitud entre la estipulación a favor de tercero y la interferencia torticera. A saber, una relación triangular entre varios actores en donde el tercero es el protagonista sea como héroe o villano. Hasta aquí las similitudes. En ***General Office Products, Inc. v. A.M Capen's Sons, Inc.***, 115 D.P.R. 553 (1984), el Tribunal Supremo, por via de certificación al Tribunal de Distrito Federal para el Distrito de Puerto Rico, resolvió que el anterior artículo 1802 del Código Civil, 31 L.P.R.A.§5141, permitía la acción por interferencia culposa de terceros con las obligaciones contractuales. Existe responsabilidad civil por interferencia torticera con una relación contractual cuando se reúnen los siguientes elementos: (i) un contrato con el cual interfiera un tercero; (ii) que haya mediado culpa, bastando que el perjudicado pruebe o presente hechos que permitan inferir que el tercero actuó intencionalmente, con conocimiento de la existencia del contrato; (iii) que se ocasione daño al actor; (iv) que el daño sea consecuencia de la actuación culposa del tercero, y exista nexo causal entre el acto del tercero y su efecto sobre el perjudicado. Las causas de acción extracontractual están atendidas bajo el artículo 1536 y siguientes, 31 L.P.R.A. §10801, *et seq.*

En cuanto al contrato en daño de tercero, los requisitos para su aplicación son: (i) la existencia de un contrato; (ii) que haya un tercero afectado por dicho contrato que le cause daño; (iii) nexo causal entre el daño y el contrato (el cual constituye el evento culposo); (iv) la intención de causar daño por al menos una de las partes contratantes; (v) que el tercero afectado este de alguna forma vinculado jurídicamente a una de las partes con anterioridad a la celebración del contrato en daño de tercero; (vi) que el daño ocasiona la pérdida de la pérdida del derecho nacido del contrato previo. Véase también ***Dennis Metro v. City Fed, Savs.***, 121 D.P.R. 197 (1988). Hay que acotar, más aún, que el artículo 270, 31 L.P.R.A. §6141, sobre la finalidad lícita del negocio jurídico, dispone que un negocio jurídico lesivo de derechos terceros es ilícito, admitiéndose implícitamente el contra roen daño de terceros.

.La distinción fundamental entre la estipulación a favor de tercero por un lado, y la interferencia torticera y el contrato en daño de tercero por el otro, es la diferencia entre la acción *ex contractus* y la acción *ex delicti.*

Hay que destacar que la aplicabilidad o inaplicabilidad la estipulación a favor de tercero no excluye la aplicabilidad según lo ameriten los hechos de cada caso de los principios generales del derecho tales como la doctrina de los actos propios, el enriquecimiento sin causa o el principio de la buena fe que permea todo nuestro ordenamiento.

Es necesario distinguir entre todas estas figuras de manera que el contrato por persona a designarse, el contrato sobre el hecho de un tercero y la estipulación a favor de tercero no queden impropiamente subsumida bajo categorías que persiguen tutelar otros supuestos.

El contrato por persona a designarse

El artículo 1250, 31 L.P.R.A. §9811, dispone en su primer párrafo que "[u]na o ambas partes pueden reservarse al contratar la facultad de designar, posteriormente, a un tercero para que asuma su posición en el contrato, salvo en los casos en los que no puede contratarse por representante o si la determinación de los sujetos es obligatoria al momento de contratar". La práctica de reservarse el derecho a designar a un tercero a asumir la posición de uno de las partes contratantes es una relativamente común, como por ejemplo cuando se autoriza a una entidad corporativa a posteriormente asumir la posición de una de las partes contratantes. Lo interesante son las excepciones que no autorizan la designación del tercero en casos que no puede contratarse por representante, según lo anticipa el artículo 319, 31 L.P.R.A. §6262, en casos de negocios jurídicos personalísimos o cuando la ley disponga algo distinto; o si la determinación de los sujetos es obligatoria al momento de contratar, que meramente significa que las partes en el ejercicio de su libertad contractual prohíben la designación de un tercero posterior.

El segundo párrafo, dispone que "[u]na vez designado, dentro del plazo establecido por las partes o, en su defecto, dentro del plazo de treinta (30) días, si el tercero asume su posición contractual, el estipulante debe comunicarlo al otro contratante", lo cual deja al arbitrio de las partes fijar el término de tiempo para que el tercero ocupe la posición o en su defecto, dentro del término de 30 días, imponiéndole la obligación al estipulante a la otra parte contratante.

El tercer párrafo dispone que "[e]contrato produce efectos entre las partes originarias hasta que se verifica la comunicación, y desde entonces, con carácter retroactivo, queda obligado el tercero y liberado el estipulante". Llama la atención el carácter retroactivo de la obligación asumida por el tercero y la liberación del estipulante. Nada impide, a mi juicio, que las partes pacten lo contrario en cuanto a este extremo.

El contrato sobre el hecho de un tercero

El artículo 1251, 31 L.P.R.A. §9812, dispone que "[e]l contrato sobre el hecho de un tercero es aquel por el cual una de las partes se obliga a realizar la actividad necesaria para que el tercero cumpla la prestación prometida. La obligación consiste en emplear los medios adecuados, salvo que se garantice el resultado. El cumplimiento del tercero libera al promitente".

Esta disposición tiene como supuesto que el cumplimiento de una obligación contractual depende de que una de las partes del contrato viene obligado gestionar a que un tercero cumpla con la prestación prometida. En tanto el tercero no es parte del contrato, este no viene obligado a realizar a realizar la prestación debida, y dependerá de las acciones del promitente para lograrlo. Nada impide, sin embargo, que exista una relación contractual entre el promitente y el tercero, ajeno a la relación contractual entre el promitente y la otra parte. Esas gestiones consistirán en emplear los medios adecuados para lograrlo, lo cual es una determinación eminentemente contextual. Sí llama la atención la coletilla que se añade, "salvo que se garantice el resultado". Evidentemente no es el tercero quien garantiza el cumplimiento de la prestación, en cuyo caso sería parte, sino el promitente quien se obliga al cumplimiento o a las consecuencias del incumplimiento independientemente de que el tercero lo haga o no. El cumplimiento del tercero libera al promitente frente a la otra parte contractual, aunque no se dispone que su efecto es retroactivo, como lo es en casos de terceros por designarse.

La estipulación a favor de tercero

Señala el artículo 1255, *supra*, "[s]i el contrato contiene alguna estipulación a favor de un tercero determinado o determinable, este puede exigir su cumplimiento si comunica su aceptación a todas las partes. Son de aplicación las siguientes reglas:

(a) el beneficio puede aceptarlo únicamente el tercero; se transmite directamente del promitente al beneficiario aceptante; el beneficio se revierte al estipulante si el tercero no lo acepta o si se revoca;
(b) el estipulante puede revocar el beneficio antes de que el beneficiario le comunique la aceptación; el estipulante también puede modificar el beneficio si se reservó esta facultad en el contrato. En caso de incumplimiento puede exigir la prestación a nombre del beneficiario o resolver el contrato. En caso de revocación del beneficio o no aceptación por el tercero, puede demandar el cumplimiento en su propio provecho o resolver el contrato;
(c) el promitente puede oponer al tercero las mismas defensas originadas en el contrato que tiene contra el estipulante;
(d) las facultades que el tercero tiene de aceptar la estipulación y la que el estipulante tiene para revocarla, no se transmiten a los herederos ni a los acreedores; y
(e) la estipulación debe interpretarse restrictivamente."

La estipulación a favor de terceros atiende la relación triangular entre el beneficiario de la estipulación, el promitente quien se obliga frente a la otra parte contratante, denominado estipulante. La declaración de voluntad del tercero, como señala Albaladejo, "ha de quedar al exterior del contrato, ya que, si formase parte de él, juntamente con las declaraciones de los contratantes, el tercero dejaría de ser extraño, y se podría hablar de contrato con tres partes, pero no de contrato con efectos respecto a tercero." La jurisprudencia española distingue entre dos tipos de contrato a favor de tercero: (i) la estipulación que le concede al tercero derecho a exigir la prestación (el verdadero contrato a favor de tercero), (ii) la estipulación en donde el tercero es únicamente el destinatario de la prestación.

En ***Banco Central Corp. v. Yauco Homes, Inc.***, 135 D.P.R. 858 (1994) es uno de los pocos casos que tenemos que versan sobre la estipulación a favor de terceros. Allí los vendedores vendieron a una empresa desarrolladora una finca por el convenido precio de $360,000 en 1973. Al momento del cierre la empresa desarrolladora pagó $60,000.00, obligándose a pagar los $300,000.00 restantes en cuatro plazos anuales. En ese mismo acto se constituyó una hipoteca sobre la finca en garantía del pago. Se incluyó en el texto de la escritura una cláusula en la que los vendedores se obligaron a postergar su hipoteca a favor del otro acreedor hipotecario que la empresa desarrolladora obtuviera en el proceso de financiamiento del desarrollo. Ese mismo día se otorgó la segunda hipoteca por la suma de $9,200,000.00. Al tiempo, el tenedor del pagaré de la segunda hipoteca negocia el mismo. Luego de varios incidentes, y por razones que no se desprenden del texto de la opinión, se presentaron ambas escrituras de hipoteca simultáneamente en el Registro de la Propiedad, quedando ambas inscritas, aunque en fechas distintas; la hipoteca en garantía del pago de la deuda de $300,000.00 en rango de primera, inscrita el 14 de agosto de 1975; y la hipoteca en garantía de $9,200,000.00 en rango de segunda, inscrita el 15 de septiembre de 1975. Posteriormente, en 1982 el acreedor hipotecario en segunda presenta una demanda contra la empresa desarrolladora y contra los vendedores. En su causa de acción contra los vendedores, el demandante solicita el cumplimiento específico con la obligación contraída con la empresa desarrolladora de postergar la hipoteca. La controversia ante el Tribunal es si el acreedor hipotecario en segunda puede exigir el cumplimiento específico de la obligación contraída por los vendedores en el contrato de compraventa con la empresa desarrolladora.

Citando a Diez Picazo, el Tribunal Supremo señala sobre el alcance del entonces vigente artículo 1209, *supra*, que si bien como regla general los contratos solo obligan a las partes, el mismo "no es jamás absolutamente indiferente para los terceros." La razón de ser de la estipulación a favor o en beneficio del tercero radica en la existencia de un interés del estipulante en que el pacto sea establecido y en que la promesa sea cumplida para el beneficiario ". *supra*, citando nuevamente a Diez Picazo.

La causa de la estipulación a favor de tercero puede ser la liberalidad (*causa donandi*), para cumplir con una obligación preexistente (*causa solvendi*) o con el fin de recibir de él una contraprestación. (*causa credendi*). Véase Diez Picazo, *Fundamentos de Derecho Civil*, Madrid Ed. Tecnos Vol. I, pág. 276 (1979). No es necesario que el tercero acepte para que adquiera el derecho estipulado a su favor. El beneficiario adquiere el derecho antes de la aceptación. La aceptación solamente es relevante para que posteriormente se revoque la estipulación a su favor.

La aceptación puede ser expresa o tácita, por palabras o por hechos. Q.M. Scaevola, *Código Civil Comentado*, Ed. Reus, 2da. Edición T. XX pág. 255 (1958). Para que se complete la aceptación esa necesario poner en conocimiento de ella al promitente. Como regla general es el estipulante quien tiene la facultad de revocar la disposición a favor del beneficiario, razón por la cual se le debe notificar. El tercero puede ser nominado o innominado. ***A.L. Arsuaga, Inc. v. La Hood Const. , Inc.***, 90 D.P.R. 104 (1964).

Hay que llamar la atención al inciso (a) del artículo 1255, *supra*, sobre la reversión del derecho al estipulante – no al promitente – cuando el tercero no acepta o revoca el derecho, bajo la premisa de que al promitente no le afecta cumplir en provecho de uno o de otro.

Sobre el el inciso (d) del artículo 1255, *supra*, sobre la no transmisión de los derechos del tercero a sus herederos o acreedores, obstaculiza la negociabilidad de los instrumentos negociables, los cuales requeriría bajo el principio de la autonomía de la voluntad - una expresión clara en el contrato concediendo el derecho al tercero sobre su facultad de transmitir su derecho. Bajo este precepto en el caso de ***Yauco Homes v. Banco Central***, *supra*, el acreedor hipotecario - quien obtuvo su derecho del acreedor original - en rango de segunda no hubiera podido exigir la subordinación de la primera hipoteca.

Ley para la estabilización de rentas de Puerto Rico

Será política pública del Estado Libre Asociado de Puerto Rico, proteger y salvaguardar a arrendatarios y arrendatarias de aumentos sin justificación por parte de propietarios y propietarias de vivienda para alquiler en Puerto Rico. La Asamblea Legislativa entiende y declara que todas las personas dentro de su jurisdicción estarán protegidas contra actos caprichosos que atenten contra la seguridad de vivienda.

Artículo 2.- Declaración de Política Pública, P. de la C. 1242

Con el P. de la C. 1242, denominado con acostumbrado eufemismo legislativo como la ***Ley para la Estabilización de Rentas de Puerto Rico***, la Representante Mariana Nogales Molinelli y otros intentan revivir la antigua Ley de Alquileres Razonables. La controversia sobre la imposición de controles a las rentas de vivienda ha sido una pugna perenne que gira fundamentalmente en torno a la valoración socio-económica de la propiedad.

Por un lado, los arrendadores – de ordinario propietarios de apartamentos o casas – dedican sus bienes inmuebles al arrendamiento de vivienda como medio para generar ingresos. Esto es perfectamente legítimo como ejercicio de los derechos individuales de propiedad y de contratación. Como cuestión de realidades patrimoniales la inmensa mayoría de los propietarios de estos bienes inmuebles los tienen hipotecados a favor de algún ente financiero. Es decir, de ordinario los arrendadores sufragan sus obligaciones con el pago de las rentas por sus arrendatarios, sin excluir que también pueden ser fuente principal de ingresos. Dejo a un lado los arrendamientos a corto plazo, como los que se dan por medio de la plataforma Airbnb y otras, que atienden el mercado turístico y que requieren en todo caso un trato normativo particular. La representación del arrendador como el tiránico y caprichoso casero que oprime al inquilino ha sido la tradicional caricaturización de la lucha de clases por el populista de turno.

Por otro lado, los arrendatarios de vivienda son un sector heterogéneo, en su mayoría compuesta de personas que no tiene la capacidad económica para adquirir una propiedad inmueble y que viven al filo de sus salarios. En tiempos de crisis económica, sea debido a desastres naturales, guerras, desaceleración económica, entre otros, el asalariado es quien asume el golpe sin mayores protecciones. El incremento en los procedimientos judiciales de desahucio son índice alarmante de esta realidad. Los programas de vivienda pública y de asistencia federal como la sección 8 de HUD, entre otros, son paliativos a los serios problemas de la falta de vivienda accesible para el ciudadano. También hay un sector de arrendatarios – los menos - que optan por este arreglo contractual con miras a evitar los riesgos de una inversión inmobiliaria en tiempos de incertidumbre. La representación generalizada del arrendatario como víctima de las inequidades del mercado y el reclamo genérico de los derecho humanos, dramatiza con cierta crudeza hiperbólica la realidad del arrendatario.

En la pugna de intereses entre arrendador y arrendatario, el Estado se alza hoy día, no como árbitro, sino promoviendo a uno u a otro según quien controle el aparato normativo. Hoy día la intervención del Estado en el sector privado es tan ubicua como contradictoria, adelantado sus propios intereses por encima y a menudo en contra de los intereses ciudadanos. No es el Estado como representante de los intereses de la clase dominante - en esa lectura marxista mecanicista - sino como gestor de sus propios intereses, sometiendo al ciudadano a sus pretensiones por vía de la coacción normativa. El histórico abuso del poder por el Estado al imponer contribuciones y arbitrios a la clase asalariada, a la vez que concede incentivos contributivos a sectores privilegiados bajo el pretexto de desarrollo económico, son ejemplos paradigmáticos de esta perversión política.

Tradicionalmente en muchas jurisdicciones del mundo, las respuestas a esta pugna ha sido establecer los mecanismos legales a favor de uno u otro sector según el vaivén del péndulo económico. La Ley de Desahucios, por ejemplo, facilita el procedimiento judicial dirigido a que el arrendador pueda recuperar la posesión de la propiedad en casos de incumplimiento contractual y falta de pago de manera expedita.

Publicado en ***El Vocero de Puerto Rico*** el 18 de octubre de 2022.

En el pasado, el control de rentas y la creación de cuerpos reguladores para implementarlos, ha sido la respuesta para proteger al arrendatario de los aumentos excesivos, en ocasiones injustificados. La Ley de Alquileres Razonables fue la respuesta legislativa a la crisis de vivienda exacerbada por la Segunda Guerra Mundial. Esta ley fue impugnada judicialmente en múltiples ocasiones alegándose su inconstitucionalidad, sea bajo la cláusula contra el menoscabo contractual o de debido proceso de ley (expropiación a la inversa). El Tribunal Supremo de Puerto Rico – al igual que los tribunales de los otros Estados con leyes similares – ha avalado la constitucionalidad de las leyes de control de rentas, siendo deferentes de la facultad legislativa de proveer remedios en el campo socio-económico. En estos tiempos de rutinario menoscabo contractual y festinado uso de las ordenes ejecutivas para declarar estados de emergencia, y de la probada timidez institucional de los tribunales de proteger las prerrogativas ciudadanas frente a los caprichos del Estado, uno tiene que preguntarse si este principio de deferencia sufre de cierta arterioesclerosis judicial.

Visto desde la perspectiva histórico-urbana y de desarrollo económico, las medidas de control de rentas tienen consecuencias desiguales a corto y largo plazo, según se enfoque en los grupos favorecidos o perjudicados por su normativa. A corto plazo el sector de los arrendatarios logra estabilizar su carga económica, aprovechando el derecho a usar la propiedad de otro bajo los términos contemplados en ley. El arrendador, en cambio, ve sus derechos propietarios y contractuales limitados por el Estado, asumiendo éste sus consecuencias patrimoniales adversas. A largo plazo, al no ver posibilidad de crecimiento económico en el arrendamiento, el arrendador pierde el incentivo de invertir y mantener la propiedad. Los valores de las propiedades se estancan o disminuyen, sus condiciones físicas se deterioran, afectándose el uso y disfrute de la propiedad y de su derredor.

Precisamente, ante esta realidad urbana fue que se derogó en 1995 la Ley de Alquiles Razonables. En el P. de la C. 1242 la tragedia se repite como farsa.

Aproximaciones doctrinales al contrato preliminar

Por el contrato preliminar las partes se obligan a celebrar un contrato futuro. El contrato preliminar se denomina Opción si le atribuye a una sola de las partes la facultad de decidir sobre la celebración del contrato futuro.

El contrato preliminar no está sujeto a cumplir las formalidades que debe satisfacer el contrato futuro.

Si la parte requerida se niega al otorgamiento del nuevo contrato, el tribunal puede exigir a la misma estricto cumplimiento.

Artículo 1235 del Código Civil, 31 L.P.R.A. §9756

En términos generales, la naturaleza de los contratos preliminares o preparatorios ha sido motivo de extensas discusiones doctrinales sin que se haya llegado a un consenso doctrinal sobre sus contornos jurídicos. Tan es así que alguno ha dicho - un tanto hiperbólicamente sin duda - que no hay siquiera acuerdo entre diversos tratadistas sobre si la figura es admisible.

Reconociendo que toda definición es un punto de partida, no de llegada, los conceptos y categorías jurídicas se definen con miras a contextualizar y sistematizarlos en la esperanza de mejor entender el fenómeno jurídico. Se observa inmediatamente, no obstante, que toda definición una vez postulada requiere de inmediata clarificación, precisión y distinción. En este sentido, pues, cualquier definición de los contratos preparatorios habrá de ser tentativa y, por tanto, insuficiente e incapaz de abarcar todas las posibles permutaciones a las cuales la figura sería de aplicabilidad. En este sentido es necesario prevenir el conceptualismo estéril que ignora las prácticas y conductas de los seres humanos que alientan el desarrollo del Derecho. La verdad, como decía Emilio Betti en otro contexto, es una aspiración, no un objeto de posesión definitiva.

Ante esta observación habría que comenzar subrayando lo obvio: el contrato preliminar encuentra su fundamento positivo como manifestación de la autonomía de la voluntad contractual, hoy recogido en el artículo 1232 del Código civil, 31 L.P.R.A. §9753, el cual reitera que las partes contratantes pueden establecer los pactos y cláusulas y condiciones que tengan por conveniente siempre que no sean contrarios a las leyes, la moral ni al orden público. Más aún el artículo 1235, 31 L.P.R.A. §9756, acoge el contrato preliminar como uno en que las partes se obligan a celebrar un contrato futuro. Así, pues, el contrato preliminar es tan solo una de las formas en que se ejerce la autonomía de la voluntad contractual al amparo de la ley. Dicho lo anterior, por supuesto, haciendo abstracción de la práctica contractual la cual invariablemente ha encontrado diversas formas y contextos para aplicar la figura.

Esta observación introductoria, que parecería disponer de toda controversia sobre el asunto, sin embargo, es tan sólo el umbral que nos invita a entrar a calificar y clasificar un área en materia contractual de accidentado manejo por su atipicidad. Precisamente, bien podría argüirse que la confusión doctrinal sobre los contratos preliminares reside en que se pretende enmarcar esa autonomía contractual que por su naturaleza resiste ser domesticada dentro de las categorías existentes.

I. Aproximaciones doctrinales a los contratos preliminares

Admitido el contrato preliminar en nuestro ordenamiento, sin embargo, queda por desarrollar su naturaleza. Al discutir las diversas teorías sobre el concepto de los contratos preliminares es preciso aclarar que éstas no necesariamente están reñidas

---

También denominados como precontratos. El nuevo Código Civil de Puerto Rico acoge el término "preliminar" del artículo 1351 del Código Civil italiano. Los problemas históricos sobre su terminología se derivan en gran medida de la traducción literal del alemán del término *Vorvertrag* por parte de la doctrina española. Véase Antonio Román García, ***El precontrato***, Editorial Montecorvo (1982). La torpeza conceptual de esta terminología es evidente, toda vez que pudiera darse a entender que previo a la celebración de un contrato hay un negocio jurídico previo que, *contrario sensus*, no es un contrato. Así lo señalaba C. Valverde cuando criticaba tal denominación proveniente de H. Thol. Véase ***Tratado de Derecho Civil***, III, Valladolid (1926). Precisamente, gran parte de las discusiones doctrinales sobre los contratos preliminares han predicado su análisis sobre este *iter* contractual, o *circuitus inutilis*, desembocando en múltiples y contradictorias formulaciones del problema. Para un estudio sobre la formación histórica del precontrato en el Derecho romano y épocas subsiguientes.

M. Albaladejo, ***Derecho Civil***, Tomo II, pág. 441 (2002). Un defensor de esta tesis lo fue Alguer quien alegaba que "nadie ha visto todavía un precontrato vivo ante sus ojos". Véase ***Ensayos varios sobre temas fundamentales de Derecho Civil***, IV, en "*Los Precontratos*", RJC, 1931, ***Para la crítica del concepto de precontrato***, "RDP", 1935.

entre sí, a modo de categorías excluyentes. Todo lo contrario, las diversas explicaciones doctrinales comparten una serie de observaciones sobre la naturaleza de los contratos preliminares, aunque le concedan mayor o menor importancia a algún elemento según la teoría que se pretenda adelantar. Anticipándonos, y sin pretender ser taxativos, las diversas teorías que a continuación se esbozan, comparten las observaciones siguientes: (i) el reconocimiento de su importancia práctica en el campo económico en donde estos contratos son herramientas jurídicas necesarias para la protección de los intereses de las partes contratantes durante el proceso de perfeccionamiento del contrato definitivo, (ii) el nacimiento de algún tipo de obligación en el momento de perfeccionarse el contrato preliminar y (iii) la subordinación conceptual del contrato preliminar al contrato definitivo a partir de un entendimiento teleológico del *iter* contractual.

Abordando el contrato preliminar desde la perspectiva más amplia posible, coincido con Román García cuando dice que ésta categoría jurídica es una de naturaleza genérica, la cual sirve de referente conceptual para la sistematización de una serie de combinaciones de naturaleza contractual que las partes pueden realizar amparándose en nuestro ordenamiento jurídico, pudiendo establecer vínculos de diversas clases según la necesidad y conveniencia que incidan en la situación particular, armonizando los respectivos intereses contractuales.

a. El contrato preliminar como contrato preparatorio

Una primera teoría aborda al contrato preliminar como un contrato por el que las partes se comprometen a celebrar en el futuro otro contrato preparado que en la actualidad no pueden o no quieren concluir. A partir de esta formulación de la figura, el contrato preliminar solamente da lugar al nacimiento de una o varias obligaciones de hacer, *v.gr.* la de celebrar el contrato preparado. Dicho lo anterior, no obstante, nada impide en que en adición a la obligación de hacer se pueden constituir obligaciones de dar y no hacer. En los llamados acuerdos de confidencialidad, por ejemplo, en los cuales las partes pactan la obligación de no divulgar a terceros los secretos y la condición del negocio y producción de documentos como prólogo a un proceso de investigación y análisis (el llamado *due diligence*) previo a determinar si procede o no una adquisición suponen obligaciones de dar y no hacer.

Para Sánchez Román, por ejemplo, la función en el tráfico jurídico de los contratos preliminares en general era doble: (i) el de constituir entre las partes contratantes un estado de derecho previo al contrato definitivo y, (ii) el de garantizar en la medida de lo posible la celebración del contrato definitivo.

Michel Godreau, por su parte, ha sugerido que el concepto del precontrato (ahora contrato preliminar) debe distinguirse del contrato de opción y de promesa de compraventa - reservándose "para aquellos pactos en los que, aunque se han fijado ya obligaciones, no se han definido con precisión las prestaciones ni la causa del contrato definitivo, de forma tal que el objeto del pacto que ahora los vincula se enmarca dentro de la obligación de negociar de buena fe hacia la conclusión del negocio definitivo." Esta aproximación a los contratos preliminares, sin embargo, no parece del todo satisfactoria en tanto que borra la línea entre los acuerdos preparatorios y los tratos preliminares previos al perfeccionamiento del contrato. ¿Cómo distinguir entre las negociaciones que no necesariamente habrán de culminar en algún tipo de acuerdo o pacto y el pacto en sí, en donde por definición hay – aunque sea un mínimo – prestaciones exigibles de una o más de las partes? En la medida en que este acercamiento enfatiza la obligación de negociar de buena fe hacia la conclusión del negocio definitivo como la nota distintiva del contrato preliminar, se pierde de vista que su fuente de la obligación dimana del propio contrato y no del principio general de la buena fe, acercando consecuentemente el contrato preliminar a las tratos preliminares previo al perfeccionamiento del contrato.

Vélez Torres, a su vez, entendía al contrato preliminar como aquel que crea un estado de derecho preparatorio necesario a otros contratos posteriores,

Godreau, M, ***La opción de compra en Puerto Rico***, 58 Rev. Jurídica Univ. de Puerto Rico pág. 568 (1984).

Vélez Torres, J., ***Curso de Derecho Civil***, Tomo IV, Vol. II, pág. 15.

entendiéndose que estos se efectúan con miras al perfeccionamiento de un contrato principal, en el cual se consolidan las prestaciones de manera definitiva.

Por su parte, Puig Brutau señala con precisión, y citó: "La posibilidad de admitir un contrato que tiene por finalidad obligar a contratar ha sido objeto de largos debates. Su utilidad práctica es indudable, pero ofrece graves dudas su explicación racional y la determinación de sus efectos. Una concepción que puede llamarse clásica considera que el precontrato establece una o varias obligaciones, con cuyo cumplimiento quedará perfeccionado el contrato definitivo. Es decir se trataría de un contrato del que nacen obligaciones de hacer, consistentes en celebrar otro contrato." A lo cual añade: "Sin embargo, esta manera de entenderlo encuentra graves dificultades en el momento de resolver cómo ha de procederse en caso de incumplimiento. Si la obligación de hacer consiste en emitir las declaraciones de voluntad que son necesarias para perfeccionar el contrato definitivo, se tratará de realizar unos actos de carácter personalísimo, que precisamente por este carácter no podrán obtenerse por vía de ejecución forzosa[...]La ejecución por vía judicial no permite obtener un acto personalísimo del obligado: *nemo precise ad factum cogi potest.*" Elipsis nuestro.

Bien podría señalársele a Puig Brutau, en primer lugar, que analizar la figura del contrato preliminar en general desde el evento de su incumplimiento no derrota su naturaleza. El remedio que contempla un ordenamiento jurídico para fines del incumplimiento contractual, sea cual sea, no hace ininteligible el contrato objeto de estudio, aún cuando lo hicieran más o menos útiles para fines económicos. En segundo lugar, los contratos preliminares no están limitados exclusivamente a obligaciones personalísimas, razón por la cual su incumplimiento no daría lugar necesariamente a la aplicación de la máxima romana. Las graves dificultades a las cuales alude nuestro autor, en fin, son *sensus strictus* de carácter procesal. Es decir, como estructurar un remedio que -en su día- podría darle curso a la llamada garantía patrimonial por el incumplimiento de las obligaciones según dispone nuestro artículo 1156 del Código Civil, 31 L.P.R.A. §9301.

b. El contrato preliminar como la base del contrato definitivo

Una segunda teoría, sostenida por Roca Sastre , arguye que el contrato preparatorio es en sí un contrato que sirve de base al contrato definitivo, pero en el que las partes sólo sientan unas líneas básicas, contrayendo la obligación de articularlas en un futuro. En este sentido, pues, no hay celebración de un contrato nuevo sino el desenvolvimiento completo del único contrato existente. El contrato preparatorio "[..]deja establecida la

Puig Brutau, J.*, **Fundamentos de Derecho Civil**,* II., 2°, pág. 9.

Supra, pág. 10. Sobre este extremo comenta Vázquez Bote: "[...] Pero, si esto es así, bajo el aforismo *nemo ad factum preaecisse cogi potest,* vendría en resultar que si una de las partes no desea celebrar el contrato futuro, a la otra le quedaría como único recurso una pretensión de daños y perjuicios, pero no la posibilidad de reclamar el cumplimiento específico, en este caso la celebración del contrato comprometido.¶ Con ello, se entra en la problemática esencial de la naturaleza del precontrato. Conforme con lo expuesto, si un precontrato no puede llevar a la efectiva conclusión del contrato futuro – se dirá – de nada sirve, pues sus efectos prácticos no pueden lograrse; y si dicha eficacia se obtiene, no cabe distinguir entre contrato y precontrato, ya que éste no será otra cosa que un contrato cuyo contenido se traduce en la celebración de otro contrato." ***Tratado teórico, práctico y crítico de Derecho Privado Puertorriqueño***, Vol. IX, Equity Publishing Co. (199), pág. 132. A nuestro juicio no podemos perder de vista que, en cuanto a este asunto, el problema del precontrato es idéntico al problema de contrato definitivo. A saber, frente al incumplimiento de una de las partes con su obligación recíproca, la presentación por la otra parte de un recurso judicial solicitando el cumplimiento específico y/o la indemnización en daños y perjuicios bajo el artículo 1255 del Código Civil, 31 L.P.R.A. §9823. En todo contrato por supuesto – sea preliminar o definitivo – cabe la posibilidad del incumplimiento por una de las partes. Inclusive, aún bajo la hipótesis de tener que solicitar judicialmente el cumplimiento específico se puede dar la contumacia de la otra parte quien rehúsa cumplir con un pronunciamiento judicial. Bajo este escenario podrían ser de aplicabilidad las reglas procesales que por vía de pronunciamiento judicial den por cumplida la obligación en controversia, otorgándose judicialmente el negocio jurídico reclamado. A estos fines véase la Regla 51.3 de las Reglas de Procedimiento Civil. Por otro lado, cabe llamar la atención a su efecto en el el *iter* contractual que desembocan en los llamados contratos reales, a diferencia de los contratos consensuales. Es decir, un contrato preliminar en donde se acuerda – digamos - la promesa de compraventa de un bien inmueble, el incumplimiento con el contrato preliminar podría dar pie a una solicitud de cumplimiento específico, que se otorgue el contrato de compraventa, con la consabida consecuencia de la trasferencia del derecho dominical sobre el bien. En el caso de un contrato consensual, en cambio, en donde no ocurre la transferencia del derecho real, la solicitud del cumplimiento específico bien podría dar lugar a la redundancia apuntada por Vázquez Bote.

Contrato de promesa, en ***Estudios de Derecho Privado***, I, 1948, págs. 331-332.

obligación de cooperar a la perfección del contrato definitivo. El contrato futuro, prometido, será el que se tuvo ya en cuenta en el contrato preparatorio, pero concretado y desarrollado. La existencia del precontrato no responde al capricho de las partes de celebrar en dos tiempos lo que ya podían haber celebrado de una sola vez, sino que interesa a cada una tener obligada a la otra, incluso antes de que sea posible completa el contrato definitivo."

La diferencia conceptual de esta aproximación es que no se acepta que sea un contrato que promete la celebración de otro, sino que es en sí un contrato que sirve de base en el cual se plasman las obligaciones de las partes en dirigir su conducta hacia la celebración del contrato definitivo. Según Roca Sastre, en el contrato preliminar se encuentra todos los elementos esenciales y sustanciales del negocio jurídico, razón por la cual lo único que quedaría es la articulación de los pormenores del contrato y el cumplimiento del plazo acordado para celebrar el contrato definitivo. Bajo esta teoría, y en la medida en que la relación entre el contrato preliminar y el contrato definitivo es tan estrecha, Roca Sastre se ve precisado de atender sus implicaciones en lo referente a la formalidad en los contratos. En cuanto a su relación a los contratos consensuales, pensaría uno que a la luz de lo anterior Roca Sastre se inclinaría a favorecer la llamada tesis de identidad, la cual plantea la equivalencia entre el contrato base y el contrato definitivo. No obstante, Roca Sastre sostiene la diferencia entre ambos negocios jurídicos a partir de que el contrato preparatorio no concluye el negocio jurídico de manera definitiva. Aceptando, *in arguendo,* como persuasiva la teoría del contrato preliminar como contrato base, es difícil comprender su rechazo de la tesis de la identidad. En la medida en que su teoría destaca el *continuum* contractual entre ambos momentos, siendo el contrato definitivo la finalidad jurídica del contrato base, del cual la parte, o partes en casos de bilateralidad, viene obligada a cumplir la prestación, pretender subrayar la diferencia entre ambos socava su propio postulado.

En lo referente a los llamados contratos reales, en la medida en que el contrato preliminar prometa una futura celebración, se vería impedida por su propia naturaleza de formalmente lograr la transferencia del derecho real pertinente en los casos en donde se requiere, en adición al consentimiento, la entrega de la cosa objeto del contrato (tradición). Por supuesto, mediando la entrega de la cosa estaríamos ante un contrato real, definitivo, no un contrato preliminar.

Por otro lado, hay que distinguir entre los contratos preliminares aquellos que pueden lograr acceso al Registro de la Propiedad como derechos reales de adquisición preferente, como la opción de compra, artículo 1031 del Código Civil, 31 L.P.R.A. §8823, y el tanteo, artículo 1034, 31 L.P.R.A. §8832. De igual modo. hay que matizar sin embargo que en cuanto a los llamados derechos reales de garantía. En primer lugar, su naturaleza accesoria a la obligación principal, hace posible su constitución coetáneamente con el contrato preparatorio . Así, por ejemplo, en un acuerdo preliminar en donde las partes pacten el otorgamiento del contrato definitivo en un futuro, y en donde el deudor de la obligación entregue a su acreedor, ya sea un bien mueble en prenda o

Cita de Puig Brutau, *supra;* Roca Sastre, ***Estudios de Derecho Privado***, Madrid, 1948, pp. 323-350.

Señalan Diez Picazo y Antonio Gullón: "De contratos reales se habla también en la doctrina moderna[...] para aludir a los que producen como efecto la constitución, transmisión, modificación o extinción de un derecho real. Tienen eficacia real frente a los contratos obligatorios, cuyo efecto es la constitución entre las partes de una relación obligatoria." ***Sistema de Derecho Civil***, *supra*, págs. 33-34.

Aún bajo la hipótesis de la entrega de la cosa habría que distinguir entre aquellas situaciones en donde media la entrega de la cosa a una de las partes contratantes al momento de otorgarse el contrato preparatorio, pero no a título dominical o cualquier otro derecho real. Por ejemplo, un contrato preparatorio que apunta hacia la celebración de una compraventa futura en el cual se le pone a la parte interesada en la adquisición futura en la posesión del bien, a título de arrendamiento, leasing, etc. A modo de ejemplo, si bien es cierto que los llamados "contratos de arrendamiento con opción a compra" son estrictamente hablando dos negocios jurídicos claramente distinguibles entre si, no es menos ciertos que en la realidad económica y en la intención de las partes contratantes ambos negocios pueden estar entrelazados, la opción de compra quedando supeditada al arrendamiento. Véase el artículo 5, 30 L.P.R.A. §6012, de la Ley del Registro de la Propiedad Inmobiliaria.

El artículo artículo 993, 31 L.P.R.A. §8673, "[l]os derechos reales de garantía pueden asegurar el cumplimiento de cualquier obligación principal."

constituya una hipoteca sobre un bien inmueble, en garantía del cumplimiento de la obligación plasmada en el contrato preparatorio. Por supuesto, el contrato preparatorio nunca advendría a ser un contrato real, aunque sí el contrato accesorio en la medida en que cumpla con todos los requisitos de ley.

En lo referente a los contratos formales o solemnes, en el cual se requiera la formalidad de la escritura pública, hay que distinguir entre aquellos que son susceptibles de un contrato preliminar y aquellos que por su naturaleza no lo son. Por ejemplo, habría que excluir de la discusión a la donación de inmueble y las capitulaciones matrimoniales por ser negocios jurídicos que requieren la formalidad de escritura pública para su nacimiento a la vida jurídica, pero que no son susceptibles de acuerdos preparatorios. En ambos casos mencionados, tanto el promitente de una donación o capitulación matrimonial siempre podrán retractarse de su promesa sin mayor consecuencia jurídica en cuanto a la donación o matrimonio como tal. En cuyo caso, para que contratar preparatoriamente.

Tanto De Castro y Diez Picazo han criticado esta teoría en tanto que hace necesario que el proyecto de contrato reúna todos los requisitos requeridos para el contrato, pues la insuficiencia en el contrato base sería barrera para la eficacia jurídica del contrato preliminar, toda vez que el desarrollo posterior requerirá una nueva declaración de voluntad o, mejor dicho, un nuevo acuerdo entre las partes sobre los puntos no acordados. En cuyo caso, la teoría no explica adecuadamente lo que pretende, quedando el problema sin resolver.

c. *El contrato preliminar como proyecto de contrato*

La tercera teoría esbozada por De Castro , sostiene que el contrato preliminar consiste en establecer un proyecto de contrato, concediendo simultáneamente a las partes, o sólo a una de ellas, la facultad de exigir la vigencia de dicho proyecto como contrato, toda vez que se hace difícil entender que haya otra cosa distinta a los tratos preliminares. En este sentido, el desarrollo contractual como tal es lo que constituirá el contenido total del contrato. No obstante, para este autor, este desarrollo contractual tiene dos momentos claramente distinguibles: (i) un primer momento en la cual se acuerda el proyecto, y (ii) un segundo momento en donde se exige la prestación acordada previamente.

Sobre esta teoría, Diez Picazo y Antonio Gullón son de la opinión que la misma explica acertadamente el concepto del precontrato, indicando que con el precontrato la relación *contractual* se abre ya a las partes en el momento mismo de su celebración, reservándose alguna parte si así lo estima pertinente, la facultad de exigir en un momento posterior su puesta en vigor

Por su parte, Albaladejo comenta: "Mas, lo que cabe preguntarse es si tiene alguna utilidad práctica precontratar para luego contratar después lo que antes se acordó que más tarde se iba a acordar, de modo que se darían dos acuerdos, dos contratos, el preparado y el preparatorio, para en definitiva llegar a obligarse al resultado a que las partes se querían obligar desde el principio, cosa que pudieron conseguir sin más, con sólo haberlo acordado la vez primera. Por lo que a mí toca, creo que por muy factible que en pura teoría pudiese ser duplicar la contratación, en la realidad, al lego en Derecho semejante cosa tiene que parecerle una inútil repetición sólo atribuible a sutilezas y especulaciones de los juristas. Y dicho sea de paso, no es únicamente a los legos a los que la operación en cuestión parecerá probablemente algo inútil, sino que también muchos juristas consideran que en el caso habría un *circuitus ínutilis*."

Albaladejo, sin embargo, es el primero en reconocer que bajo algunos supuestos la duplicidad puede resultar en alguna ventaja para una de las partes, o que el contrato definitivo que concluya el tracto negocial reúna requisitos con los que no contaba el contrato preparatorio, o que tengan términos y condiciones distintos uno del otro con sus consabidas consecuencias. Precisamente son estas

La promesa de contrato, en A.D.C., 1950, págs. 1168 y siguientes.

L. Diez Picazo y A. Gullón, ***Sistema de Derecho Civil***, Vol. II, Tecnos, Madrid, pág. 69 (2001). Bastardillas en el original.

Supra, pág. 448.

observaciones las que a nuestro juicio hacen necesario que se perfile el contrato preparatorio con autonomía del contrato principal. No se puede perder de vista que la norma jurídica nace al calor de las controversias entre los seres humanos y la protección de ciertos intereses sociales y económicos, y que en el campo del derecho privado son las realidades cotidianas y las prácticas entre las personas las que dan pie al surgimiento de nuevas figuras jurídicas. Negar la existencia de figuras jurídicas porque no se ajustan a nuestro entendimiento de alguna categoría es la esencia y el estigma del conceptualismo. Hay que reconocer que las últimas décadas han visto un crecimiento marcado en la complejidad jurídica de las transacciones civiles y comerciales, así como una proliferación de leyes especiales y reglamentos, tanto estatales como federales, atendiendo las diversas situaciones que se presentan, en beneficio o perjuicio de los distintos sectores que componen nuestra sociedad. Más aún, la creciente utilización en nuestro medio de figuras provenientes del derecho contractual angloamericano, como los llamados "confidentiality agreements" "preliminary agreements", "rights of first refusal", "letters of intent", etc. , nos impone la necesidad de darle integridad conceptual para fines de lograr un mejor entendimiento y un manejo coherente de las controversias jurídicas que se plantean en los tribunales del país.

Por otro lado, llama la atención como en la doctrina y en nuestra jurisprudencia la categoría del llamado contrato preliminar ha sido atendida casi exclusivamente en función de su relación al contrato de promesa de compraventa y el contrato de opción de compra, confundiéndose con ello el género con la especie. Con fines de "perfilar el instituto" – en frase de Vázquez Bote , es necesario atender la idea del contrato preliminar independientemente de su concreción en las figuras particulares, de manera que se obtenga uniformidad conceptual.

Esta aproximación doctrinal a los contratos preparatorios si bien es correcta, al contextualizarlos en su relación a los contratos principales, pasa por alto la importancia que revisten en el tráfico jurídico de nuestros días. En ocasiones, los contratos preparatorios no apuntan necesariamente a un contrato principal aún por perfeccionarse, sino que en ocasiones son en si mismos el fin perseguido por las partes contratantes. En este sentido, un contrato preparatorio no tiene por qué necesariamente anticipar un negocio jurídico posterior, sino que es en ocasiones es jurídicamente un fin en si mismo. A modo de ejemplo, el reconocimiento de un derecho preferente de adquisición sobre un derecho o un bien en específico (mueble o inmueble) a un acreedor bien puede tener como finalidad: (i) detentarlo por tiempo determinado para obtener alguna ventaja frente a terceros o para impedirle a un tercero la adquisición de dicho derecho o bien por un tiempo determinado; (ii) de disponer posteriormente a favor de terceros dichos derechos preferentes, *v.gr.* la novación subjetiva o cesión de crédito; o (iii) su transmisión a un tercero.

No debe haber duda, por supuesto, de que los diversos tipos de contratos preparatorios tienen solvencia jurídica independiente, y que en adición a reunir los elementos esenciales para su validez; *v.gr.* objeto, consentimiento y causa, también poseen características propias que los distinguen entre si y de otros tipos de contratos, sean estos principales o accesorios, razón por la cual advienen a la vida jurídica sin necesidad de la celebración del llamado contrato principal. Como acertadamente observa Puig Brutau, : "[q]ue el precontrato tenga que ser por sí mismo un contrato perfecto, con consentimiento, objeto y causa, no significa que deba identificarse con el contrato definitivo."

La clasificación, en última instancia, es un ejercicio didáctico que pretende contextualizar sus manifestaciones y finalidades con miras a identificar y entender sus propiedades y características según se

Desde la perspectiva de la práctica profesional la introducción en nuestra jurisdicción de estos acuerdos, unidos a cláusulas de selección de derecho aplicable y selección de foro, y su consecuente litigio en la jurisdicción federal, hace imperativo el entendimiento y manejo de estas figuras desde una perspectiva comparativa.

Derecho Civil de Puerto Rico, tomo III, vol. 1, ed.1973, pag. 534, citado en ***Rosa Valentín v. Vázquez Lozada***, 103 D.P.R.796, 805 (1975)

presentan en el tráfico jurídico. Esta es la razón de de ser de toda categoría.

II. Los elementos del contrato preliminar

a. La obligación

El artículo 1060, 31 L.P.R.A. §8981, define la obligación como "el vínculo jurídico de carácter patrimonial en virtud de la cual el deudor tiene el deber de ejecutar una prestación que consiste en dar, hacer o no hacer algo en provecho del acreedor, quien, a su vez, tiene un derecho de crédito para exigir el cumplimiento."

Ya hemos señalado como algunos sectores de la doctrina han entendido que en los contratos preliminares estamos ante una obligación personalísima consistente en un hacer, *v.gr.* otorgar en su día el contrato definitivo, la cual puede ser unilateral o bilateral, según se haya pactado. Esta aproximación al contenido de la obligación en los contratos preparatorios es a todas luces insuficiente, en tanto que no toma en consideración las otras clases de obligaciones ordinariamente incluidas.

En primer lugar, hay que enfatizar que el contrato preliminar no tiene por qué ser catalogado exclusivamente como una obligación personalísima, con sus particulares consecuencias jurídicas. En este aspecto véase el artículo 1079 del Código Civil, 31 L.P.R.A. §9014, sobre las obligaciones personalísimas de hacer. Nada impide, claro está, que se constituya la obligación en el contrato preliminar de manera personalísima. Dicho esto, sin embargo, hay que tener presente que la práctica contractual generalizada no apunta en esta dirección. Todo lo contrario, las obligaciones dimanantes del contrato preliminar suelen configurarse como obligaciones que recaen sobre el deudor de la prestación sin particular referencia a sus características o cualidades individuales. En segundo lugar, y como señaláramos anteriormente, resulta un tanto incongruente atender la obligación personalísima en los contratos preliminares desde la hipótesis de su incumplimiento, dando a entender que la solicitud de su cumplimiento específico es su característica distintiva.

En un contrato preliminar pueden reunirse toda clase de obligaciones: de hacer, no hacer y de dar. A modo de ejemplo, al inicio de un proceso de negociación contractual es común que las partes acuerden vertir en un acuerdo, sin mayor formalidad, los términos y condiciones que habrán de regir dichos procesos de negociación. Podrán acordar, entre otras, el derecho de una parte efectuar investigaciones sobre la condición económica y jurídica del objeto de la transacción, la obligación de la otra parte de tolerar dicha investigación (el llamado *due diligence*), podrán suscribir acuerdos de confidencialidad y la no divulgación de información privilegiada que se obtenga en el proceso de investigación que bien pudiera perjudicar a una de las partes (obligaciones de no hacer), se pueden establecer prohibiciones de enajenar durante el proceso de negociación, etc.; podrán acordarse obligaciones de entrega de bienes específicos o derechos (obligación de dar), ya sea a una de las partes del acuerdo, ya sea a terceras personas (depositarios), que podrán tener o no el derecho del uso y disfrute de la cosa entregada bajo los términos y condiciones que se pacten; inclusive podrán acordar obligaciones de realizar determinados actos previos al otorgamiento del contrato definitivo (obligación de hacer). Es decir, dentro del campo de la contratación preliminar, al regir el principio de la autonomía de la voluntad, las partes bien pueden establecer todas aquellas obligaciones que no sean contrarias a la ley, la moral o al orden público. Por lo tanto, es un error pensar que en los contratos preliminares la obligación contraída será exclusivamente un *facere,* cuando claramente es dable contraer otras clases de obligaciones. Naturalmente, dependiendo el tipo de obligación que fuere, se regirá por las disposiciones referentes a las mismas en el Código civil o leyes especiales aplicables.

Podrá alguno argüir, quizás, que la característica esencial del contrato preliminar es que apunta a la celebración del contrato definitivo, y que las otras obligaciones que rodean esta finalidad son por su naturaleza accesorias. En este sentido, continuaría el argumento, lo típico de la figura es su obligación futura de hacer, siendo cualquier otra obligación contraída propia de las obligaciones en general. Este argumento teleológico y esencialista sobreestima un elemento a expensas de otros de igual o mayor relieve, confunde las obligaciones con el contrato, y pierde de vista la dinámica contractual que hace a los contratos preparatorios tan útiles en la práctica contractual.

b. El vínculo

Ya hemos señalado como los contratos preparatorios el vínculo jurídico puede ser unilateral o bilateral, en atención a la configuración de las prestaciones. Entiendo oportuno, a riesgo de caer en redundancia doctrinal, volver a discutir los conceptos de unilateralidad y bilateralidad en las obligaciones precisamente porque es en los contratos preparatorios que se manifiestan las fundamentales diferencia entre una y otra con sus consabidas consecuencias y confusiones jurídicas.

Comúnmente cuando se refiere a la naturaleza del vínculo en los contratos se atiende a la obligación de la parte o partes a efectuar la prestación. Así, en un contrato unilateral tan sólo una de las partes contratantes está obligada a efectuar la prestación, mientras en uno bilateral se genera una obligación recíproca – sinalagmática o no - entre las partes contratantes. Como sucintamente señala Puig Brutrau: "En la obligación unilateral una de las partes tiene derecho a exigir el cumplimiento de la prestación debida y la otra está jurídicamente obligada a tener que realizar la prestación; sólo una parte es acreedora y la otra sólo es deudora. En la obligación bilateral, en cambio ambas partes son acreedoras y deudoras porque cada obligación es contrapartida o causa de la otra.[...]"

Sobre lo anterior, hay tres observaciones que hacer. Primero, que la unilateralidad o bilateralidad de las obligaciones se refiere al contenido de la relación obligatoria, al vínculo jurídico y no al origen de la relación. Es decir, si bien es cierto que toda relación de obligación se requiere al menos dos partes - dejamos a un lado el fenómenos de la llamada autocontratación - no por ello debemos concluir que en lo relativo a la exigibilidad de la prestación estarán las partes necesariamente mutuamente obligados.

Segundo, que el hecho de que exista una obligación unilateral no excluye la posibilidad de que el acreedor de la prestación pueda de alguna forma estar obligado accesoriamente al deudor. Piénsese por ejemplo, en un caso de cuido o depósito de un bien, en el cual el deudor de la prestación incurre en ciertos gastos en el cuido del bien. El acreedor de la prestación por supuesto, vendrá obligado a pagar a su deudor. La diferencia, sin embargo, reside en la distinción entre las clases de obligaciones, principales y accesorias". Como observa Puig Brutau, las obligaciones accesorias sobrevenidas "no convierten en bilateral a la obligación que es unilateral por razón de su principal contenido" .

Tercero, es necesario tener presente la diferencia conceptual entre las obligaciones y los contratos. La unilateralidad y bilateralidad se refiere – como ya hemos visto – a las obligaciones, no a los contratos. Una relación contractual bien puede contener – y comúnmente contiene - un conjunto de derechos y obligaciones, en donde las partes contratantes son *mutatis mutandi* acreedores y deudores entre si. El hecho de que una parte contractual sea acreedor o deudor de una prestación según pactada, no supone necesariamente que con referencia a otras obligaciones contenidas en el contrato exista una relación de bilateralidad o unilateralidad. En las obligaciones bilaterales cada una de ellas es querida como equivalente de la otra y existe entre ellas una mutua condicionalidad. Este no es siempre el caso en un contrato en donde hay respectivas obligaciones entre las partes, pero no hay necesariamente una relación sinalagmática entre ellas . En todo caso, cada obligación habría que verla de manera específica.

A modo de ejemplo piénsese en la imprudente práctica contractual de incluir en los contratos de

Puig Brutau, J. ***Fundamentos de Derecho Civil***, Tomo I, Vol II, (4ta. ed.), pág. 109-110.

Supra, pág. 110.

Sobre las obligaciones recíprocas, denominados técnicamente como sinalagma, se distingue entre el llamado sinalagma genético y el sinalagma funcional. El sinalagma genético significa que en el origen de la relación de obligacional cada deber de prestación constituye para la otra parte la causa por la cual se obliga a realizar su propia prestación.

arrendamiento de bienes inmuebles un derecho de opción de compra del bien arrrendado. El contrato de arrendamiento es uno en donde las obligaciones naturales de las partes son el pago del canon y el uso y disfrute del bien por tiempo determinado. La obligación de uno y de otro es claramente bilateral. Ahora bien, el derecho de opción de compra incluida en el contrato es unilateral toda vez que es el arrendatario quien está facultado a exigir la prestación conforme los términos pactados, *v.gr.* la compra del bien, y el arrendador viene obligado a tolerarlo por el término de tiempo acordado. La confusión conceptual se presenta cuando se plantea que la opción de compra a favor del arrendatario está predicado en la existencia del contrato de arrendamiento, razón por la cual podría alegarse una relación bilateral. Este argumento confunde el análisis de la obligación con el análisis del contrato como fuente de la obligación. Si bien es cierto que en este ejemplo estamos ante un contrato, no es menos cierto que en dicho contrato se está celebrando más de un negocio jurídico. En este ejemplo, la contingencia entre el la opción de compra y el arrendamiento es en virtud del contrato, no de las obligaciones reflejadas en cada una de ellas. Esta distinción que pudiera parecer estéril, pudiera ser decisiva cuando recordamos el alcance del artículo 1255 del Código Civil, *supra*, el cual le reconoce la acción resolutoria a las obligaciones recíprocas o bilaterales no – *contrario sensus* – a las unilaterales.

En este sentido, la discusión sostenida por Godreau referente a la unilateralidad o bilateralidad del contrato de opción, distinguiendo entre la exigibilidad de la prestación *vis a vis* la causa contractual para determinar si es una u la otra parece a nuestro juicio un poco forzada . El argumento de Godreau sostiene que la unilateralidad o bilateralidad en la opción dependerá de la forma en que las partes configuren sus respectivas actuaciones, bien como prestaciones o bien como actos de desplazamiento patrimonial. Como es sabido, la exigibilidad de la prestación a una sola de las partes contratantes, sin existir contraprestación, es característico de la obligación unilateral. En cambio, cuando estamos ante mutuas y exigibles contraprestaciones estamos ante la obligación bilateral. La distinción se torna problemática en las obligaciones unilaterales cuando la exigibilidad de la prestación se presenta como consecuencia de un acto de desplazamiento patrimonial. A modo de ejemplo, en un ordinario caso de opción de compra, el concedente le confiere una opción al optante por un plazo de tiempo específico a cambio del pago de una suma de dinero. La dificultad se presenta cuando se considera el pago por el optante como la contraprestación por el adquirido derecho de opción. Según Godreau, en estos casos estamos ante un desplazamiento patrimonial que en realidad constituye la causa del contrato de opción, y no ante mutuas y exigibles prestaciones. El anterior argumento padece de un conceptualismo difícil de justificar. La causa del contrato, sea en su orientación objetiva o subjetiva, atiende fundamentalmente la justificación de su existencia. Véase La causa del contrato.

Es decir, suponer que el acto de desplazamiento patrimonial como causa del contrato no es necesariamente una prestación exigible por la otra parte pierde de foco que, aunque ambos conceptos atienden hipótesis distintas (los elementos del contrato y la naturaleza del vínculo), estos convergen como acto. O dicho de otra forma, el acto del desplazamiento patrimonial como causa o razón del contrato también constituye la prestación sin la cual la otra parte no pudiera pretender exigir su respectiva prestación. Por lo tanto, para rescatar la distinción entre la bilateralidad y la unilateralidad, es necesario destacar la finalidad de las categorías. La clasificación obligacional según el vínculo entre los sujetos pretende fundamentalmente llamar la atención a la exigibilidad de la prestación. Contestada esta interrogante, la categoría pierde relevancia. La dificultad se presenta cuando intentamos aprisionar la voluntad contractual dentro de conceptos obligacionales que no han sido pensados para otros supuestos.

c. El objeto del contrato preliminar

Aunque en los contratos preparatorios no se plantea mayor dificultad conceptual en lo referente al

Este es el sentido en que se refiere el artículo 1077 del Código civil cuando habla de las obligaciones recíprocas. El sinalagma funcional, en cambio, se refiere al cumplimiento de la obligación, en donde las obligaciones están funcionalmente enlazadas, aunque no por su origen o causa. Véase Diez Picazo L. y Gullón, A., ***Sistema de Derecho Civil,*** Vol. II (9na. Edición), pág. 149-150.

Véase *supra*, págs. 578-581.

objeto de la obligación, si es necesario hacer una precisión. Hay que distinguir entre el objeto como elemento esencial del negocio jurídico, el cual está regulado por el artículo 269 del Código Civil, 31 L.P.R.A. §6131; y el objeto como el contenido de la relación obligatoria, sea una obligación de dar, artículo 1066, 31 L.P.R.A. §9001, y siguientes; de hacer, artículo 1077, 31 L.P.R.A. §9012; o no hacer, artículo 1081, 31 L.P.R.A. §9016. Esa prestación no tiene que necesariamente ser el objeto del contrato, aun cuando nada lo impide.

Con referencia a los contratos preliminares la confusión puede surgir al tratar de delinear el objeto del contrato de la prestación debida cuando no coincide el uno con el otro. En la medida en que los contratos preliminares, por definición, apuntan a la celebración de un contrato futuro su finalidad es otro contrato aún por celebrarse, mientras que la prestación debida bien pudiera ser la obligación de hacer, *v.gr.* celebrar en su día el contrato definitivo.

A modo de ejemplo, piénsese en la promesa de compraventa. Bajo esta hipótesis, el objeto del contrato y la prestación debida (de hacer) coinciden: celebrar la compraventa bajo los términos y condiciones pactados. En cambio, las prestaciones contenidas en un contrato preparatorio no tienen por qué estar limitados al objeto del contrato, quedando a la sombra de la autonomía de la voluntad la facultad de fijar diversas prestaciones, sea de dar (*v.gr.* la entrega de un bien en garantía o en otro concepto en lo que se da el contrato definitivo) de hacer (*v.gr.* de efectuar alguna conducta previo al otorgamiento del contrato definitivo) o de no hacer (*v.gr.* una obligación de confidencialidad).

La opción

La opción de compra es el derecho que faculta a su titular para que decida durante un plazo determinado, mediante la manifestación de su aceptación, el perfeccionamiento del contrato de compraventa que ha sido ya acordado en todos sus aspectos fundamentales y secundarios y a cuyo cumplimiento se mantiene comprometido el concedente durante el plazo prefijado.

Artículo 1029 del Código Civil, 31 L.P.R.A. §8821

El Código Civil atiende el negocio jurídico de la opción como un contrato preliminar en el Libro Quinto de Los Contratos y Otras Fuentes de las Obligaciones, y como un derecho real de adquisición preferente en el Libro Tercero de Los Derechos Reales. Consecuentemente, pues, hay que comenzar distinguiendo los derechos de crédito de los derechos reales, de manera que se contextualice normativamente el alcance de sus respectivas disposiciones.

En el derecho de crédito el acreedor de la obligación está facultado a exigir que el deudor despliegue la conducta acordada. Esta aproximación la encontramos en el artículo 1060, 31 L.P.R.A. §8981, que define la obligación como *"[...]el vínculo jurídico de carácter patrimonial en virtud de la cual el deudor tiene el deber de ejecutar una prestación que consiste en dar, hacer o no hacer algo en provecho del acreedor, quien, a su vez, tiene un derecho de crédito para exigir el cumplimiento"*. Véase El concepto de la obligación. Es decir, la consumación del derecho de crédito requiere el favor de otro.

En cambio, el derecho real se define como "[...] *aquellos que crean una relación inmediata y directa entre un bien y la persona a cuyo poder aquel se encuentra sometido, facultando al titular a hacerlos valer frente a todos". Artículo 697 del Código Civil, 31 L.P.R.A. §7661. Ya anteriormente hemos comentado sobre este precepto. Véase* Los derechos reales.

Gnoseológicamente el derecho de crédito es anterior al derecho real en la medida en que la facultad de uso y disposición sobre un bien supone de un negocio o acto jurídico del cual dimana esa facultad. Esto se entiende

Publicado en ***Microjuris al día*** el 26 de octubre de 2022.

perfectamente en la exigencia del título – entendido como el derecho que se reclama sobre un bien en virtud de un acto o negocio jurídico – como parte de la tradición. Sobre la tradición véanse artículos 745, 796 y 797 del Código Civil §7961, §8051, §8052. Excluimos de esta hipótesis, por supuesto, los derechos reales adquiridos originariamente que no suponen un negocio jurídico, como por ejemplo la usucapión o el hallazgo.

La opción es eminentemente un negocio jurídico, el cual requiere de un acto jurídico voluntario lícito para establecer el vínculo jurídico. Véase artículo 268 del Código Civil, 31 L.P.R.A. §6121. El artículo 1235, 31 L.P.R.A. §9756, dispone que la opción es un contrato preliminar que le atribuye a una sola parte la facultad de decidir sobre la celebración del contrato futuro. Sobre el contrato preliminar véase Aproximaciones doctrinales al contrato preliminar. Como contrato preliminar la opción no está sujeto a cumplir las formalidades que debiera satisfacer el contrato futuro.

Hay que llamar la atención a que el artículo 1235, *supra*, se limita a la opción en sentido genérico. Es decir, como contrato preliminar la opción bien puede ser de compra, de arrendamiento, de usufructo, o cualquier otro negocio jurídico producto de la libertad contractual, mientras no sea contrario a la ley, la moral o el orden público. De igual manera, la opción puede recaer sobre bienes muebles, inmuebles o derechos, sin particular requerimiento de cumplir con la formalidad que pudiera requerirse para el contrato futuro de ejercerse la opción.

También hay que subrayar que la opción se define como una que le atribuye a una sola parte la facultad de decidir la celebración del contrato futuro. Es decir, la opción se califica como un contrato unilateral, donde la exigibilidad de la prestación es facultativo de uno de las partes.

La opción de compra como derecho personal – o de crédito – también es reconocido en el artículo 1024, 31 L.P.R.A. § 8803.

Ya en ***Rosa Valentín v. Vázquez Lozada**, 103 D.P.R. 796, 808-809 (1975), el Tribunal Supremo calificó la* opción como una promesa unilateral de contratar, considerada desde el punto de vista del acreedor. Dice el Tribunal sobre la figura de la opción:

"Nos inclinamos con Ossorio y con Castán a favor de la tesis de que la opción es un contrato unilateral. Mengual defiende su tesis de bilateralidad a base de que, según sostiene, el optante "tiene la obligación de elegir una situación jurídica entre las varias ofrecidas dentro del plazo al efecto marcado." Convenimos con Ossorio en que el optante no está obligado a nada, que tiene "libertad absoluta para tomar o no tomar la cosa ofrecida." Lo determinante de la bilateralidad de un contrato es que haya obligaciones recíprocas entre los contratantes. En todo contrato hay más de una parte. No puede haber un contrato sin que haya unión de voluntades. Una sola persona no puede contratar consigo misma. Cuando, como en el contrato de opción, dos personas se ponen de acuerdo pero sólo una de ellas resulta obligada, el contrato es unilateral. A este efecto, véanse, además, Puig Peña, ***Tratado de Derecho Civil Español***, tomo IV, vol. II, Madrid, 1951, pág. 512; Ramón Badenes Gasset, ***La Preferencia Adquisitiva en el Derecho Español*** (Ed. Bosch, Barcelona, 1958), pág. 218; y las sentencias de 10 de julio de 1946 y de 18 de enero de 1947 del Tribunal Supremo de España."

No está demás señalar el *dictum* del Tribunal cuando dice que el ejercicio de la opción transforma la promesa unilateralmente vinculante en sinalagmática y que a partir de ese momento cualquiera de las partes puede exigir el cumplimiento de las obligaciones recíprocas, obligaciones de hacer, que consisten en otorgar el contrato definitivo.

Lamentablemente, el artículo 1235, *supra*, al igual que el Tribunal Supremo, no contemplan la posibilidad de la opción bilateral, en donde el derecho a la opción de una parte está sujeto a una contraprestación a la otra. Sobre la histórica confusión entre los conceptos de la unilateralidad y la bilateralidad véase también La resolución contractual.

Hay que notar que, en el borrador de discusión del Libro de Los Contratos de 2004, se incluyó un cuarto párrafo, en el correspondiente artículo 6, que expresamente disponía que "el contrato preliminar y la opción caducan en el plazo renovable de un año, salvo cuando se haya convenido un plazo más breve". Esta disposición no se incorporó en el artículo 1235, *supra*, dando a entender, contrario a la doctrina, a la jurisprudencia, y al propio Código en materia del derecho de opción de compra como un derecho real, que el sometimiento de la opción - *qua* contrato preliminar - a un plazo o término para su ejercicio no es un requisito esencial.

Esta ausencia obliga por tanto recurrir a las disposiciones referentes a las modalidades del negocio jurídico, específicamente en cuanto a la condición el plazo, artículos 303 y siguientes, 31 L.P.R.A. §6241, *et seq*. En este contexto hay que destacar que el negocio jurídico que no este sometido a plazo o condición suspensiva, tiene eficacia inmediata, artículo 309, 31 L.P.R.A. §6247. No está del todo claro como un contrato de opción sin término pueda tener eficacia inmediata sin desvirtuar su naturaleza que supone un término de tiempo para su ejercicio.

En materia de derechos reales, el derecho de opción de compra es clasificado bajo el nuevo Código Civil como un derecho de adquisición preferente, de derechos limitados que facultan para obtener la transmisión de una cosa o de un derecho, por quien sea su dueño o titular, mediante el pago de su precio y el cumplimiento de los demás requisitos dispuestos en el negocio jurídico o la ley. Véase el artículo 1022, 31 L.P.R.A. §8801. Hay que subrayar que esta disposición y las que le siguen, no versan sobre otras modalidades de la opción.

Los derechos de adquisición preferente son de naturaleza real solo cuando se les constituye como tales en instrumento público y se inscriben en el correspondiente registro, de conformidad con la legislación que les aplique, o cuando la ley le reconoce esta naturaleza y su oponibilidad frente terceros tiene lugar mediante la inscripción registral. Véase el artículo 1024, 31 L.P.R.A. §8803. Véase La inoponibilidad de los derechos reales.

La opción de compra se define estatutariamente como "el derecho que faculta a su titular para que decida durante un plazo determinado, mediante la manifestación de su aceptación, el perfeccionamiento del contrato de compraventa que ha sido ya acordado en todos sus aspectos fundamentales y secundarios y a cuyo cumplimiento se mantiene comprometido el concedente durante el plazo prefijado". Véase el artículo 1029, 31 L.P.R.A. § 8821. Este lenguaje proviene del Artículo 19 de la Ley 22 de 31 de diciembre de 2001 de regulación de los Derechos de Adquisición Voluntaria o Preferente de la Generalidad de Cataluña. Sobre este precepto hay que subrayar que, a diferencia de la opción como contrato preliminar antes discutido, la opción de compra como derecho real requiere un plazo determinado para su ejercicio.

Por otro lado, el texto se refiere al ejercicio del derecho como una "aceptación", la cual invita una interpretación errónea de que estamos ante el juego entre la oferta y la aceptación del proceso de negociación previo al perfeccionamiento del contracto. Véase artículo 1241, 31 L.P.R.A. §9775. Hay una diferencia semántica y sustantiva entre ejercer un derecho de opción y aceptar una oferta para adquirir. En uno estamos el ejercicio de un derecho contractual, en el otro estamos en un proceso de negociación.

El precepto también dispone que la opción de compraventa tendrá que incluir los aspectos fundamentales y secundarios del contrato de compraventa anticipado. Por aspectos fundamentales hay que entender sus elementos naturales: objeto, precio, entrega. Cuales exactamente son los elementos secundarios está por verse. El requerir elementos secundarios como requisito para la validez del contrato de opción de compra – aquí la importancia del "tendrá" - introduce un elemento controvertible que pudiera poner en entredicho innecesariamente el ejercicio del derecho.

En el caso de la opción de compra sobre un bien inmueble es requisito que se eleve en instrumento público y se inscriba en el Registro de la Propiedad. Es decir, la inscripción registral del derecho de opción de compra es constitutivo, no declarativo.

El artículo 1025, 31 L.P.R.A. §8804, contempla que los derechos de adquisición preferente pueden recaer sobre bienes inmuebles y sobre bienes muebles susceptibles de identificación. Cabe preguntarse si el derecho de opción compra sobre bienes muebles inscribible en el Registro de Transacciones en el Departamento de Estado bajo el Capítulo 9, sobre transacciones garantizadas, de la Ley de Transacciones Comerciales, 19 L.P.R.A. §221, *et seq,* tiene que elevarse a instrumento público o si su inscripción opera exclusivamente al amparo de la ley especial, lo cual parece lo más sensato.

El artículo 1026, 31 L.P.R.A.§8805, detalla la eficacia real del derecho de opción de compra. "El ejercicio de un derecho de adquisición preferente de naturaleza real supone la adquisición de la cosa en las mismas condiciones en que se hallaba en el momento de la constitución del derecho. También tiene como consecuencia la extinción de los derechos incompatibles que se hayan constituido con posterioridad sobre la cosa, sin perjuicio de lo establecido en la legislación registral inmobiliaria. ¶El precio queda íntegramente a disposición del titular del derecho de propiedad sobre la cosa o, si procede, de los titulares de derechos constituidos con posterioridad al derecho de adquisición preferente. ¶El titular del derecho de adquisición preferente puede requerir judicialmente al propietario actual de la cosa, en caso de negarse a formalizar la transmisión. La demanda puede anotarse en el correspondiente registro."

El artículo 1030, 31 L.P.R.A. §8822, fija los requisitos del título constitutivo, los cuales además contener las estipulaciones y del domicilio a efectos de las notificaciones preceptivas y demás pactos que el constituyente o los constituyentes tengan por conveniente, debe contener, como mínimo: (a) el plazo de duración del derecho y, si procede, el plazo para su ejercicio; (b) en su caso, la voluntad del constituyente o de los constituyentes de configurar el derecho con carácter real; (c) el precio o contraprestación para la adquisición del bien o los criterios para su fijación, cuando se trate de un derecho de opción a una adquisición onerosa, indicando el precio estipulado para su adquisición. Cuando se prevean cláusulas de estabilización, deben contener criterios objetivos y el precio debe poder fijarse con una simple operación aritmética; y (d) la prima pactada para su constitución, cuando el derecho se constituye a título oneroso, indicando el precio convenido. Los contratos de opción de compra se pueden inscribir cuando cumplan con los requisitos anteriores y consten en escritura pública. Este lenguaje proviene del Artículo 24 de la Ley 22 de 31 de diciembre de 2001 de regulación de los Derechos de Adquisición Voluntaria o Preferente de la Generalidad de Cataluña.

Este precepto invita varios comentarios. Primero, la necesidad de indicar el domicilio de las partes para fines de las notificaciones del ejercicio del derecho, lo cual es perfectamente entendible, aunque la exigencia del domicilio en vez de la residencia o cualquier otra dirección acordada entre las partes, parece ser innecesariamente rígida. El texto del inciso (a), que requiere el plazo de duración y, si procede, el plazo de su ejercicio es, en una primera lectura, redundante. Salvando la posibilidad de que en el derecho catalán el plazo de duración y el plazo del ejercicio suponen hipótesis jurídicas distintas, no deja de causar confusión una distinción que nada distingue. O dicho en puertorriqueño: El plazo para ejercer la opción es la duración del derecho. Véase el artículo artículo 1027 sobre el ejercicio de los derechos de adquisición preferente §8806.

Sobre el inciso (b), la voluntad de las partes de constituir la opción de compra como un derecho real, hay que entender que esa voluntad puede ser expresa o tácita. El otorgamiento del instrumento público, de por sí, ya es indicio de por sí de la voluntad de las partes sin necesidad de declaraciones talismánicas.

El inciso (c), a su vez, requiere que, en casos de un derecho de opción por causa onerosa, habrá que indicar el precio o contraprestación para la adquisición del bien o los criterios para su fijación. Sobre la inclusión de cláusulas de estabilización con criterios objetivos susceptibles de ajustarse con una operación aritmética, llama la atención que están sujetas en primera instancia a la voluntad de las partes. Es decir, el precepto no obliga las cláusulas de estabilización, pero si se opta por ellas, entonces es necesario detallarla de conformidad.

El inciso (d) requiere que en la opción de compra a título oneroso se indique la prima acordada para su constitución, lo cual abre la posibilidad a admitir la bilateralidad de la opción de compra, contrario a su dogmática afirmación en el artículo 1235, *supra*.

El artículo 1031, 31 L.P.R.A. §8823, dispone que "[e]l derecho de opción de naturaleza real puede constituirse por un tiempo máximo de cinco años, si recae sobre bienes inmuebles, o de dos (2) años, en el caso de los bienes muebles.

La inscripción de la opción en el Registro de la Propiedad caduca transcurrido el plazo para ejercerla, o cinco (5) años después de la fecha en que fue inscrita. Puede inscribirse otra vez por el término aquí dispuesto, si no ha vencido el término contractual para el ejercicio de la opción. La opción inscrita tiene la condición de gravamen y obliga a los subsiguientes adquirentes de acuerdo con sus términos.

El derecho de opción puede ser objeto, por acuerdo, de sucesivas prórrogas, pero cada una de ellas no puede exceder los tiempos máximos establecidos en los párrafos anteriores.

Cuando el derecho de opción se constituye como un pacto o una estipulación integrada en otro negocio jurídico, su duración puede ser la misma de este negocio jurídico, con las correspondientes prórrogas.

La opción de compra contenida en un contrato de arrendamiento es inscribible, única y exclusivamente por la duración del arrendamiento sin incluir la prórroga".

En casos de opciones de compra sobre bienes inmuebles de naturaleza real este precepto alinea su duración y sus efectos con el artículo 6 de la Ley del Registro de la Propiedad Inmobiliaria, 30 L.P.R.A. §6013.

En el memorial explicativo del borrador de 2003 sobre el artículo 357, idéntico al artículo 1031, *supra*, se comenta lo siguiente: "En cuanto a la duración, se determina el plazo de duración de los derechos de adquisición y lo diferencia del plazo de ejercicio de estos mismos derechos." Admito no ver la diferencia. El plazo de duración del derecho en caso de naturaleza real sobre un bien inmueble es un máximo de 5 años y en casos de bien mueble de 2 años. Dentro de ese plazo, y de conformidad con lo pactado, el optante puede ejercerlo. Si hubiera prórrogas, la duración se extiende de conformidad, y así mismo su ejercicio. El plazo de la duración y el plazo del ejercicio son uno y el mismo, que no quiere decir, por supuesto, que la duración (plazo) y el ejercicio del derecho (conducta) sean lo mismo.

Los últimos dos párrafos reconocen la posibilidad de la opción como parte de otro negocio jurídico, y que su duración puede ser la misma de este. Los hechos del caso ***Banco Popular v Sucesión Talavera***, 174 D.P.R. 132 (2008), donde había un contrato de arrendamiento de 25 años, con una cláusula de opción de compra a favor del arrendatario, es un buen ejemplo de esta hipótesis.

Por último, el artículo 1032, 31 L.P.R.A. §8824, señala que el ejercicio del derecho de opción a la adquisición onerosa requiere el pago previo o simultáneo del precio fijado, determinado según los criterios establecidos, o el que resulta de la aplicación de las cláusulas de estabilización, si se han previsto. Sobre este precepto, idéntico al borrador del 2003, y proveniente del primer párrafo del artículo 32 de la Ley 22 de 31 de diciembre de 2001 de regulación de los Derechos de Adquisición Voluntaria o Preferente de la Generalidad de Cataluña, el memorial explicativo comenta que el ejercicio del derecho de opción de compra onerosa regula el abono del precio, particularmente la acreditación estricta de su entrega efectiva. Queda por ver si esta exigencia es extensible a la opción de compra como contrato preliminar o si las partes están en libertad de pactar en contrario.

El pago en finiquito

La transacción debe constar en un escrito firmado por las partes o en una resolución o una sentencia dictada por el tribunal. Si se refiere a derechos constituidos mediante escritura pública, se requiere esta formalidad. La inobservancia de estas reglas la hace nula.

El pago en finiquito tiene aquellos efectos que la ley establece.

Artículo 1503 del Código Civil, 31 L.P.R.A. §10647

El Título II, del Libro Cuarto sobre Las Obligaciones, atiende los efectos del cumplimiento de las obligaciones y el pago en sus diversas modalidades como la forma idónea para extinguirlas. Este Título no incluye la figura del pago en finiquito, o *accord and satisfaction*, aun cuando la jurisprudencia la ha reconocido como una de las formas de extinguir las obligaciones. La única referencia al pago en finiquito en el nuevo Código Civil se encuentra en el artículo 1503, 31 L.P.R.A. §10647, al regular la forma en el contrato de transacción. El segundo párrafo de este precepto señala escuetamente que "[e]l pago en finiquito tiene aquellos efectos que la ley establece".

La Ley de Instrumentos Negociables fija los efectos del pago en finiquito en casos de pagos con instrumentos negociables. Dispone su la Sección 2-311, 19 L.P.R.A. §611, sobre el pago en finiquito por medio de un instrumento negociable, el cual por su relevancia cito en su totalidad:

(a) Si una persona contra quien se hace una reclamación prueba que (i) ofreció de buena fe un instrumento al reclamante en pago total de la reclamación, (ii) el monto de la reclamación no había sido liquidado o estaba sujeto a una controversia *bona fide*, y (iii) el reclamante obtuvo el pago del instrumento, las siguientes subsecciones serán de aplicación.

(b) A menos que aplique la subsección (c), si la persona contra quien se establece la reclamación prueba que el instrumento o una comunicación escrita que le acompaña contiene una declaración conspicua a los efectos de que el instrumento fue ofrecido en pago total de la reclamación, la reclamación queda saldada.

(c) Sujeto a lo dispuesto en la subsección (d), una reclamación no queda saldada bajo las disposiciones de la subsección (b) en cualquiera de las siguientes situaciones: (1) El reclamante, si se trata de una organización, prueba que (i) dentro de un plazo de tiempo razonable con anterioridad a la oferta, envió una declaración conspicua a la persona contra quien se establece la reclamación en el sentido de que las comunicaciones relacionadas con las deudas que están en controversia, incluyendo un instrumento ofrecido como saldo total de una deuda, deberán enviarse a una persona, oficina o sitio designado, y (ii) el instrumento o la comunicación que lo acompaña no fue recibido por la persona, oficina o en el sitio designado. (2) El reclamante, sea o no una organización, prueba que dentro de los noventa (90) días siguientes al pago del instrumento, ofreció el repago de la cantidad de dinero especificada en el instrumento a la persona contra quien se establece la reclamación. Esta subsección no será de aplicación si el reclamante es una organización que envió una declaración en cumplimiento con lo dispuesto en el párrafo (1)(i).

(d) Se salda una reclamación si la persona contra quien se incoa prueba que, dentro de un tiempo razonable con anterioridad al inicio del procedimiento de cobro del instrumento, el reclamante o un agente de éste con responsabilidad directa respecto a la obligación en disputa, sabía que el instrumento fue ofrecido en saldo total de la reclamación.

Este precepto es igual y proviene del §3-311 del Uniform Commercial Code (UCC)

La hipótesis fáctica de la figura supone una controversia entre el acreedor y el deudor sobre el efecto jurídico de un pago ofrecido y aceptado. Esta

Publicado en ***Microjuris al día*** el 30 de octubre de 2022.

controversia, a su vez, esta predicada en un ejercicio de expectativas cruzadas entre el acreedor y el deudor, cada cual intentando beneficiarse del pago realizado. Desde la perspectiva del acreedor, quien teniendo un crédito pendiente de pago, ve en el ofrecimiento de pago una manera de minimizar el riesgo de incumplimiento, reservándose el derecho de posteriormente reclamar la diferencia. Desde la perspectiva del deudor, quien ofrece el pago menor a lo adeudado con miras a obtener el beneficio de no tener que pagar la totalidad. En este cruce de expectativas el pago en finiquito surge como la respuesta jurisprudencial.

La figura del pago en finiquito opera en un espacio contratación acelerada, propia de nuestros días para lograr su terminación a corto plazo, conjurando las incertidumbres y mutuas reclamaciones. En ***A. Martínez & Co., v. Long Construction,*** 101 D.P.R. 830 (1973) se señaló que la figura corría paralela al contrato de transacción, y que era uno accesorio, consensual, bilateral y oneroso. El contrato de transacción se define en el Art. 1497, del Código Civil, 31 LPRA §10641, como un contrato de concesiones recíprocas mediante el cual las partes ponen fin a un litigio o a su incertidumbre sobre una relación jurídica. Por su viabilidad, su liberación de requisitos formales y prontitud de su acción suplantando la contienda y la incertidumbre por la ocurrencia de opuestas pretensiones, el pago en finiquito ha sido calificado como una transacción al instante. ***Gilormini Merle v. Pujals Ayala***, 116 DPR 482 (1985).

Vale destacar que, en el memorial explicativo del Libro Quinto del 2004, en su artículo 280, segundo párrafo, expresamente se sugirió el siguiente lenguaje: "No existe la transacción instantánea, la aceptación como finiquito, o el *accord and satisfaction*. En el comentario que le sigue, se indica con cierto puritanismo civilista que "[l]a nota más importante contenida en la propuesta es la revocación legislativa de los pronunciamientos jurisprudenciales que habían traído al ordenamiento el *accord and satisfaction.*" Evidentemente no hubo tal revocación legislativa.

La figura se incorporó a nuestro ordenamiento jurídico mediante jurisprudencia. ***López v. South PR Sugar Co.***, 62 DPR 238 (1943); ***City of San Juan v. St. John's Gas Co***, 195 US 510 (1904). En ***López v. South PR Sugar***, *supra*, se señalaron los siguientes requisitos para que operara la figura: (1) una reclamación ilíquida o sobre la cual exista controversia *bona fide*; (2) un ofrecimiento de pago por el deudor; y (3) una aceptación del ofrecimiento de pago por el acreedor. Posteriormente se requirió la ausencia de opresión o indebida ventaja de parte del deudor sobre su acreedor. ***A. Martínez & Co. V. Long Construction***, *supra* ; ***H.R. Elec., Inc. v. Rodríguez***, 114 DPR 236 (1983). Es aplicable en circunstancias en que no exista opresión o indebida ventaja de parte del deudor y en las cuales medien circunstancias claramente indicativas de que el deudor pretende extinguir su obligación. Tiene que haber un claro entendimiento por parte de quien acepta que el pago representa un pago total, en saldo y final de la obligación.

Sobre el primer requisito, entiéndase la existencia de una reclamación ilíquida o sobre la cual exista controversia *bona fide*, en ***López v. South PR Sugar Co.***, *supra*, se señaló que en ausencia de este requisito no se concreta la figura. Allí, un agricultor y una central azucarera realizaron un contrato para la molienda de la caña de azúcar. Posteriormente, surgió una controversia relativa a unos descuentos en el pago que la central había hecho por concepto de ensacado y flete. El colono alegaba que el descuento no podía ser mayor de 15¢, mientras que la central alegaba que no podía ser mayor de 25¢. Los cheques que la central le enviaba al agricultor hacían constar en el dorso que el endoso del instrumento constituía un reconocimiento de pago en saldo. El agricultor cobró los cheques y luego demandó a la central azucarera por la diferencia adeudada. En respuesta, la central azucarera alegó que el agricultor estaba impedido de demandar en virtud de la doctrina de pago en finiquito.

En ***Pagán Fortis v. Garriga***, 88 DPR 279 (1963), no se concretó la figura debido a que no existía el elemento de una controversia ilíquida. Unos contratistas suscribieron un contrato de obras para la construcción de un edificio por la cantidad de

$26,000. El precio estipulado para construir la obra no incluía los planos y tampoco unos cambios solicitados posteriormente por el contratista. Culminada la obra, el constructor había recibido $25,000. Posteriormente, el contratista le envió al constructor un cheque por $1,000 el cual advertía que era en pago total. El constructor endosó el cheque e hizo constar que era en pago parcial y cursó una comunicación al contratista dejándole saber que le abonaba los $1,000 del total adeudado. El contratista respondió que no le debía nada. El constructor demandó al contratista para cobrar el resto de la deuda y este último levantó la defensa afirmativa de pago en finiquito. Al enviar el cheque por $1,000 el demandado estaba pagando lo que adeudaba del contrato original, una cantidad líquida sobre la cual no había controversia. El demandado había aceptado que debía esa cantidad. No se efectuó pago alguno en exceso de esa suma que pudiera considerarse que su aceptación saldaba las partidas que excedían la suma líquida adeudada del contrato original.

Con relación al segundo requisito, el ofrecimiento de pago tiene que ir acompañado por declaraciones o actos que claramente indiquen que el pago ofrecido por el deudor al acreedor es en pago total, completo y definitivo de la deuda existente entre ambos. El ofrecimiento tiene que ser de buena fe sujeto a la condición de que de aceptarlo se entenderá en saldo de su reclamación.

El tercer requisito, la aceptación del ofrecimiento, se perfecciona cuando el acreedor retiene el cheque y consiente bajo la premisa de que el instrumento fue remitido en concepto de pago y saldo total de la obligación. La mera retención, sin embargo, sin intención de cambiarlo no da pie a su aplicación. Véase ***H.R. Elec., Inc. v. Rodríguez,*** *supra.* Sin embargo, para que la retención del cheque constituya una aceptación no puede haber opresión o indebida ventaja de parte del deudor.

En el reciente caso ***Feliciano Aguayo v. Mapfre,*** 2021 TSPR 73, el Tribunal Supremo tuvo la oportunidad de atender la figura del pago en finiquito dentro del contexto de una reclamación de seguros. A raíz del paso del Huracán María, el Feliciano Aguayo sufrió pérdidas en su propiedad que estaba asegurada por MAPFRE contra el peligro de huracán. La póliza aseguraba la vivienda hasta el límite de $140,165 con un deducible de $2,803 y el límite de $15,000 en propiedad personal o contenido con un deducible de $500. Feliciano Aguayo notificó su pérdida a la aseguradora. Luego de realizar la inspección, investigación y ajuste de la reclamación, la aseguradora le remitió una carta en la cual le indica que los daños sufridos por su propiedad ascendían, luego de un ajuste, a la suma de $3,878.00, acompañándolo con un cheque a su favor, con una carta que indicaba que era pago total y final de su reclamación, pero reconociéndole el derecho a una reconsideración.

Feliciano Aguayo presentó la demanda contra la aseguradora por incumplimiento de contrato y daños contractuales, alegando que incumplió con los términos y condiciones de su póliza de seguros, al negarse a indemnizarle acorde con lo establecido en el contrato; y que el ajustador omitió y subestimó las pérdidas cubiertas de daños por tormenta de viento causados por el huracán. Alegó que la aseguradora había actuado de forma dolosa y de mala fe al negarse a pagar la reclamación. También alegó que incurrió en prácticas desleales en el ajuste de las reclamaciones, reclamando la suma de **$**154,017.23 en concepto de daños a la vivienda. MAPFRE levantó como defensa la doctrina de pago en finiquito, ya que Feliciano Aguayo recibió, aceptó y cambió el cheque de $3,878.00 en pago total y final de su reclamación. Feliciano Aguayo argumentó sobre la inaplicabilidad de la doctrina de pago en finiquito cuando su uso pretendía soslayar violaciones al Código de Seguros y cuando había ausencia de buena fe estatutaria. El Código de Seguros, alegó Feliciano Aguayo, le impone una obligación a la aseguradora más amplia que el mero envío de un cheque con una hoja de trabajo sin un informe de la investigación, las razones para las cantidades del ajuste y los derechos que le asisten al asegurado de forma tal que su consentimiento a un pago minúsculo por los daños causados en el desastre sea de carácter informado.

El Tribunal Supremo revocó al Tribunal de Apelaciones y al Tribunal de Primera Instancia, señalado que no se desprendía de las comunicaciones ni del cheque enviado por MAPFRE si se cumplió con las salvaguardas, restricciones y normas comerciales de trato justo estatuidas en el Código de Seguros, dirigidas a que el asegurado reciba una orientación clara que se desprenda de manifestaciones y representaciones ciertas y explicaciones razonables, incluido el estimado real de los daños sufridos por la propiedad asegurada. Tampoco se desprendía si la carta superó la exigencia de que el asegurado tuviera un entendimiento claro que el ofrecimiento del pago estaba sujetó a la condición de que de aceptarlo se entendería en saldo de su reclamación. Dicho entendimiento requiere especial atención a las circunstancias, a la naturaleza del contrato como uno de adhesión altamente regulado. En este contexto, resolvió el Tribunal Supremo, para que la figura del pago en finiquito prospere tienen que concretarse todos los requisitos jurisprudenciales propios de la figura y, además, deben hacerse valer las disposiciones estatuidas en el Código de Seguros, las normas administrativas relacionadas y la Ley de Instrumentos Negociables, *supra*. La renuncia de un derecho afirmativamente concedido por ley requiere que la parte renunciante conozca de forma cabal su derecho y haya tenido la intención clara de abandonarlo.

Llama la atención que no se discute si la entrega de un cheque por una ínfima fracción de la reclamación por una aseguradora constituye un ejercicio de opresión indebida por el deudor, quien busca tomar ventaja de la penuria del acreedor, quien acaba de sufrir los daños por el paso de un huracán, limitándose en su párrafo final a hacer un pronunciamiento genérico e inconsecuente sobre la libertad contractual de las partes.

En tiempos de crisis económica, huracanes y pandemias, el pago en finiquito se presta al abuso de derecho por deudores con capacidad económica para agotar e imponerse sobre el acreedor. En este contexto, la aplicación del pago en finiquito – como una modalidad de la transacción al instante – debe entenderse desde las limitaciones que el nuevo Código Civil le impone a los contratos de adhesión y a la facultad judicial de revisar los contratos, el cual incluyen, por supuesto, los contratos de transacción en todas sus modalidades.

El juicio por jurado en casos civiles

El Representante Georgie Navarro presentó el 22 de marzo de 2002 el P. de la C. 1518 para implementar juicios por jurados en casos de responsabilidad civil extracontractual – mal calificados como "daños y perjuicios" - para reclamaciones en exceso de $100,000.00. La medida fue referida a la Comisión de lo Jurídico.

En síntesis, la medida apoya con rabiosa vacuidad la introducción del juicio por jurado en casos civiles de responsabilidad civil extracontractual, porque sí, sin explicación. Vaya justificación. Y si bien es cierto que la Asamblea Legislativa tiene facultad constitucional para legislar el juicio por jurados en casos civiles, quisiera uno al menos tener ante si las razones fundadas para tal cambio en nuestro ordenamiento civil patrimonial.

Esta no es la primera vez que se intenta introducir en tiempos recientes los juicios por jurados en casos civiles. En el 2017, por ejemplo, el Tribunal de Primera Instancia, Sala Superior de Humacao, dictó una resolución en el caso ***Báez Gonzalez v. Ryder Memorial Hospital***, HSCI201600290, sobre impericia médica y responsabilidad médico–hospitalaria, autorizando la celebración del juicio por jurado. El argumento jurídico en apoyo de su resolución fue, en síntesis, que en tanto Puerto Rico es un territorio no incorporado bajos los poderes plenarios del Congreso, y al no tener soberanía propia como los demás estados, le son de estricta aplicabilidad las disposiciones de la Séptima y Decimocuarta Enmiendas de la Constitución de los Estados Unidos que establecen el derecho fundamental a juicio por jurado en casos civiles. En ***Pérez Toledo v. Quiñones Rosario***, NSCI20110096, el Tribunal de Primera Instancia Sala Superior de Fajardo, había resuelto de manera similar. Ambos casos fueron revocados posteriormente por el Tribunal de Apelaciones. Por su relevancia a la administración de la justicia en múltiples renglones, hay que suponer que en algún momento la controversia eventualmente habrá de llegar al Tribunal Supremo.

Publicado en ***El Vocero de Puerto Rico*** el 16 de noviembre de2022.

En casos criminales el derecho a un juicio por jurado está garantizado por varios preceptos constitucionales: el Artículo III, Sección II, y la Sexta Enmienda, aplicables a los estados por virtud de la Decimocuarta Enmienda de la Constitución de los Estados Unidos. La Constitución del Estado Libre Asociado de Puerto Rico, por su parte, garantiza el juicio por jurado en casos de delitos graves en su Art. II, Sección 11.

El asunto aquí, sin embargo, es sobre si en casos civiles hay un derecho constitucional a juicio por jurado. La Séptima Enmienda de la Constitución de los Estados Unidos dispone, y cito en inglés: "In suits at common law, where the value in controversy shall exceed twenty dollars, the right of trial by jury shall be preserved, and no fact tried by a jury, shall be otherwise re-examined in any Court of the United States, than according to the rules of the common law".

La mayoría de las constituciones estatales garantizan un juicio por jurado en casos civiles en causas de acción bajo el *common law*. La Séptima Enmienda, sin embargo, no garantiza un derecho a juicio por jurado en las cortes estatales, aunque si en la jurisdicción federal en tanto sean *suits at common law*. Hay que subrayar, no obstante, que en la jurisdicción federal no hay un *common law* federal, y que las causas de acción bajo el *common law* derivan ya sea de los estatutos federales o de la normativa estatal en casos de diversidad.

Es necesario tener presente que el derecho angloamericano distingue entre las causas de acción bajo el *common law* y bajo *equity*. Las acciones civiles en *equity* no gozan de un derecho constitucional a juicio por jurado en el ámbito federal. En términos generales, la distinción gira en torno a si el remedio solicitado en la causa de acción deriva de la ley o, en cambio, si deriva de los principios generales de derecho. En este contexto no es de extrañar que los estados no contemplan, a modo de ejemplo, juicios por jurado en casos de derecho de familia.

Puerto Rico proviene de una tradición civilista, en donde la discusión jurídica sobre si la causas de acción surge bajo el *common law* o bajo *equity* no es relevante. Tal distinción no responde a nuestro entorno jurídico. Más allá de los evidentes ribetes ideológicos mal contextualizados, las acciones judiciales bajo el derecho civil patrimonial no son en sentido estricto *suits at common law*, según contempladas bajo la Séptima Enmienda. Como cuestión de interpretación constitucional, el sentido del texto gobierna su alcance.

En la medida en que nuestro ordenamiento no distingue entre el *common law* y el *equity* por evidentes razones históricas, introducir estar distinción solapadamente para propósitos de legislar el derecho a juicio por jurado en casos de responsabilidad civil extracontractual le resta uniformidad y certeza, y da pie a una aplicación a-histórica y confusa de remedios. Al final del día la controversia no es uno de las relaciones políticas entre Estados Unidos y Puerto Rico, sino de paradigmas jurídicos.

Quizás debamos enmendar el juramento que toman los legisladores al asumir sus cargos para incluir la promesa hipocrática: *primum non nocere*.

La dación en pago

La obligación puede cumplirse con una prestación distinta de la debida si media acuerdo entre el deudor y el acreedor, simultáneamente con la ejecución de la distinta prestación, sin que se constituya una nueva obligación.

Artículo 1138 del Código Civil, 31 L.P.R.A. §9201

La dación en pago - *datio in solutum* - es una de las maneras reconocidas en nuestro ordenamiento para extinguir las obligaciones. Bajo el anterior Código Civil se reconocía con meras menciones en el artículo 1411, 31 L.P.R.A. §3921, sobre retracto legal, el artículo 1528, 31 L.P.R.A. §1528, sobre censo enfitéutico y en el artículo 1748, 31 L.P.R.A. §4953, sobre la extinción de la fianza. La jurisprudencia ha reconocido la figura en los conocidos casos ***Reece Corp. v. Ariela, Inc.***, 122 DPR 270 (1988); ***Trabal Morales v. Cruz Rodríguez***, 125 DPR 340 (1990); ***General Electric Cred. v. Southern Transport & Oil***, 132 DPR 808 (1993).

Diez-Picazo la define como "todo acto de cumplimiento de una obligación que, con el consentimiento del acreedor, se lleva a cabo mediante la realización de una prestación distinta a la que inicialmente se había establecido". *Fundamentos del Derecho Civil Patrimonial,* 2da ed., Madrid, Ed. Tecnos, 1983, Vol. 1, pág. 662.

La doctrina ha señalado que la dación en pago tiene los requisitos siguientes: (1) una obligación preexistente que se quiere extinguir; (2) un acuerdo de voluntades entre el acreedor y deudor en el sentido de considerar extinguida la antigua obligación a cambio de la nueva prestación, y (3) una prestación realizada con intención de efectuar un pago total y definitivo. J. Puig Brutau, *Fundamentos del Derecho Civil,* 3ra ed., Barcelona, Ed. Bosch, 1985, T. I, Vol. 2, págs. 322-324.

Dada una obligación - sea de dar, hacer o no hacer – la dación se presenta como un ejercicio de la autonomía de la voluntad entre el deudor y el acreedor para sustituirla. La referencia al término *dación* sugiere su origen histórico en las obligaciones de dar, aunque nada impide su aplicación a los otros tipos de obligación.

La dación en pago se distingue de la obligación facultativa recogida en el artículo 1089, 31 L.P.R.A. §9037, en que requiere el consentimiento del acreedor para ejercerse. La obligación facultativa, de nuevo cuño en nuestro Código Civil, autoriza la sustitución de la obligación por el deudor, liberándose este de realizar la prestación determinada mediante su sustitución por otra también determinada, pudiendo el acreedor solamente exigir la prestación a la cual el deudor está directamente obligado. La facultad u opción del deudor se ejerce meramente mediante el cumplimiento. De igual modo hay que distinguir la obligación facultativa de la obligación potestativa, la cual deja en manos del deudor la potestad de cumplir o no una obligación, que se tienen por no puesta. Véase artículo 304 del Código Civil, 31 L.P.R.A. §6242, que prohíbe en los negocios jurídicos *inter vivos* las condiciones puramente potestativas del deudor. También véase ***Jarra Corp. v. Axxis Corp.***, 155 D.P.R. 764 (2001), sobre la distinción entre la obligación simplemente potestativa y la rigurosamente potestativa.

Como señalara el Tribunal Supremo en ***Trabal Morales v Cruz Rodríguez,*** *supra,* a las páginas 345-346, al comentar sobre la naturaleza jurídica de la dación en pago: "[...]vale decir que en el pasado esta figura jurídica se ha asimilado a la compraventa porque, como apunta Castán Tobeñas, "[l]a solución preferible parece ser considerar la dación en pago como una modalidad o variante del pago... pero que implica, a la vez, una transmisión onerosa y ofrece, desde este punto de vista, analogías con el contrato de compraventa". Otros autores, sobre todo franceses, la han considerado como una novación por cambio de objeto. Actualmente, sin embargo, cobra terreno la tesis que distingue claramente la dación en pago de la compraventa y la novación, y que rechaza con igual vehemencia la doctrina que la califica de acto complejo, mezcla de pago, novación y venta. Ahora bien, aunque ya ha ganado identidad propia, su escasa reglamentación obliga en muchas ocasiones a recurrir a otras figuras de mayor configuración y regulación para identificar y precisar su alcance y sus efectos." Citas omitidas.

A pesar de los debates que ha suscitado esta figura, según Puig Brutau existe consenso de que su

Publicado en ***Microjuris al día*** el 6 de noviembre de 2022.

principal efecto consiste en la extinción de la obligación originaria y que, en consecuencia, también desaparecen totalmente sus derechos accesorios y garantías. *Op. cit.*, pág. 324; A. Cristóbal Montes, *El pago o cumplimiento de las obligaciones*, Madrid, Ed. Tecnos, 1986, pág. 171.

Por su efecto sobre la extinción de la obligación, hay que destacar el primer requisito de la figura que supone un vínculo jurídico anterior entre el deudor y el acreedor. La discusión doctrinal ha vacilado precisamente en la calificación de la dación en pago, sea como negocio jurídico. Véase el artículo 268, 31 L.P.R.A. §6121, que tipifica el negocio jurídico como el acto jurídico voluntario lícito que tiene por fin directo establecer, modificar o extinguir relaciones jurídicas. En la medida en que la dación en pago supone la extinción de la obligación y el vínculo jurídico, no debe haber duda de que hay que entenderlo como un negocio jurídico independiente.

La importancia de esta discusión reside en las consecuencias jurídicas que dimanan de su calificación. Como negocio jurídico la dación en pago supone un concierto de voluntades que extingue una obligación previa en virtud de un nuevo acuerdo, teniendo toda la apariencia de la novación.

Una lectura del artículo 1138, *supra*, del Código Civil nos alerta al problema. La primera cláusula del precepto nos dice que "[l]a obligación puede cumplirse con una prestación distinta de la debida si media acuerdo entre el deudor y el acreedor [...]". Es decir, la sustitución de la obligación requiere un acuerdo entre el deudor y el acreedor. Al referirse a un acuerdo se introduce el ejercicio de la voluntad propio del negocio jurídico. Sobre el negocio jurídico véase el artículo 268 y siguientes, 31 L.P.R.A. §6121, *et seq.* Como acuerdo, pensaría uno, estaría sujeto a los principios del contrato. Esta aproximación asemeja la dación en pago a la novación, subrayando la extinción de una obligación anterior mediante la constitución de una nueva. Sobre la novación véase el artículo 1182 y siguientes, 31 L.P.R.A. §9421, *et seq*, la cual discutiremos en otra ocasión.

Sin embargo, la próxima cláusula del precepto cualifica, "[...], simultáneamente con la ejecución de la distinta prestación [...]" Esta fraseología caracteriza lo distintivo del referido acuerdo entre el deudor y el acreedor en la cláusula anterior en tanto que requiere que ocurra simultáneamente con la ejecución de la prestación distinta. En otras palabras, la dación en pago se configura no solo con el acuerdo sino con la simultaneidad en el cumplimiento.

En ***Trabal Morales v Cruz Rodríguez***, *supra*, a las páginas 349-350, que trataba sobre la dación en pago de un bien inmueble al acreedor hipotecario, se señaló que para que se configure la dación en pago tiene que ocurrir el perfeccionamiento de la nueva prestación convenida. A lo cual el añadió el Tribunal, citando a Puig Brutau, que "el negocio no estaría completo o no se perfeccionaría mientras no se ejecute la prestación sustitutiva. El deudor debe hacer al acreedor una atribución patrimonial, que puede ser la transmisión de la propiedad de una cosa o de la titularidad de un derecho, la prestación personal de servicios, etc. En resumidas cuentas, cuando la nueva prestación implica el pago con un bien inmueble, como el caso de autos, *es necesario que se efectúe la tradición, o sea, su entrega.*"

Llama la atención la imprecisión terminológica en el anterior razonamiento, el cual equipara el perfeccionamiento de la prestación convenida con la ejecución o cumplimiento de la prestación sustitutiva. Bajo esta jurisprudencia no está del todo claro si en casos donde el objeto de la dación en pago no sea un bien inmueble, la entrega tiene que ser simultánea con el perfeccionamiento del acuerdo. Ya en ***Reece Corp. v. Ariela, Inc.***, *supra*, se había reconocido implícitamente la dación en pago parcial lo cual desdibuja el requerimiento de la simultaneidad.

La exigencia de la simultaneidad restringe significativamente el radio de aplicación de la figura, la cual la tipifica implícitamente como una obligación pura. Sobre las obligaciones puras véase el segundo párrafo del artículo 309, 31 L.P.R.A. §6247, que dispone que el negocio jurídico no sometido a un plazo ni a condición suspensiva, tiene eficacia inmediata.

Como acuerdo, nada hubiera impedido que la dación en pago quedara sujeta a condiciones, plazos y demás obligaciones. La simultaneidad entre el acuerdo y el cumplimiento es tan solo una posibilidad entre otras. Es de notar como en el borrador del 2004, su artículo 81, del cual proviene sustancialmente el 1138, supra, el requerimiento de la simultaneidad no estaba incluida. Hay que pensar que la decisión de requerir la simultaneidad en el perfeccionamiento y el cumplimiento responde al interés de distinguirlo de la novación, restringiéndola al punto de la inutilidad práctica.

La tercera cláusula del artículo 1138, *supra*, reza "[...] sin que se constituya una nueva obligación." Como negocio jurídico la dación en pago no supone una nueva obligación, sino un acto dirigido a extinguir una obligación primitiva. Esta aproximación, sobra decir, está reñida con la conceptualización de lo que es un negocio jurídico según detallado a lo largo del Libro Primero, Título IV, del Código Civil.

La importancia de lo anterior reside precisamente en las implicaciones para las obligaciones primitivas. No habiéndose constituido una novación, cualquier defecto en la dación en pago, sea de título o vicios redhibitorios, daría al acreedor derecho a exigir el cumplimiento de la obligación primitiva. En cambio, de no darse la simultaneidad en el perfeccionamiento y el cumplimiento, el acuerdo entre el deudor y el acreedor habría que entenderlo como novatorio, con la consecuencia de extinguir la obligación primitiva y, por supuesto, sus obligaciones accesorias, impidiendo al acreedor de revivirlas en caso de algún defecto o incumplimiento.

En fin, al exigir la simultaneidad del perfeccionamiento con el cumplimiento, la dación en pago pierde vitalidad, remitiéndose por inercia a la novación en los casos en que no ocurra dicha simultaneidad.

Se puede anticipar como la practica contractual responderá ante este nuevo escenario. La conducta humana, como el agua, siempre busca la salida.

El derecho de superficie

El derecho de superficie queda válidamente constituido mediante su otorgamiento en escritura pública y su inscripción en el Registro de la Propiedad

Artículo 973 del Código Civil, 31 L.P.R.A. §8583

El artículo 971 del Código Civil, 31 L.P.R.A. §8581, define el derecho de superficie como "un derecho real limitativo sobre cosa ajena que faculta a una persona, denominada superficiario, a construir sobre el suelo, subsuelo o vuelo de una finca o sobre una edificación existente perteneciente a otra persona, denominada propietario."

Como han señalado múltiples autores, el derecho de superficie nace como una respuesta a la inflexibilidad del principio de derecho romano *superficies solo cedit. Inicialmente* el derecho de superficie tuvo carácter de derecho personal u obligacional. Después se protegió con interdictos, hasta que en el Derecho romano postclásico fue considerado como un derecho real y transmisible. El derecho de superficie, sin embargo, no pasó de ser en un derecho sobre la cosa ajena edificada y construida por el superficiario.

El Derecho romano no reconocía la figura de la propiedad de la edificación como propiedad separada a la del suelo porque siempre actuaba la accesión, que en materia de bienes muebles incorporados a fincas operaba sin excepciones. Esta concepción *entorpecía* reconocerle al constructor en suelo ajeno su derecho de propiedad sobre lo construido. En su evolución y desarrollo el derecho germánico aportó al derecho civil la noción de darle mayor valor a la edificación que al suelo, admitiéndose la propiedad de la edificación o plantación separada del terreno. Una variante de esta misma influencia histórica sobre el valor de lo edificado se refleja en la figura de la accesión a la inversa por construcción extralimitada. Véase ***Laboy Roque v. Pérez***, 181 D.P.R. 718 (2011); hoy recogido en el artículo 762 del Código Civil, 31 L.P.R.A. §7988.

En la época de la codificación los códigos civiles europeos su fue admitiendo el derecho de

---

Publicado en ***Microjuris al día*** el 13 de noviembre de 2022.

superficie. Puig Brutau señala que el derecho de superficie modernamente se concibe como una superación de la regla de que todo lo edificado cede como accesión o en beneficio del dueño del suelo y reconoce que un sujeto de derecho tenga la propiedad del suelo y que otro distinto tenga la del edificio. Castán comentaba que durante el siglo XX se inició una reacción legislativa y doctrinal en favor de este derecho, que se considera como un instrumento para atender y resolver problemas de vivienda. Estas observaciones de Castán siguen siendo de vital relevancia para el Puerto Rico del 2022, como agudamente evidenciaron los problemas administrativos después del paso del huracán María en el 2017 en la asignación por FEMA de fondos de emergencia a los damnificados muchos quienes no pudieron por diversas razones acreditar a satisfacción de los funcionarios gubernamentales sus derechos de propiedad.

Por su parte Roca Sastre explica que el derecho de superficie tiene las siguientes características fundamentales: (1) es un derecho real; (2) tiene por objeto tener o mantener en terreno o inmueble ajeno una edificación o plantación en propiedad separada; (3) hace posible la propiedad separada del edificio respecto del suelo donde radica; (4) puede ser de duración temporal o de duración indefinida; y (5) puede referirse a edificaciones sobre el suelo y a edificaciones debajo de él. *P*untualiza este autor: "Una cosa es el *derecho de superficie,* que es la expresión de aquella relación jurídica que permite al superficiario *tener o mantener* en terreno de otro la propiedad de la edificación, y otra es la *propiedad de esta edificación,* cuya existencia hace posible el derecho de superficie, y que, por esto, se denomina *propiedad superficiaria. [...]*El *derecho de superficie* es el *soporte jurídico* de la *propiedad superficiaria[...]". Citas omitidas.*

El anterior Código Civil mencionaba el derecho de superficie en su Art. 1503, 31 L.P.R.A. §4178, como consecuencia de mencionarlo también su predecesor el Código Civil español de 1889. La Ley Hipotecaria de 1893 disponía en artículo 107 que podrá hipotecarse el derecho de superficie. 30 L.P.R.A. §203. De igual manera, en su artículo 2, al relacionar los derechos inscribibles, luego de mencionar los más conocidos añade "y otros cualesquiera reales." 30 L.P.R.A. §2. Por su parte, la sección 39.1 del anterior Reglamento Hipotecario autorizaba la inscripción del derecho de superficie.

Dada la clara naturaleza de derecho real de los derechos de superficie y de propiedad superficiaria, y de la doctrina de *numerus apertus, no* había duda de que son inscribibles en Puerto Rico, igual que en España. Véase, entre otros, González Martínez, *Estudios de Derecho Hipotecario y Civil,* Tomo II (1948), pág. 221 y ss; Roca Sastre, "Ensayo Sobre el Derecho de Superficie", en la *Revista Crítica de Derecho Inmobiliario,* número extraordinario, Conmemorativo del Primer Centenario de la Ley Hipotecaria Española de 1861, Núms. 392-393 (enero-febrero 1961); Puig Brutau, *Fundamentos de Derecho Civil* (1953), Tomo III, págs. 503-513; Castán, *Derecho Civil Español, Común y Foral,* Tomo II, Vol. II, 10ma. ed. rev. (1965), págs. 302-321; Puig Peña, *Tratado de Derecho Civil Español,* Tomo III, Vol. I, págs. 475-484; Rivera Rivera, *Derecho Registral Inmobiliario Puertorriqueño*, Jurídica Editores (2012) 3ra. Edición, págs. 404-406.

En ***Lozada v. Registrador***, 99 D.P.R. 435 (1970), el Tribunal Supremo recogió la discusión anterior y resolvió a favor de la inscripción registral del derecho de superficie.

En el memorial explicativo de 2004 del Libro III para la Comisión Conjunta Permanente para la Revisión y Reforma del Código Civil, se destacó sobre el derecho de superficie lo siguiente: (i) su autonomía como derecho real; (ii) su temporalidad o de duración indefinida; (iii) la inscripción de naturaleza declarativa del derecho en el Registro de la Propiedad para que sea oponible a terceros; (iv) que el derecho de edificar caducaba luego de transcurrido el plazo convenido, o en su defecto, el de cinco años de constituido (v) que no se impedía al dueño del terreno realizar obras en el suelo o subsuelo, siempre que ello no se traduzca en perjuicio al superficiario; (vi) el derecho del superficiario no se extinguía por la destrucción de las obras; (vii) la transmisibilidad del derecho por pactos *inter vivos* o *mortis causa*, facultándose la constitución de derechos reales de garantía; (viii) extinguido el derecho, el propietario del suelo se convierte en titular de lo edificado o plantado, con la compensación al superficiario, salvo pacto en contrario; (ix) la eliminación del derecho de tanteo tanto al concedente como al superficiario en toda enajenación onerosa del derecho de superficie y en las enajenaciones onerosas efectuadas por el propietario. No todas estas propuestas fueron recogidas en la versión aprobada.

Posterior a esa primera etapa de revisión del Código Civil, se legisló la nueva ley Hipotecaria, Ley Núm. 210 de 8 de diciembre de 2015. Dicha ley recogió el derecho de superficie en su Título XI, artículos 166 al 181, 30 L.P.R.A. §§6261-6276. Estos artículos fueron incorporados en el nuevo Código Civil casi íntegramente en los artículos 971 al 990, 31 L.P.R.A. §§8581-8671, añadiéndose únicamente los artículos 976 y 977, 31 L.P.R.A. §8591, §8592, que atienden el contenido y ejercicio del derecho de superficie susceptible de pacto entre el propietario y superficiario.

Aparte de la definición del derecho de superficie antes citada, el artículo 971, *supra*, lo tipifica como un gravamen sobre la finca principal, adoptándose la terminología del derecho inmobiliario registral para calificar el suelo, subsuelo o vuelo de la finca del propietario. Por otro lado, hay que notar que esta definición parece invitar la posibilidad del fraccionamiento jurídico de la columna de aire, admitiéndose diferentes regímenes jurídicos sobre ello, no solamente el derecho de superficie. El artículo 982, 31 L.P.R.A. §8597, que autoriza la constitución del régimen de propiedad horizontal sobre el derecho de superficie, apunta en esta dirección. Dado los desarrollos urbanísticos a nivel mundial, la posibilidad de crear diferentes regímenes jurídicos que coinciden en el vuelo de un mismo suelo se presenta hoy día como una oportunidad para su mayor explotación. En este aspecto, la facultad de reserva del propietario de conceder el derecho de superficie, recogido en el artículo 983, 31 L.P.R.A. §8598, sugiere un amplio ámbito para el ejercicio de la amplia autonomía de la voluntad en esta dirección.

El artículo 971, *supra*, también requiere la inscripción del derecho de superficie en el Registro de la propiedad, como finca independiente, ya sea una obra nueva o una concesión de un derecho sobre una nueva edificación. El artículo 973, 31 L.P.R.A. §8583, reitera El derecho de superficie queda válidamente constituido mediante su otorgamiento en escritura pública y su inscripción en el Registro de la Propiedad.

Este es el cambio mayor en la figura. El requerimiento de la inscripción del derecho de superficie en el Registro de la Propiedad la hace constitutiva, no declarativa, contrario a como era bajo el estado derecho anterior y como se recomendó en el memorial explicativo del 2004. Si bien es cierto que la inscripción favorece la certeza y protección de los derechos inmobiliarios, no es menos cierto que la norma general en materia de derechos reales es que los mismos nacen fuera del Registro de la Propiedad, en tanto reúna los elementos del título y el modo. Véase La inoponibilidad del derecho real. La inscripción como constitutivo del derecho real es la excepción. Al imponerle el requisito de la inscripción registral al derecho de superficie este se hace más costoso e inaccesible a aquellos que no tienen sus propiedades inscritas por la razón que fuere. Este requisito perjudica primordialmente a aquellos quienes tienen los menos recursos económicos para sufragarlo y quienes pudieran tener la mayor necesidad patrimonial para utilizar la figura, como ejemplificó en su día el caso de ***Lozada v. Registrador***, *supra*.

Por construcción susceptible de inscripción como un derecho de superficie se mencionan de manera ejemplificativa: edificación nueva o existente; antenas; placas fotovoltaicas; molinos de viento; pizarras electrónicas; y siembras y plantaciones. Puede ser perpetuo o a término. Si nada se dice en el título se entiende concedido a perpetuidad, entiéndase indefinidamente. Artículo 972, 31 L.P.R.A. §8582.

El derecho de superficie puede ser constituido por el propietario, con el consentimiento de cualquier arrendatario o usufructuario del inmueble o parte del mismo sobre la cual se vaya a conceder el derecho de superficie. Artículo 974, 31 L.P.R.A.

§8584. La inclusión del consentimiento del arrendatario, hay que suponer, es si tal derecho está inscrito en el Registro de la Propiedad. Al parecer, al calcar el artículo 974, *supra*, del artículo 169 de la Ley Hipotecaria, 30 L.P.R.A. §6264, se olvidaron de que en el Código Civil el arrendamiento es de ordinario un derecho de crédito, y el arrendatario como acreedor no tiene la suficiencia jurídica para oponerse al dominio del propietario. Este consentimiento no es necesario cuando del Registro de la Propiedad surge que el propietario se reservó la facultad de conceder el derecho de superficie, contemplado en el artículo 983, *supra*.

El derecho de superficie es transmisible salvo que se condicione, se constituya a título gratuito y como personalísimo, o si se prohíbe expresamente por la ley. Artículo 975, 31 L.P.R.A. §8585.

Las partes pueden establecer en cualquier momento el régimen de sus respectivos derechos, entre ellos, en casos de nueva construcción el plazo de realización de la construcción, atribuyéndole eficacia extintiva y reversión al propietario, salvo pacto en contrario; la atribución al propietario de un derecho de uso, por cualquier concepto, sobre viviendas o locales; en casos de edificaciones prexistentes su extinción o resolución en caso de impago, mal uso que ponga la ponga en peligro; el uso de los respectivos inmuebles y los derechos de adquisición recíprocos; y el régimen liquidatorio de la posesión. Artículo 976, 31 L.P.R.A. §8591. Sobre el plazo de construcción en el artículo 979, 31 L.P.R.A §8594, dispone que le término no puede ser mayor de 5 años, lo cual limita la voluntad contractual innecesariamente el inciso (a) del artículo 976, *supra*, y el artículo 172 de la Ley Hipotecaria, 30 L.P.R.A. §6267. No es armonizable el plazo de 5 años como para construir en casos donde el derecho de superficie sea concedido en exceso de 5 años o de manera perpetua o indefinida.

El superficiario puede efectuar trabajos en las construcciones con las condiciones y limitaciones establecidas en el título constitutivo del derecho, artículo 977, 31 L.P.R.A. §8592; mientras que el propietario debe inhibirse de cualquier acto perturbador o que dificulte o impida el ejercicio del derecho del superficiario, en su defecto respondiéndole por los daños y perjuicios causados, artículo 978, 31 L.P.R.A. §8593.

Por otro lado, para hacer viable el uso y disfrute del derecho de superficie se requiere la constitución de una servidumbre de acceso a la vía pública u otra servidumbre necesaria sobre la finca principal a favor del superficiario. Si en el título no se designa el sitio y las demás condiciones del ejercicio de las servidumbres lo fijará el tribunal, artículo 980, 31 L.P.R.A. §8595.

El artículo 981, 31 L.P.R.A. §8596, contempla en casos en que se conceda el derecho de superficie sobre parte de una finca, solamente se expresará la porción del área en el sistema métrico decimal y lugar que ocupará el derecho de superficie. Este artículo proviene del artículo 174 de la Ley Hipotecaria, 30 L.P.R.A. §6269, lo cual hay que entenderlo como un acto de individualización, no de segregación, análogo a la Ley de Condominios. Sobre la distinción entre segregación e individualización, véase ***Parras Silvestry v. Registrador***, 203 DPR ___ (2020).

En cuanto al tanteo y el retracto, el artículo 984, 31 L.P.R.A. §8599, dispone que pueden ser pactados entre las partes en la escritura de constitución del derecho de superficie, y en su ausencia, en toda enajenación onerosa del derecho de superficie, tanto el propietario como el superficiario ostentarán los derechos de tanteo y de retracto frente a cualquier adquirente bajo los plazos y efectos previstos en el Código. Este precepto hay que entenderlo negativamente. Es decir, si hay un derecho al tanteo y retracto por disposición legal el pacto es innecesario. El pacto referido en la primera oración hay que entenderlo ya sea para negar la existencia del derecho, ya sea para ampliarlo o reducirlo en cuanto a plazos y efectos.

El derecho de superficie se extingue por (i) la renuncia del superficiario; (ii) el vencimiento del plazo pactado o el cumplimiento de la condición resolutoria a la cual se sujetó; (iii) el incumplimiento del superficiario de su obligación de construir o plantar; (iv) la consolidación en una misma persona de las cualidades de propietario y superficiario; (v) cualquier otra causa pactada entre las partes; (vi) la muerte del superficiario, si se trata de un derecho vitalicio; o (vii) la expropiación, artículo 986, 31 L.P.R.A. §8611.

El artículo 987, 31 L.P.R.A. §8612, dispone que si el derecho de superficie se establece por un plazo pero no se fija su duración, para su extinción se requiere el consentimiento del propietario y del superficiario; y si el acuerdo no se logra, el tribunal fijará, para la conclusión del derecho, un plazo que sea suficiente para el cumplimiento de los fines que persiguieron las partes al constituirlo. Este artículo no proviene de la Ley Hipotecaria. Notablemente, el artículo 312 incluido en el memorial explicativo de 2004 reza: "Si el derecho de superficie se pacta por tiempo indeterminado, para su extinción se requerirá el consentimiento del propietario y del superficiario. Si el acuerdo no se logra, el tribunal fijará, para la conclusión del derecho, un plazo que sea suficiente para el cumplimiento de los fines que persiguieron las partes al constituirlo." El lenguaje del artículo 987, *supra*, hace referencia al establecimiento de un plazo del derecho de superficie que no fija duración. No esta muy claro que significa esto, y parece cometer el mismo desliz conceptual entre plazo y duración que se observa en el contrato de opción. Véase artículo

1030, inciso (a), 31 L.P.R.A. §8822. También véase La opción. Si el derecho de superficie tiene un plazo determinado - hay que insistir - ese es su duración.

Al transcurrir el plazo y extinguirse el derecho, el propietario adquiere el dominio de la edificación. En ausencia de pacto, el propietario debe satisfacer al superficiario una indemnización equivalente al valor de la construcción al momento de la transmisión, incluyendo todas sus mejoras. La extinción del derecho de superficie provoca la extinción de los derechos reales impuestos por el superficiario. Si el superficiario tiene derecho a indemnización, los titulares de dichos derechos se subrogan en lugar del superficiario. Artículo 988, 31 L.P.R.A. §8613. Aquí, la indemnización a favor del superficiario a falta de pacto se asemeja al trato que se le da al edificador de buena fe en casos de accesión de bienes muebles a inmuebles, artículo 761, 31 L.P.R.A. §7987.

Si por cualquier causa se reúnen en la misma persona los derechos del propietario y los del superficiario, los derechos reales que recaen sobre uno y otro siguen gravándolos separadamente. Esta excepción a la extinción por confusión – similar al cuarto párrafo del artículo 180 de la Ley Hipotecaria, 30 L.P.R.A. §6275, aunque allí se refiere al propietario como superficiante – responde a la existencia de derechos reales que pudieran favorecer a terceros que gravan el suelo o la superficie, como por ejemplo una hipoteca. Creo que pudiera haber mayor precisión en el precepto refiriéndose expresamente a los derechos reales que recaen sobre uno y otro en beneficio de un tercero, sea registral o civil.

La destrucción de la propiedad superficiaria no extingue el derecho de superficie, salvo pacto distinto y el superficiario puede reconstruirla cumpliendo los términos originales de su derecho, artículo 989, 31 L.P.R.A. §8614.

Finalmente, el artículo 990, 31 L.P.R.A. §8615, señala que las disposiciones relativas al derecho de superficie no contempladas en este Código se atenderán en la legislación registral inmobiliaria, lo cual es perfectamente entendible dado que fue de ahí que calcaron sus disposiciones.

En síntesis, el señalamiento mayor que se le puede hacer a la forma en que el derecho de superficie ha sido tipificado en el Código Civil es su innecesaria disposición haciendo su inscripción en el Registro de la Propiedad constitutiva del derecho. Por otro lado, hay que reconocer que previo a la aprobación del nuevo Código Civil no había tal requerimiento, razón por la cual hay una infinidad de casos en las que se ha constituido un derecho de superficie sin haberse inscrito en el Registro de la Propiedad. Este derecho real extraregistral no estaría cobijado bajo el nuevo Código Civil, y su transmisibilidad de titular a titular – como un derecho real – estaría protegido por el Artículo II, sección 7, de la Constitución del Estado libre Asociado contra el menoscabo de los derechos contractuales. Es decir, al requerir la inscripción del derecho de superficie, inadvertidamente quizás, se está alentado el desarrollo de dos regímenes superficiarios distintos que corren paralelamente, uno inscrito y otro no inscrito. Difícil entender la utilidad o ventaja de este modelo.

¿Venta quita renta?

El fallecimiento del arrendador o la enajenación del bien arrendado no afecta la duración del arrendamiento convenido, salvo pacto distinto.

Artículo 1334 del Código Civil, 31 L.P.R.A. §10104

El contrato de arrendamiento no requiere, para su validez, formalidad especial alguna, salvo cuando el objeto es un bien inmueble y se pretende inscribir en el Registro de la Propiedad para que tenga eficacia ante tercero

Artículo 1342 del Código Civil, 31 L.P.R.A. §10151

Ha habido una larga discusión doctrinal y jurisprudencial sobre la naturaleza jurídica del arrendamiento de bien inmueble. Específicamente en torno a si dicho negocio jurídico debe considerarse como uno de carácter obligacional o real.

Bajo el anterior el Código Civil el contrato de arrendamiento de fincas rústicas y urbanas era tipificado como un contrato, un derecho de crédito, inoponible ante terceros. Como derecho de crédito, el contrato obligaba a las partes, respondiendo cada cual en caso de incumplimiento. Quienes no fueran partes del contrato, de ordinario, no estarían bajo su sombra. ***Colón v. Club Rotario***, 64, D.P.R. 572 (1945); ***Feliciano v. Antonio Roig Sucesores***, 56 D.P.R. 719 (1940).

Inclusive, el previo artículo 1461, 31 L.P.RA. contemplaba que "[e]l comprador de una finca arrendada tiene derecho a que termine el arriendo vigente al verificarse la venta, salvo pacto en contrario y lo dispuesto en la Ley Hipotecaria." Este principio es recogido en el conocido aforismo, *venta quita renta*.

Solamente cuando el contrato de arrendamiento sobre bien inmueble fuere elevado a instrumento pública e inscrito en el Registro de la Propiedad pudiera este adquirir la protección de la fe pública registral y ser oponible ante terceros. En esta vena, el antiguo artículo 1439, 31 L.P.R.A. §4034, disponía que "con relación a terceros, no surtirán efectos los arrendamientos de bienes raíces que no

Publicado en ***Microjuris al día*** el 20 de noviembre de 2022.

se hallen debidamente inscritos en el registro de la propiedad."

La previa Ley Hipotecaria en su artículo 38 (3ro), 30 L.P.R.A §2201, disponía que era inscribible el arrendamiento de bienes inmuebles pactado por un período se seis años o más, o cuando tenga un plazo menor, pero las partes convinieren que se inscriba.

Es decir, su inscripción convierte al arrendamiento en un derecho real. ***Garage Cooperativo de Sabana Grande v. Arco Caribbean, Inc.***, 111 D.P.R. 52 (1981); ***Saavedra v. Central Coloso, Inc.***, 85 D.P.R. 421 (1962).

La Ley Hipotecaria actual, a su vez, en su artículo 5, 30 L.P.R.A §6012, dispone que "[l]os contratos de arrendamiento de bienes inmuebles se podrán inscribir cuando sean por un término de seis (6) años o más, o cuando hubiese convenio de las partes para que se inscriban. También se podrá inscribir la cesión del arrendamiento siempre y cuando surja del propio contrato. [...]" Elipsis nuestro.

Parecería que la discusión sobre la naturaleza del derecho de arrendamiento ya había sido superada, reconociéndose su dualidad jurídica como derecho de crédito o como derecho real, según su cumplimiento con los requerimientos formales de la ley.

El nuevo Código Civil, sin embargo, vuelve a enturbiar las aguas con el artículo 1334, 31 L.P.R.A. §10104, al disponer que "[e]l fallecimiento del arrendador o la enajenación del bien arrendado no afecta la duración del arrendamiento convenido, salvo pacto distinto".

Este precepto nuevamente levanta interrogantes sobre la naturaleza del contrato de arrendamiento. Empieza el precepto aludiendo a la hipótesis del fallecimiento del arrendador, no afectándose la duración del arrendamiento convenido. Esta hipótesis ya está subsumida en el artículo 1233, 31 L.P.R.A. §9754, sobre la fuerza vinculante del contrato para los sucesores, y en el artículo 1587, 31 L.P.R.A. §11041, sobre la responsabilidad de los herederos de las obligaciones del causante hasta el valor de los bienes hereditarios que recibe. Esta hipótesis no requiere mayor comentario.

La segunda hipótesis, la enajenación del bien arrendado no afecta la duración del arrendamiento convenido, salvo pacto distinto, es problemática. Una primera lectura del precepto parecería sugerir que, en casos de enajenación del bien arrendado, por su dueño o por quien tuviera la capacidad suficiente para ello claro está, el contrato de arrendamiento subsistiría por su término de duración. Esta lectura necesariamente implica que la enajenación del bien inmueble no surtiría el efecto de dar por terminado el contrato de arrendamiento. Es decir, venta no quitaría renta, admitiéndose la oponibilidad del derecho del arrendatario ante el tercero adquirente del bien inmueble. Para todos los efectos jurídicos relevantes esta lectura concibe el derecho posesorio del arrendatario como un derecho real, ello sin necesidad del cumplimiento de formalidad alguna. Las implicaciones para la teoría del título y el modo en la constitución del derecho real no parecen haber ocupado la atención de sus redactores. Véase El derecho real.

En el comentario recogido en el memorial explicativo del 2004, la Comisión Conjunta Permanente para la Revisión y Reforma del Código Civil de Puerto Rico declara: "Con esta norma se acoge la recomendación de poner fin al principio "venta quita renta", recogido en el antiguo artículo 1461 del Código Civil de Puerto Rico y en Código Civil de Perú. Ello no sólo imprime certeza a la relación, que a fin de cuentas es uno de los principios fundamentales de la contratación y del derecho en general, sino que implica una acción afirmativa dirigida a la protección del arrendatario". Continúa el comentario reclamando el interés social de defender a los arrendatarios del entonces reciente derogación de la Ley de Alquileres Razonables. Véase La Ley para la Estabilización de las Rentas en Puerto Rico.

Esta lectura es problemática y está reñida con otros preceptos del propio Código Civil y la Ley Hipotecaria. El artículo 1342, 31 L.P.R.A. §10151, señala que "[e]l contrato de arrendamiento no requiere, para su validez, formalidad especial alguna, salvo cuando el objeto es un bien inmueble y se pretende inscribir en el Registro de la Propiedad para que tenga eficacia ante tercero."

También, el artículo 277, 31 L.P.R.A. §6161, en su tercer párrafo, señala que "[S]i la ley impone una forma determinada para la validez de un negocio jurídico, la inobservancia produce la nulidad." Si el artículo 1342, requiere la formalidad y la inscripción para que el arrendamiento sea eficaz ante tercero, ¿acaso su inobservancia autorizada por el artículo 1334, *supra*, produce la nulidad del negocio jurídico? El fraude de ley se asoma.

Por otro lado, el artículo 1245, 31 L.P.R.A. § 9792, dispone que para efectos probatorios debe constar, en instrumento público o privado la creación, transmisión, modificación o extinción de derechos reales sobre inmuebles, al igual que el arrendamiento de inmuebles por seis (6) años o más.

Es decir, la oponibilidad del derecho del arrendatario requiere para su validez ser elevado en instrumento público e inscribirse en el Registro de la Propiedad para que sea oponible ante terceros, tal y cual lo requiere el artículo 5 de la Ley Hipotecaria vigente, *supra*.

Bajo el artículo 1334, *supra*, y la primera cláusula del artículo 1342, *supra*, el contrato de arrendamiento no tiene un requerimiento formal. Sin embargo, el artículo 1342 expresamente lo requiere para que tenga eficacia frente a terceros. La contradicción es insalvable.

Una lectura detenida del artículo 1334, *supra*, permite reconciliar lo con el artículo 1342, *supra*. La frase relevante que utiliza el artículo 1334 es que la enajenación "no afecta la duración" del contrato de arrendamiento. ¿Qué exactamente hemos de entender por ella? Ya anteriormente hemos comentado la manera imprecisa en que el nuevo Código utiliza el término duración *vis vis* plazo. Véase La opción.

Quizás sea oportuno invocar el artículo 23 del Código Civil, 31 L.P.R.A. § 5345, sobre la interpretación de uso ambiguo de las palabras, buscándose en su elusivo espíritu, en su contexto caleidoscópico y en comparación con otras palabras y frases que se relacionen. Véase, a modo de ejemplo, Hermenéutica neurótica.

No hay controversia de que en los casos de *venta quita renta* no se implica la inexistencia del contrato de arrendamiento anterior, solamente su inoponibilidad. Sobre el concepto de la inoponibilidad el artículo 352, 31 L.P.R.A. §6331, señala que por ello "se priva a un negocio jurídico válido y eficaz entre las partes, de sus efectos respecto de un tercero al que la ley protege y permite ignorar el acto, y le impide al otorgante ejercer acciones contra aquel".

Es decir, la enajenación del bien inmueble, de por sí, nunca ha significado la extinción jurídica del contrato de arrendamiento, el cual sigue siendo válido y eficaz entre las partes. Nada impide, por supuesto, que el nuevo adquirente tolere la continua posesión del arrendatario sobre el bien inmueble. En cambio, si el nuevo dueño fuera a reclamar la posesión del inmueble, el arrendatario no tendría derecho que oponerle, siendo su único remedio virarse contra el arrendador en una acción resolutoria por incumplimiento de contrato bajo el artículo 255, 31 L.P.R.A. §9823. En este sentido, la enajenación del bien inmueble no afecta la validez y eficacia del contrato entre las partes, quien pueden oponerse entre si los remedios contemplados en el contrato o en la ley. Véase también, La inoponibilidad del derecho real.

No se debe dejar de llamar la atención a que el artículo 1334, *supra*, autoriza que en el contrato de arrendamiento se pacte su resolución por enajenación a un tercero, lo cual supone un reconocimiento solapado de su carácter eminentemente obligacional.

En fin, la ligera lectura sugerida por el comentario del memorial explicativo, de que el principio de *venta quita renta* fue revocado en el artículo 1334, *supra*, es una invitación a la desarticulación normativa del contrato de arrendamiento y del concepto del derecho real.

Las cosas comunes

Las cosas comunes son aquellas cuya propiedad no pertenece a nadie en particular y en las cuales todas las personas tienen libre uso, en conformidad con su propia naturaleza: tales son el aire, las aguas pluviales, el mar y sus riberas.

Artículo 241 del Código Civil,. 31 L.P.R.A. § 6024

Las cosas comunes – *res communes omnium* - es una clasificación jurídica que supone la incapacidad histórica de explotarlos económicamente. Vázquez Bote, citando a Biondi, los define como aquéllas que se encuentran en la naturaleza en tal abundancia y a disposición tan absoluta de todos que no requieren delimitación alguna de la esfera jurídica que pueda reconocerse o atribuirse a cada sujeto. Vázquez Bote, E.; *Derecho Civil de Puerto Rico*, Tomo I, Vol. 2, pág. 63, Ediciones Jurídicas, (1972). En la medida en que hay ciertos bienes quedan fuera del tráfico comercial - *extra commercium* - dada la falta de los medios tecnológicos para explotarlos, el ordenamiento los clasifica con cierta resignación normativa como cosas comunes.

Hay que destacar que la categoría no responde a algún sentimiento generoso de distribución social patrimonial o de alguna difusa protección ambiental, sino a una limitación práctica de la facultad de explotarlas económicamente. Como comentaba Manuel Fairén, "en último extremo, las cosas comunes son aquéllas que carecen de un titular determinado y concreto, y que carecen de especial relieve económico por su abundancia o por el desconocimiento de las técnicas de beneficio." Paul Ourliac y J. de Malafosse, *Derecho romano y francés histórico*, traducción y anotaciones de Manuel Fairén, págs. 52-53, Editorial Bosch (1960). En la medida en que se desarrollan los medios para su explotación, sus perfiles van perdiendo significado jurídico y van sufriendo modificaciones en su tipificación normativa, como ya viene ocurriendo con la luz solar y el viento.

El artículo 241, *supra* - que sigue al pie de la letra al artículo 254 del Código Civil anterior, 31 L.P.R.A. §1022 – inicia definiendo las cosas comunes como "aquellas cuya propiedad no pertenece a nadie en particular [...]".

Primero, un breve comentario sobre la distinción entre bienes y cosas. El artículo 236 del Código Civil, 31 L.P.R.A. §6011 define bienes como "[...] las cosas o derechos que pueden ser apropiables y susceptibles de valoración económica." Esta redacción es el resultado de la combinación de la primera oración del Artículo 214 del Proyecto de Código Civil argentino (1998) y la primera oración del Artículo 252 del Código Civil de Puerto Rico (1930). Como indica el comentario del memorial explicativo del 2003: "El término "bienes" es más amplio que "cosas" porque no se reduce a los objetos corporales, sino que incluye también los incorporales susceptibles de producir alguna utilidad". Su característica esencial es la apropiabilidad.

Dentro de la tradición jurídica occidental, la idea de que un bien no le pertenezca a nadie en particular implica necesariamente su inapropiabilidad. O dicho en sentido contrario, de haber la capacidad de apropiación, el bien le pertenecería a alguien, sea como bien público o privado. En este sentido, Diez-Picazo y Gullón, distinguen entre los bienes que están absolutamente fuera del tráfico patrimonial (*v.gr.* los bienes de uso común) de las cosas de tráfico prohibido (*v.gr.* los bienes ilícitos). ***Sistema de Derecho Civil***, Vol. I, pág. 387, 10ma. edición, Tecnos (2001).

Continúa el artículo 241, *supra*, "[...] y en las cuales todas las personas tiene su libre uso[...]". Es decir, cualquier derecho de propiedad que pudiera atribuírsele a las cosas comunes recae sobre todas las personas, que es igual a decir que no le pertenecen a nadie. En tanto que el concepto de propiedad necesariamente implica la oponibilidad frente a otros, la asignación del derecho a todos y a nadie es un reconocimiento de su libre disposición.

Concluye el artículo 241, *supra*, "[...]en conformidad con su propia naturaleza: tales son el aire, las aguas pluviales, el mar y sus riberas." La referencia a su naturaleza es una admisión de reconocer la inapropiabilidad de las cosas comunes. La lista ejemplificativa – de ahí la importancia de la frase "tales son" – del aire, las aguas pluviales, el mar y sus riberas reclama discusión y precisión.

Publicado en ***Microjuris al día*** el 4 de diciembre de 2022.

En cuanto al aire, ¿exactamente a qué se refiere? Si por aire se refiere al oxígeno que respiramos todos libremente en el medio ambiente, pues pensaría uno que en efecto el mismo no es apropiable por particulares, al menos en estos momentos históricos. A modo cautelar, sin embargo, hay que reconocer que dado el cambio climático y la acelerada degradación ecológica del planeta, la alta posibilidad de que en un futuro no muy lejano el aire que respiramos bien pudiera pasar a ser un recurso patrimonial en el tráfico jurídico. Basta con pensar en la severa contaminación de las grandes metrópolis del mundo y las sufridas condiciones respiratorias de millones de seres humanos para imaginarse un mundo distópico en donde el oxígeno que respiramos es tan solo otro bien susceptible de tráfico comercial. Los créditos contributivos por emisiones de carbón y la pretensión de ciertos sectores del capital de imponerle un tributo a la producción de energía solar, son un tenebroso atisbo al futuro.

Por otro lado, si por aire se refiere al espacio aéreo, sabemos que ese espacio está regulado por diversas entidades gubernamentales para fines de su explotación aeroespacial y la planificación urbana; y en el campo del derecho privado los derechos superficiarios, ley de condominios, etc.. Todo lo cual necesariamente admite la apropiabilidad del espacio aéreo, lo cual sugiere que no cabe hablar hoy día del espacio aéreo como una cosa común.

Unido al aire viene el viento. La humanidad ha aprovechado la energía del viento desde tiempos inmemoriales. Según la evidencia arqueológica, se utilizaba el viento para propulsar barcos a lo largo del río Nilo en 5,000 años antes de la era cristiana. Ya para el año **200 antes de la era cristiana se usaban molinos de viento sencillos servían para bombear agua en China,** y para moler granos en Persia y el Medio Oriente. Los comerciantes y cruzados que regresaron de las Cruzadas en la Edad Media llevaron esta idea a Europa, lo que permitió que a los habitantes de los Países Bajos refinar el molino de viento adaptándolo para drenar lagos y pantanos en el delta del río Rin. En España, recordamos la célebre imagen de los molinos de viento convertidos en gigantes por Don Quijote de la Mancha.

Con los desarrollos tecnológicos habidos en el campo de la producción energética, se ha vuelto necesario articular normas que regulen la apropiabilidad del viento y la luz solar. Llama la atención que la luz solar no está incluida en la lista ejemplificativa del artículo 241, *supra*. En el pasado – previo a la invención de la luz eléctrica – el aprovechamiento de la luz solar al interior de las casas era un bien apropiable y oponible ante otros bajo la figura de las servidumbres de luces y vistas, véanse los artículos 516 y siguientes del Código Civil anterior, 31 L.P.R.A. §1771, *et seq*., ahora subsumidos en el Código Civil bajo la clasificación general de servidumbres continuas y aparentes de los artículos 944 y 945, 31 L.P.R.A. §8521, §8522.

En atención a estos nuevos desarrollos, el artículo 963 del Código Civil, 31 L.P.R.A. §8559, acertadamente tipifica las servidumbres de energía solar y eólica.

Dispone el artículo que, por su novedad, amerita citarse en su totalidad: "El titular del derecho de propiedad o de otros derechos reales posesorios sobre una finca tiene derecho a servirse de la energía solar o eólica que de ordinario llega a su finca. Todo titular se abstendrá de crear sombra u obstruir el viento sobre los predios cercanos mediante la siembra de árboles o plantas. El derecho aquí reconocido puede limitarse solamente por razones de seguridad pública y todo pacto para limitarlo es nulo y se tiene por no escrito. El derecho a servirse de la energía solar o eólica no limita el desarrollo de los predios cercanos. No obstante, si una nueva obra disminuye la capacidad de una instalación preexistente en un predio cercano para el aprovechamiento de esta clase de energía, el titular del predio responsable de tal disminución está obligado, a su opción, a proveer gratuitamente al titular del predio afectado la energía que este pierde por razón de las obras, o a permitir que el titular del predio afectado traslade la instalación preexistente al predio que causa la disminución. Los gastos del traslado serán pagados por mitad por ambos titulares."

Lo anterior es significativo en tanto que supone un reconocimiento expreso de la apropiabilidad del viento y la luz solar para beneficio de personas particulares. En este contexto el viento y la luz solar no son, *sensus strictus*, ya cosas comunes. Es de notar que el lenguaje del primer párrafo del artículo 963, *supra*, le reconoce al titular del derecho de propiedad u otros derechos reales posesorios (*v.gr.* usufructo, arrendamiento inscrito) sobre un bien inmueble la facultad de servirse de la energía solar o eólica que de ordinario llega a su finca. Es decir, el derecho de propiedad del bien inmueble incluye la apropiación del viento y la luz solar, oponiendo ese derecho a otros. En otras palabras, el viento y la luz solar son apropiables, razón por la cual su caracterización jurídica como cosas comunes queda notablemente delimitada.

En cuanto a las aguas pluviales, el mar y sus riberas, el artículo 241 reproduce el error del artículo 254, *supra*, del Código Civil anterior. En su comentario al propuesto lenguaje de su artículo sustitutivo – el cual no fue acogido por el legislador - el memorial explicativo del 2003, señaló, y citamos, "[a]lgunas de las categorías consideradas cosas comunes en el artículo vigente, hoy son materia de tratados internacionales, legislación federal y legislación especial puertorriqueña. El legislador de Luisiana, de donde proviene el artículo vigente, excluyó las aguas pluviales (*running water*) y las riberas del mar (*the seashore*) de la categoría de cosas comunes porque la legislación especial las había declarado bienes de dominio público. En nuestro país las aguas pluviales y el mar y sus riberas también son consideradas bienes de dominio público por leyes especiales, como la Ley de Puertos y la Ley de Aguas." El Código Civil de 1889 no clasificaba el mar y sus riberas como bienes de uso común, incorporándose esta clasificación en las enmiendas al Código Civil de 1902, proveniente de Luisiana. Véase también Vázquez Bote, E.; ***Derecho Civil de Puerto Rico***, *supra*, págs. 64-65.

Bajo el nuevo Código Civil las aguas pluviales, mares y sus riberas continúan como cosas comunes, no susceptibles de apropiación particular y sobre los cuales las personas tienen su libre uso, de conformidad con su naturaleza. Bajo la Ley de Aguas de 1886, el mar y sus riberas, denominadas "playas", son bienes de dominio público. Como subraya el profesor Michel Godreau, citando a Isabel Millares González, La Ley de Aguas de 1886, hoy enmendada, dejó atrás la clasificación del mar y sus riberas como bienes de uso común como lo fue bajo las Institutos de Justiniano y Las Siete Partidas. De igual forma, bajo la Ley de Puertos de 1880, hoy enmendada, se sustituyó el vocablo "playa" por el de zona marítimo terrestre, declarándose bienes de dominio y uso público. Véase Godreau, M.; ***Mareas, playas, manglares y bienes de dominio público: la zona marítimo terrestre y la protección del ambiente post Buono v. Correa***, 81 Rev. Jur. UPR 1215 (2012).

En cuanto a qué constituye un bien de dominio y uso público, el nuevo Código Civil modificó sustancialmente lo que constituye un bien de dominio y uso público, sin la claridad y precisión que se hubiera deseado. Véanse los artículos 238 y 239, 31 L.P.R.A. §6021, §6022. También véase Los bienes de dominio público. En la medida en que la ley especial prevalece sobre la ley general, hay que entender que tanto la Ley de Aguas y la Ley de Puertos desplazan al artículo 241, *supra*, en cuanto a la clasificación de las aguas pluviales, los mares y sus riberas. Sobre la naturaleza supletoria del Código Civil en caso de leyes especiales véase el artículo 27, 31 L.P.R.A. §5349.

Al tiempo de escribir estas líneas está pendiente ante el Senado de Puerto Rico el P. del S. 557, sobre las playas de Puerto Rico, en el cual, según su exposición de motivos, pretende uniformar el uso del término "playa" como bien de dominio público. Entre sus diversas disposiciones, el proyecto sugiere enmendar el artículo 241, *supra*, para incluir la frase "las playas con sus dunas" como cosa común. Al parecer se está girando sobre el equívoco semántico de la palabra "común" como un bien comunal o de la comunidad, es decir como bien de dominio público en su acepción bajo el Código Civil derogado. El proyecto parte de la premisa equivocada de que los bienes de dominio público y las cosas comunes son sinónimos. Si algo se desprende de la lectura de los artículos del nuevo Código Civil es que se pretende distinguir – no muy exitosamente – las cosas comunes de los bienes de dominio y uso público. Poca utilidad jurídica tiene una categoría que nada explica y nada distingue.

El pago por tercero, la cesión de crédito y la buena fe bajo la Ley de Instrumentos Negociables

Cualquier persona puede hacer el pago, tenga interés en el cumplimiento de la obligación o no, ya sea que lo conozca y lo apruebe el deudor, o ya que lo ignore. La persona que paga por cuenta de otra puede reclamar del deudor lo que ha pagado, excepto cuando lo ha hecho sin su consentimiento. En este último caso, si el tercero hace el pago de buena fe puede exigir al deudor que le restituya aquello en lo que le ha sido útil el pago.

Artículo 1120 del Código Civil, (31 L.P.R.A. §9151

La cesión de un derecho o de una acción no surte efecto contra tercero, sino desde que su fecha debe tenerse por cierta. Si se refiere a un inmueble, surte efecto contra tercero desde la fecha de su inscripción en el Registro de la Propiedad.

Artículo 1210 del Código Civil, 31 L.P.R.A. § 9571

Las obligaciones, de ordinario, se extinguen mediante el pago o cumplimiento. El artículo 1110 del anterior Código Civil, 31 L.P.R.A. §3151, lo disponía con claridad. El nuevo Código Civil, en cambio, lo presupone. Véase los artículos 1114 y siguientes, 31 L.P.R.A. §9131, *et seq.*

Entre las situaciones jurídicas que genera el pago o cumplimiento de la obligación está quién puede efectuarlo y cuáles serán sus consecuencias bajo las diferentes posibilidades. El problema se agudiza particularmente en los casos donde el pago es efectuado, ya no por el deudor de la prestación, sino por algún tercero.

La primera impresión es que el pago efectuado por ese tercero es para beneficio del deudor razón por la cual, pensaría uno, que éste no tiene porqué tenerlo a mal. Contrario a esta ingenuidad patrimonial, la realidad es que el pago realizado por un tercero se realiza por toda una serie de razones, no todas ellas pensadas para beneficio del deudor. El ejemplo más común, y que es objeto de innumerables litigios son los casos que giran en torno a la negociación de los pagarés hipotecarios. Muchas de las ejecuciones hipotecarias que llenan las salas de los tribunales, reflejo directo de la crisis económica por la cual atraviesa Puerto Rico, son litigios que presentan pagos por terceros y/o contratos de cesión de créditos otorgados en algún momento en el proceso de la negociación de instrumentos negociables.

En este contexto, pues, amerita contrastar la figura del pago por tercero, recogida en el artículo 1120, 31 L.P.R.A. §9151, con la cesión de créditos, recogida en el artículo 1210, 31 L.P.R.A. §9571. Ambas figuras tienen como substrato fáctico una realidad patrimonial común: una obligación existente, un tercero o cesionario que le paga a un acreedor con miras a volverse sobre el deudor para cobrarle lo pagado.

La diferencia entre el pago por tercero y la cesión de créditos es, en el fondo, uno de perspectiva. El pago por tercero está concebido para beneficio del acreedor y, secundariamente, del deudor. La cesión de crédito está concebida para beneficio del cesionario.

El pago por tercero: El artículo 1120, 31 L.P.R.A. §9151 - siguiendo con leves modificaciones la redacción de lo dispuesto en el artículo 1112 del Código Civil anterior, 31 L.P.R.A. §3162 - señala que "[c]ualquier persona puede hacer el pago, tenga interés en el cumplimiento de la obligación o no, ya sea que lo conozca y lo apruebe el deudor, o ya que lo ignore. La persona que paga por cuenta de otra puede reclamar del deudor lo que ha pagado, excepto cuando lo ha hecho sin su consentimiento. En este último caso, si el tercero hace el pago de buena fe puede exigir al deudor que le restituya aquello en lo que le ha sido útil el pago."

Evidentemente, se autoriza que cualquier persona pueda hacer el pago, tenga o no interés en el cumplimiento de la obligación para que el acreedor pueda cobrar su acreencia, sin importar si el deudor lo sepa o lo apruebe, o no. En este aspecto, el precepto va dirigido en primera instancia a satisfacer los intereses del acreedor. No hay razón de peso, con excepción de las obligaciones personalísimas de hacer, por supuesto, de limitarle al acreedor la posibilidad de satisfacer su crédito. Véase el artículo 1079, 31 L.P.R.A. §9014. Diez Picazo es de la opinión, sensata por demás, que no debe haber inconveniente con extender la excepción a todo tipo de obligación. **Sistema de Derecho Civil**, Tecnos, 9na. ed.,(2001) pág. 167.

Publicado en ***Microjuris al día*** el 8 de diciembre de 2022.

Bajo el supuesto de que el tercero haya hecho el pago con consentimiento del deudor, podrá reclamarle el pago a éste, en cuyo caso estamos ante la subrogación del tercero en la posición del acreedor, habiéndose extinguido la obligación frente al acreedor anterior. El artículo 1139, 31 L.P.R.A. §9211, define la subrogación y su alcance, como "[...]la transmisión de derechos del acreedor a un tercero ya sea en virtud de un acuerdo entre ambos o en virtud de la ley. El crédito se transfiere al subrogado con los derechos anexos a él, ya sea contra el deudor o contra los terceros, sean fiadores o poseedores de las hipotecas".

Sobre la subrogación, el memorial explicativo de 2004 comenta del artículo 82 del borrador: "Esta institución tiene gran semejanza con la cesión de créditos, ya que en las dos el mismo crédito pasa de un acreedor a otro con todos sus accesorios y privilegios. La semejanza se hace aun mayor en la subrogación convencional, ya que requiere el consentimiento de ambos acreedores, el antiguo y el nuevo. Pero lo que nunca requieren ni la cesión de créditos ni la subrogación, es el consentimiento del deudor.

Del tercero haber hecho el pago sin el consentimiento del deudor, pero de buena fe - y ya volveremos sobre el significado de este supuesto - podrá exigir al deudor que le restituya aquello en lo que le ha sido útil el pago. Sobre el concepto de utilidad, comenta Diez Picazo, "[e]s decir, el tercero dispone de una acción de reembolso si paga por cuenta del deudor, excepto si lo hace contra su expresa voluntad, pues en este caso sólo posee una acción de repetición de alcance menor: en lo que el deudor le hubiera sido útil, lo cual podrá coincidir o no con el importe de lo pagado (por ejemplo, si el deudor disponía de fundamentos para oponerse al pago total o parcial, la acción de repetición no prosperará o sólo parcialmente." **Sistema de Derecho Civil**, Tecnos, 9na. ed.,(2001) pág. 167. Hay que subrayar que la limitación que se le impone al tercero de recobrar aquello que le fue útil al deudor – para evitar un enriquecimiento sin causa- es un remedio análogo al retracto de cosa litigiosa que discutimos más adelante.

En caso de que el deudor desconozca el pago por el tercero, éste no puede compeler al acreedor a subrogarle en sus derechos. Véase artículo 1121, 31 L.P.R.A §9152, el cual reproduce *verbatim* al anterior artículo 1113, 31 L.P.R.A. §3163.

Por otro lado, con referencia al pago a terceros, el artículo 1125, 31 L.P.R.A. §9163, incorporó un segundo párrafo que no estaba en el borrador de 2004, a los fines de consignar que la validez y los efectos del pago de una obligación incorporada en un instrumento negociable se rigen por lo dispuesto en la legislación especial. Si bien es cierto que este artículo se encuentra en la sección sobre a quién debe hacerse el pago, no es menos cierto que quien lo reciba bajo este supuesto, también estaría sujeto a la Ley de Instrumentos Negociables. La remisión a la Ley de Instrumentos Negociables es pertinente precisamente porque incide en el alcance que hemos de darle a la buena fe referida en el artículo 1120, *supra*, como veremos en breve.

En ***Eastern Sands, Inc. v. Roig Commercial Bank***, 140 D.P.R. 703 (1996), el Tribunal Supremo tuvo oportunidad de expresarse sobre la figura del pago por tercero y su interrelación con un pagaré hipotecario dado en prenda. Por su importancia doctrinal amerita extender aquí la discusión al caso.

Los hechos relevantes son los siguientes: En 1984 Eastern Sands, Inc. tomó un préstamo de Roig Commercial Bank, garantizando su repago dando en prenda un pagaré al portador, vencedero a la presentación, garantizado a su vez con una hipoteca sobre un terreno. En 1985 Eastern Sands, Inc. vendió la finca hipotecada a J & J Auto Sales, quien retuvo del precio de compra una suma suficiente para saldar el préstamo pendiente. J & J Auto Sales, Inc. incumplió con su obligación de saldar el préstamo hipotecario, no sin antes haber constituido una segunda hipoteca sobre el terreno a favor de Turtle Associates. Posteriormente, J & J Auto Sales, Inc. también incumplió con los términos del préstamo de Turtle Associates, por lo que éste procedió a ejecutar la hipoteca con rango de segunda.

A finales de 1985 Francisco Rincón, presidente de Eastern Sands Inc., saldó con dinero personal la totalidad del préstamo de Eastern Sands, Inc. que J & J Auto Sales, Inc se había comprometido a pagar. Aún cuando la opinión no lo discute, hay subrayar que el pago de la deuda por Rincón en su capacidad personal era precisamente para evitar la alegación de extinción de la obligación por confusión, facultándolo a dirigir su acción de cobro contra J & J Auto Sales, Inc..

En 1987 Rincón requirió, un tanto tardíamente, la entrega de la prenda que aseguraba el pago de dicha deuda. Roig Commercial Bank le informó en ese momento que lo había entregado a Turtles Associates para su oportuna cancelación. Turtle Associates procedió luego a vender la propiedad libre de cargas. Eastern Sands, Inc. y Rincón demandaron a Roig Commercial Bank y demás, alegando que la entrega y cancelación del pagaré hipotecario dado en prenda les privó de una garantía real con la que asegurar sus respectivas acreencias.

El Tribunal Supremo señaló que cuando el pago de una deuda es realizado por un tercero, ello puede provocar la subrogación de éste en los derechos del acreedor original, los cuales no se extinguen. Dado el carácter accesorio de las garantías del crédito, si la obligación principal permanece vigente tras el pago, la prenda tampoco se extingue. La intención con que se efectúe el pago determinará si se extingue o no la obligación principal. Como resultado del pago por tercero con efecto de subrogarle en la persona del acreedor, no surge el deber de restitución ya que, como la obligación principal no ha sido extinguida, la prenda continúa con vida. El pago por tercero provoca la subrogación del que paga en los derechos del acreedor cuando (1) un acreedor paga a otro acreedor preferente, (2) el que paga no tiene interés en el cumplimiento de la obligación, pero cuenta con la aprobación expresa o tácita del deudor, y (3) cuando quien paga tiene interés en el cumplimiento de la obligación. Esta subrogación, según la opinión, opera automáticamente para beneficio del que paga, confiriéndole el derecho a hacer suyo el crédito junto con todos sus derechos, deberes y garantías. La prenda, consecuentemente, se transfiere al subrogado en las mismas circunstancias. Citas omitidas. Sobre el pago por tercero véase también ***Bonilla Rodríguez v. Citibank***, 116 D.P.R. 705 (1985).

La cesión de crédito: El nuevo Código Civil atiende la cesión de crédito bajo el título de la transmisión de las obligaciones. Esta ubicación estructural pone de relieve que la figura de la cesión de créditos ocurre a la sombra de las obligaciones, no de los contratos, contrario al Código Civil anterior que lo ubicaba en la parte sobre el contrato de compra y venta.

El término *cesión* meramente significa transferencia, y no detalla o describe el título de la transmisión, quedando uno a la expectativa de su calificación jurídica. En otras palabras, a toda *cesión* siempre hay que preguntar: ¿a título de qué? La respuesta a esta pregunta arroja el negocio jurídico realizado que lo justifica. El memorial explicativo del 2004 se extiende en su discusión doctrinal, citando a varios tratadistas sobre la naturaleza conceptual de la cesión como una forma derivativa de adquirir un derecho por el traspaso de un acreedor a un tercero. Como toda adquisición, citando al tratadista René Abeliuk Manasevich, requiere de un título traslaticio de dominio y de la tradición, lo cual implica que su tratamiento corresponde a la teoría general de las obligaciones y no al particular de los diferentes contratos.

El artículo 1210, 31 L.P.R.A. § 9571, señala que "[l]a cesión de un derecho o de una acción no surte efecto contra tercero, sino desde que su fecha debe tenerse por cierta. Si se refiere a un inmueble, surte efecto contra tercero desde la fecha de su inscripción en el Registro de la Propiedad. Este precepto sigue de cerca al artículo 1416, 31 L.P.R.A. §3941, del Código Civil anterior. La efectividad de la cesión descansa en la fecha cierta de su perfeccionamiento.

No está del todo claro la segunda oración, que requiere que la oponibilidad de la cesión frente a tercero en casos de bienes inmuebles surte efecto desde la fecha de su inscripción en el Registro de la Propiedad. Como cuestión práctica mercantil, en los casos de la negociación de un pagaré hipotecario, la más de las veces un instrumento negociable, por el cedente a un cesionario en virtud de un contrato privado que, por definición, no logra acceso al Registro de la Propiedad. Es decir, bajo la cesión de créditos de instrumentos negociables con garantía hipotecaria, hay que cuestionarse si los cesionarios – piénsese en los especuladores que adquieren las carteras hipotecarias a descuento mediante contratos privados - están facultados a oponer sus créditos ante terceros – es decir, los deudores hipotecarios, que son a fin de cuentas terceros frente a la cesión. Una lectura generosa a favor de los de los acreedores-cesionarios diría que la inscripción en el Registro de la Propiedad se refiere a la previa inscripción hipotecaria del cedente. Esta lectura, sin embargo, estaría reñida con el texto del artículo que expresamente hace referencia a la inscripción de la cesión del derecho y no del título del cedente. Por otro lado, las disposiciones de los artículo 92 y 93 de la Ley Hipotecaria, 30 L.P.R.A. §6169, §6170, versan sobre los requisitos de contenido en una escritura de constitución de hipoteca en garantía de un instrumento negociable y de la existencia, y no sobre la oponibilidad del derecho de crédito de un cesionario (que resulta ser tenedor de un instrumento público) frente a tercero. Véase ***F.D.I.C. v. Registrador***,111 D.P.R. 602 (1981), sobre la no inscripción registral de un acta notarial de posesión de un pagaré al portador por innecesaria y contrario a la agilidad y movilidad del tráfico del *título valor*. Este caso, a mi juicio, es distinguible toda vez que no trata de una controversia sobre la adquisición de un instrumento negociable en virtud de una cesión de créditos.

Esto nos lleva a la hipótesis de la cesión del crédito litigioso y como entender el concepto de la buena fe en los casos de cesión de crédito en el que se negocian instrumentos negociable. Dispone el artículo 1212, 31 L.P.R.A. § 9573: "En el caso de la cesión de un derecho litigioso, la acción que ejercita el cesionario es sin perjuicio de cualquier reclamación en contrario o de otro derecho existente al tiempo de notificarse la cesión, o antes; pero esto no es aplicable a la cesión de un instrumento negociable, traspasado de buena fe y por valor, antes de su vencimiento."

Con referencia a los instrumentos negociables, la sección 2-103(4) de la Ley de Instrumentos Negociables, 19 L.P.R.A. §503, dispone que la "[b] uena fe significa significa honestidad de hecho y la observancia de las normas comerciales razonables de trato justo." Esta definición requiere dos observaciones: Primero, que bajo la Ley de Instrumentos Negociables, *supra*, la buena fe es una cuestión de hecho. Segundo, supone la observancia de normas comerciales razonables de trato justo. Estas normas comerciales razonables se caracterizan por la prudencia y la discreción en la asunción del riesgo.

Al comentar la enmienda al Artículo 1, 1-201(b) (20) del Uniform Commercial Code (UCC), la cual fue recogida en nuestra Ley de Instrumentos Negociables, *supra*, observa la tratadista Margaret M. Moses: "Increasingly, not only in the UCC, but also in other areas of statutory and common law, the objective standard of good faith, which measures good faith not only by a party's knowledge and motive, but also by standards of reasonableness and fairness[...] In applying the subjective, honesty in fact standard courts must examine the particular circumstances to determine (1) the state of mind of the party in question, (2) the party's motive, and (3) whether the party acted in good faith. They will of necessity consider the various expectations and relationships of the parties. Thus, the "subjective" standard is not purely subjective "since a detailed inquiry into the facts surrounding a transaction is required to shed light on the party's state of mind. Moreover, the UCC'S Permanent Editorial Board (PED) made clear in its Commentary No. 10 which discusses the good faith obligation imposed by UCC §1-203, that the Commentary applies with equal force to both the subjective and objective tests defined in the Code. Both the objective standard and the subjective standard serve to 'protect the reasonable expectation of the contracting parties'". Margaret Moses, **The New Definition of Good Faith in Revised Article** I, 35 UCC Law Journal 47, 49 (2002). Véase también Miguel Garay Aubán, **Derecho Cambiario, Instrumentos Negociables**, *infra*, págs. 232-233.

A modo analógico, hay que comparar el concepto de la buena fe bajo la Ley de Instrumentos Negociables con su articulación en la Ley Hipotecaria y su jurisprudencia. En este aspecto, ya en ***Santander v. Rosario Cirino***, 126 D.P.R. 591 (1990), se aproximó al concepto de la buena fe con referencia al tercero registral, que por su relevancia citamos *in extenso*:

"Se ha postulado que la buena fe exigida aquí no es equivalente al principio de honradez o lealtad consagrado en el Código Civil. El Art. 105 de la Ley Hipotecaria, *supra,* exige una buena fe de tipo subjetiva, psicológica e intelectiva. Roca Sastre, *op. cit.,* pág. 648, la resume como «**el** desconocimiento, por parte del tercer adquirente, de la inexactitud del Registro". No obstante, en nuestro ordenamiento este concepto debe verse en consonancia con lo expresado en ***Pascual v. Fernández Sierra***, 108 D.P.R. 426, 434-436 (1979); **Sánchez v. Colón**, 97 D.P.R. 493,497 (1969), y ***Mundo v. Fúster***, 87 D.P.R. 363, 376 (1963). Véanse, además: ***Jordán-Rojas v. Padró-González***, 103 D.P.R. 813,820-821 (1975), y ***García Larrinua v. Lichtig***, 118 D.P.R. 120 (1986), donde expresamos que no se pueden desvincular los principios generales del derecho hipotecario de la buena fe en la contratación. Contrario a la doctrina mayoritaria española, nuestra jurisprudencia ha incorporado un elemento de diligencia.7 Como Vallet De Goytisolo citado por Lacruz Berdejo, creemos "que el ordenamiento hoy vigente, impone al tercero, para ser de buena fe, cierta obligación de diligencia, por cuanto, con arreglo al art. 36 [de la Ley Hipotecaria española], para demostrar la mala fe de un adquirente basta probar que conoció la posesión de hecho de la finca, a título de dueño, por persona distinta de su transmitente, o que tuvo medios racionales y motivos suficientes para conocerla". A lo que Lacruz Berdejo añade: "en el propio concepto de la buena fe va ínsito siempre, en correspondencia con su fundamento ético y su condición de regla del comportamiento humano, un mínimo grado de diligencia." J.L. Lacruz Berdejo, , Barcelona, Librería Bosch, 1968, págs. 225-226. ¶Con el requisito de buena fe sólo tiene que cumplir el tercer adquirente y no el transferente. Se requiere en el momento en que, de acuerdo con el Código Civil **Derecho Inmobiliario Registral**, "queda concluso el negocio jurídico de adquisición por el tercero". (Énfasis suprimido.) Roca Sastre, *op. cit.,* pág. 695. ¶El propio Art. 105 de la Ley Hipotecaria, *supra*, dispone que se presume la buena fe del tercer adquirente. Como presunción legal *iuris tantum*, el impugnador tiene la carga de probar la mala fe del adquirente.¶ [...]La presunción legal de buena fe, por su carácter *iuris tantum*, es enervable, y para esto y asimismo conseguir se declare que el tercer adquirente procedió de mala fe, ha de resultar probado que este tercero conoció indudablemente al adquirir, que el Registro era inexacto, en el sentido amplio antes indicado. El planteamiento de este caso entraña resolver una cuestión de hecho cuya apreciación y decisión corresponde a los Tribunales de instancia, y sólo excepcionalmente puede alcanzar las alturas de la casación. Roca Sastre, *op. cit.*, pág. 708." Enfasis y elípsis en el original.

Como cuestión de hecho, es necesario el descubrimiento de prueba para poder hacer una determinación de la *buena fe.* En fin, la *buena fe* no es una abstracción filosófica a aplicarse mecánicamente mediante una lectura conceptualista de la ley, sino el ejercicio vivo de la conducta humana que se manifiesta en casos concretos. Sobre este precepto señala Miguel Garay Aubán: "Tradicionalmente se entendía que la *buena fe* que se le requiere a un tenedor de buena fe al tomar el instrumento es el concepto subjetivo[...] Hasta 1990 regía bajo el UCC (Uniform Commercial Code) este concepto. Ya que la única definición de *buena fe* que contenía el UCC era el equivalente de la Sección 1-201(19). Esta sección define *buena fe* como "honestidad de hecho en la conducta o transacción que respecta[...] En 1990 se añade al UCC un segundo concepto de buena fe. Este concepto adicional (aplicable únicamente a la materia de instrumentos negociables) no solamente requiere honestidad de hecho, sino que la persona observe un mínimo de discreción y precaución. Este concepto está recogido en la Sección 2-103(a)(4) de la LTC[...]" Elipsis nuestro. **Derecho Cambiario, Instrumentos Negociables**, Bibliográficas, págs. 232-233 (2009).

La Sección 2-104 de la Ley de Instrumentos Negociables, 19 L.P.R.A. §504, define *instrumentos negociables* de la siguiente manera:

"(a) Excepto según lo dispuesto en las subsecciones (c) y (d). "instrumento negociable" significa una promesa o una orden incondicional de pagar una cantidad específica de dinero, con o sin intereses u otros cargos descritos en la promesa u orden, si el mismo:
(1) es pagadero al portador o a la orden en el mo-

mento en que se emitió o cuando entra en posesión de un tenedor por vez primera:
(2) es pagadero a la presentación o en una fecha específica: y
(3) no especifica ningún otro compromiso o instrucción por parte de la persona que promete u ordena el pago que no sea el pago del dinero, pero la promesa u orden puede contener (i) un compromiso o poder para dar, mantener o proteger colateral para garantizar el pago, (ii) una autorización o poder al tenedor para obtener sentencia por consentimiento contra la colateral o convertirla en dinero o de otra forma disponer de ella, o (iii) una renuncia al beneficio de cualquier ley que exista concediéndole una ventaja o protección a un deudor."

La sección 2-302 de la Ley de Instrumentos Negociables, 19 LP.R.A. §602, define *tenedor de buena fe*, y citamos en lo pertinente:

"a) Sujeto a las disposiciones de la subsección (c) y de la Sección 2-106(d), "tenedor de buena fe" significa el tenedor de un instrumento si:
[...]
(2) el tenedor tomó el instrumento (i) por causa, (ii) de buena fe, (iii) sin tener aviso de que el instrumento estuviese en mora o hubiere sido desatendido o de que existiese un incumplimiento no subsanado con respecto al pago de otro instrumento emitido como parte de las mismas series, (iv) sin tener aviso de que el instrumento contiene una firma no autorizada o ha sido alterado, (v) sin tener aviso de la existencia de alguna reclamación contra el instrumento de las descritas en la Sección 2-306, y (vi) sin tener aviso de que alguna parte tenga una defensa o reclamación de resarcimiento de las descritas en la Sección 2-305(a).
[...]
(c) Excepto hasta el límite de los derechos que como un tenedor de buena fe tiene un cedente o predecesor en interés, una persona no adquiere derechos de tenedor de buena fe de un instrumento adquirido (i) mediante procedimiento legal o por compra en una ejecución, quiebra o venta por el acreedor u otro procedimiento similar, (ii) por compra como parte de una venta a granel que no fue hecha en el curso ordinario de los negocios del transmitente, o (iii) como sucesor en interés en una sucesión o en otra organización."

El inciso 2(c) anterior expresamente dispone una persona no adquiere derechos como tenedor de buena fe de un instrumento teniendo aviso de que el instrumento estuviese en mora o hubiere sido desatendido, de que existiere un incumplimiento no subsanado con respecto al pago, y teniendo aviso de la existencia de una reclamación contra el instrumento, y de haberlo adquirido por compra en una ejecución, quiebra o venta por el acreedor u otro procedimiento similar, compra a granel no hecha en el curso ordinario de los negocios o como sucesor en interés en una sucesión o en otra organización.

Una lectura integral de estos preceptos arrojan dos aproximaciones distintas, no excluyentes entre si, al concepto del tenedor de buena fe. Véase Forrest W. Barnes, **Negotiable Instruments —Holder in Due Course—Good Faith: Subjective or Objective?—Westfield Investfield Inv. Co. v . Co. v. Fellers**, 4 Boston College Law Review 452 (1963), en donde se alertó sobre los problemas de la colisión entre ambas aproximaciones al tenedor de buena fe bajo el estatuto entonces vigente. Precisamente, las enmiendas a la Ley de Instrumentos Negociables de 1996 al incluir en la definición de buena fe, no solamente la honestidad sino tambien la observancia de normas comerciales razonables de trato justo, van dirigida a atemperar la inflexibilidad de la definición objetiva. Véase también Gregory E. Maggs, **The Holder in Due Course Doctrine as a Default Rule**, GW Law Faculty Publications (1998), https://scholarship.law.gwu.edu/cgi/viewcontent.cgi?article=1823&context=-faculty_publications, para una discusión sostenida sobre los argumentos de "policy" en lo referente al tenedor de buena fe. También, Miguel Garay, *supra*, pág. 220-221.

En la Sección 2-302(a)(2) el tenedor de buena fe supone una concepción subjetiva, en donde éste toma el instrumento por valor, de buena fe, sin tener aviso de que el instrumento estuviese en mora o hubiese sido desatendido, y sin tener aviso de la existencia de una reclamación contra el instrumento de las descritas en la Sección 2-306, *supra*, y sin tener aviso de que una parte tenga una defensa o reclamación de resarcimiento de las descritas en la Sección 2-305(a), entre otros.

La aproximación objetiva al tenedor de buena fe la vemos en el inciso 2-302(a)((1), *supra*, al referirse a la faz del instrumento que arroje indicios de falsificación o alteración. Véase también Miguel Garay, *supra*, pág. 220-221. Sobre el concepto de valor, la Sección 2-303, 19 L.P.R.A. § 603 dispone en lo pertinente: "(a) Se entenderá que un instrumento se emite o cede por valor si: (1) se emite o cede a cambio de una promesa de cumplimiento, en la medida que se ha cumplido. (2) el cesionario adquiere una garantía mobiliaria u otro gravamen sobre el instrumento, salvo por el que resulta de un procedimiento judicial. (3) el instrumento se emite o cede como evidencia o en pago, o como garantía de una obligación existente de cualquier persona, independientemente de que la obligación esté vencida. (4) el instrumento se emite o cede en permuta por otro instrumento negociable, o (5) el instrumento se emite o cede a cambio de que el que lo toma contraiga una obligación de carácter irrevocable con una tercera persona.[...]" Elipsis nuestro.

Por otro lado, la sección 2-302(c), *supra*, hace referencia en su frase inicial a modo de excepción del tenedor de buena fe objetivo, que un cedente o predecesor en derecho tenga los derechos de un tenedor de buena fe, bajo las limitadas circunstancias que contempla el propio inciso. Esta aproximación supone la concepción del tenedor que es de buena fe no por derecho propio sino como adquirente del instrumento bajo la sombra de la buena fe de su cedende o predecesor en derecho.

Hay que destacar que la aproximación al tenedor de buena fe bajo la sección 2-302(c), *supra*, que hereda la buena fe de su predecesor, está limitado a los supuestos del adquirente del instrumento en un procedimiento bajo la tutela judicial; por compra como parte de una venta a granel hecha fuera del curso ordinario de los negocios del transmitente; o como sucesor en derecho en una sucesión o en otra organización.

La Sección 1-201(9), 19 L.P.R.A. §451, define: "'Comprador en el curso ordinario de negocios' significa una persona que compra bienes de buena fe, sin conocimiento de que la venta viola los derechos de otra persona sobre los bienes, y en el curso ordinario del negocio de venta de bienes de tal naturaleza, que no sea una casa de empeño. Una persona que vende petróleo, gas u otros minerales en el brocal del pozo o la entrada de la mina es una persona en el negocio de vender bienes de tal naturaleza. Una persona compra bienes en el curso ordinario si la venta a la persona está conforme con las prácticas usuales o acostumbradas en la clase de negocio al cual el vendedor se dedica o con las prácticas usuales o acostumbradas del mismo vendedor. Un comprador en el curso ordinario de los negocios podrá comprar en efectivo, por permuta de otra propiedad, o a crédito sea éste garantizado o no, y podrá adquirir bienes o evidencias de título bajo un contrato preexistente de venta. Sólo un comprador que toma posesión de los bienes o tiene un derecho a recobrar los bienes del vendedor bajo el Código Civil de Puerto Rico o el Código de Comercio, según aplicable, podrá ser un comprador en el curso ordinario de los negocios. Una persona que adquiere bienes en una transferencia al por mayor o como garantía para o en cumplimiento total o parcial de la deuda pecuniaria no es un comprador en el curso ordinario de los negocios."

Por otro lado, la doctrina del escudo o sombrilla, conocida como el *shelter rule* en el *common law*, que autoriza a un cesionario beneficiarse de la buena fe de su predecesor esta recogida en la Sección 2-203, 19 L.P.R.A. §553, similar a la Sección 3-203 del UCC. Véase ***Caguas Company v. López Fauct***, 59 D.P.R. 264 (1941), que acogió la doctrina bajo la antigua ley. Esta doctrina no hace referencia ni atiende la hipótesis en donde el cesionario, a su vez, está inhabilitado como tenedor de buena fe de un instrumento bajo la Sección 2-302(a)(2), *supra,* o como un sub-adquierente de quien no fuera tenedor de buena fe por derecho propio. Es decir, tanto nuestra Ley de Instrumentos Negociable como el UCC callan normativamente en lo referente a la colisión entre el tenedor de buena fe de manera derivativa contra ese mismo tenedor que no actúa conforme las exigencias de la buena fe o quien fuera un subadquierente de un tenedor que no era de buena fe. Sobre los problemas de la negociabilidad de los instrumentos bajo el UCC, véase Curtis Nyquist, **A Spectrum Theory of Negotiability**, 78 Marquette Law Review, Volume 897 (1995). La exigencia de la buena fe, según definida en la Sección sección 2-103(4), 19 L.P.R.A. §503, supera la rigidez conceptual del *shelter rule*, que ha sido fuertemente criticada en la doctrina reciente. Estas conclusiones están apoyada por el inciso (g), *supra*, que expresamente dispone que la sección está sujeta a toda ley que limite la condición del tenedor de buena fe en determinadas clases de transacciones. Es decir, la propia Ley de Instrumentos Negociables limita la aplicación de la figura a las circunstancias expresamente dispuestas en el inciso 2-302(c).

En cuanto a qué constituye *aviso* bajo el inciso 2-302(a)(2), *supra*, el inciso (f), *supra*, precisa que este tiene que recibirse en un momento y de tal forma que le permita al que lo reciba una oportunidad razonable de actuar respecto al mismo. Para ser tenedor de buena fe bajo este precepto tiene que cumplir con todos sus componentes. Para poder concluir si efectivamente un tenedor es de buena fe es necesario pasar revista sobre los hechos específicos de cómo se llegó a tomar el instrumento. Véase además el jurídicamente inconcluso ***DLJ Mortgage Capital Inc. v. Santiago Martínez***, 2019 TSPR 129; ***Caribe v. Ven-Lour Enterprises, Inc.***, 198 P.R. Dec. 290 (2017); *Las ejecuciones de hipoteca y el retracto de cosa litigiosa.* También véase la ***Resolución Concurrente del Senado 24*** del 20 de diciembre de 2021 en la cual se reafirma que el derecho de toda persona natural y jurídica a ejercer el derecho a retracto de crédito litigioso en los casos de ejecuciones hipotecarias residenciales y comerciales.

En resumidas cuentas, como apunta el memorial explicativo del 2004, al contrastar la subrogación con la cesión de crédito, las diferencias entre ellas son: (i) la cesión nunca puede ser legal porque supone un título traslaticio, es decir, un contrato entre las partes; (ii) la subrogación sólo debe cumplir con los requisitos que la ley exige en cada caso, mientras que la cesión tiene normas especiales en cuanto a su perfeccionamiento respecto a terceros y la aplicabilidad de la legislación especial en casos de instrumentos negociables; (iii) la subrogación es un pago, mientras que la cesión supone un contrato por lo cual puede darse contra la voluntad del acreedor; (iv) en la subrogación el que paga goza de dos acciones, la subrogatoria y la acción propia del mutuo, mandato, agencia oficiosa, etc., lo que no ocurre en la cesión; (v) en la cesión a título oneroso, hay una responsabilidad para el cedente de la existencia y legitimidad del crédito, mientras que en el pago no existe esa responsabilidad.

En este contexto merece releerse ***Eastern Sands v. Roig Commercial Bank***, *supra*, no tan solo por sus pronunciamientos en cuanto al pago por tercero sino por su coincidencia con la negociabilidad del instrumento negociable y como este incide en la cesión de crédito.

Enriquecimiento sin causa

Si una persona, sin justa causa, se enriquece a expensas de otra, está obligada a indemnizarla de la correlativa disminución patrimonial en la medida de su propio enriquecimiento, ya sea que este provenga de la obtención de una ventaja o de la evitación de un perjuicio.

Artículo 1526 del Código Civil, 31 L.P.R.A. §10771

Como fuente de la obligación, el enriquecimiento sin causa quedó estatuido en los artículos 1526 y 1527 del Código Civil del 2020, 31 L.P.R.A. §10771, §10772. También denominado con cierta imprecisión filosófica-jurídica como enriquecimiento injusto, el principio es uno general de derecho, contemplado para situaciones en que no tienen una explicación normativa que justifique el desplazamiento patrimonial. En síntesis, la figura atiende aquellos casos normativamente imprevistos que hieren el sentido propio de la proporcionalidad y la equidad - en su acepción civilista – en las relaciones patrimoniales. ***Ortiz Andújar v. E.L.A.***, 122 D.P.R. 817, 822 (1988); ***Garriga, Hijo, Inc. v. Cond. Marbella***, 143 D.P.R. 927 (1997); ***E.L.A. v. Soto Santiago***, 131 D.P.R. 304, 322 (1992). Véase también J. Puig Brutau, ***Fundamentos de Derecho Civil***, Barcelona, Ed. Bosch, 1983, T. II, Vol. 3, pág. 44. Como ha señalado el Tribunal Supremo, el principio es un corolario del concepto de equidad, lo cual equivale a decir que es un corolario del concepto de justicia. ***E.L.A. v. Cole***, 164 D.P.R. 608 (2005). Véase, además, ***Silva v. Comisión Industrial***, 91 D.P.R. 891 (1965).

En el Código Civil anterior la figura estaba subsumida en los cuasicontratos. Véase, C.J. Irizarry Yunqué, ***Responsabilidad civil extracontractual***, 6ta. ed., Colombia, Panamericana Formas e Impresos S.A., 2006, pág. 3. Merece señalarse que en el nuevo Código Civil lamentablemente no incorporó el antiguo artículo 1787, 31 L.P.R.A. §5091, que definía los cuasi contratos en su sentido genérico, como los hechos lícitos y puramente voluntarios, de los que resulta obligado su autor para con un tercero y a veces una obligación recíproca entre los interesados; limitándose a tipificar la gestión de negocio ajeno, artículos 1516 y siguientes, 31 L.P.R.A. §10741, *et seq.*, y el pago de lo indebido, artículos 1520 y siguientes, 31 L.P.R. A.§10751, *et seq.* Nótese que la previa definición del cuasicontrato contenía la posibilidad de una relación cuasicontractual dentro de una relación recíproca y, por tanto, cabía la posibilidad de aplicar el principio del enriquecimiento sin causa bajo algún supuesto fáctico no contemplado en la relación contractual. Al derogar el artículo 1787, unido a la expresa exclusión del inciso (d), del artículo 1527, *supra*, a casos en donde existe una relación contractual, la figura que limitada en su radio de aplicabilidad. Al parecer no se consideró que, aun existiendo una relación contractual, esto no agota todos los posibles desplazamientos patrimoniales que pudieran darse entre partes al margen de tal vínculo.

Conforme la jurisprudencia, el enriquecimiento sin causa requiere que concurran los siguientes concurren los siguientes requisitos: (i) la existencia de un enriquecimiento; (ii) un empobrecimiento correlativo; (iii) una conexión entre el empobrecimiento y el enriquecimiento; (iv) falta de causa que justifique el enriquecimiento; y (v) inexistencia de un precepto legal que excluya la aplicación del enriquecimiento sin causa. ***Hatton v. Municipio de Ponce***, 134 D.P.R. 1001 (1994).

El enriquecimiento sin causa puede darse en dos modalidades: El positivo o aumento en el patrimonio (*lucrum emergens*), o el negativo o disminución del patrimonio (*damnum cessans*)". Cuando hablamos de enriquecimiento injusto negativo (*damnun cessans*) o a la inversa nos referimos al caso en el que "un *no gasto* equivale a un ingreso. En otras palabras, en la medida en que alguien sufre una pérdida que ordinariamente debería padecer otro, el primero le ahorra un gasto al segundo. Véase, ***Ortiz Andújar v. E.L.A.***, *supra*,

El artículo 1526, *supra*, recoge lo anterior al declarar que "[s]i una persona, sin justa causa, se enriquece a expensas de otra, está obligada a indemnizarla de la correlativa disminución patrimonial en la medida de su propio enriquecimiento, ya sea que este provenga de la obtención de una ventaja o de la evitación de un perjuicio."

Publicado en ***Microjuris al día*** el 11 de diciembre de 2022.

El memorial explicativo del 2004 comenta acertadamente sobre este artículo: "Esta figura es aplicable cuando los patrimonios de dos personas sufren una modificación, empobreciéndose uno y enriqueciéndose el otro, sin causa jurídica, y como consecuencia de un hecho lícito de quien se ha enriquecido. Si el hecho que provoca el empobrecimiento es ilícito, se aplican las normas de la responsabilidad civil extracontractual. [...] Contrario a los actos ilícitos, por los cuales el autor debe resarcir la totalidad del daño y pagar una sanción cuando actúa con dolo, en los supuestos que suelen llamarse cuasicontratos el deudor no ha incurrido en conducta censurable, por lo que no debe estar obligado a pagar más de lo que recibió como beneficio. El autor, de otra parte, actuó sin autorización expresa, por lo que su acreencia debe limitarse tan sólo a lo que sufrió por vía de daños o de ganancia dejada de percibir." Elípsis nuestro, citas omitidas.

La distinción entre la licitud e ilicitud del acto que provoca el enriquecimiento sin causa es importante tenerlo presente, particularmente en lo referente al alcance de los daños y perjuicios indemnizables. Bajo la figura del enriquecimiento sin causa no se contempla la indemnización de todos los daños y perjuicios, sino que solamente la correlativa disminución patrimonial relacionada con el enriquecimiento de la otra parte. Esta limitación bien puede ser significativa según el caso que se trate.

El artículo 1527, *supra,* dispone que la acción – aquí tipificada como de restitución - no procede si (i) la ley deniega la acción; (ii) la ley atribuye otros efectos al enriquecimiento; (iii) la ley permite al empobrecido ejercer otra acción; o (iv) entre las partes o interesados existe una relación contractual.

En el pasado el Tribunal Supremo no ha permitido que personas privadas invoquen remedios en equidad frente a las entidades gubernamentales con los que contratan, en casos donde sería contrario a la política pública plasmada en un estatuto o en la Constitución". ***Las Marías v. Municipio San Juan***, 159 D.P.R. 868 (2003). Véanse, además ***Morales v. Municipio de Toa Baja***, 119 D.P.R. 682 (1987). *Mutatis mutandi*, como excepción, sí le ha dado paso a los remedios en equidad cuando no permitirlos resultaría contrario a esa misma política pública estatuida en una ley o en la Constitución.

Un breve repaso de la genealogía jurisprudencial de la aplicación del enriquecimiento sin causa en casos donde intervienen entidades gubernamentales muestra una consistente tendencia a favorecer irreflexivamente al interés público frente al interés privado. Tres casos ilustran la tendencia.

En ***Plan de Bienestar v. Municipo de Cabo Rojo***, 114 D.P.R. 697 (1983) el Tribunal admitió la aplicación del enriquecimiento sin causa a favor de empleados municipales, requiriéndole al Municipio de Cabo Rojo que honrara el pago de la aportación patronal al plan médico convenido en una negociación colectiva ilícita. El ejercicio interpretativo de desgajar las cláusulas referentes al plan médico del resto de los acuerdos responde fundamentalmente a un ejercicio de legislación judicial en protección de empleados públicos.

En ***Morales v Municipio de Toa Baja***, *supra*, en cambio, el Tribual se negó a aplicar la doctrina a favor de un contratista que había realizado una obra para beneficio del municipio toda vez que el contrato era nulo por haberse otorgado durante la veda electoral y, por tanto, era contrario a la ley. Al contrastar este caso con el de ***Plan de Bienestar v. Municipio de Cabo Rojo*** se observa que sus respectivos *ratio decidendi* se distinguen únicamente en atención a los actores perjudicados. En una se protege al empleado público con disimulado paternalismo. En el otro se penaliza al contratista privado por su incumplimiento con la ley, para beneficio del municipio (por supuesto).

En ***Municipio de Quebradillas v. Corporación de Salud***, 2011 TS.P.R. 27, el Tribunal le reconoció el derecho al Municipio de Quebradillas a recobrar bajo enriquecimiento sin causa el pago de los jornales de empleados públicos ilícitamente destacados en una entidad privada, declarando que las normas aplicables a la contratación con los Municipios persigue proteger el interés público y no a las partes contratantes, lográndose alegadamente una mayor transparencia, estabilidad, certeza y credibilidad en la contratación municipal y la administración pública. La inexistencia de un contrato no impedía al Municipio de Quebradillas llevar la acción en cobro de dinero.

Una lectura desapasionada de la jurisprudencia en materia contractual en la cual el Estado es parte muestra invariablemente una dualidad interpretativa de dudoso valor. Allí donde el Estado lleva las de prevalecer en alguna controversia contractual patrimonial, la jurisprudencia es dada a aplicar con firmeza los principios clásicos del derecho civil patrimonial. ***Casera v. E.L.A.***, 108 D.P.R. 850 (1979), sigue siendo emblemático de esta corriente. Allí donde el Estado lleva las de perder, la jurisprudencia tiende a defender el interés público de la defectuosa conducta del Estado. ***Utility Consulting v. Municipio de San Juan***, 115 D.P.R. 88 (1984), es paradigmático de esa otra corriente. El efecto práctico de lo anterior es que al momento de contratar con el Estado – y en Puerto Rico esto es casi inevitable en algún momento para el sector comercial - el sector privado toma las medidas profilácticas necesarias para minimizar su riesgo, pasando sus costos al sector público.

Una de las lecciones de la insolvencia del Estado Libre Asociado, PROMESA, los procedimientos en el Tribunal de Distrito Federal, y la precariedad fiscal de los municipios, es que la mala administración pública es consecuencia en gran medida del privilegio paternalista del Estado, avalado lamentablemente por los tribunales. La creación de excepciones y la aplicación desigual de figuras jurídicas en virtud de la posición que ocupa un sujeto promueve el privilegio, la selectividad, la opacidad y el encarecimiento de los costos y riesgos en el manejo de los bienes públicos. Quizás sea hora, como muchos ya han sugerido, de separar normativamente la contratación pública de la contratación privada. Así sabrá cada cual a qué atenerse.

La acción reivindicatoria

El propietario que no posee puede ejercitar la acción reivindicatoria contra el poseedor que frente a él no puede alegar derecho que justifique su posesión.

Artículo 820 del Código Civil, 31 L.P.R.A. §8101

La propiedad es el derecho por virtud del cual una cosa pertenece en particular a una persona con exclusión de cualquiera otra.

La propiedad concede el derecho de gozar y disponer de las cosas sin más limitaciones que las establecidas en las leyes.

El propietario tiene acción contra el tenedor y el poseedor de la cosa para reivindicarla. Cuando el derecho de propiedad recae sobre cosas se llama dominio.

Artículo 741 del Código Civil, 31 L.P.R.A. §7951

La inclusión en el nuevo Código Civil el en Libro de Derechos Reales de un capítulo referente a las acciones protectoras de los derechos de propiedad reúne, en sentido estricto, remedios de corte procesal que anteriormente estaban repartidos en diversos preceptos del Código Civil anterior, en la discusión doctrinal o en la jurisprudencia. En este aspecto, el capítulo supone un esfuerzo por enhebrar de manera sistemática la relación entre los derechos propietarios sustantivos con los mecanismos procesales para hacerlos valer. Bajo este capítulo se incluyen cuatro acciones protectoras: la acción reivindicatoria; la acción declaratoria, la acción negatoria y la acción de deslinde. Queda fuera de este capítulo el remedio del interdicto posesorio, el cual su artículo 724, 31 L.P.R.A. §7862, remite a los Artículos 690-695 del antiguamente denominado Código de Enjuiciamiento Civil, 32 LPRA §§3561-3566.

Sobre la acción reinvindicatoria, el artículo 820**,** 31 L.P.R.A. § 8101, dispone que "[e]l propietario que no posee puede ejercitar la acción reivindicatoria contra el poseedor que frente a él no puede alegar derecho que justifique su posesión." El artículo 741 del Código Civil, 31 L.P.R.A. §9951, a su vez, dispone en su tercer párrafo que "[e]l propietario tiene acción contra el tenedor y el poseedor de la cosa para reivindicarla." Las diferencias entre ambos textos reclaman nuestra atención.

A diferencia del artículo 741, *supra*, el artículo 820, *supra*, específicamente señala que para gozar de la acción reivindicatoria el propietario no puede ser poseedor. Una primera lectura pensaría que esto es una conclusión lógica. A saber, precisamente porque el propietario no posee la cosa es que está en necesidad de reivindicarla. Esta inferencia, sin embargo, no deja claro quién es propietario y que significa no ser poseedor.

La discusión doctrinal ha subrayado extensamente la diferencia conceptual entre propiedad y dominio, a la cual nos remitimos sin más. Véase, por ejemplo, Diez Picazo y Gullón, ***Sistemas de Derecho Civil***, Vol. III, 7ma. edición, págs. 139-152 (2001). Propietario es quien tiene derechos propiedad, dominio es quien es dueño, acaso el derecho propietario más robusto. Evidentemente, propietario es un concepto más amplio que el de dominio. La acción reivindicatoria está disponible al propietario, no solamente al dueño de la propiedad. Es decir, un usufructuario o un superficiario pudiera calificarse como propietario con derecho a la acción reivindicatoria.

El comentario incluido en el Borrador de Discusión del Libro III de Derechos Reales de 2003 dice de este precepto que alude a la facultad del propietario de ejercer la acción reivindicatoria "y todas las acciones que nacen del dominio[...]", pág. 141. La segunda oración del tercer párrafo del artículo 741, *supra*, idéntico al artículo 280 del Código Civil anterior, 31 L.P.R.A. §1111, sin embargo, dispone que "[c]uando el derecho de propiedad recae sobre cosas se llama dominio", dejando en pie la sinonimia entre el derecho de propiedad y el dominio, no obstante sus diferencias conceptuales.

Para poder ejercer la acción reivindicatoria bajo el artículo 820, *supra*, este propietario no puede estar en la posesión del bien. Al no precisar su naturaleza posesoria pudiera uno suponer que el propietario no puede ser poseedor bajo ningún concepto para fines de disponer de la acción reivindicatoria. Esta lectura sería defectuosa. Siendo propietario – cualquiera que fuera su título - éste al menos es poseedor civil y de derecho, de lo contrario no tendría facultad para instar la acción. Sobre la posesión véase los artículos 703-713, 31 L.P.R.A. §§7821-7831. Es decir, la única manera de salvar el precepto de la incoherencia es admitiendo que bajo esta hipótesis el propietario facultado a instar una acción reivindicatoria es aquel que no está en la posesión como hecho. Véase ***Texaco Puerto Rico, Inc. v. González Rodríguez***, 96 P.R. Dec. 305 (1968).

Finaliza el artículo 820, *supra*, señalando que la acción reivindicatoria se ejercita contra "el poseedor que frente a él no puede alegar derecho que justifique su posesión". Hay que subrayar la ausencia de la referencia al *tenedor* de la cosa contra quien se pudiera ejercer la acción reivindicatoria, aun cuando sí aparece en el artículo 741, *supra*. De igual forma hay que llamar la atención que el artículo 717, 31 L.P.R.A. §7825, contempla al poseedor como *tenedor* del bien para conservarlos o disfrutarlos, perteneciendo el dominio a otra persona.

No todo *tenedor* de la cosa, sin embargo, es poseedor, ya sea porque su tenencia es tan efímera que no reclama protección jurídica, ya sea porque detenta para otro como *servidor de la posesión*, véase artículo 706, 31 L.P.R.A. §7824. De igual manera, aquellas personas que detentan un bien de manera ilícita no gozan de la calificación ni de la protección como poseedor. Véase artículos 718-719, 31 L.P.R.A. §§7845-7846. Al excluir al *tenedor* de la cosa contra quien se puede ejercitar la acción reivindicatoria el artículo 820, *supra*, introduce otra ambigüedad textual innecesaria.

Por otro lado, la manera en que está redactada la frase, ["...]el poseedor que frente a él no puede alegar derecho que justifique su posesión", subsume la posibilidad de un conflicto de títulos. Una cosa es que el poseedor no tenga derecho alguno a la posesión, razón por la cual el propietario este en pleno derecho de ejercer la acción, otra es un poseedor que tiene título, pero no lo suficientemente robusto para oponérselo al propietario. Bajo este último supuesto la acción reivindicatoria en realidad oculta una controversia de titularidad en su sentido propio. A modo de ejemplo, en casos de arrendamiento de bien inmueble no inscrito en el Registro de la Propiedad donde el dueño-arrendador vende la propiedad a un comprador, ¿pudiera éste último instar una acción contra el arrendatario, sea reivindicatoria o de desahucio en precario? Véase ¿Venta quita renta? para una discusión sobre este extremo. Sobre la facultad de un poseedor de llevar una acción de desahucio contra cualquier poseedor sin derecho a poseer véase el artículo 725, 31 L.P.R.A. §7863.

El artículo 821, 31 L.P.R.A. §8102, recoge los requisitos de la acción reivindicatoria ya anticipados por la jurisprudencia en ***Pérez Cruz v. Fernández***, 101 D.P.R. 365 (1973); ***Velázquez v. Velázquez***, 82 D.P.R. 619 (1960), y ***E.L.A. v. Pérez Valdivieso***, 83 D.P.R. 863 (1961). Estos son: (i) el justo título de propiedad del demandante; (ii) que la acción se dirija contra quien tiene la cosa en su poder; (iii) falta de título del poseedor no propietario que permita seguir en la posesión; y (iv) la identificación precisa de la cosa cuya restitución se solicita.

Sobre la identificación precisa de la cosa a reivindicarse en ***Pérez Cruz v. Fernández***, *supra*, a la pág. 374, cita la autoridad de ***Las Siete Partidas***: "Campo, ó viña, ó casa ó otra cosa cualquier de aquellas que son llamadas raiz queriéndola alguno demandar en juicio por suya, debe decir señaladamente en qual logar es et nombrar los mojones et los linderos della." *Las Siete Partidas del Rey Don Alfonso el Sabio* (París: 1846), Librería Castellana, Tercera Partida, Título II, Ley XXV, Tomo 1ro., pág. 486.

En casos de una acción reivindicatoria contra un titular registral el artículo 822, 31 L.P.R.A. §8103, lo remite a la legislación registral inmobiliaria, sin perjuicio de las acciones civiles o criminales que puedan corresponder contra quien las ha vendido indebidamente. Comenta el Borrador de Discusión del Libro Tercero de Derechos Reales de 2003, que "[l]a norma busca armonizar la facultad para reivindicar del dueño verdadero con la idea del Artículo 104 de la Ley Hipotecaria y del Registro de la Propiedad que postula que a todos los efectos legales se presume que los derechos registrados existen y pertenecen a su titular en la forma determinada por el asiento respectivo. Quien tiene inscrito a su nombre el dominio goza de la presunción de que le pertenece, lo que produce un desplazamiento de la carga de la prueba, que de ninguna manera significa que haya exactitud entre la realidad registral y la realidad extraregistral. Por ello, el Artículo 104 dispone en su último párrafo "que no podrá ejercitarse ninguna acción contradictoria del dominio de inmuebles o derechos reales inscritos a nombre de un titular determinado, sin que previamente o la vez se pida en demanda judicial la corrección, nulidad o cancelación de la correspondiente inscripción, cuando proceda". pág. 142.

Sobre la reivindicación de bienes muebles, el artículo 823, 31 L.P.R.A. § 8104, dispone: "La persona que pierde una cosa mueble o es privado de ella involuntariamente, puede reivindicarla de quien la posee, sujeto a los derechos que este Código reconoce al adquirente de buena fe y por causa onerosa. ¶La compra de mercaderías en almacenes o tiendas abiertos al público y la adquisición que ocurre en bolsa, feria o mercado, o de una persona dedicada habitualmente al tráfico de cosas análogas, causa prescripción de derecho a favor del comprador respecto de las mercaderías adquiridas y no habrá reivindicación sobre ellas. ¶Quedan a salvo en su caso, los derechos del propietario de los objetos vendidos para ejercitar las acciones civiles o criminales que pueden corresponderle contra la persona que los vende indebidamente."

Este precepto enmienda sustancialmente el Artículo 393 del Código Civil anterior, 31 L.P.RA. §1479. Bajo el Código Civil anterior, la casuística del Tribunal Supremo había adoptado el criterio romano del título. En ***García v. Sabin,*** 19 D.P.R. 279 (1913), se había resuelto que, si bien la posesión de los bienes muebles adquiridos de buena fe equivalía al título, dicho título no equivalía al dominio en el caso en que el vendedor no sea el verdadero dueño, requiriéndose que para adquirir el dominio bajo tal supuesto se necesita además la posesión continua por el período de tres años.

En ***Mieres, Fiscal v. Pagán***, 76 D.P.R. 699 (1954), el cual trataba sobre la reivindicación de un billete de la lotería que se había extraviado y encontrado por otra persona, se reconoció el derecho del dueño original de reivindicar su propiedad. Advertimos que en materia de extravío de bienes y su hallazgo por otro, los artículos 748 y 749, 31 L.P.R.A. §7964, §7965, en materia de ocupación recogen el deber jurídico de restituir o entregar a la autoridad municipal correspondiente en caso de que su poseedor anterior fuera desconocido. Véase en este contexto ***Díaz Ramos v. E.L.A.***, 174 D.P.R.194 (2008).

En ***Fuente v. Fulano de Tal,*** 84 D.P.R. 506 (1962), el cual atendió una controversia sobre la reivindicación de un billete de la lotería extraviado por el dueño original, encontrado por otro, y adquirido por compra por un tercero, se reiteró la doctrina establecida en ***García,*** *supra,* y ***Mieres,*** *supra.* De mayor importancia, se resolvió que la voz *título* en la disposición del antiguo artículo 393, *supra,* quería decir *título* a los fines de la prescripción y no *título* para la propiedad, razón por la cual el propietario de un bien mueble perdido o sustraído tiene derecho a recobrar la cosa perdida o sustraída sin que sea necesario considerar la buena o mala fe del adquirente.

En ***González, et al. v. Cooperativa Ahorro y Crédit,***122 D.P.R. 1 (1988), se atendieron varios casos consolidados sobre billetes de lotería, en donde varios agentes y vendedores autorizados por la agencia gubernamental pertinente alegaron que sus billetes habían sido hurtados o extraviados, según fuere el caso. Dichos agentes y vendedores autorizados pretendían reivindicar dichos billetes de lotería premiados de terceras personas que lo habían adquirido de otras personas haciéndose pasar por vendedores autorizados. El Tribunal Supremo distinguió esta situación de hechos de lo resuelto en ***Mieres***, *supra,* y **Fuente**, *supra,* señalando que habiendo los terceros adquirentes adquirido de quienes representaban ser vendedores autorizados, le era de aplicabilidad lo dispuesto en el tercer párrafo del entonces artículo 393, *supra,* sobre la adquisición de cosas muebles en bolsa, feria o mercado y lo dispuesto en las disposiciones pertinentes del Código de Comercio. A saber, la prescripción instantánea a favor del comprador.

Como comentáramos en La posesión mobiliaria, en la medida en que sea pertinente a una controversia sobre la posesión mobiliaria de buena fe por causa onerosa y a título de dominio, hay que concluir que la jurisprudencia antes señalada ha quedado superada por el nuevo artículo 717, *31 L.P.R.A. §7844.*

Por último, el segundo párrafo del artículo 823, supra, incorpora expresamente la prescripción instantánea a favor del comprador del artículo 59 del Código de Comercio, 10 L.P.R.A. §1154. Véase también el tercer párrafo del artículo 717, supra. El tercer párrafo salva los derechos del propietario de los objetos vendidos para ejercer las acciones civiles o criminales que pueden corresponderle contra la persona que los vende indebidamente.

La acción negatoria

La acción negatoria o de libertad de propiedad está disponible para el propietario frente a quien alega la existencia de un gravamen sobre el bien objeto de su dominio. También está disponible para cualquier titular de un derecho real sobre bien ajeno afectado por un gravamen, en defensa de sus facultades.

Artículo 824 del Código Civil, 31 L.P.R.A. §8111

La acción negatoria, o de libertad de propiedad, es una consecuencia lógica del derecho de propiedad. Poca utilidad tendría el derecho de propiedad si su titular no pudiera oponerlo frente a quien pretendiere contradecirlo con algún gravamen impuesto a su único arbitrio. La hipótesis fáctica de la figura supone un propietario que se enfrenta a la pretensión de algún otro que reclama algún derecho de uso y disfrute sobre un bien sin tener título para ello. En este contexto la acción negatoria es un mecanismo, entre otros, de evitar la injustificada consolidación de algún derecho real.

Nuestro Código Civil anterior no contenía preceptos en torno a la acción negatoria, siendo fundamentalmente una acción de origen doctrinal y jurisprudencial. Diez Picazo y Gullón, por ejemplo, señalan que "[s]e llama así a la acción que compete al propietario de una cosa para defender la libertad de su dominio y que se declare la ausencia o inexistencia de gravámenes sobre él[...]". ***Sistemas de Derecho Civil***, Vol. III, 7ma. edición, págs. 179 (2001).

Jurisprudencialmente, la figura ya había sido recogida en casos de servidumbres negativas de luces y vistas en ***Delgado v. Rodríguez***, 71 D.P.R. 445 (1951); ***Ríos v. Mercado***, 73 D.P.R. 840 (1952), particularmente como acción para evitar la adquisición de dicha servidumbre negativa por vía de la usucapión.

El artículo 824 del nuevo Código Civil, *supra*, dispone: "La acción negatoria o de libertad de propiedad está disponible para el propietario frente a quien alega la existencia de un gravamen sobre el bien objeto de su dominio. También está disponible para cualquier titular de un derecho real sobre bien ajeno afectado por un gravamen, en defensa de sus facultades."

Comenta el Borrador de Discusión del 2003 del Libro III de Derechos Reales: "La aportación mayor de este precepto es el reconocimiento de la legitimación activa tanto del propietario como de cualquier titular de un derecho real que puede verse afectado por el alegado gravamen. Puede ejercitarla tanto el propietario de bienes muebles como de inmuebles, tanto si posee como si no posee, tanto si es propietario exclusivo como copropietario." pág. 146.

Los hechos en ***Ríos v. Mercado***, *supra*, son típicos de este tipo de controversia. En lo pertinente, el demandante y el demandado eran dueños de sus respectivas casas que colindaban entre sí, sin haberse dejado espacio alguno entre ellas. Las casas estaban edificadas sobre terrenos propiedad el Municipio de Fajardo. La casa del demandado tenía abiertas varias ventanas que daban inmediatamente con vistas rectas a la casa del demandante. El demandante adquirió la casa por compraventa en el 1939. El demandado adquirió su casa en el año 1912, abriéndose los huecos uy fijándose las ventanas en el 1918. El dueño anterior de la casa del demandante, le había llamado la atención al demandado en cuatro o cinco ocasiones para que cerrara las ventanas, y que la última vez lo fué para el 1924. Este no las cerró y que siempre la casa del deman-dado desde antes de adquirir él la casa del demandante ha estado en las mismas condiciones en que se encuentra ahora, habiendo transcurrido más de veinticinco años desde que se le exigiera por primera vez que cerrara dichos huecos o ventanas.

Si bien el Tribunal Supremo revocó la sentencia de instancia atendiendo la falta de inclusión de la parte indispensable Municipio de Fajardo como dueño de los solares, quienes eran los que podían ejercer la acción negatoria de servidumbre, citando a ***Díaz* v. *Guerra***, 18 D.P.R. 819 (1912) y ***Díaz* v. *Rivera***, 33 D.P.R. 552 (1924), se aprovecha la opinión para discutir los elementos de la adquisición por usucapión de la servidumbre negativa de luces y vista, y de la exigencia del acto obstativo para marcar el inicio del término necesarios para consolidarlo. A modo de observación tangencial nótese que bajo el nuevo artículo 824, *supra*, el dueño de la casa, aunque no del solar tendría derecho instar la acción negatoria.

Al aplicar el artículo 474 del Código Civil anterior, 31 L.P.R.A. §1652, comenta el Tribunal, citando a Manresa y a Valverde, que la regla legal es que el acto obstativo que inicia el transcurso de la prescripción en el caso de las servidumbres negativas es aquél que se lleva a cabo por el dueño del predio dominante, consintiendo dicho acto obstativo en que el dueño del predio dominante manifieste formalmente su oposición a que el propietario del predio sirviente haga alguna obra o edificación en su predio que pueda impedir el disfrute de la servidumbre de luces y vistas. Según la opinión no hubo prueba suficiente en el caso para concluir este hecho.

En este contexto, hay que contrastar la acción negatoria con la acción confesoria y la acción declaratoria de usucapión.

El artículo 970 del Código Civil, 31 L.P.R.A. §8571, el cual tipifica la protección del derecho de servidumbre bajo la acción confesoria. Dispone el artículo: "El titular dominante tiene acción real para mantener y restituir el ejercicio de la servidumbre contra cualquier persona que se oponga a este, que lo perturbe o que amenace con hacerlo. ¶El actor debe probar la existencia de la servidumbre y la lesión causada o la amenaza de causarla en su derecho. ¶La acción confesoria prescribe a los quince (15) años, a contar desde el acto obstativo."

Este artículo no estaba incluido en el Código Civil anterior. El mismo proviene del artículo 18 de la Ley 22 de 31 de diciembre de 2001 de regulación del Derecho de Servidumbre de la Generalidad de Cataluña.

Comenta el Borrador de Discusión del 2003 del Libro III de Derechos Reales sobre la acción confesoria, que por su relevancia merece citarse en su totalidad: "La acción confesoria corresponde a quien pretende la existencia de una servidumbre y que se declare así judicialmente. La servidumbre cuenta con una especial protección mediante una acción específica, cuyo objeto es obtener el reconocimiento del derecho de servidumbre por aquel que lo niega o contradice. Constituye la otra cara de la facultad que tiene el propietario de una finca frente a quien desconociendo la libertad de éste, ejerce o pretende ejercer el contenido de la servidumbre (la acción negatoria). Solé Resina, Judith, ***La acción confesoria de servidumbre***, Marcial Pons, 1998. Esta acción carece de una regulación expresa en el Código vigente pero está plenamente reconocida por la doctrina y la jurisprudencia. ***Franco v. Oppenheimer***, 40 D.P.R. 153 (1929); ***Delgado v. Rodríguez***, 71 D.P.R. 445 (1950); ***González v. Hawayek***, 71 D.P.R. 528 (1952); ***Ríos v. Mercado***, 73 D.P.R. 840 (1952); ***Respetable Logia v. Feliciano***, 74 D.P.R. 444 (1953). La jurisprudencia española estima que pertenece al género de las declarativas, pero reconoce que tiene naturaleza independiente y sustantividad propia (Sentencias de 6 de octubre 1997 y 13 de junio de 1998). Junto al reconocimiento de la existencia de la servidumbre se produce la restitución o la constitución efectiva del gravamen que comporta. Es una acción de defensa de la servidumbre frente al perturbador que persigue no sólo que se reconozca su existencia, sino que se le condene abstenerse de seguir perturbando y a reparar los daños provocados." págs. 350-351.

Por otro lado, en materia de la adquisición de un derecho real por via de la usucapión, el artículo 795, 31 L.P.R.A. §8039, contempla a su vez su acción declaratoria: "Una vez transcurre el plazo para que se consume la usucapión, el adquirente puede entablar acción para que se le declare titular del derecho usucapido. La sentencia favorable es título para la inscripción del derecho en el registro respectivo y para cancelar el asiento a favor del antiguo titular." Este precepto esta inspirado por el artículo 952 del Código Civil de Perú, y el artículo 1840 del Códiogo Civil de Argentina (1998).

Comenta el Borrador de Discusión del 2003 del Libro III de Derechos Reales: "Este artículo es nuevo. Si bien la usucapión no requiere la declaración judicial para que se consume como modo de adquirir el dominio y otros derechos reales. Este precepto viene a atender un asunto no atendido en el Código vigente la declaración judicial de adquisición por usucapión permite la obtención de un título inscribible en el registro público correspondiente, fomentando así la seguridad o estabilidad jurídica.". pág. 117. En la acción declaratoria de la usucapión la acción negatoria encuentra su límite.

En cuanto a la acción negatoria, el artículo 825, *supra*, añade que "[e]l propietario debe probar su dominio, pero se beneficia de la presunción de libertad de la propiedad. No obstante, si el demandado prueba la existencia del gravamen, el propietario debe dar prueba de su extinción."

Este precepto, igualmente, recoge la discusión doctrinal y la jurisprudencia. Diez Picazo y Gullón, comentan que el promovente de la acción negatoria "deberá probar el dominio que dice ostentar, pero no la falta del derecho del demandado, porque se presume que la propiedad es libre mientras no se demuestre lo contrario, y porque la prueba de los hechos negativos es prácticamente imposible", *supra*, pág. 179. Recuerdos de la *probatio diabólica*. Hay que notar que la última frase del artículo 824, *supra*, faculta a cualquier titular de un derecho real sobre el bien afectado de ejercer la acción, no estando limitado al dueño de la propiedad. Sobre la presunción que la propiedad está libre de cargas y gravámenes, y que le incumbe al que alega afirmativamente la existencia de tal carga o gravamen de probarla con la preponderancia de la prueba, véase ***Ramos* v. *Viejo*,** 66 D.P.R. 42; ***Rosado* v. *Municipio*,** 59 D.P.R. 740, ***Balzac* v. *Torres*,** 68 D.P.R. 983.

La acción negatoria incluida en el nuevo Código Civil acertadamente estatuye un remedio a los titulares de un derecho real para proteger sus derechos de agresiones patrimoniales injustificadas.

La acción declaratoria

La acción declarativa del dominio es la que pretende obtener una declaración de constatación del derecho de dominio frente a quien discute ese derecho o se lo atribuye.

Artículo 824 del Código Civil, 31 L.P.R.A. §8111

Son requisitos de la acción declarativa del dominio: (a) la existencia de duda o controversia sobre la situación jurídica del actor, tan fundada que pueda temerse por su seguridad; (b) peligro de tal naturaleza que, para evitarlo, sea precisamente la declaración judicial la única medida adecuada y posible; y (c) que la acción se dirija contra la persona frente a la cual la declaración cumple la finalidad de certeza jurídica.

Artículo 825 del Código Civil, 31 L.P.R.A. §8112

Comentan Diez Picazo y Gullón que la acción declarativa del dominio "tiene como fin la condena del demandado a que reconozca el dominio del actor simplemente, que discute o se atribuye ese derecho, sin aspiraciones de reintegración de la posesión que detenta en ese proceso". ***Sistemas de Derecho Civil***, Vol. III, 7ma. edición, pág. 178 (2001).

Es decir, según la doctrina el elemento distintivo de la acción declaratoria es el reconocimiento judicial del dominio de un bien por su promotor sin que ello implique necesariamente la obtención de su posesión.

Esta aproximación doctrinal requiere varios comentarios. Primero, que la acción declarativa va dirigida exclusivamente a consolidar judicialmente el reclamo del dominio y no de otros derechos reales, la cual quedan excluidos del remedio.

El artículo 824, supra, recoge esta posición doctrinal al disponer que "[l]a acción declarativa del dominio es la que pretende obtener una declaración de constatación del derecho de dominio frente a quien discute ese derecho o se lo atribuye".

La acción declaratoria, por tanto, supone como hipótesis fáctica una controversia entre diversos actores sobre quien tiene derecho a reclamar el dominio sobre el bien.

El comentario del Borrador de Discusión del Libro III de Derechos Reales de 2003 no arroja mucha luz sobre el porqué de su inclusión. El comentario meramente se limita a hacer referencia a la Regla 59 de las Reglas de Procedimiento Civil sobre Sentencias Declaratorias, como procedimiento análogo.

En lo pertinente, la Regla 59.1, *supra*, dispone: "El Tribunal de Primera Instancia tendrá autoridad para declarar derechos, estados y otras relaciones jurídicas aunque se inste o pueda instarse otro remedio. No se estimará como motivo suficiente para atacar un procedimiento o una acción el que se solicite una resolución o sentencia declaratoria. La declaración podrá ser en su forma y efectos, afirmativa o negativa, y tendrá la eficacia y el vigor de las sentencias o resoluciones definitivas. [...]"

Esta Regla procede de la Ley Núm. 47 de 25 de abril de 1931, conocida como Ley de Sentencias Declaratorias, 32 L.P.R.A. §§2991-3006. Su objetivo es proveer un mecanismo de carácter profiláctico mediante el cual pueda anticiparse a dilucidar ante los tribunales los méritos de cualquier reclamación que en forma latente entrañe un peligro potencial contra alguna parte. Como ha señalado reiteradamente la jurisprudencia, el mecanismo amplía los viejos remedios tradicionales y, con el propósito de disipar incertidumbres, y contribuir al logro de la paz social, concede la oportunidad de anticipar el ejercicio futuro de determinadas causas de acción mediante una declaración previa de derechos. Véase, entre otros, ***Moscoso v. Rivera***, 76 D.P.R. 481 (1954), ***Charana v. Pueblo***, 109 D.P.R. 641, 653-654 (1980***); Sánchez et al. v. Srio de Justicia et al.***, 157 D.P.R. 360, 384 (2002); ***Romero Barceló v. E.L.A.***, 169 D.P.R. 460, 475 (2006); ***Suárez et al. v. C.E.E. I***, 163 D.P.R. 347, 354 (2004).

Desde la perspectiva procesal, la sentencia declaratoria no está limitado a las acciones de carácter dominical o, siquiera, a controversias propias del Derecho Real. En este contexto hay que citar la 59.2, *supra*, en su totalidad, por su injerencia sobre las limitaciones que se imponen en los artículos 824 y 825, *supra*. Sobre quienes pueden solicitar el remedio de sentencia declaratoria dispone la regla: "(a) Toda persona interesada en una escritura, un testamento, un contrato escrito u otros documentos constitutivos de contrato, o cuyos derechos, estado u otras relaciones jurídicas fuesen afectados por un estatuto, una ordenanza municipal, un contrato o una franquicia, podrá solicitar una decisión sobre cualquier divergencia en la interpretación o validez de dichos estatutos, ordenanzas, contrato o franquicia, y además que se dicte una declaración de los derechos, estados u otras relaciones jurídicas que de aquéllos se deriven. Un contrato podrá ser interpretado antes o después de haber sido infringido.¶(b) Las personas albaceas, administradoras judiciales, fideicomitentes, fideicomisarias, fiduciarias, tutoras, acreedoras, legatarias, herederas o causahabientes que actúen en esas capacidades o en representación de otras personas interesadas, podrán pedir y obtener una declaración de derechos o de relaciones jurídicas en todos los casos en que se administren fideicomisos, fundaciones, bienes de personas difuntas, personas menores incapacitadas o insolventes: (1) para determinar sobre clases de personas acreedoras, legatarias, herederas, causahabientes u otros; (2) para ordenar a las personas albaceas, administradoras o fideicomisarias que ejecuten o se abstengan de ejecutar cualquier acto determinado en su capacidad fiduciaria, o (3) para determinar sobre cualquier cuestión que surja en la administración de los bienes o del fideicomiso, incluso las de interpretación de testamentos y otros documentos.¶(c) La enumeración hecha en los incisos (a) y (b) de esta regla, no limita ni restringe el ejercicio de las facultades generales conferidas en la Regla 59.1 dentro de cualquier procedimiento en que se solicite un remedio declaratorio, siempre que una sentencia o decreto haya de poner fin a la controversia o despejar una incertidumbre."

Contrástese la Regla 59.2, *supra,* con el artículo 825, *supra*: "Son requisitos de la acción declarativa del dominio: (a) la existencia de duda o controversia sobre la situación jurídica del actor, tan fundada que pueda temerse por su seguridad; (b) peligro de tal naturaleza que, para evitarlo, sea precisamente la declaración judicial la única medida adecuada y posible; y (c) que la acción se dirija contra la persona frente a la cual la declaración cumple la finalidad de certeza jurídica."

Poco añade este precepto a lo ya dispuesto en la Regla 59.2, *supra*, salvo que lo limita a casos de controversias sobre el dominio del bien. Nada impide, sin embargo, que bajo la Regla 59.2, *supra*, se inste una acción declaratoria sobre cualquier otro derecho propietario que no verse sobre el dominio.

Segundo, hay que subrayar que la acción declarativa, al menos en su conceptualización teórica, no va dirigida a atender controversias posesorias. Es de notar que el artículo 824, *supra*, calla sobre este extremo.

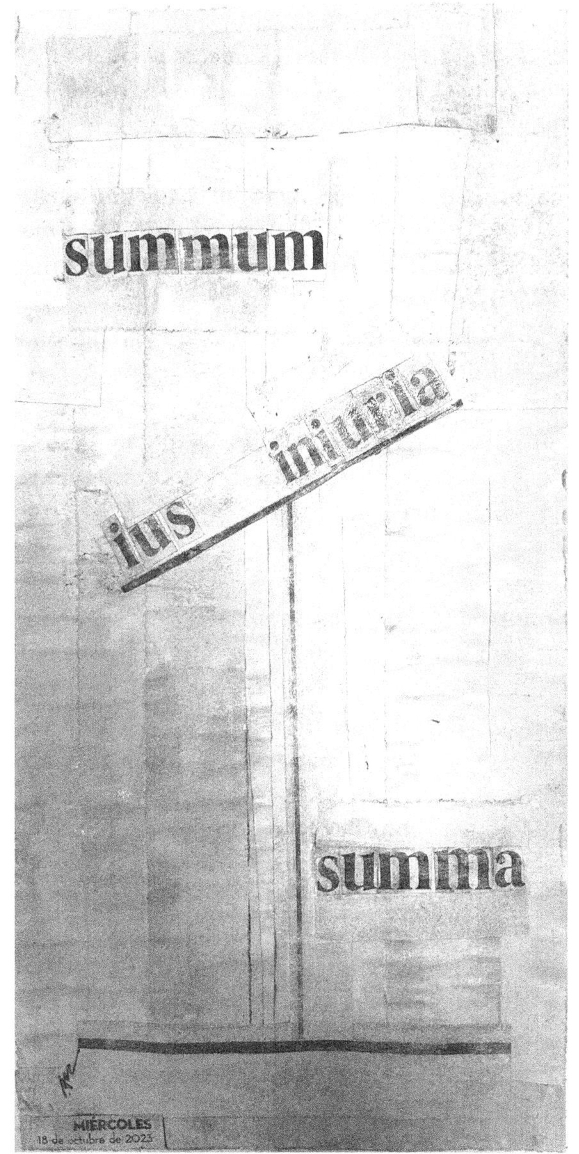

Las arras

Uno de los contratantes puede entregar un bien al otro contratante o a un tercero, para serle entregado a aquel, en concepto de única prestación debida en caso de arrepentirse del contrato, conforme a las siguientes reglas:

(a) el arrepentimiento solo es válido mientras no vence el plazo establecido o no comienza a ejecutarse el contrato;

(b) si se arrepiente quien entrega las arras, las pierde y, si lo hace quien las recibe, debe devolverlas con otro tanto de su valor; o

(c) si ninguno se arrepiente, y las arras son de la misma especie que la prestación a cargo de quien las entrega, se imputan como parte de pago de su prestación.

Artículo 1256 del Código Civil, 31 L.P.R.A. §9831

Bajo la clasificación de las cláusulas de garantía contractual, el Código Civil tipifica, la garantía en caso de arrepentimiento en el artículo 1256, 31 L.P.R.A. §9831. Esta garantía es tradicionalmente denominada como arras o seña, término al cual el precepto alude en el cuerpo del texto.

El supuesto fáctico de las arras es la de asegurar la celebración de un contrato futuro, en cuyo defecto la parte afectada por su no celebración pueda obtener un resarcimiento. Una variación o modalidad de las arras, aunque de ordinario así no se califiquen, la vemos en los contratos de opción de compra, en el cual un optante entrega una suma de dinero al futuro vendedor, abonándose la suma al precio de compraventa, disponiéndose, sin embargo, que en caso de que el optante no ejerza su derecho preferente de adquisición, dicha suma queda para beneficio del vendedor.

El caso de ***Caballero Viuda de Besosa v. Kogan***, 73 P.R. Dec. 666 (1952), es ilustrativo precisamente en tanto que versaba sobre un contrato de compraventa, de obligaciones recíprocas, mal intitulado como una opción de compra, en la cual se le entregó al vendedor la suma de $1,000.00 a abonarse al precio de compraventa de $20,000.00, estipulándose expresamente que en caso de incumplimiento contractual por el comprador, el vendedor tendría derecho a retener los $1,000.00 a modo de indemnización. El Tribunal Supremo entendió que dicha suma de $1,000.00 entregada

Publicado en ***Microjuris al día*** el 22 de enero de 2023.

por el comprador no era a título de arras, sino de penalidad en caso de incumplimiento. Al distinguir el concepto en que se entregó los $1,000.00, concluye el Tribunal, citando a Manresa y a Scaevola, a la página 679: "La dificultad estriba en que la cláusula Quinta expresamente dispone que los $1,000 eran parte del precio de compra y no arras. En ausencia de una disposición expresa al efecto de que la cantidad entregada sea arras, no es aplicable el artículo 1343". Citas omitidas.

El artículo 1343 del Código Civil anterior, 31 L.P.R.A. §3750, contemplaba la rescisión del contrato de compraventa ahí donde hubiesen mediado arras, allanándose el comprador a perderles o el vendedor a devolverlas duplicadas. Dejando a un lado – por académico - el uso impropio del término rescisión en vez de resolución, este precepto limitaba las arras al contrato de compraventa. Por supuesto nada impedía que bajo el principio de la libertad contractual se constituyeran las arras bajo cualquier tipo de contrato. Efectivamente, la practica contractual en materia de opción de compra de bienes inmuebles es acaso el mejor ejemplo de su utilidad y vitalidad jurídica.

Como correctamente observa el Borrador para la Discusión del Código Civil, Libro Quinto, citando a Diez Picazo y a Albaladejo, pág. 93 (2004), las arras no es un instituto inherente únicamente al contrato de compraventa, sino que puede pactarse en cualquier manifestación contractual.

En la discusión doctrinal las arras son clasificadas en tres tipos:
(i) ***Confirmatorias***, cuando la entrega cumple la función de señal de la celebración de un contrato o prueba de su perfección. Esta es la que es reconocida en el artículo 261 del Código de Comercio, 10 L.P.R.S §1719, cuando bajo el contrato de compraventa mercantil, "las cantidades que, por vía de señal, se entreguen en las ventas mercantiles, se reputarán siempre dadas a cuenta del precio y en prueba de la ratificación del contrato, salvo pacto en contrario".
(ii) ***Penitenciales***, cuando la entrega permite a cualquiera de los contratantes desistir de la ejecución de un contrato ya perfeccionado, allanándose quien entregó las arras a perderlo, y quien los recibió a devolverlas duplicadas. Este es el tipo de arras reconocido en el antiguo artículo 1343, *supra*. Las arras penitenciales tienen cierto parecido conceptual a la obligación facultativa, artículo 1089 del Código Civil, 31 L.P.R.A. §9037, la cual admite que un deudor puede liberarse del cumplimiento de realizar una prestación determinada mediante su sustitución por otra también determinada, quedando el acreedor limitado a exigir la prestación a la cual el deudor está directamente obligado. La distinción reside en primer lugar en que su consecuencia recae sobre las partes del contrato y no queda exclusivamente para beneficio del deudor y, segundo, que las arras están concebidas como una garantía de cumplimiento y no como una obligación determinada.
(iii) ***Penales***, cuando funcionan en caso de incumplimiento de las obligaciones, en que se pierden o devuelven dobladas según quien sea el que incumple, si el que las entregó o el que las recibe, pero no facultan para desligarse de la obligación, que puede ser exigida coactivamente. Diez Picazo, ***Sistema de Derecho Civil***, 9na. edición, Tecnos, pág. 161 (2001).
El párrafo introductorio del artículo 1256 dispone que "[u]no de los contratantes puede entregar un bien al otro contratante o a un tercero, para serle entregado a aquel, en concepto de única prestación debida en caso de arrepentirse del contrato, conforme a las siguientes reglas[...]".

Lo primero que hay que observar, es que las arras presuponen la existencia de un contrato. Segundo, que para que se configuren las arras tiene que haber la entrega del bien. No hay promesa de arras. Esta entrega, hay que subrayar, no es de carácter real – como la prenda o la anticresis – aunque nada impide por supuesto que jurídicamente se configure como tal. En fin, se puede constituir el derecho real de garantía para asegurar cualquier obligación principal. Artículo 993, 31 L.P.R.A. §8673.

Tercero, lo entregado en concepto de arras puede ser una cosa o un derecho. Cuarto, que la entrega puede efectuarse a la otra parte contratante o a un tercero para serle entregado a aquel en caso de arrepentirse del contrato. El Borrador de Discusión de Contratos, Libro Quinto, pág. 94 (2004) comenta que ese tercero actuaría como depositario, asumiendo por tanto tales responsabilidades del cuido y guarda de la cosa. Quinto, la frase "arrepentimiento del contrato" invita a la confusión. Si bien doctrinalmente se hace uso de la palabra arrepentimiento, como si una parte contratante pudiera arrepentirse de cumplir con su prestación sustituyéndola por la seña acordada, no es menos cierto que tal sustitución está autorizada por el contrato y no implica en modo alguno un incumplimiento. En otras palabras, el llamado arrepentimiento en realidad es el ejercicio de un derecho contractual.

El artículo 1256, *supra*, recoge las arras penitenciales en sus incisos (a) y (b), y las arras confirmatorias en el inciso (c), ello sin perjuicio de que en el ejercicio de la libertad contractual se pacten como penales. Bajo el supuesto de arras penales, que son análogas a las cláusulas penales, aunque se distinguen entre sí por la entrega del bien, se estaría a lo dispuesto en el artículo 1257, 31 L.P.R.A. § 9832.

Como indica el inciso (a) del artículo 1256, el arrepentimiento sólo será posible mientras no haya vencido el plazo que las partes puedan haber establecido en el contrato para permitir el arrepentimiento. En todo caso no habrá arrepentimiento válido si es que ha empezado a cumplirse el contrato, sea por entrega de alguna de sus prestaciones o por realizarse las acciones preparatorias de dichas entregas.

Si se arrepiente quien entregó las arras, las pierde. Si lo hace quien las recibió debe devolverlas con otro tanto de su valor. Al comentar el alcance de la frase "otro tanto de su valor" incluida en el inciso (b) del artículo 1256, el Borrador para la Discusión del Código Civil, Libro Quinto, pág. 95 (2004), observa que lo que se entrega al acreedor es un valor equivalente al de la cosa recibida. Si la cosa entregada no tuviere un valor establecido la prudencia sugiere su valor se fije por común acuerdo al momento de convertirla en arras.

El inciso (c) parte del supuesto de que al no haber arrepentimiento, y ser las arras de la misma especie de quien las entregó, "se imputan como parte de pago de su prestación", admitiéndose su propósito confirmatorio.

Las restricciones voluntarias sobre fincas

Son restricciones voluntarias de carácter real aquellas limitaciones de uso, construcción, y ornato o fines análogos que se imponen a las fincas y que cumplen con los requisitos dispuestos en el siguiente artículo.

Artículo 813 del Código Civil, 31 L.P.R.A. §8081

Las denominadas restricciones voluntarias sobre fincas han sido recogidas en los artículos 813-819 del nuevo Código Civil 31 L.P.R.A. §8081-§8087. Hay que subrayar que estas disposiciones recogen, sin mayores enmiendas, la propuesta del 2003 de la *Comisión Conjunta Permanente para la Revisión y Reforma del Código Civil.* Conforme el artículo 813, *supra*, "[s]on restricciones voluntarias de carácter real aquellas limitaciones de uso, construcción, y ornato o fines análogos que se imponen a las fincas y que cumplen con los requisitos dispuestos en el siguiente artículo.

Primero, una aclaración terminológica. Las restricciones voluntarias sobre bienes inmuebles es la terminología que el nuevo Código Civil utiliza para lo que antes era denominado como servidumbres en equidad. El fundamento expuesto en el memorial explicativo del 2003 para calificar a las anteriores servidumbres en equidad como restricciones voluntarias es que las mismas no constituyen genuinas servidumbres prediales al no haber una relación de predio dominante vis a vis un predio sirviente, según recogido en el artículo 935, 31 L.P.R.A. § 8501.

La profesora Margarita García Cárdenas cuestiona con razón este razonamiento al subrayar la relación sinalagmática entre las fincas sujetas a las restricciones, lo cual supone como cuestión de realidad jurídica una obligación mutua entre ellas de tolerarlas. Véase García Cárdenas, M; ***Derecho de urbanizaciones***, Interjuris, pág. 73 (2010). El propio memorial explicativo del 2003 reconoce la relación entre las fincas como una afección real de todas las parcelas como parte de un plan general de mejoras o restricciones comunes a todos los predios. ¿No esa acaso la esencia de cualquier servidumbre?

Publicado en ***Microjuris al día*** el 15 de enero de 2023.

Segundo, una nota histórica. La figura proviene del *common law*. Véase ***Glines v. Matta***, 19 D.P.R. 409 (1913), la cual la incorporó a nuestro ordenamiento. En el *common law* ha habido una fusión histórica entre los llamados *equitable servitudes* – la cual se tradujo como servidumbres en equidad – y los denominados *restrictive covenants*.

En el proceso de dejar atrás las ataduras del feudalismo medieval el derecho inglés le dio singular importancia al concepto de *privity* – para nosotros el vínculo – para evitar la imposición de restricciones a los feudos en la transmisión de la propiedad a futuros dueños. Las restricciones eran en su origen de naturaleza contractual, inoponibles a terceros. Los *Courts of Equity* fueron gradualmente admitiendo la oponibilidad de los *covenants* a terceros cuando adquirían el feudo con conocimiento y notificación de ellos, atemperando con ello la inflexibilidad del *common law*. En los Estados Unidos en el siglo XIX se fue admitiendo la oponibilidad frente a terceros de los *real covenants*, ahora calificados como *equitable servitudes,* para derrotar el rigor del *privity*. Hoy, los *equitable servitudes* son entendidas como limitaciones prediales que, una vez constituidos, implican *reciprocal negative servitudes* y que como tales *run with the land.* Hoy día el ***Restatement (Third) of Property (Servitudes)*** (2000), del American Law Institute, promueve la uniformidad en el uso de las doctrinas de *easement, real covenants* y *equitable servitudes* para evitar mayores confusiones doctrinales. Véase también Singer, Joseph William, ***Property***, Aspen Publishers, 3rd Edition (2010) pp. 223-295.

Esta muy breve revista de los principios del *common law* son relevantes precisamente porque apuntan al uso indistinto de los términos de servidumbres en equidad y condiciones restrictivas, ahora restricciones voluntarias. En este sentido, la discusión sobre si las servidumbres en equidad son o no son verdaderas servidumbres bajo nuestro ordenamiento civilista sufre de cierto esencialismo metafísico que hay que superar. Al definir las restricciones voluntarias como de carácter real, y al incluirla en el Libro de los Derechos Reales, no hay dudas sobre su eficacia jurídica.

Conforme el artículo 814, 31 L.P.R.A.§8082, los requisitos para la validez y oponibilidad ante todos de las restricciones voluntarias deben ser:

(i) Razonables. El criterio de razonabilidad, por supuesto, es uno de juicio y prudencia. Como acertadamente comenta el memorial explicativo del 2003, las limitaciones del derecho de propiedad constituyen una excepción, y por tanto cualquier restricción tiene que perseguir un fin lícito y socialmente reconocible y dentro de los parámetros de la razonabilidad. A modo ilustrativo, y leídos a través del lente histórico, ***Shelley v Kramer***, 334 U.S. 1 (1948), es el caso de unas condiciones restrictivas que pretendían impedir la venta de unas propiedades a personas de la raza negra. Salvando la doctrina de acción de estado, hoy día esa restricciones no tendrían cabida en nuestro ordenamiento por violentar los derechos civiles de los ciudadanos. La más de las veces las restricciones voluntarias tratan sobre diseños arquitectónicos, usos residenciales de la propiedad, mantenimiento, responsabilidades vecinales, etc., los cuales de ordinario son perfectamente razonables. Claro, de haber ambigüedades en el texto de las restricciones le corresponderá al tribunal pasar revista sobre ellas. A modo de derecho comparado, es interesante notar que, en algunas jurisdicciones en los Estados Unidos, la revisión judicial de las restricciones voluntarias ocurrirá solamente cuando contravengan política pública sin pasar revista sobre su razonabilidad. ***Nahrstedt v. Lakeside Village Condominium Ass'n.***, 878 P2d. 1275 (Cal. 1994). El ***Restatement (Third),*** *supra*, adopta similar postura.

(ii) Debe obedecer a un plan general de mejoras cuyo propósito pude ser de preservar la belleza, la comodidad, la seguridad, las características propias del proyecto, etc. ***Sabater v. Corp. Des. Eco.***, 140 D.**P.R. 497 (1997). *Dorado del Mar Estates Homeowners Association, Inc. v. Weber*,** 203 DPR 31 (2019)

(iii) Las restricciones voluntarias tiene que ser compatibles con la política pública sobre uso de terrenos. Este requisito no estaba incluido en el borrador del 2003. Si bien es cierto que el desarrollo de los terrenos en los proyectos urbanísticos tienen que cumplir con la reglamentación administrativa aplicable, tanto de la Junta Planificación, la Oficina de Gerencia y Permisos y el Código Municipal, entre otros, hay que reconocer cierta tensión normativa en este requerimiento, particularmente con referencia a lo dispuesto en la jurisprudencia en una serie de casos, los cuales resuelven que las agencias administrativas no tienen jurisdicción o facultad para intervenir o modificar las servidumbres en equidad constituidas. ***Residentes de Parkville v. Diaz Luciano***, 159 D.P.R. 374 (2003); ***Asociación Vecinos Urbanización Juan B. Huyke v. Banco Santander***, 157 D.P.R. 521 (2002), ***Luán v. Román***, 125 D.P.R. 533 (1990). Habrá que esperar a las controversias que sin duda surgirán en un futuro para ver cómo el Tribunal Supremo delineará esa compatibilidad sin menoscabar derechos contractuales.

(iv) Deberán constar de manera específica en un instrumento público. Sobre este requerimiento de forma, necesario por demás para lograr acceso al Registro de la Propiedad, el memorial explicativo del 2003 señala que "la especificidad obedece a la necesidad de informar a los adquirentes de los predios la naturaleza y extensión de las restricciones que afectan la propiedad". Es decir, se debe precisar lo que se puede o no llevar a cabo en cuantos a cambios en la estructura, construcción, ornato y usos de la propiedad adquirida.

(v) Deberán estar inscritas en el Registro de la Propiedad. Es decir, la inscripción de las restricciones voluntarias es constitutiva del derecho, obteniéndose a través de ella la publicidad registral requerida para oponerlo ante terceros.

Conforme el artículo 815, 31 L.P.R.A. §8083, las restricciones voluntarias pueden constituirse por negocio jurídico bilateral o multilateral celebrado por todos los propietarios de las fincas afectadas; o por negocio jurídico unilateral del propietario de la finca afectada.

Las restricciones voluntarias son indivisibles. Si la finca afectada se divide en dos o más fincas, la restricción no se modifica y cada una de ellas también queda afectada. Artículo 816, 31 L.P.R.A. §8084.

El mecanismo procesal idóneo para hacer valer las restricciones voluntarias, conforme el artículo 817, §8085, es el *injunction*. Dispone el artículo: "El propietario o el titular de un derecho real que recae sobre una finca gravada con restricciones voluntarias puede instar un interdicto en el tribunal competente para impedir que se violen y obtener indemnización por los daños sufridos."

La atribución de la facultad de instar el remedio del *injunction* para impedir que se violen y obtener indemnización por los daños y perjuicios radicar es cónsono con lo resuelto por la jurisprudencia. Por otro lado, el lenguaje del precepto expresamente le reconoce legitimación activa al propietario o el titular de un derecho real que recae sobre la finca gravada, por lo cual hay que entender que las asociaciones vecinales creadas para hacer cumplir las restricciones voluntarias no son los únicos autorizados a recurrir judicialmente para hacerlas valer. Por otro lado, al añadir la frase "o titular de un derecho real" abre la puerta a otros actores – como el acreedor hipotecario, el arrendatario inscrito, etc. – a instar la acción judicial. Sobre el caso del acreedor hipotecario, comenta la profesora García Cárdenas, "La decisión de si se exige el cumplimiento específico de las restricciones pertenece a los propietarios de los lotes gravados. No hay justificación para que un acreedor de un derecho real sobre un inmueble gravado con las restricciones pueda exigir el cumplimiento específico de las demás propiedades." *supra*, pág. 77.

Contra un recurso radicado en su contra, la jurisprudencia ha señalado que la parte demandada puede oponer todas las defensas que le otorgan los principios en equidad, entre ellas: (i) consentimiento, defensa que procede invocarla cuando el demandante ha permitido que otras personas violen las restricciones, siempre que esas violaciones sean de carácter sustancial y permanente (*acquiescence*); (ii) consciencia impura, la cual procede cuando el demandante que pretende poner en vigor una condición ha violado la misma de forma reiterada (*unclean hands*); (iii) incuria, aplica cuando el demandante incurre en falta de diligencia y tardíamente pretende poner en vigor la restricción en un momento en que la parte demandada ya ha actuado de forma tal que resultaría inútil y hasta opresivo para ésta hacerla cumplir con la condición (*laches*); y (iv) impedimento, cuando el demandante al instar el recurso actúa en una forma que resulta ser incompatible con sus actos y conductas anteriores (*estoppel*). Véase, Vélez Torres, ***Curso de Derecho Civil***, San Juan, 1995, T. II, pág. 418.

El artículo 818, 31 L.P.R.A. §8086, recoge la modificación o extinción de las restricciones voluntaria: (i) en la forma y por las causas dispuestas en el acto jurídico que las establece; (ii) por acuerdo unánime de los interesados, ya sea mediante la eliminación total o parcial de las restricciones o mediante la constitución de nuevas restricciones que alteran las anteriores; (iii) por efecto del tiempo o por realizarse la condición, si así se constituyeron; (iv) por renuncia o abandono de los propietarios que reciben los beneficios de las restricciones mediante conducta que demuestre una intención de renunciar a ellos o abandonarlos; (v) por expropiación forzosa, si las restricciones son incompatibles con el uso público de la finca expropiada; y (vi) por cambios radicales del vecindario.

Este precepto recoge la jurisprudencia en ***Colón v San Patricio Corp.***, 81 D.P.R. 242 (1959); ***Asociación Villa Caparra v. Iglesia Católica***, 117 D.P.R. 346 (1986), entre otros. De estas la que han sido de objeto mayor litigio son la alegada extinción por renuncia o abandono dado mayor y los alegados radicales del vecindario. El memorial explicativo del 2003 recoge las expresiones jurisprudenciales a los fines de que los cambios radicales deben ser de carácter radical y permanente que sustancialmente impidan la consecución de las ventajas y de los beneficios perseguidos por las restricciones, citando a ***Olmeda Nazario v. Sueiro***, 123 D.P.R. 294 (1989). El reciente caso ***Fernández Martínez, et al, v. RAD-MAN , et al***, 2021 T.S.P.R. 149, 208 DPR _____ (2021), reiteró esta doctrina.

Finalmente, el artículo 819, 31 L.P.R.A. §8087, de manera un tanto redundante - la Regla 59 de las Reglas de Procedimiento Civil ya lo recoge - el derecho de un propietario o un titular de un derecho real a solicitar el remedio procesal de solicitar una sentencia declaratoria para que se declare la modificación o extinción bajo los supuestos contemplados en el artículo 818, *supra*.

Dicho lo anterior, hay que reconocer, que la incorporación de las restricciones voluntarias en el nuevo Código Civil es uno de sus aciertos.

Algunas propiedades especiales

Los diferentes pisos, locales o apartamientos de un edificio, susceptibles de aprovechamiento independiente por tener salida propia a un elemento común de aquel o a la vía pública, pueden ser objeto de propiedad separada, que lleva inherente un derecho de copropiedad sobre los elementos comunes del edificio, que son todos los necesarios para su adecuado uso y disfrute, tales como:

(a) el suelo, el vuelo, las cimentaciones y las cubiertas;

(b) los elementos estructurales y, entre ellos, los pilares, las vigas, los forjados y los muros de carga;

(c) la fachada, con los revestimientos exteriores de terrazas, balcones y ventanas, incluyendo su imagen o configuración, los elementos de cierre que las conforman y sus revestimientos exteriores;

(d) el portal, los ascensores, las escaleras, las porterías, los corredores, los pasos, los muros, los fosos, los patios, los pozos y los recintos destinados a ascensores, depósitos, contadores, telefonías o a otros servicios o instalaciones comunes, incluso aquellos que sean de uso privativo;

(e) las instalaciones, conducciones y canalizaciones para el desagüe y para el suministro de agua, gas o electricidad, incluso las de aprovechamiento de energía solar, eólica u otras; las de agua caliente sanitaria, aire acondicionado, ventilación o extracción de humo, y de detección y prevención de incendios;

(f) las instalaciones de portero electrónico y otras de seguridad del edificio, así como las antenas colectivas y demás instalaciones para los servicios audiovisuales o de telecomunicación, todas ellas hasta la entrada al espacio privativo; y

(g) las servidumbres y cualesquiera elementos materiales o jurídicos que por su naturaleza o destino resultan indivisibles.

Las partes en copropiedad no son susceptibles de división y solo pueden ser enajenadas, gravadas o embargadas juntamente con la parte determinada privativa de la que son anejos inseparables.

Esta forma de propiedad se rige por las disposiciones de la comunidad de bienes y, en lo que ellas permitan, por la voluntad de los interesados.

Artículo 872 del Código Civil, 31 L.P.R.A. §8302

Bajo el Título V del Libro Tercero del Código Civil sobre los Derecho Reales se atienden las llamadas propiedades especiales de (i) propiedad horizontal, artículos 871-872, 31 L.P.R.A. §§8301-8302; (ii) la multipropiedad o propiedad a tiempo compartido, artículo 873, 31 L.P.R..A §8303; (iii) las aguas, artículos 874-875, 31 L.P.R.A. §§8304-8305; y (iii) los minerales e hidrocarburos, artículo 876, L.P.R.A. §8306. Cada uno de estos regímenes, a su vez, está regulado por leyes especiales, lo cual invita la pregunta de por qué incluirlos en el Código Civil. Un breve repaso de los preceptos arroja algunas situaciones excepcionales que militan a favor de su inclusión a modo de aclaración.

Propiedad horizontal. La propiedad horizontal – horizontal en virtud de la forma en que se diseca el dominio – como sabemos está regulada hoy día por la ***Ley de Condominios***, Ley Núm. 129 de 16 de agosto de 2020, según enmendada, 31 L.P.R.A §1921, *et seq*. Es de notar la falta de correlación terminológica entre el Código Civil y la ley especial al referirse a la figura. El Código Civil continúa refiriéndose a la horizontalidad, mientras que desde la Ley Núm. 103 del 5 de abril de 2003, la ley especial ha optado por el término condominio. Más que un mero cambio semántico, el uso del término del condominio – popularmente utilizado para referirse a los edificios multipisos, y no en su sentido jurídico estricto como el dominio compartido en comunidad de bienes – parece apuntar al reconocimiento que el régimen no requiere de la horizontalidad para su aplicación. Las bondades y ventajas de su organización jurídica son evidentes en el tráfico inmobiliario, inclusive en aquellos casos en que no hay horizontalidad. Por otro lado, queda por discutir el concepto de la indivisión forzosa sin la horizontalidad. Es de notar que la ***Ley de Condominios*** continúa utilizando el término propiedad horizontal en varios de sus preceptos.

En cuanto a la comunidad de bienes en multipisos, hay que recordar que la primera Ley de Propiedad Horizontal de 1960 no dispuso de disposiciones transitorias para los edificios que se regían por las normas del entonces vigente artículo 330, 31 L.P.R.A. §1275. Si bien es cierto que dicho artículo no proveía un sistema detallado de los derechos y obligaciones de los condómines luego de la vigencia de la ley especial, no es menos cierto que existieron, y aún existen, un sinnúmero de edificios multipisos que todavía permanecen bajo el parco diseño del anterior Artículo 330, hoy artículo 872, 31 L.P.R.A. 31 L.P.R.A §8302. De igual forma, hay que mantener presente que el régimen de la Ley de Condominio es voluntario, artículo 4,

31 L.P.R.A §1921c, razón por la cual la indivisión forzosa en la horizontalidad fuera del régimen es una posibilidad normativa.

En esta misma dirección, el artículo 72 de la Ley de Condominio, 31 L.P.R.A. §1923q, dispone que: "[l]as disposiciones del Artículo 872 del Código Civil de Puerto Rico, seguirán siendo aplicables a aquellos edificios cuyos pisos estén constituidos en virtud de los referidos preceptos legales, así como a aquellos edificios de no más de cinco (5) apartamentos cuyos titulares quieran acogerse a estos preceptos.¶Los edificios mencionados en el párrafo anterior podrán ser sometidos al régimen establecido en esta Ley, previo al cumplimiento con los requisitos prescritos en la misma. ¶Esta Ley no se entenderá como un impedimento para la constitución de otros regímenes de copropiedad por pisos que puedan establecerse conforme a otras leyes o normativas." Este último párrafo reafirma el principio de la voluntariedad, admitiéndose la organización en la horizontalidad fuera del régimen.

En el anterior artículo 330, *supra*, le correspondía al dueño de cada piso, apartamento o local el derecho singular y exclusivo sobre un espacio determinado y susceptible de aprovechamiento independiente y la copropiedad con los demás dueños de los restantes elementos, pertenencias y servicios comunes. El nuevo artículo 872, *supra*, se adoptó, con algunas modificaciones, el lenguaje del Artículo 396 español, que además de no reconocer los derechos de tanteo y retracto en caso de enajenación de un piso o local, no contiene una presunción de igualdad de las partes en copropiedad. Contrario al precepto español, que remite a las disposiciones legales especiales de la propiedad horizontal, el artículo nuestro remite al régimen de la comunidad de bienes del propio Código Civil y a la voluntad de los interesados. En este aspecto, es de notar que se haya ubicado los artículos 871 y 872 bajo el Título de propiedades especiales en vez de bajo la comunidad de bienes - como se hace con la medianería - a la cual responde como cuestión de clasificación genérica.

Multipropiedad. Este precepto no tiene antecedentes en el Código Civil. El artículo 873, 31 L.P.R.A. §8311, se limita a señalar, "[l]a multipropiedad, o propiedad a tiempo compartido, se rige por la legislación sobre la materia", también conocido por su denominación en inglés como *time sharing*. Véase la ***Ley de Derecho de Multipropiedad y Clubes Vacacionales***, 31 L.P.R.A. §§1251-1269a.

Comenta con claridad el Borrador de Discusión del Libro Tercero del Código Civil, págs. 193-194 (2003): "La multipropiedad, "tiempo compartido", "derecho de aprovechamiento por turnos" o "copropiedad en el tiempo" es una propiedad que recae sobre un mismo bien indiviso, no repartida en cuotas ideales, sino fraccionada temporalmente en cuanto al goce. La multipropiedad tiene caracteres muy peculiares que impiden identificarla plenamente con un instituto conocido y ha sido difícil regular algunas de sus manifestaciones. Prueba de ello es el debate doctrinal que ha generado su naturaleza jurídica. Los autores tienen diversas visiones de la multipropiedad: (1) una comunidad pro indiviso de tipo romano, aunque suprimen la posibilidad de la *actio communi dividundo* y del retracto de comuneros; (2) una comunidad *pro diviso* (no responde a una situación de copropiedad sino de propiedades divididas en las que el factor tiempo real de disfrute constituye el elemento caracterizador del dominio); (3) una especie de propiedad espacio-temporal o cuadrimensional en cuya virtud el tiempo de disfrute aparece como elemento básico en la configuración del bien objeto de la multipropiedad (lo que permite que cada unidad espacio-temporal resulte susceptible de titularidad separada e independiente); y (4) la que considera que la multipropiedad no es sino un régimen jurídico al que se somete el inmueble, de modo que lo relevante es la organización de la explotación a que queda sujeto el inmueble, en el que las unidades susceptibles de utilización reciben un valor jurídico que puede servir de objeto a los derechos reales y especialmente al derecho de propiedad de acuerdo con lo que se determine en el título constitutivo del régimen."

Aguas. El artículo 874, 31 L.P.R.A. §8321, similar al artículo 359 del anterior Código Civil, dispone que "[l]os derechos sobre las aguas pluviales se rigen por este capítulo y en su defecto por la legislación sobre la materia". Se derogaron los artículos

341, 342, 345, 347, 350, 354-357 del anterior Código Civil, remitiéndose a la legislación especial recogida en la ***Ley para la Conservación, el Desarrollo y Uso de los Recursos de Agua***, 12 L.P.R.A. §§1501 *et seq.;* y ***la Ley de Aguas***, 12 L.P.R.A. §§521-904. Llama la atención que el artículo 874 hace referencia exclusivamente a las aguas pluviales, sin hacer expresión alguna sobre los otros cuerpos de agua – ríos, embalses, lagos, etc. - como hacían los artículos derogados antes indicados.

No obstante, se debe concluir que la remisión de las disposiciones a la legislación especial sustrae las aguas del derecho privado y refiere el asunto a la esfera del Derecho Administrativo, imponiéndole al Estado la obligación y deber de reglamentar de forma integrada todo lo concerniente a este recurso, autorizando su uso y aprovechamiento razonable, de conformidad con el mandato constitucional del Artículo VI, sección 19 de la Constitución del Estado Libre Asociado de Puerto Rico. El enfoque o tratamiento de la legislación especial no se limita exclusivamente al aspecto propietario, sino que aborda asuntos sobre la calidad, conservación, manejo y aprovechamiento del recurso a partir de la idea del ciclo hidrológico.

El artículo 4 de la ***Ley para la Conservación, el Desarrollo y Uso de los Recursos de Agua*** dispone que todas las aguas y cuerpos de agua de Puerto Rico se declaran propiedad y riqueza del Pueblo de Puerto Rico, la ley especial no alude específicamente a las aguas pluviales que caen en predios privados.

El artículo 359 del anterior Código Civil remitía a la ***Ley de Aguas*** en todo lo que no estaba prevenido en el Título de las Aguas del Código anterior. Esto respondía, como comenta el Borrador de Discusión del Libro Tercero del Código Civil, a que las disposiciones sobre aguas del Código Civil prevalecían sobre las disposiciones de la ***Ley de Aguas*** de 1879, siendo supletoria al Código. Hoy, sin embargo, prevalece la Ley especial sobre la norma general. Según las disposiciones de la propia ***Ley de Aguas*** y el Artículo 27, 31 L.P.R.A. §5349, del Código Civil, la norma preferente es la ***Ley para la Conservación, el Desarrollo y Uso de los Recursos de Agua***, siendo el Código de aplicación supletoria.

El artículo 875, 31 L.P.R.A. §8322, regula el depósito para conservar aguas pluviales. Este precepto no se encontraba en el Borrador de Discusión del Libro Tercero de Derechos Reales (2003). Dispone el precepto: "Todo propietario de una finca tiene el derecho de recoger y conservar en depósitos las aguas pluviales que caigan en su finca con la intención de utilizarlas en beneficio propio." Este lenguaje recoge sustancialmente lo que estaba dispuesto en el derogado artículo 350 del anterior Código Civil, 31 L.P.R.A. §1355. Sobre las aguas pluviales, el mar y sus riberas como cosas comunes véase el artículo 241, 31 L.P.R.A. §6024; Las cosas comunes.

Minerales e hidrocarburos. El artículo 876, 31 L.P.R.A. §8331, señala: "La designación de las materias que deben considerarse recursos minerales e hidrocarburos y las determinaciones de los derechos que corresponden al Estado, al dueño del suelo y a los exploradores o explotadores de los minerales e hidrocarburos en el caso de concesión, se rigen por la legislación especial."

Los recursos mineros adquirieron la condición de bienes de dominio público en la legislación especial, aunque pueden ser objetos de concesión administrativa a favor de la iniciativa de los particulares. En este sentido véase los artículos 238 y 240, 31 L.P.R.A. §6021, §6023, sobre la clasificación de los bienes públicos y su utilización privativa; Los bienes de dominio público.

La ***Ley de Minas***, 28 L.P.R.A. §§111 *et.seq.*, y la ***Ley de Desarrollo de Recursos Mineros de Puerto Rico***, 28 L.P.R.A. §91a *et seq.*, son los cuerpos normativos que regulan los minerales, los derechos de propiedad y su explotación. El Código Civil constituye un derecho supletorio en esta materia. ***Pagán v. Secretario de Recursos Naturales***, 106 D.P.R. 15 (1977).

La propiedad de los minerales económicos que se encuentren en el suelo y el subsuelo de Puerto Rico, de sus islas adyacentes y en las aguas circundantes y los terrenos sumergidos contiguos a sus costas hasta donde la profundidad de las aguas permita su explotación y aprovechamiento en una extensión no menor de tres leguas marinas corresponde al gobierno de de Puerto Rico y éste puede explotarlos directamente o autorizar su explotación a otras personas, naturales o jurídicas, mediante arrendamientos otorgados por el Secretario del Departamento de Recursos Naturales y Ambientales, aprobados por el Gobernador.

Según la legislación especial son minerales económicos las sustancias metalíferas, las combustibles, el petróleo y todas las mezclas naturales de hidrocarburos que lo componen, lo acompañan o se derivan de él, el gas natural, las piedras preciosas y aquellas otras sustancias que de tiempo en tiempo se declaren minerales económicos por el Secretario del Departamento de Recursos Naturales y Ambientales, debido a nuevos usos o mayor valor de las mismas bajo determinadas circunstancias de manipulación o elaboración u otros factores de naturaleza industrial o comercial.

La doctrina sombrilla y el tenedor de buena fe

(a) Sujeto a las disposiciones de la subsección (c) y de la Sección 2-106(d), "tenedor de buena fe" significa el tenedor de un instrumento si:
[...]
(2) el tenedor tomó el instrumento (i) por valor, (ii) de buena fe, (iii) sin tener aviso de que el instrumento estuviese en mora o hubiese sido desatendido o de que existiese un incumplimiento no subsanado respecto al pago de otro instrumento emitido como parte de la misma serie, (iv) sin tener aviso de que el instrumento contiene una firma no autorizada o ha sido alterado, (v) sin tener aviso de la existencia de una reclamación contra el instrumento de las descritas en la Sección 2-306, y (vi) sin tener aviso de que una parte tenga una defensa o reclamación de resarcimiento de las descritas en la Sección 2-305(a).
[...]

Sección 2-302 de la Ley de Instrumentos Negociables, 19 L.P.R.A. §602

En los pleitos relacionados a las ejecuciones hipotecarias, cuando un cesionario ha adquirido el pagaré a descuento, con conocimiento de su desatención, de su vencimiento y de la existencia de la reclamación judicial, la Ley de Instrumentos Negociables vigente no lo califica como un tenedor de buena fe.

La sección 2-302(a)(2) de la Ley de Instrumentos Negociables, 19 LP.R.A. §602 define al tenedor de buena fe - traducción de *holder in due course* en el Uniform Commercial Code (UCC) - en lo pertinente, a quien tomó el instrumento (i) por causa, (ii) de buena fe, (iii) sin tener aviso de que el instrumento estuviese en mora o hubiere sido desatendido o de que existiese un incumplimiento no subsanado con respecto al pago de otro instrumento emitido como parte de las mismas series.

La sección 2-103(4) de la Ley de Instrumentos Negociables, 19 L.P.R.A. §503, a su vez, define la buena fe como honestidad de hecho y la observancia de las normas comerciales razonables de trato justo. Es decir, la buena fe es una cuestión de hecho y no una calificación abstracta de derecho. Véase El pago por tercero, la cesión de crédito y la buena fe bajo la Ley de Instrumentos Negociables.

Frente a estas definiciones estatutarias, los cesionarios, ordinariamente especuladores, levantan como

Publicado en ***Microjuris al día*** el 2 de febrero de 2023.

contra argumento la antigua doctrina sombrilla, para escudarse del riesgo que libre y voluntariamente asumieron al adquirir un pagaré hipotecario desatendido, vencido y pendiente de adjudicación en un procedimiento judicial.

Esta doctrina – conocido como el *shelter rule* en el *common law,* de la cual proviene - en principio le concede protección a un tenedor de un instrumento negociable si dicho instrumento fue adquirido de un tenedor de buena fe. La sección 2-203(b), 19 L.P.R.A. §553, similar a la Sección 3-203 del UCC, señala que la cesión del instrumento, sea ésta una negociación o no, confiere al cesionario cualquier derecho del cedente a exigir el cumplimiento del instrumento, incluyendo cualquier derecho que tuviese como tenedor de buena fe.

La jurisprudencia en Puerto Rico ha sido parca sobre este extremo. En ***Caguas Company v. López Fauct***, 59 D.P.R. 264 (1941), el Tribunal Supremo acogió la doctrina bajo la antigua ley. Es de notar que este caso trataba de la adquisición de un instrumento negociable en el curso ordinario de negocios por una corporación que no estaba no autorizada a operar en Puerto Rico, quien luego presentó la acción judicial en cobro.

En ***Cintrón v. Domínguez***, 60 D.P.R. 477 (1942), el demandante había adquirido un instrumento negociable de su tenedor original, y frente al impago por su deudor presentó la acción judicial de cobro. En ambos casos los tenedores- demandantes habían adquirido el instrumento antes de su vencimiento, sin conocimiento de haber sido desatendido y previo a la reclamación judicial.

El Tribunal Supremo aún no se ha expresado sobre la doctrina sombrilla y lo que constituye un tenedor de buena fe bajo la Ley de Instrumentos Negociables de 1995.

Desde el punto de vista de *policy*, la doctrina sombrilla está concebida para permitir la transferencia rápida y eficaz de instrumentos negociables en el campo mercantil. En este sentido la protección jurídica del instrumento facilita y promueve la confianza pública en las transacciones comerciales. Ese no implica, sin embargo, que toda lectura de la ley, particularmente la ley de 1995, deba hacerse con miras a proteger los intereses de los sectores financieros e inversionistas.

Dicho lo anterior, la doctrina sombrilla tiene excepciones. Si un tenedor de buena fe está en conocimiento que hay una defensa o reclamación contra el instrumento, o si la obligación subyacente ha sido cumplida, la cesión del instrumento pudiera ser calificada de fraudulenta, razón por la cual la doctrina no sería de aplicabilidad. Esto es exactamente lo que se recoge en la sección 2-302, *supra*, al requerir ciertos elementos subjetivos para poder reclamar la protección de 2-203(b), *supra*. Como indica el profesor Gregory E. Maggs en ***The Holder in Due Course Doctrine as a Default Rule,*** 32 Ga. L. Rev. 783 (1998), para ser un tenedor de buena fe hay que cualificar primero como un tenedor del instrumento, lo cual significa que además de tener su posesión, pagadero a la orden, también tiene que cumplir con los ocho requerimientos formales especificadas en la sección 3-302 del UCC, idéntica a nuestra sección 2-302, *supra*.

Sobre los problemas de la negociabilidad de los instrumentos bajo el UCC, véase también Curtis Nyquist, ***A Spectrum Theory of Negotiability***, 78 Marquette Law Review Volume 897 (1995). La exigencia de la buena fe, según definida en la sección 2-103(4), 19 L.P.R.A. §503, atempera significativamente la rigidez conceptual de la antigua doctrina sombrilla.

Merece destacarse que la sección 2-203(b*), supra*, y la doctrina sombrilla no es aplicable a la hipótesis cuando el cesionario está inhabilitado como tenedor de buena fe de un instrumento bajo la Sección 2-302(a)(2), *supra,* o como un sub-adquirente de quien a su vez no fuera tenedor de buena fe por derecho propio.

Bajo la hipótesis de un cesionario que adquiere un instrumento negociable de su tenedor – sea de buena fe o no – con conocimiento de hecho de un procedimiento judicial en su contra, con conocimiento de su vencimiento, supone estatutariamente que no es un tenedor de buena fe y queda sujeto a una reclamación de derecho de propiedad o de posesión sobre el instrumento o su producto, incluyendo una reclamación para rescindir una negociación y recobrar el instrumento o el producto de éste. Sección 2-306, 19 LP.R.A. §606.

Hay que subrayar que quien tiene derecho a instar una reclamación de derecho de propiedad o de posesión sobre el instrumento o su producto y solicitar la rescisión de su transferencia es un tercero. Ese tercero, entendido como quien no es parte del contrato de cesión o transferencia del instrumento, es de ordinario el deudor del instrumento.

La característica esencial de la acción rescisoria es la facultad reconocida en ley a quien no es parte de un contrato para dejarlo sin efecto jurídico. Véase analógicamente la acción pauliana, en fraude de acreedores. Esta acción rescisoria bajo la Sección 2-306, supra, es equivalente a la acción de retracto de cosa litigiosa contemplada en nuestro artículo 1212 del Código Civil, 31 L.P.R.A. §. Véase también, ***Las ejecuciones hipotecarias y el retracto de cosa litigiosa.***

En todo caso de cobro de dinero, ejecución de prenda e hipoteca, la radicación de la demanda requiere la declaración del vencimiento del pagaré en virtud de la cláusula de aceleración por la falta de pago o desatención. Es decir, cuando un acreedor hipotecario cede el instrumento existiendo una reclamación judicial, su cesionario lo adquiere con conocimiento de su vencimiento y desatención. En este contexto, hay que detallar que los contratos de cesión de crédito que de ordinario se otorgan entre el cedente y el cesionario en la transmisión de los instrumentos se incluyen cláusulas en la cual se notifican la situación de hechos relevantes al instrumento y confieren garantías y representaciones (*warranties*) del cedente al cesionario, pertinentes como cuestión de hecho para aquilatar la tenencia de buena fe de un cesionario. Estos asuntos no se pueden despachar con la invocación irreflexiva de ***DLJ Mortgage Capital, Inc. v. Santiago Martínez***, 2019 T.S.P.R. T.S.P.R. 129, que a fin de cuentas no atendió la figura del tenedor de buena fe.

Los tribunales en Puerto Rico tienen una obligación ministerial de estudiar y aplicar la ley. Lamentablemente, en casos de ejecuciones hipotecarias es costumbre identificar una inclinación judicial en favor de los intereses bancarios y de los inversores, a modo casi de reflejo muscular involuntario disimulado bajo la preocupación en la seguridad del tráfico jurídico. Esta inclinación interfiere en demasiadas ocasiones en contra de una lectura desapasionada del texto de la ley. Si la Ley de Instrumentos Negociables contempla ciertas defensas y causas de acción a los diversos actores según la controversia que trate cada caso – sean acreedores o deudores, sean cedentes o cesionarios - le corresponde a los tribunales darle curso a la ley sin prevaricaciones.

Breve comentario al segundo párrafo del artículo 277

Cuando la ley no designa una forma para la realización de un negocio jurídico, se puede utilizar aquella que se considere conveniente.
Cuando las partes han convenido que determinado negocio jurídico habrá de formalizarse de determinada manera, el negocio jurídico no tiene validez si se realiza de forma distinta.
Si la ley impone una forma determinada para la validez de un negocio jurídico, la inobservancia produce la nulidad.

Artículo 277 del Código Civil, 31 L.P.R.A. § 6161

"Cuando las partes han convenido que determinado negocio jurídico habrá de formalizarse de determinada manera", sentencia el segundo párrafo del artículo 277 del Código Civil," el negocio jurídico no tiene validez si se realiza de forma distinta".

Una primera lectura de este precepto arroja una interpretación perfectamente sensata: Si las partes acuerdan una forma particular para celebrar un negocio jurídico su cumplimiento es esencial para su validez. Una segunda lectura, como Penélope a altas horas de la noche, comienza a deshilarlo.

Cuando las partes han convenido...¿Cuándo convinieron? ¿Desde cuándo es válida esa convención: desde que se acuerda con antelación al cumplimiento o en el momento de cumplirse con la formalidad?

En caso de que lo convenido sea con antelación al cumplimiento de la formalidad acordada, entonces su incumplimiento haría inválido el negocio jurídico, porque lo convenido exigiría su cumplimiento para su validez. Bastaría con requerir que un negocio jurídico sea por escrito para derrotar la validez de cualquier acuerdo verbal.

Pero, si no se cumplió con la formalidad, ¿cómo es que lo convenido con antelación adviene a ser esencial para su validez? En estricta lógica, el incumplimiento con la formalidad acordada también haría inválido lo convenido anteriormente.

En caso de que sea desde el momento de cumplirse con la formalidad, entonces la hipótesis es innecesaria toda vez que la validez del negocio jurídico adviene en virtud de su celebración. En cuyo caso, ¿por qué hacer referencia a un convenio que en fin es el mismo que queda validado al cumplirse con la formalidad pactada?

Al repasar el Borrador del Libro Primero sobre las Relaciones Jurídicas (2003), el entonces propuesto artículo 226, en su cuarto párrafo, elegantemente evitó este entuerto al proponer que "[s]i las partes convienen en sujetar un acto jurídico futuro a una forma determinada, el acto no tendrá validez si no satisface la forma convenida". La referencia a un acto jurídico futuro – el cual subsume al negocio jurídico - rescata la convención entre las partes del desenlace contradictorio que late en el segundo párrafo del artículo 277.

El conflicto de leyes

El contenido de los contratos y de los negocios jurídicos se rige, en todo o en parte, por la ley, en el foro y conforme al procedimiento que acuerden los interesados, a no ser que la ley disponga algo distinto. En ausencia de pacto las obligaciones se rigen, en orden de prelación:
(a) por las presunciones establecidas en el artículo siguiente;
(b) por la ley del Estado de común domicilio de las partes;
(c) por la ley del Estado en que se celebró el acuerdo; y
(d) por la ley del Estado que guarda una mayor conexión con el acuerdo.

Artículo 54. —Autonomía de la voluntad. (31 L.P.R.A. § 5421)

Una de las preguntas que no contestó el conocido caso de ***López Torres v. González Vázquez***, 151 P.R. 225 (2000), sobre las capitulaciones matrimoniales era si un *pre-nuptial agreement* (acuerdo prenupcial) otorgado fuera de Puerto Rico por personas domiciliadas en tal jurisdicción tendría eficacia aquí, cuando no cumple con la solemnidad de la escritura pública.

El caso de ***Rosselló Puig v. Rodríguez***, 183 P.R. 81 (2011), posterior e indirectamente contestó la pregunta. Allí la controversia giraba en torno a un contrato de compraventa de un bien inmueble sito y suscrito entre cónyuges en el estado de la Florida, bajo las leyes de dicho estado, posteriormente impugnado en Puerto Rico en un proceso judicial de liquidación de la sociedad legal de gananciales. El Tribunal Supremo le dio entera fe y crédito bajo el Artículo IV, §1 de la Constitución de Estados Unidos al contrato otorgado, concluyendo que estando la propiedad sita en otro estado y que sus leyes permitían a los cónyuges contratar entre si, la transferencia de la titularidad del bien inmueble era válida, no obstante la prohibición de nuestro artículo 1347 del anterior Código Civil, 31 L.P.R.A. §3772. Este pronunciamiento jurisprudencial repercute directamente sobre la validez de los contratos otorgados fuera de, pero con eficacia en Puerto Rico.

Posteriormente se aprobó la Ley Núm. 62 del 2018, enmendando los artículos del Código Civil a los efectos de autorizar el otorgamiento de capitulaciones luego de la celebración del matrimonio y la creación de un Registro de Capitulaciones Matrimoniales en la Oficina de Inspección de Notarías (ODIN). Con la aprobación del nuevo Código Civil en el 2020, quedó derogado el anterior Código, entrando en vigencia los artículos 498 al 503, 31 L.P.R.A. §6931-6936, que sustancialmente recogen lo antes dispuesto en la Ley Num. 62 del 2018.

Este breve repaso pone de relieve la importancia de las nuevas disposiciones del Código Civil referente al conflicto de leyes en casos contractuales y de la transmisión de los derechos reales bajo los diversos supuestos.

Durante la etapa de investigación y redacción de los borradores de los distintos libros que hoy componen el nuevo Código Civil, la Comisión Conjunta Permanente preparó un Libro Séptimo para el campo del Derecho Internacional Privado. Lamentablemente, dicho libro quedó en el tintero al momento de aprobarse el nuevo Código Civil en el 2020, no sin antes haberse expoliado algunos pocos de los artículos propuestos e incluirlos en el Título Preliminar bajo el capítulo de Conflicto de Leyes.

Bajo el anterior Código Civil las controversias relacionadas en materia de derecho internacional privado estaban gobernadas por los Arts. 9, 10 y 11, 31 L.P.R,A. §§9-11.

El artículo 9, *supra*, referido como el estatuto personal, establecía que las leyes relativas a los derechos y deberes de familia, o al estado, condición y capacidad legal de las personas, obligan a los ciudadanos de Puerto Rico, aunque residan en países extranjeros. Este precepto quedó refundido en el artículo 37 del nuevo Código Civil, 31 L.P.R.A. §5381, el cual dispone que "[l]a ley personal de las personas naturales y jurídicas la determina su domicilio, conforme se reglamenta en las disposiciones de este Código concernientes a las personas". Es de notar que no se incluyó el propuesto artículo 10 del Borrador del Libro Séptimo (2003), que admitía mayor flexibilidad y discreción judicial para determinar el derecho aplicable al estado civil de las personas, optándose por el domicilio de la

Publicado en ***Microjuris al día*** el 12 de febrero de 2023.

persona como criterio rector para determinar la ley aplicable a la persona.

En cuanto a los bienes inmuebles, el artículo 10, *supra*, referido como el estatuto real, disponía que "[l]os bienes muebles están sujetos a la ley de la nación del propietario; los bienes inmuebles, a las leyes del país en que están sitos". Toda cuestión relacionada con los bienes inmuebles, señalaba el Tribunal Supremo en ***Rosselló Puig*** al abordar el alcance del artículo 10, se rige por las leyes del lugar donde está sito, sin importar el domicilio de su propietario.

El artículo 11, *supra*, referido como el estatuto formal, a su vez, disponía el otorgamiento de un acto o contrato en una jurisdicción extranjera las partes debían cumplir con las formas y solemnidades exigidas por las leyes de ese lugar.

Los artículos 54, 55 y 56 del nuevo Código Civil, 31 L.P.R.A. §5241, §5242, §5243, refundieron y modificaron el alcance de los principios *lex rei sitae* y *locus regit actum,* recogidos en los artículos antes citados.

El artículo 54, *supra,* señala:
"El contenido de los contratos y de los negocios jurídicos se rige, en todo o en parte, por la ley, en el foro y conforme al procedimiento que acuerden los interesados, a no ser que la ley disponga algo distinto. En ausencia de pacto las obligaciones se rigen, en orden de prelación:
(a) por las presunciones establecidas en el artículo siguiente;
(b) por la ley del Estado de común domicilio de las partes;
(c) por la ley del Estado en que se celebró el acuerdo; y
(d) por la ley del Estado que guarda una mayor conexión con el acuerdo."

Este artículo tiene cierta tangencia con el propuesto artículo 30 del Borrador del Libro Séptimo (2003). Disponía este artículo: "En ausencia de una elección válida de la ley aplicable, las obligaciones contractuales se rigen por la ley del Estado que tiene la conexión más significativa con las partes y la disputa en relación con el problema de que se trata.¶ Para hacer esta determinación, se toman en consideración y se evalúan todos los contactos fácticos pertinentes, tales como el lugar de negociación, del perfeccionamiento y del cumplimiento del contrato, el domicilio, la residencial habitual o el lugar de negocios de las partes y la ubicación del objeto del contrato, de acuerdo con: (a) la naturaleza, el tipo y el propósito del contrato; y (b) los principios del artículo 2 y las políticas allí mencionadas, así como las políticas de facilitar la planificación ordenada de los negocios, de promover el tráfico mercantil multiestatal y de proteger a una parte de la imposición indebida de la otra."

Las diferencias, sin embargo, son significativas. Primero, el artículo 54, *supra*, autoriza expresamente la selección de ley y foro por las partes. La autonomía de la voluntad prima. Segundo, en ausencia de tal selección aplican – en orden de prelación – el artículo 55, *supra*, cuando sea relevante; la ley del común domicilio de las partes, de haberlo; la ley del Estado en dónde se celebró el contrato, similar al artículo 11 del anterior Código Civil, *supra*; y la ley del Estado con mayor conexión con el acuerdo. Llama la atención que no se incorporó lenguaje estatutario anticipando casos de abuso o imposición indebida de una parte de las cláusulas de selección de ley y foro. Véase en este contexto ***Unisys de P.R. , Inc. v . Ramallo Brothers***, 128 D.P.R.842 (1991). ***Bobé v. UBS Financial***, 2017 TSPR 67. Nada impide, por supuesto, que en tales casos se invoque la acción de revisión contractual bajo el artículo 1258 del Código Civil, 31 L.P.R.A. §9841. Véase también La revisión contractual.

Por su parte, el artículo 55, *supra*, dispone:
"Si las partes no seleccionan el derecho aplicable, se presume que los contratos enumerados en este artículo se rigen por la ley del Estado que se dispone a continuación:
(a) los contratos relativos a los derechos sobre bienes inmuebles se rigen por la ley del Estado donde los bienes están sitos;
(b) los contratos de compraventa de bienes muebles que no sean de consumo se rigen por la ley del Estado donde el vendedor tenga su principal establecimiento de negocios;

(c) los contratos de transporte que no son de bienes de consumo se rigen por la ley del Estado donde el porteador tiene su principal establecimiento de negocios;
(d) los contratos de consumo se rigen por la ley de Puerto Rico si el consumidor estaba domiciliado en Puerto Rico al momento de la contratación. Si media un acuerdo sobre la selección de la ley aplicable, el consumidor puede cuestionarla si establece que su consentimiento se obtuvo, o fue considerablemente inducido, por una invitación o anuncio en Puerto Rico. Para los efectos de este artículo, un contrato de consumo es un contrato que contempla la entrega de bienes o la prestación de servicios a una persona para su uso personal o familiar, fuera de su actividad profesional o mercantil.
(e) los contratos de concesión se rigen por la ley del Estado donde el concedente tiene su principal establecimiento de negocios;
(f) los contratos de agencia se rigen, con respecto a los derechos y deberes entre mandante y agente, por la ley del Estado en que el agente habitualmente desempeña su trabajo;
(g) los contratos de empleo en los cuales los servicios son prestados principalmente en Puerto Rico, se rigen por la ley de Puerto Rico. Una persona domiciliada o residente en Puerto Rico, y contratada allí para prestar servicios fuera de Puerto Rico, tiene los derechos que le conceden las normas imperativas de la legislación puertorriqueña cuya aplicación resulte apropiada, independientemente del lugar en que se prestan los servicios;
(h) los contratos de seguro se rigen por la ley del domicilio del asegurado;
(i) las donaciones siempre se rigen por la ley del domicilio del donante; y
(j) en los casos de representación legal, la ley reguladora de la relación jurídica es la del Estado en donde nacen las facultades del representante. En la representación voluntaria, de no mediar sometimiento expreso, la ley aplicable será la del Estado en donde se ejercitan las facultades conferidas."

Este artículo proviene en parte del artículo 31 del Borrador del Libro Séptimo (2003), titulado "reglas especiales". Comenta el borrador sobre este precepto: "El artículo 31 provee reglas especiales para determinar la ley aplicable a ciertos tipos de contrato, con el objetivo de reducir la carga del tribunal al identificar la ley aplicable, proporcionar mayor certeza y lograr que esa determinación sea más predecible. Estas reglas aplican a menos que las partes elijan válidamente la ley aplicable o en la medida en que ésta no se haya elegido." (pag. 116)

Varios de los incisos del artículo 55, *supra*, merecen comentario.

Los artículos 26 (sobre bienes inmuebles) y 27 (sobre bienes muebles) del Borrador del Libro Séptimo (2003) no se incluyeron en el nuevo Código Civil. El llamado estatuto real, por tanto, hoy queda atendido de manera expresa únicamente por el inciso (a) del artículo 55, *supra*. En la medida en que la aplicabilidad del artículo 55, *supra*, parte de la hipótesis que las partes en un contrato no hayan seleccionado el derecho aplicable al contrato, *contrario sensus*, hay que concluir que en la medida en que las partes seleccionen el derecho aplicable, este precepto no será de aplicación. Es decir, bajo este lenguaje, y dada la ausencia de un precepto normativo que recoja el principio de *lex rei sitae*, cabe la posibilidad de que las partes pacten la aplicación de un derecho extranjero a los bienes inmuebles en Puerto Rico.

Este lenguaje, sin embargo, parece estar reñido con el artículo 49, 31 L.P.R.A. §5411, el cual dispone que las normas relativas al contenido y adquisición de la posesión, la propiedad, y los demás derechos reales, así como su publicidad, se rigen por la ley del lugar donde estaban sitos al momento de su adquisición. Hay que subrayar que este precepto hace referencia a los derechos reales en su acepción general, mientras que el artículo 55 (a) expresamente hace referencia a los bienes inmuebles. Queda por ver si las partes en el ejercicio de la autonomía de la voluntad, y bajo el lenguaje permisivo del artículo 55, *supra*, pudieran pactar contrario a lo dispuesto en el artículo 49, *supra*. Bajo este supuesto el caso de ***Velco v. Industrial Service Apparel***, 143 D.P.R. 243 (1997), pudiera leerse como un anticipo de una nueva normatividad: ¡Un contrato privado de compraventa de un bien inmueble sito en Puerto Rico, firmado en Maryland, bajo las leyes de Maryland, aun cuando no cumpliera con las leyes de Puerto Rico, transferiría el dominio!

Sobre el inciso (d) del artículo 55, *supra*, hay que tomar conocimiento de la creciente importancia de la contratación electrónica a lo largo y ancho de diversas jurisdicciones, y la práctica generalizada de pactar ley y foro aplicable en los llamados "scroll down contracts", y la aplicación casi invariable del Uniform Commercial Code (UCC) y las cláusulas de arbitraje y mediación. Aparte de su difícil manejo por las controversias referentes a contactos mínimos, etc., la segunda oración del inciso (d) que faculta al consumidor a cuestionar la cláusula de selección de ley aplicable si establece que su consentimiento se obtuvo, o fue considerablemente inducido, por una invitación o anuncio en Puerto Rico, no parece estar contemplado para la adquisición de bienes de consumo por la vía electrónica. El artículo 31 del Borrador del libro Séptimo, de la cual proviene el artículo 55, no contenía un inciso sobre los contratos de consumo.

El inciso (g), a su vez, reitera el principio de la aplicación extraterritorial de las normas imperativas en los contratos de empleo. ¿Dónde queda ***Green Giant Co. v. Tribunal Superior***, 104 D.P.R. 489 (1975) y su progenie jurisprudencial?

El inciso (j), sobre los casos de representación legal, dispone que la ley reguladora de la relación jurídica es la del Estado en donde nacen las facultades del representante. Es decir, salvo pacto en contrario, los contratos entre abogados y cliente pueden regularse por la ley del Estado donde el abogado esta admitido a ejercer. Una persona, por tanto, pudiera obtener representación legal de un abogado no admitido a la profesión en Puerto Rico. ¿Dónde queda la jurisdicción y los poderes del Tribunal Supremo de regular la profesión legal?

Por otro lado, el artículo 56, *supra*, sobre la formalidad contractual, dispone: "Las formas y solemnidades de los contratos, actos y negocios jurídicos se rigen:

(a) por la ley del Estado en que se otorgan;
(b) por la ley aplicable al contenido del acto;
(c) por la ley del domicilio del disponente o de cualquiera de los contratantes; o
(d) por la ley del Estado en que están sitos los bienes inmuebles que constituyen su objeto."

La hipótesis de este precepto es el otorgamiento de un contrato, el acto o negocio jurídico, fuera de la jurisdicción de Puerto Rico. No se precisa si el orden de los incisos es de prelación o exclusión. Este artículo se inspira en el artículo 32 del Borrador del Libro Séptimo (2003), el cual decía: "Un contrato es formalmente válido si cumple con los requisitos prescritos en la legislación de cualquiera de los siguientes Estados:
(a) el Estado cuya ley eligieron válidamente las partes, a tenor con los artículos 28 y 29;
(b) el Estado cuya ley aplica a este problema, según los artículos 30 y 31;
(c) el Estado en el que una de las partes o su agente, si la parte actuó a través de un agente, expresó su aceptación del contrato; o
(d) el Estado donde está situado el bien inmueble, siempre que el contrato contenga derechos sobre dicho bien.
Sin embargo, cuando la legislación puertorriqueña impone un requisito de forma para preservar un interés público importante, las partes deberán cumplir sustancialmente con los requisitos de forma de la ley aplicable, según el inciso (b)."

Nótese que este borrador de artículo hace referencia en sus incisos a los artículos 28, 29,30 y 31 del Borrador del Libro Séptimo (2003). De esos artículos, solo el 30 y el 31 se acogieron de manera modificada en el nuevo Código Civil bajo los artículos 54 y 55, *supra*. Los artículos 28 y 29, no fueron integrados, aunque los principios que en ellos se recogen – autonomía de la voluntad y sus restricciones – si están referidos en otros preceptos. Véase también La forma en los contratos.

Volviendo sobre la pregunta referente a las capitulaciones matrimoniales con la cual iniciamos estas reflexiones, el artículo 43 del Código Civil, 31 L.P.R.A. §5393, dispone en lo referente a los efectos patrimoniales del matrimonio y el cambio del domicilio conyugal:

"Si hay acuerdo entre las partes, los efectos económicos del matrimonio se determinan por las normas del Estado seleccionado por estas. De no haber acuerdo, el efecto se determina por las normas del Estado donde tuvieron su primer domicilio conyugal. Si las partes establecen un domicilio en conjunto en otro Estado, por un plazo de cinco (5) años o más, siempre y cuando no se perjudiquen derechos de terceros, el régimen económico será el de ese último Estado, salvo que acuerden algo distinto. El tribunal puede hacer los ajustes que estime convenientes si el cambio en el régimen matrimonial no expresamente consentido por las partes, tiene el efecto de privar a una de ellas de beneficios que hubiese tenido conforme al régimen anterior.

El artículo 44 del Código Civil, 31 L.P.R.A. §5394, a su vez señala: "El contenido de las capitulaciones en las que se estipula, modifica o sustituye el régimen económico del matrimonio, deben ser conforme con la ley del domicilio conyugal. De no existir un domicilio conyugal:
(a) se aplica la ley del domicilio de cualquiera de las partes siempre y cuando no sea contraria a las normas del domicilio de la otra parte;
(b) cuando hay conflicto entre la ley del domicilio de una y otra parte, se aplica la ley del Estado en que se celebró el matrimonio."
De igual manera, el artículo 46 del Código Civil, 31 L.P.R.A. §5393, dispone que "[l]os acuerdos de convivencia tienen, entre personas que no están domiciliadas en Puerto Rico en el momento del acuerdo, la validez que les atribuyen las leyes del Estado en el que se celebraron".

Dicho todo lo anterior, el artículo 36 del Código Civil, 31 L.P.R.A. §5377, admite que "[n]o se excluye la aplicación de una norma ni el reconocimiento de un acto o sentencia de otro Estado por el único hecho que difiere de una norma de orden público interno. Solo puede excluirse la aplicación de esa disposición o negarse el reconocimiento, si existe una incompatibilidad manifiesta con el orden público de Puerto Rico." Énfasis suplido.

En materia de conflicto de ley, la prudencia judicial, en fin, tiene la última palabra.

El consentimiento

El contrato queda perfeccionado desde que las partes manifiestan su consentimiento sobre el objeto y la causa, salvo en los casos en que se requiere el cumplimiento de una formalidad solemne o cuando se pacta una condición suspensiva.

Artículo 1237 del Código Civil, 31 L.P.R.A. § 9771

El artículo 1237 del Código Civil, *supra*, recoge el principio general del perfeccionamiento del contrato cuando reúne los elementos del consentimiento, objeto y causa. Acto seguido, sin embargo, el artículo exceptúa innecesariamente su perfeccionamiento en casos de incumplimiento con alguna formalidad solemne y en casos de haber alguna condición suspensiva. Y digo innecesariamente porque las consecuencias de la falta de cumplimiento con algún requerimiento de forma o sobre las consecuencias jurídicas que dimanan de una obligación suspensiva ya están contemplados en otras disposiciones del Código. Véase además La forma en los contratos y Hermenéutica neurótica. Para propósitos de esta reseña dejamos a un lado estos aspectos.

Por perfeccionamiento se entiende el concurso de la oferta y la aceptación entre las partes. Suponiendo la presencia del objeto y la causa, en virtud de dicha coincidencia adviene a la realidad el vínculo jurídico y la exigibilidad de las prestaciones acordadas. Esta es la razón por la cual sujetar el perfeccionamiento del contrato al cumplimiento de una obligación suspensiva denota una lamentable falta de entendimiento de las categorías jurídicas.

Los casos en donde esa coincidencia se da entre sujetos presentes en tiempo y espacio no supone mayores dificultades doctrinales, aunque desde un punto de vista fáctico el juego entre la oferta y la aceptación es uno que puede darse de manera accidental, llena de ambigüedades y pretensiones cruzadas.

Con miras a delimitar el alcance de la oferta y la aceptación, sea entre presentes o ausentes, los artículos 1238 al 1243, 31 L.P.R.A. §§9772-9777, atienden diversas hipótesis.

El artículo 1238, 31 L.P.R.A. §9772, señala que "[e]xiste consentimiento por el concurso de la oferta y de la aceptación cuando el oferente recibe la aceptación. El contrato se considera celebrado en el lugar en que se hizo la oferta aceptada, salvo pacto distinto". Este precepto aplica por igual a los contratos entre presentes y entre ausentes.

Hay que destacar en este contexto el artículo 267, 31 L.P.R.A. §6115, sobre la manifestación de la voluntad y el silencio en la formación del negocio jurídico. Dispone dicho artículo: "La manifestación de la voluntad debe ser expresa, salvo lo que se dispone a continuación. ¶La manifestación tácita de la voluntad solo resulta eficaz por signos inequívocos y debe recaer sobre un objeto determinado y hacerse en un contexto habitual. ¶El silencio o la inacción no constituyen una manifestación de la voluntad salvo cuando se dispone algo distinto por la ley, por acuerdo de las partes o porque de las relaciones anteriores entre las partes se persigue asignar al silencio un valor de asentimiento."

En el juego de la oferta y la aceptación la manifestación de la voluntad debe de ser expresa. A modo de excepción el segundo párrafo del artículo 267, *supra*, anticipa la declaración unilateral de la voluntad, la cual se recoge en los artículos 1528 al 1535, §10781- §10788. Véase La declaración unilateral de la voluntad.

El tercer párrafo del artículo 267, *supra*, abre la puerta a la posibilidad de que el silencio puede entenderse como una manifestación de la voluntad si la ley lo dispone o si las partes así lo acuerdan o si como cuestión de hecho se puede inferir de las relaciones anteriores entre las partes que se le asignó el valor del asentimiento al silencio.

El supuesto de que las partes hayan haber acordado darle valor de asentimiento al silencio, parte de la premisa de que en efecto hay un acuerdo. Es decir, el silencio obligaría si se pactó. A modo de ejemplo, este es el caso de aquellos contratos en los cuales se acuerda una extensión automática del contrato si la otra parte no declara su voluntad de darlo por terminado. No esta demás señalar que este precepto bien pudiera entrar en contradicción con el inciso (f) del artículo 1249, 31 L.P.R.A. §9803, el cual declara que son especialmente anulables en los contratos de adhesión la que, ante el silencio del adherente, prorroga o renueva un contrato de duración determinada. Véase también El contrato de adhesión.

El consentimiento se configura cuando el oferente recibe la aceptación. A diferencia del derecho mercantil, que adopta la teoría de la emisión en el artículo 85 del Código de Comercio, 10 L.P.R.A. §1305, en los contratos por correspondencia, aquí se adopta la teoría de la recepción conforme la corriente doctrinaria moderna. Hay notar que el Código Civil anterior en su artículo 1214, 31 L.P.R.A. §3401, adoptaba la teoría de la cognición, que admitía el consentimiento en la contratación hecha por carta desde que el oferente tenía conocimiento de la aceptación. La sustitución del término conocimiento por recepción en el nuevo Código los equipara, alejándose del elemento subjetivo del concurso.

La última frase reitera la norma anterior de que el contrato se considera celebrado en el lugar en que se hizo la oferta aceptada, salvo pacto distinto. Por sus implicaciones para el derecho aplicable al contrato, este precepto hay que leerlo conjuntamente con los artículos los artículos 54, 55 y 56 del nuevo Código Civil, 31 L.P.R.A. §5241, §5242, §5243, sobre la selección del derecho aplicable. Véase El conflicto de leyes.

El artículo 1239, 31 L.P.R.A. §9773, define la oferta como "el acto jurídico unilateral, dirigido a una persona determinable, que contiene los elementos necesarios para la existencia del contrato propuesto, o el medio para establecerlos. Si carece de alguno de tales elementos y no prevé el medio para establecerlo, el acto se considera invitación a ofertar." La oferta es un acto jurídico, unilateral porque no requiere del concurso de otra voluntad, y recepticia porque va destinada a ser conocida por otro persona. Véase también el artículo 264, 31 L.P.R.A. §6112 para la definición del acto jurídico. Debe ir dirigida a una persona determinable, lo cual subsume a la persona determinada.

En el caso de una oferta hecha al público en general, comenta el Borrador al Libro Quinto de Contratos (2004), a la página 54, el sujeto es determinable en el momento en que alguien se constituye en aceptante. Esta aproximación solapa conceptualmente con la declaración unilateral de la voluntad como fuente de la obligación. El artículo 1528, 31 L.P.R.A. §10781, dispone que la declaración unilateral de voluntad es aquella que quien la emite queda obligado a cumplir una determinada prestación en favor de otra persona, siempre que el declarante tenga capacidad para obligarse y si la prestación no es contraria a la ley, a la moral o al orden público. En la declaración unilateral no hay persona determinada o determinable, aún así el declarante queda vinculado por su declaración sin mediar aceptación. Quedan las preguntas, ¿cómo distinguir la oferta hecha al público general de la declaración unilateral de la voluntad? En la oferta hecha al público general, ¿queda el oferente obligado, ya no porque medio la aceptación por persona determinable, sino por su intención indubitada de obligarse? Más aún, en el caso de una oferta dirigida a una persona determinada y que de la misma se desprenda su intención indubitada de obligarse, quedaría obligado sin mediar la aceptación?

Además de la determinabilidad, la oferta debe contener los elementos constitutivos del contrato propuesto o los medios para establecerlos. Si la oferta carece de los elementos necesarios para regular el contrato y no prevé los medios para establecerlos se considera que es una invitación a ofertar. Cuales constituyen los elementos necesarios del contrato – el cual no es sinónimo a los elementos esenciales del contrato en su acepción doctrinal - es fundamentalmente una determinación de la voluntad contractual y, por tanto, una cuestión de hecho a dirimirse caso a caso.

El artículo 1240, 31 L.P.R.A. §9774, señala que "[l]a oferta es revocable libremente, excepto si el oferente se obligó a mantenerla durante un plazo determinado o hasta el cumplimiento de una condición. ¶La revocación debe comunicarse al eventual aceptante antes de que se acepte la oferta. ¶La oferta revocada en forma intempestiva da lugar a responsabilidad precontractual."

No hay obligación de contratar, como señala el artículo 1232, 31 L.P.R.A. § 9753. Consecuentemente, previo a su aceptación, la oferta se puede revocar libremente. Esta facultad, sin embargo, queda suprimida si el oferente se obliga a mantenerla durante un plazo determinado o hasta el cumplimiento de una condición. Esta última frase, "o hasta el cumplimiento de una condición", está reñida con la última frase del artículo 1237, *supra*, lo cual no debe sorprender dada la torpeza de su redacción. Si un contrato no está perfeccionado porque está sujeto a una condición suspensiva– y, por tanto, inexistente para fines jurídicos - ¿qué sentido tiene impedir la revocación de una oferta que, aún si fuera aceptada, nunca lograría el perfeccionamiento del contrato?

El segundo párrafo del artículo 1240, *supra*, requiere que en caso de revocación se debe comunicar al eventual aceptante antes que la oferta sea aceptada. El Borrador del Libro Quinto de Contratos (2004), comenta que la revocación luego de su aceptación sería inútil "porque se habría perfeccionado el contrato", hipótesis un tanto contradictoria en los casos de ofertas sujetas condición suspensiva.

El tercer párrafo del artículo 1240, *supra*, dispone que la oferta intempestiva da lugar a la responsabilidad extracontractual. Este lenguaje es problemático e invita la controversia. La responsabilidad civil extracontractual por el comportamiento precontractual está contemplado en los artículos 1271 y 1272, 31 L.P.R.A. §9881, §9882. Sobre las dificultades de estos dos artículos véase, nuevamente, La culpa in contrahendo.

El artículo 1241, 31` L.P.R.A. *§97755, define la aceptación como* " el acto jurídico unilateral, puro y simple por el cual se presta conformidad a una oferta. ¶La aceptación de una oferta hecha por un medio que admite una respuesta inmediata debe efectuarse inmediatamente. ¶El acto por el cual se proponen modificaciones a los términos de la oferta no constituye aceptación, sino una nueva oferta hecha al primer oferente.

Al igual que la oferta, la aceptación es un acto jurídico, unilateral y recepticio. Distinta a ella, debe ser pura y simple, razón por la cual no admite modalidades de los actos jurídicos. Por la aceptación, el sujeto que recibe la oferta expresa su conformidad con ésta. Si la oferta contiene los elementos necesarios del contemplado contrato - o preve cómo fijarlos -, y de no haber caducado o haberse revocado, el consentimiento queda consumado desde que la aceptación llega al oferente.

El segundo párrafo del artículo 1241, *supra*, requiere que la aceptación de una oferta hecha por un medio que admite una respuesta inmediata debe efectuarse inmediatamente. No está del todo claro que exactamente significa esto. El Borrador del Libro Quinto de Contratos (2004), a la página ___, se limita a comentar de manera un tanto obtusa que: "se prevé una única distinción entre ambos regímenes, y consiste en que se exige que la aceptación en la contratación entre presentes sea efectuada en forma inmediata (Conf. Pérez González, Blas y Alguer, en Enneccerus, Ludwig, Kipp, Theodor y Wolf, Martín, op. cit., pág. 150; Enneccerus, Ludwig, Kipp, Theodor y Wolf, Martín, Tratado de Derecho Civil. Parte General. Trad. Puig Brutau, José, Barcelona, Bosch, 1950, T. I, Vol. 2, pág. 160; §147 del BGB; Artículos 1376 y 1385 inc. 1º del Código Civil peruano y Artículo 924 del Proyecto de Código Civil de 1998 para la República Argentina). Por tanto, se exige respuesta inmediata en las ofertas efectuadas oralmente, por teléfono, por mensajero, por Internet o correo electrónico."

El requerimiento de una respuesta inmediata a una oferta porque se hizo por un medio que la admite no responde a ninguna hipótesis jurídica reconocible. Una cosa es la manera en que se comunica o transmite una oferta, otra es el requerimiento inmediato de la respuesta, sea su aceptación o no, o sea una modificación. El medio de transmisión de la oferta y el requerimiento de una respuesta inmediata parte de la premisa que la inmediatez informa el contenido del proceso de negociación contractual. Si bien es cierto que los medios contemporáneos de comunicación facilitan y promueven la agilidad del tráfico jurídico, eso no debe significar que las partes en un proceso de negociación contractual estén *ipso iure* compelidos a encausar su voluntad por el embudo de la inmediatez. Si el oferente tiene un interés en recibir una respuesta inmediata a su oferta hecha oralmente, por teléfono, mensajero, internet o correo electrónico, basta con que así lo requiera en el texto de la oferta misma.

Independientemente de las controversias que indudablemente girarán alrededor del significado que se le debe atribuir al término "inmediatamente" en el contexto de una oferta transmitida, el precepto parece anticipar una defensa afirmativa para dejar sin efecto una oferta transmitida por medios los medios contemporáneos que a juicio del oferente no fue atendida con la celeridad que esperaba.

El tercer párrafo del artículo 1241, *supra*, recoge la hipótesis de que cualquier modificación a los términos de una oferta constituyen una nueva oferta a los términos de la oferta del primer oferente, y así *ad infinitum*. En este punto hay que distinguir entre lo que constituye una contraoferta, lo cual implica que no se ha perfeccionado un contrato, de la aceptación pura y simple el cual acto seguido es novado por acuerdo entre las partes. Los remedios para cada cual son marcadamente distintos.

El artículo 1242, 31 L.P.R.A. §9776, señala que "[l]a aceptación puede revocarse a través de un medio más rápido que el utilizado inicialmente para comunicarla al oferente."

De la misma manera en que la oferta puede revocarse antes que sea aceptada por su receptor, la aceptación también puede ser revocada antes de ser recibida por el oferente. La referencia a un medio más rápido que el utilizado inicialmente para comunicarle al oferente la aceptación sugiere una carrera de comunicaciones entre la comunicación de la aceptación y su revocación. En la medida en que opera la teoría de la recepción, no de la cognición, la agilidad del medio de comunicación bien pudiera disponer de cualquier controversia.

El artículo 1243, 31 L.P.R.A. §9777, dispone que "[l]a oferta caduca: (a) al vencer el plazo o cumplirse la condición que estableció el oferente; o (b) por el rechazo de la persona a la que se dirige. ¶La oferta y la aceptación no caducan por la muerte o la incapacidad del oferente o del aceptante, salvo cuando se trata de obligaciones personalísimas.

La oferta caduca al cumplirse el plazo o cumplirse la condición que puede haber establecido el oferente. También caduca la oferta si es rechazada por su receptor. La aceptación, en cambio, no caduca evidentemente dado el perfeccionamiento del contrato.

En la medida en que las obligaciones son transmisibles con sujeción a las leyes, si no se ha pactado algo distinto, artículo 1065, 31 L.P.R.A. §8986, y que son susceptibles de ser transmitidos *mortis causa,* artículo 1552, 31 L.P.R.A. §10917, es propio que la oferta o la aceptación no caduque por muerte o incapacidad a menos que se haya expuesto algo distinto en la misma oferta o aceptación, y exceptuando las obligaciones personalísimas.

Duelo enfitéutico

Es enfitéutico el censo cuando una persona cede a otra el dominio útil de una finca, reservándose el directo y el derecho a percibir del enfiteuta una pensión anual en reconocimiento de este mismo dominio.

Artículo 1497 del Código Civil de 1889, 31 L.P.R.A. §4172

En materia de derechos reales, una figura ausente del nuevo Código Civil es el censo, en cualquiera de sus modalidades: reservativo, consignativo o enfitéutico. Su supresión, celebrada sin duda por muchos estudiantes de derecho, es en sí misma una lección de historia del derecho que reclama alguna nota de duelo. Como cuestión de realidad histórica la institución del censo – análogo al *leasehold* en el *common law* - ha ido perdiendo su viabilidad con las transformaciones socioeconómicas que caracterizan el mundo moderno, particularmente la desaparición de los supuestos feudales que en su momento lo fortalecieron y le dieron razón de ser.

Como comentan Diez Picazo y Gullón, el censo es un derecho real inmobiliario que consiste en el poder jurídico se le otorga a su titular de exigir una prestación periódica del propietario del bien sujeto al gravamen. Sus características principales eran su perpetuidad, indivisibilidad y transmisibilidad. ***Sistemas de Derecho Civil***, Vol. III, Tecnos, 18va. Ed., p. 468 (1998).

El artículo 1496 del Código Civil anterior, 31 L.P.R.A. §4171, definía el censo, notablemente inmediatamente siguiente al contrato de arrendamiento y servicios, como el derecho "que se constituye cuando se sujetan algunos bienes inmuebles al pago de un canon o rédito anual en retribución de un capital que se recibe en dinero, o del dominio pleno o menos pleno que se transmite de los mismos bienes."

Los tres tipos de censos reconocidos en el Código Civil de 1889, siguiendo la ya para entonces clásicas distinciones, eran el enfitéutico, el consignativo y el reservativo. El artículo 1497, 31 L.P.R.A. §4172, calificaba la enfiteusis cuando una persona cede a otra el dominio útil de una finca, reservándose el directo y el derecho a percibir del enfiteuta

---

Publicado en ***Microjuris al día*** 19 de febrero de 2023.

una pensión anual en reconocimiento de este mismo dominio. El censo enfitéutico lo regulaban los artículos 1520-1547, 31 L.P.R.A. §§4211-4251. El artículo 1498, 31 L.P.R.A. §4173, lo calificaba de consignativo cuando el censatario impone sobre un inmueble de su propiedad el gravamen del canon o pensión que se obliga a pagar al censualista por el capital que de éste recibe en dinero. El censo consignativo lo regulaban los artículos 1548-1551, 31 L.P.R.A. §§4261-4264. El artículo 1499, 31 L.P.R.A. §4174, lo calificaba de reservativo cuando una persona cede a otra el pleno dominio de un inmueble, reservándose el derecho a percibir sobre el mismo inmueble una pensión anual que deba pagar el censatario. El censo reservativo lo regulaban los artículos 1552-1555, 31 L.P.R.A. §§4281-4284.

Con posible excepción del uso del censo enfitéutico en los negocios jurídicos referentes a la adquisición de derechos sobre panteones y fosas en los cementerios, el censo no tuvo mayor acogida en Puerto Rico durante la vigencia del Código Civil de 1889, quedando desplazado como cuestión práctica por otras figuras más accesibles como el usufructo y el arrendamiento.

En cuanto a la enfiteusis la vertiente más sobresaliente del censo, su origen parece ser una derivación de los arrendamientos a largo plazo, a partir de instituciones distintas. Comenta Diez Picazo y Gullón, que la institución tiene fundamentalmente una explicación histórica.

En el derecho romano, proviene de la *conductio agri vectigalis*, o el arrendamiento hecho a los particulares de los *agri vectigales*, especialmente de los municipios, pero también del Estado, de las colonias, templos o colegios sacerdotales. A cambio del pago de un canon periódico, al arrendatario le era concedida, perpetuamente o durante un largo período de tiempo, la disponibilidad del fundo. A dicho arrendatario, el pretor concedió una acción real, por lo que la *conductio agri vectigalis* pasó a constituir un derecho real pretorio transmisible.

En el siglo IV emergieron el *ius emphyteuticarium* y el *ius perpetuum*, modelados sobre la base de la *conductio agri vectigalis*, teniendo el primero por objeto los fundos pertenecientes al patrimonio del Emperador, mientras *el ius perpetuum* recaía sobre bienes del fisco imperial. El *ius emphyteuticarium*, era una concesión a largo plazo, renovable a su cese; el *ius perpetuum* era una concesión perpetua. Al enfiteuta se le imponía también la obligación de cultivo que no solía imponérsele al perpetuarlo; de ahí el nombre de *emphyteusis*, proveniente del griego ἐμφύτευσις, "instauración" o "implantación", por la obligación de plantación que incumbía al concesionario.

En el siglo V el *ius perpetuum* y *ius emphyteuticarium* se funden en la enfiteusis, en una Constitución imperial del Emperador Zenón. Dicha Constitución imperial se recoge en el Código Justinianeo bajo el título de *emphyteutico iure.* En ella se prescribe que el acuerdo entre propietario y enfiteuta, dirigido a conceder a éste la disponibilidad total y exclusiva del fundo a cambio de la prestación de un pago periódico invariable, no debe ser entendido ni como arrendamiento ni como venta, sino como un negocio independiente, con concepto y definición propios, constitutivo de un *ius emphyteuticarium* sobre el fundo.

El enfiteuta podía proceder en defensa de su derecho con la *reivindicatio utilis*, con la *actio confessoria utilis* y con la *actio negatoria* – aquí las raíces de nuestras acciones reivindicatoria, confesoria y negatoria - junto con los medios de defensa de las relaciones de vecindad y los interdictos posesorios.

Posteriormente, la enfiteusis aparece en las Partidas de Alfonso X. Allí, la enfiteusis es concebida como un derecho real por virtud del cual el propietario de un bien inmueble cede a otro el goce y la disponibilidad de dicho bien, a perpetuidad o por largo tiempo, asumiendo el cesionario o enfiteuta la obligación de pagar un canon anualmente, indicándose que su naturaleza jurídica es "*... et es de tal natura que derechamiente non puede ser llamada vendida nin arrendamiento, como quier que en sí haya natura de amas* á *dos ...*". Véase José María Ortuño Sánchez Pedreño, ***Origen Romano de la Enfiteusis en las Partidas,*** Anales de la Universidad de Alicante, Facultad de Derecho, 1993, 8: 63-73.

Lo distintivo de la enfiteusis durante el feudalismo medieval era la separación del dominio directo – lo que hoy calificaríamos como la nuda propiedad – del dominio útil, para beneficio del enfiteuta y sus causahabientes. A modo de observación, como notan Diez Picazo y Gullón, *supra*, p. 477, la enfiteusis se conecta y hace tránsito con el llamado derecho de superficie. En este contexto véanse los breves comentarios introductorios sobre el derecho de superficie en el Borrador de Discusión del Libro Tercero de Derechos Reales, págs. 352-353 (2003).

Luego de la Revolución francesa la enfiteusis es entendida como un residuo histórico, propio de relaciones patrimoniales feudales. El elemento de la perpetuidad obstaculizaba el mercado inmobiliario y la pujante afirmación de la libertad contractual y de la propiedad. Diez Picazo y Gullón observan que si bien la institución ha caído en desuso, en algunas jurisdicciones ha permitido la conservación del dominio den manos públicas concediendo el suelo a largo plazo para explotaciones agrarias o usos urbanos. (p.477). En Puerto Rico, esta finalidad se ha logrado a través de la utilización de concesiones administrativas, véase artículo 240 del Código Civil, 31 L.P.R.A. § 6023, y las llamadas alianza público-privadas, véase Ley Número 29 de 8 de junio de 2009, según enmendada, 27 L.P.R.A. §2601, *et seq*. Véase también, Adolfo Ballester Martínez**, *Los censos, conceptos y naturaleza,*** Espacio, Tiempo y Forma, Series IV, Historia Moderna, T. 18-19,2005-2006, págs. 35-50.

Como cuestión de derecho la enfiteusis se ha utilizado especialmente en las transacciones inmobiliarias en los cementerios, en donde las personas adquirían el dominio útil del panteón y la fosa, perteneciendo la nuda propiedad al dueño del cementerio, sea público o privado. A título de curiosidad histórica, los primeros tomos de las Decisiones de Puerto Rico del Tribunal Supremo contienen una serie de casos referentes a las controversias sobre los usos de los cementerios propiedad de la Iglesia Católica que, tras la extinción en Puerto Rico del Concordato entre la Iglesia y el Estado español en 1898, requirieron de la habilitación de cementerios públicos. La muerte no espera por los acomodos políticos-jurídicos. Véase a manera ilustrativa, Samuel Silva Gotay, *Catolicismo y Política en Puerto Rico bajo España y Estados Unidos: Siglos XIX y XX*, Editorial Universidad de Puerto Rico (2005).

Al día de hoy, no obstante la supresión de los censos en el Código Civil del 2020, hay un sinnúmero de personas y familias que son enfiteutas de panteones y fosas a lo largo de todo Puerto Rico. En muchos casos los dueños de los cementerios han concedido la enfiteusis de conformidad con los requerimientos del Código Civil, específicamente la formalidad de la escritura pública, artículo 1520 del Código Civil anterior, 31 L.P.R.A. § 4211. Estos derechos reales continúan vigentes conforme sus títulos de constitución, según lo contempla el artículo 1806, 31 L.P.R.A. §11711.

En los casos donde no se cumplió con la solemnidad requerida, probablemente los más, la relación entre los dueños del cementerio y los personas y familias que pretenden el uso de una porción del bien inmobiliario es fundamentalmente de naturaleza contractual, de un derecho de crédito. Bajo el nuevo ordenamiento, esos contratos son susceptibles de extinción a su fecha de expiración o bajo los términos dispuestos en el contrato. En esta dirección, a modo de ejemplo, el Municipio de San Juan, amparándose en la sección 1.010(c) de la Ley Número 107-2020, conocida como el Código Municipal de Puerto Rico la Ley de Municipios, aprobó la Ordenanza Municipal Número 45, serie 1983-84, según enmendada, autorizando al Alcalde de la Ciudad a preparar y otorgar los diversos contratos, sin subasta pública, referentes a los varios cementerios de la Capital. A tales fines el Municipio de San Juan ha preparado tres contratos distintos según la situación particular de cada persona: un contrato de arrendamiento de panteón, un contrato de arrendamiento de nichos y un contrato de compraventa de panteón para los casos cuyos contratos de arrendamiento vigentes que se otorgaron antes de 1980.

Queda por ver cómo en el presente los dueños de cementerios privados habrán de regular las relaciones contractuales o de los derechos reales de sus usuarios. Bajo la doctrina de *numerus apertus*, artículo 699, 31 L.P.R.A. §7663, nada impide que en el ejercicio de la autonomía de la voluntad se continúe pactando la enfiteusis, ahora sin las restricciones anteriores que la ley disponía. Queda por aquilatar si al derogarse la enfiteusis bajo el nuevo Código Civil y eliminar el requisito de la escritura pública, los contratos enfitéuticos ascendieron *ipso iure* a rango real si reúnen en la actualidad los elementos del título y el modo. Hay derogaciones de ley que resultan ponzoñosas.

No obstante, en la medida en que desde el punto de vista económico la industria funeraria se encuentra en un rápido proceso de consolidación e integración vertical corporativa, unido a la creciente práctica socialmente acogida de la cremación, hay que suponer que la enfiteusis – continuará el largo y lento camino a su entierro.

Los vicios de la voluntad

Los vicios de la voluntad son el error, el dolo, la violencia y la intimidación.

Artículo 285 del Código Civil, 31 L.P.R.A. §6191

El Código Civil de 2020 ubica los vicios de la voluntad, antes los vicios del consentimiento, en el Libro Primero en el Título de los Hechos, Actos y Negocios Jurídicos. En este contexto, pues, los vicios de la voluntad son extensibles no solamente a los contratos sino a los actos y negocios jurídicos de naturaleza voluntaria.

El artículo 285, 31 L.P.R.A. § 6191, califica los vicios de la voluntad como el error, el dolo, la violencia y la intimidación. Este precepto sustancialmente sigue el artículo 1217 del Código Civil anterior, 31 L.P.R.A. §3404, aunque suprime la referencia a la nulidad del consentimiento. El acto realizado mediando error o dolo es involuntario por falta de intención, el acto realizado con violencia es involuntario por falta de libertad.

El comentario al artículo 236 del Borrador del Libro Primero sobre las Relaciones Jurídicas, pág. 235-237 (2003), señala que los actos realizados bajo alguno de estos vicios no son voluntarios y por tanto no son actos jurídicos, razón por la cual sanción de la nulidad contemplada en el anterior artículo1217, *supra*, era ahora una previsión innecesaria. Esta observación es incompatible con el artículo 264, 31 L.P.R.A. §6112, que clasifica a los actos jurídicos como voluntarios e involuntarios. Es decir, un acto realizado mediando algún vicio de la voluntad es un acto jurídico involuntario – realizados sin discernimiento, intención o libertad - y producen, por tanto, los efectos que la ley les atribuye, artículo 265, 31 L.P.R.A. §6113. En otras palabras, un vicio de la voluntad, como acto jurídico involuntario, sí puede producir su nulidad, sea absoluta o relativa.

Precisamente, el artículo 286, 31 L.P.R.A. §6192, preceptúa que el efecto sobre el negocio jurídico en que medie un vicio de la voluntad es que es anulable si el vicio fue determinante para su otorgamiento. El causante del dolo, la violencia o la intimidación queda sujeto a la indemnización de los daños y perjuicios resultantes. En el caso de error, la parte que lo invoca debe restituir los gastos incurridos por la parte que no incurrió en el error. La prueba de la existencia del vicio y de su carácter incumbe a quien lo alega.

Sólo acarrea la invalidez aquel vicio de la voluntad que resulta determinante para la celebración u otorgamiento de un acto jurídico, es decir aquel vicio sin el cual no se hubiese celebrado el acto. La determinación si el vicio de la voluntad fue determinante para su otorgamiento es fundamentalmente una cuestión de hecho, requerido para los cuatro vicios de la voluntad. El acto anulable por vicio de la voluntad puede confirmarse, artículo 349, 31 L.P.R.A. §6319, o ratificarse, artículo 325, 31 L.P.R.A. §6268, según sea el caso.

El artículo 287, 31 L.P.R.A. §6201, señala que "[e] l error que vicia la voluntad es el excusable en atención a las cualidades del sujeto y en consideración al mayor deber de obrar con prudencia y pleno conocimiento de las circunstancias. Si el error es común a dos o más partes de un negocio jurídico bilateral o multilateral, cualquiera de ellas puede impugnar su validez. La ignorancia sobre cuestiones de hecho tiene los mismos efectos del error".

El error-vicio, también referido como el error propio, supone una falsa representación mental que vicia el proceso formativo de la voluntad, "y que opera como presupuesto para la realización del negocio jurídico". Diez Picazo y Gullón, ***Sistema de Derecho Civil***, Vol. II, pág. 53, 9 ed. (2001). Este error debe recaer sobre un elemento determinante del negocio jurídico. Por supuesto, qué es un elemento determinante es al final del día una tarea adjudicativa.

Mas aún ese error tiene que ser excusable. ***Capó Caballero v. Ramos***, 83 D.P.R. 650 (1961), ***Rosa Valentín v. Vázquez Lozada***, 103 D.P.R. 796 (1975); ***Cooperativa La Sagrada Familia v. Castillo***, 107 D.P.R. 405 (1978) Sobre el grado de diligencia requerido para cualificar el error como excusable, el nuevo Código adopta la pauta recogida en el Código Civil de Argentina, atendiendo las cualidades del sujeto, el mayor deber de obrar con prudencia y el pleno conocimiento de las circunstancias. En síntesis, se adopta un criterio pragmático, en atención a las circunstancias de cada caso para concluir si huno o no error excusable. Véase Comentarios al Borrador del Libro Primero sobre las Relaciones Jurídicas, págs. 238-239 (2003).

El artículo 288, 31 L.P.R.A. §6202, a su vez, dispone que "[e]l error sobre el objeto solo hace anulable el negocio jurídico si afecta la identidad, sustancia, cualidad o cantidad del objeto". Este artículo recoge el error en la sustancia o cualidades de la cosa, *error in corpore*, que anteriormente estaba recogida en el artículo 1218 del Código Civil anterior, 31 L.P.R.A. §3405. Por sustancia de la cosa se ha entendido que es su cualidad principal que la individualiza y la cual impulsa a la voluntad a contratar. Esta es una concepción eminentemente subjetiva. Véase Puig Brutau, José, ***Fundamentos de derecho civil***, Barcelona, Bosch, T. II, Vol.1, pág. 895 y 501 (1978).

El artículo 289, 31 L.P.R.A. §6203, dice que "[e]l error sobre la persona solo hace anulable el negocio jurídico si afecta su identidad o cualidad." Este precepto recoge el segundo párrafo del anterior artículo 1218, *supra*. Comentan Diez Picazo y Gullón, que este error tiene un carácter excepcional al referirse al "solo...", insistiendo en que la anulabilidad del negocio jurídico procede cuando la consideración de la persona o sus atributos hayan sido determinantes. En este aspecto hay que distinguir entre el error sobre la persona que supone una confusión de identidad, y el error en cuanto a los atributos o capacidades de la persona. Este último supuesto pudiera solapar teóricamente con las acciones por incumplimiento contractual – como los casos de impericia profesional - en las obligaciones de hacer en donde el obligado a efectuar alguna prestación resulta que carece de los atributos o destrezas que se representaron tener al momento de perfeccionarse el contrato.

El artículo 290, 31 L.P.R.A. §6204, dispone que [e]l error de cálculo no da lugar a la anulación del negocio jurídico, sino solamente a su rectificación". Aquí se adopta lo dispuesto en el tercer párrafo del anterior artículo 1218, *supra.* Es importante distinguir el error de cálculo, que es esencialmente un error matemático, de la inclusión o exclusión de alguna partida, total o parcial, de un cobro o facturación. Véase Puig Brutau, José, ***Fundamentos de derecho civil***, *supra*, pág. 91).

Por su parte, el artículo 291 31 L.P.R.A., 6205, recoge el error en la declaración. Dice el precepto, "[l]o dispuesto en los artículos anteriores es aplicable al error en la declaración de voluntad y a su transmisión inexacta por un mensajero". Este precepto incorpora estatutariamente el llamado error impropio o error obstativo, tanto discutido en la doctrina. El nervio del error en la declaración reside en la disonancia entre lo dicho y lo querido, lo cual crea un impedimento a la formación libre de la voluntad. Este error también ocurre en quien recibe la declaración, pues cree que corresponde a la verdadera voluntad de quien la emitió. Al igual que el error propio, este debe ser excusable.

Un buen ejemplo del error en la declaración la vemos en el conocido caso de ***Capó Caballero v. Ramos,*** *supra.* Allí, las partes habían acordado un contrato de opción de compra sobre una parcela sita en el punto más alto del cerro La Marquesa. Del propio contrato reproducido en la opinión se desprende el equívoco; en una parte señalando el interés en el punto mas alto del cerro "La Marquesa", en otra parte señalando el interés por adquirir el punto más alto de la referida finca de su dueño, también llamada "La Marquesa". La falta de claridad contractual sobre su objeto creo las condiciones para el malentendido. La inexcusabilidad por falta de diligencia de la parte demandante impidió que prosperara su defensa.

La última frase del artículo 291, *supra,* "... y a su trasmisión inexacta por un mensajero", es innecesariamente ambigua. Primero, hay que inferir que la trasmisión inexacta por el mensajero que da margen al error en la declaración es oral. Si el mensaje fuera escrito, el mensajero no tendría injerencia alguna en articulación de la declaración, razón por la cual bastaría con referirse al texto para auscultar su significado. Segundo, no está del todo claro el porqué la referencia a un mensajero, dando a entender una persona que meramente transmite un mensaje como un acto comunicativo en vez de una relación contractual entre un declarante y su mandatario. Bajo el supuesto de un contrato de mandato, la responsabilidad contractual entre las partes sería evidente. La referencia a un mensajero que transmite inexactamente una declaración y que, por ello, el declarante puede alegar el error como vicio en el consentimiento parece sacada de una comedia literaria.

En cuanto al dolo, el artículo 1221 del Código Civil anterior, 31 L.P.R.A. §3408, lo definía como las maquinaciones insidiosas de parte uno de los contratantes para inducir a la otra parte a contratar que, sin ellas, no lo hubiera hecho. El artículo 292, 31 L.P.R.A. §6211, define el dolo grave como "[l]a acción u omisión intencional por la cual una parte o un tercero inducen a otra parte a otorgar un negocio jurídico que de otra manera no hubiera realizado. ¶Si la acción u omisión no provoca la realización del negocio jurídico, el perjudicado puede reclamar los daños y perjuicios que sufra".

Se incluye como dolo grave no solo la acción, sino también la omisión, al igual que su uso por un tercero que no es parte del contrato. El artículo 293, 31 L.P.R.A. §6212, expresamente anticipa que "[c]uando el dolo proviene de un tercero y es conocido por una de las partes, el tercero y la parte conocedora del dolo son solidariamente responsables de los daños causados". Véase también, Vázquez Bote, Eduardo, ***Tratado Teórico, Práctico y Crítico de Derecho Privado Puertorriqueño***, San Juan, Butterworth, 1992, T. IV, pág. 125.

Sobre la concurrencia del dolo grave con otras causas de acción véase ***Márquez v. Torres***, 111 D.P.R. 854 (1982).

Como acertadamente señala el comentario al Borrador del Libro Primero de Las Relaciones Jurídicas, pág. 244 (2003), al comentar su artículo 245, similar al ahora 293, *supra*: "Se caracteriza al dolo en función del efecto producido en la voluntad del sujeto que otorga el acto y no en función de la acción del agente doloso. De modo que, tal como se define, el defecto del acto consiste en actuar bajo error inducido y se prescinde de considerar qué acciones condujeron a ese engaño.¶La finalidad de invalidar los actos celebrados con vicios de la voluntad es tutelar la concurrencia de ésta en plenitud en sus tres elementos (discernimiento, intención y libertad); y no sancionar o calificar la conducta del agente que lo origina. Prueba de ello es que el vicio de error invalida el acto siendo la propia víctima su agente.¶ Una consecuencia práctica de asumir tal caracterización en función del efecto y no de la causa, consiste en que se soslaya la problemática consistente en establecer el significado y la diferencia entre las conductas dolosas "engaño", "astucia", "maquinación" etc. que permiten englobar cualquier clase de comportamiento."

En cambio, el artículo 294, 31 L.P.R.A. §6213, trata sobre los efectos del dolo incidental, el cual "no invalida el negocio jurídico, pero su autor debe indemnizar el daño causado. ¶El dolo recíproco no invalida el negocio ni obliga a resarcir".

El dolo incidental da lugar a la indemnización en daños y perjuicios, no a la nulidad del contrato. Cómo distinguir el dolo grave del dolo incidental es, a fin de cuentas, una determinación eminentemente judicial. Véase ***Colón Rivera Rivera v. Promo Motor Imports, Inc.***, 144 D.P.R. 659 (1997). En cuanto a la reciprocidad del dolo, ya antes recogido en el artículo 1222 del Código Civil anterior, 31 L.P.R.A. §3409, hay que notar que no se distingue entre el grave y el incidental, entendiéndose, por tanto, que es indiferente su naturaleza para fines de sus respectivas cancelaciones.

Hay que subrayar que el dolo contemplado como vicio de la voluntad es siempre dolo *in contrahendo*, no en el cumplimiento. El dolo en el incumplimiento es siempre incidental y da lugar únicamente a la indemnización por todos los daños y perjuicios derivados del incumplimiento, hayan sido previsibles o no. Artículo 1168, 31 L.P.R.A. §9332. También, ***Colón Rivera Rivera v. Promo Motor Imports, Inc.***, *supra.*

Sobre la violencia y la intimidación el nuevo Código Civil los atiende conjuntamente en el artículo 295, 31 L.P.R.A. §6221. Dice, "[l]a violencia y la intimidación hacen anulable el negocio jurídico, si son graves. ¶Hay intimidación si mediante amenazas se causa en el otorgante de un negocio jurídico el temor fundado de sufrir un mal inminente y grave en su persona o en sus bienes, o en la persona o en los bienes de aquellos con quienes tiene vínculos afectivos o familiares. ¶Para apreciar los requisitos de la violencia y de la intimidación, debe considerarse la edad y las demás circunstancias personales de la persona perjudicada.

Este precepto sigue de cerca al artículo 1219 del Código Civil anterior, 31 L.P.R.A. §3406, ahora extendido a todos los actos jurídicos. Al igual que los otros vicios de la voluntad, para la anulación del acto por violencia o intimidación se requiere que sea determinante y grave. El segundo párrafo define la intimidación como consecuencia de las amenazas se provoca en el otorgante de un negocio jurídico el temor fundado de sufrir un mal inminente y grave en su persona o en sus bienes, o en la persona o en los bienes de aquellos con quienes tiene vínculos afectivos o familiares. Este precepto expande la lista de personas que pudieran resultar amenazadas bajo la intimidación a aquellas personas con quienes hay un vínculo afectivo o familia, sin exclusión.

Sobre el requerimiento de la inminencia y gravedad de la intimidación, dice con verbo poético el Borrador del Libro Primero de Las Relaciones Jurídicas, pág. 248 (2003): "El requisito de inminencia del mal prometido no se encuentra subsumido en el de gravedad. Un mal apenas grave empeora si es inminente, y uno grave no inminente mejora, puesto que en definitiva, hasta la muerte pierde relevancia al postergarse en el tiempo."

La injusticia de la amenaza es esencial, pues no intimida quien ejerce un derecho. ***San Juan Credit Inc. v. Ramírez***, 113 D.P.R. 181 (1982); ***Rivera v. Banco Industrial***, 49 D.P.R. 709 (1936); ***Rodríguez v. M. Joglar & Co., S. en C.***, 46 D.P.R. 350 (1934); ***Rivera v. Manufacturers Life Ins. Co.***, 34 D.P.R. 246 (1925).

El tercer párrafo reitera la norma anterior de que para apreciar los requisitos de la violencia y de la intimidación se debe atender la edad y las demás circunstancias personales de la persona perjudicada. A lo cual añadiría yo, en relación a las circunstancias personales de la persona provocando la amenaza y la violencia. A fin de cuentas, la violencia y el sentido de intimidación parten de una relación entre personas, razón por la cual su contexto es relevante para determinar el estado mental de la persona perjudicada.

El artículo 296, 31 L.P.R.A §6222, añade que "[l] a violencia o intimidación que reúne los requisitos del artículo anterior, hace anulable el negocio jurídico aunque la ejerza un tercero". Este precepto reproduce el artículo 1220 del Código Civil anterior, 31 L.P.R.A. §3407, ahora aplicado a todos los actos jurídicos.

Por último, el artículo 297, 31 L.P.R.A. §6223, al igual que el cuarto párrafo del artículo 1291 del Código Civil anterior, señala que "[e]l temor reverencial no anula el negocio jurídico. Es reverencial el temor a desagradar a las personas a quienes se debe obediencia y respeto". Véase ***Díaz Freytes v. M.M.M.,*** 110 D.P.R., 187, 190 (1980).

Comentario al Artículo 64 de la Ley Inmobiliaria Registral

En caso de venta de la finca hipotecada, el deudor obligacional no será relevado de su responsabilidad hasta tanto el acreedor preste su consentimiento expreso. Una cláusula de retención del precio por el comprador para pagar el importe de una hipoteca no libera al vendedor y deudor hipotecario original de su responsabilidad, en ausencia de consentimiento expreso del acreedor.

Si no se ha pactado la transmisión de la obligación, pero el comprador descuenta su importe del precio de venta, o lo retiene, aunque no se exprese en la escritura, y al vencimiento de la obligación ésta es satisfecha por el deudor que vendió la finca, quedará subrogado éste en el lugar y grado del acreedor hasta tanto el comprador le reintegre el total adeudado.

Artículo 64 de la Ley Inmobiliaria Registral, 30 L.P.R.A. §6091

El artículo 64 de la Ley Inmobiliaria Registral, 30 L.P.R.A. §6091, estatuye los efectos jurídicos de la asunción de deuda en casos de fincas gravadas con hipoteca.

Dispone el primer párrafo: "En caso de venta de la finca hipotecada, el deudor obligacional no será relevado de su responsabilidad hasta tanto el acreedor preste su consentimiento expreso. Una cláusula de retención del precio por el comprador para pagar el importe de una hipoteca no libera al vendedor y deudor hipotecario original de su responsabilidad, en ausencia de consentimiento expreso del acreedor."

La hipótesis del primer párrafo parte de dos premisas: (i) la existencia de un bien inmueble hipotecado y, (ii) que su dueño – ordinariamente el deudor hipotecario - la vende a un tercero-comprador. Dado estas premisas, el vendedor, *qua* deudor obligacional, no será relavado hasta tanto el acreedor preste su consentimiento expreso. Esta disposición requiere varias observaciones.

La caracterización del vendedor como deudor obligacional pone de relieve la relación contractual entre el acreedor hipotecario y su deudor original. Es decir, la venta al tercero-comprador no releva de la responsabilidad obligacional hasta tanto este preste su consentimiento expreso

Publicado en ***Microjuris al día*** 26 de febrero de 2023.

Llama la atención que el texto del artículo 64, *supra,* no hace referencia a la figura de asunción de deuda o de la novación. La distinción es relevante. En casos de novación extintiva, la extinción de la obligación principal acarrea la extinción de la obligación accesoria, a saber, la hipoteca. En casos de la novación subjetiva, en cambio, se extingue la obligación del deudor original, sustituyéndose por el nuevo deudor, subsistiendo la obligación. Véase artículo 1183(b) del Código Civil, 31 L.P.R.A. §9422.

En casos de asunción de deuda el nuevo deudor asume la obligación frente al acreedor en función del contrato entre vendedor y comprador – sujeto a los términos y condiciones que de dicho contrato se desprendan, sin que ello necesariamente implique la liberación del deudor original. El artículo 64, *supra,* en protección del crédito del acreedor viene a llenar este vacío al requerir el consentimiento expreso del acreedor. Este lenguaje modifica lo resuelto en ***Teacher's Annuity v. Sociedad Legal de Gananciales***, 115 D.P.R. 277 (1984), descartándose la asunción de deuda por consentimiento tácito.

La segunda oración del primer párrafo añade que la inclusión de una cláusula de retención del precio por el comprador para pagar el importe de una hipoteca en el contrato de compraventa y asunción de deuda, no libera al vendedor y deudor hipotecario original de su responsabilidad, en ausencia de consentimiento expreso del acreedor. Sobre las controversias relacionadas con la retención del precio por el prospecto comprador véase el problemático ***Irizarry López v. García Cámara,*** 155 P.R. Dec. 713 (2001).

La relación contractual entre vendedor y comprador no incide sobre los derechos del acreedor hipotecario, quien puede oponer ante el deudor hipotecario original su crédito con garantía hipotecaria. En este contexto es pertinente recordar las cláusulas penales de *due on sale* que se incluyen rutinariamente en los contratos de préstamo y en las escrituras de constitución de hipoteca. Véase ***First Federal Savings v. Registrador***, 113 D.P.R. 8757 (1983).

Dispone el segundo párrafo: "Si no se ha pactado la transmisión de la obligación, pero el comprador descuenta su importe del precio de venta, o lo retiene, aunque no se exprese en la escritura, y al vencimiento de la obligación ésta es satisfecha por el deudor que vendió la finca, quedará subrogado éste en el lugar y grado del acreedor hasta tanto el comprador le reintegre el total adeudado."

La primera frase es clave, "si no se ha pactado la transmisión de la obligación...". La pregunta obligada, por supuesto, es ¿a qué pacto se refiere? Una primera lectura del texto sugiere que se refiere al contrato de compraventa entre el vendedor-deudor original y el comprador-nuevo deudor del bien inmueble. La referencia en la segunda frase, "pero el comprador descuenta su importe del precio de venta", y en la tercera frase, "aunque no se exprese en la escritura", dan a entender que se refiere a dicho contrato. Esta lectura, sin embargo, sería defectuosa. Si la propia hipótesis del párrafo parte de la premisa de la existencia de un contrato de compraventa, es evidente que hay un pacto entre el vendedor y el comprador, razón por la cual la frase introductoria condicional, "si no se ha pactado la transmisión" lógicamente no esta haciendo referencia al pacto al cual acto seguido supone. Necesariamente, pues, el pacto al cual se hace referencia es al acuerdo entre el vendedor-deudor original y el acreedor hipotecario referente a la transmisión de la obligación al comprador-nuevo deudor. Es decir, el acuerdo expreso del acreedor hipotecario referido en el primer párrafo del artículo.

Es decir, en ausencia del acuerdo expreso del acreedor hipotecario, si el comprador descuenta la deuda hipotecaria del precio de venta, o lo retiene, aunque no se exprese en la escritura, y al vencimiento de la obligación ésta es satisfecha por el deudor que vendió la finca, el vendedor-deudor original quedará subrogado en el lugar y grado del acreedor hasta tanto el comprador le reintegre el total adeudado.

Este precepto le concede el derecho de subrogación al vendedor-deudor original frente al comprador-nuevo deudor por las sumas adeudas que este hubiera pagado al acreedor hipotecario ("al vencimiento de la obligación ésta es satisfecha por el deudor que vendió la finca"). La subrogación del vendedor-deudor original, acota la última frase del precepto, será en el lugar y grado del acreedor hipotecario hasta tanto se le reintegre lo adeudado. En todo caso el total adeudado será equivalente a la suma satisfecha por el vendedor-deudor original al acreedor hipotecario.

Es de notar que el lenguaje utilizado en el artículo 64, *supra*, para caracterizar las relaciones obligacionales se hace a espaldas de la Ley de Transacciones Comerciales, 19 LP..R.A. §401, *et seq*. En la medida en que la inmensa mayoría de los préstamos hipotecarios que se constituyen en nuestro tráfico jurídico son para garantizar instrumentos negociables (pagarés), es necesario pasar revista sobre esta ley especial para determinar cómo incide sobre la idoneidad del crédito objeto de controversia bajo el artículo 64, *supra*.

De mediar un instrumento negociable, en la medida en que el vendedor-deudor original pagará al acreedor hipotecario la suma que este adeudara, "al vencimiento" de la obligación, resulta concluyente que el vendedor-deudor original paga y descarga el instrumento, sección 2-601, 19 L.P.R.A. §751, adquiriéndolo sin ser un tenedor de buena fe según definido en la sección 2-302, 19 L.P.R.A. §602.

La sección 2-601(b), *supra*, expresamente dispone que el descargo de la obligación de una parte no es efectivo contra la persona que adquiere los derechos de un tenedor de buena fe del instrumento sin tener aviso del descargo. *Contrario sensus*, si la persona adquiere el instrumento negociable no es un tenedor de buena fe, el descargo le es oponible. Véase ***DLJ Mortgage Capital, Inc. v. Santiago Martínez***, 2019 TSPR 129; ***Caribe v. Ven-Lour Enterprises, Inc.***, 198 D.P.R. 290 (2017), sobre la aplicabilidad de la Ley de Instrumentos Negociables, *supra,* como ley especial al efectuar el análisis de un instrumento negociable. No es la Ley Inmobiliaria Registral la que controla la validez y exigibilidad del instrumento negociable.

En conclusión, bajo la hipótesis del artículo 64, *supra*, en que medie un instrumento negociable, su adquisición por el deudor original posterior a su vencimiento, descarga (extingue) el instrumento. Consecuentemente, en la medida en que la hipoteca, accesoria por demás, fue constituida para garantizar el pago del pagaré (obligación principal), una vez efectuado el pago por su deudor original ambas se extinguen.

Este resultado es análogo a la extinción por confusión. El artículo 1153, 31 L.P.R.A. § 9241, contempla que "[c]uando en una misma persona se reúnen las calidades de acreedor y deudor, la obligación se extingue conjuntamente con sus garantías. ¶Los créditos y las deudas del heredero no se confunden con las deudas y los créditos hereditarios. ¶Lo dispuesto en esta sección sobre la confusión de derechos, no es de aplicación a la readquisición de un instrumento negociable por su deudor, cuando este opta por ponerlo nuevamente en circulación". El tercer párrafo del artículo 1153, *supra*, es relevante a los casos contemplados bajo el artículo 64 de la Ley Inmobiliaria Registral precisamente en la medida en que la readquisición del instrumento negociable por su deudor no se ha vuelto a circular. En este contexto merecen destacarse los hechos en ***Eastern Sands, Inc. v. Roig Commercial Bank***, 140 D.P.R. 703 (1996), específicamente cuando el presidente de la corporación deudora adquirió en su capacidad personal el pagaré hipotecario del acreedor hipotecario para así evitar su extinción por confusión y mantener viva su negociabilidad bajo la Ley de Instrumentos Negociables.

En todo caso, el remedio del vendedor-deudor original contra el comprador-nuevo deudor en el que media un instrumento negociable vencido y no adquirido como tenedor de buena fe, se limita en estos casos a ser una acción contractual en cobro por la suma pagada por éste previamente al acreedor hipotecario, ni más, ni menos.

La verdad

Las Reglas se interpretarán de forma que garanticen una solución justa, rápida y económica a cualquier problema de derecho probatorio. El propósito principal de las Reglas es el descubrimiento de la verdad en todos los procedimientos judiciales.

Regla 102, Reglas de Evidencia, 32 L.P.R.A. Ap. IV

¿Qué es entonces la verdad? Una hueste en movimiento de metáforas, metonimias, antropomorfismos, en resumidas cuentas, una suma de relaciones humanas que han sido realzadas, extrapoladas y adornadas poética y retóricamente y que, después de un prolongado uso, un pueblo considera firmes, canónicas y vinculantes; las verdades son ilusiones de las que se han olvidado que lo son; metáforas que se han vuelto gastadas y sin fuerza sensible, monedas que han perdido su troquelado y no son ahora ya consideradas como monedas, sino como metal.

F. Nietzsche. Sobre Verdad y Mentira en Sentido Extramoral.

Cualquier aproximación a la verdad debe comenzar con la admisión de su incipiente fracaso. ¿Desde dónde la pensamos? El desdoblamiento epistémico entre el concepto en-si y su pretendida caracterización desde algún alero privilegiado desemboca en la parálisis del entendimiento ¿Cómo entender? ¿Cómo entenderse? He aquí acaso uno de los escándalos mejor custodiados de la filosofía: todos nuestros pronunciamientos, independientemente de su erudición o virtuosidad, están atravesados por su irrevocable contingencia. Pensamos desde nuestra finitud.

La Regla 102 de las Reglas de Evidencia señala con simulada osadía que el descubrimiento de la verdad es el fin primordial que las informa. Las reglas evidenciarías que le siguen asumen sin más la posibilidad de dar con ella, aunque no se defina. La idea de que la verdad se descubre - no que se inventa - supone una realidad objetiva, susceptible de ser captada por los sentidos en su plenitud. Esa verdad/realidad es entendida der manera empírica, constatada por los sentidos. No estamos muy lejos del ***Essay Concerning Human Understanding*** *(1689)* de John Locke.

Desde esta óptica, la verdad es entendida primordialmente como descriptiva, confiándose no solo en la corrección de la percepción, sino también en su oportuna y confiable conversión en las palabras que la detallan. Este entendimiento de la verdad tiene el gran mérito de concordar con nuestra ordinaria experiencia sicológica. La mano y la frase "esto es una mano" son uno y lo mismo, como insistía G.E. Moore. La razón es el espejo de la naturaleza y el lenguaje se limita a transmitirlo. Las paradojas de Magritte – *cesi n'est pas une pipe* – son de poca utilidad para el Derecho probatorio.

Aún los errores en la percepción, los tropiezos de la memoria o las vaguedades del lenguaje son susceptibles de correcciones, prestándole mayor atención a la percepción, a la memoria y a las palabras. La virtud del método científico, sugería Karl Popper, es que nuestros juicios están sujetos a ser falsificados por la misma experiencia que le dieron pie. Los hechos son los hechos son los hechos, como si ellos hablaran por si solos. *Adequatio intellectus et rei,* sentenciaba el aforismo escolástico, o como diríamos hoy, 2 + 2 = 4 aunque lo diga un loco.

Más allá de las controversias evidenciarias, el Derecho también hace pronunciamientos dogmáticos que reclaman la verdad del significado que se le debe atribuir a un texto, sea esta una ley, una carta testamentaria o un tratado de algún jurisconsulto. El contenido veritativo de sus pronunciamientos no está sujeto a las veleidades de la percepción sino a un ejercicio racional, analítico, interpretativo. ¿Cuál es el verdadero significado del segundo párrafo del artículo 277 del Código Civil? ¿Qué significa la igual protección de las leyes? ¿Cuántos sumariados pueden bailar sobre la cabeza de un alfiler? Todo pronunciamiento queda siempre expuesto a la refutación, a las contradicciones, al contra argumento. ¿Será la verdad, como sugería Emilio Betti, una aspiración?

Para el Derecho la verdad es epistémicamente contenciosa, controvertible. En todo proceso judicial los diversos actores que intervienen compiten entre si por fijar el sentido a atribuirse a unos eventos, a un documento, a una ley. No se descubre la verdad como algo dado, inmutable, sino que esta responde a un proceso argumentativo que hilvana cuestiones de hecho y derecho para justificar alguna conclusión, alguna posición. La idoneidad de cada justificación, a su vez, responde a su correspondencia con nuestras creencias, intereses y prejuicios. Creemos lo que creemos, convencidos de las tautologías de nuestros acomodos intelectuales. Ya lo decía el Juez Asociado Robert Jackson cuando comentaba con lapidaria candidez de las opiniones del Tribunal Supremo de los Estados Unidos: *We are right because we are final, we are not final because we are right.* Con miras a mantener la estabilidad social, el fin a las controversias es un valor de mayor jerarquía que la verdad. Como pariente problemático que se oculta por el qué dirán, la verdad jurídica está irremediablemente atada a nuestra subjetividad.

La reducción de la verdad a la voluntad del poder es lo que late en la aproximación nietzchiana a la verdad. Cuando Nietzche, Heidegger, Foucault, Derrida y otros, llaman la atención al momento retórico de la verdad ponen el dedo en la llaga de la modernidad. Verdad/Poder es el binomio de nuestras pesadillas.

Sobra decir (por supuesto) que todo lo anterior es tan solo una opinión.

La declaración unilateral de la voluntad

Por la declaración unilateral de voluntad, quien la emite queda obligado a cumplir una determinada prestación en favor de otra persona, siempre que el declarante tenga capacidad para obligarse y si la prestación no es contraria a la ley, a la moral o al orden público.

Artículo 1528 del Código Civil, 31 L.P.R.A. §10781

La declaración unilateral de la voluntad como fuente de la obligación reconoce la exigibilidad de una prestación asumida sin necesidad de su aceptación por alguna otra persona. En ***Ramírez Ortiz v. Gautier Benítez***, 87 D.P.R. 497 (1963), el Tribunal Supremo reconoció que una persona podía obligarse, por su sola voluntad, a dar, hacer o no hacer alguna cosa a favor de otra persona, siempre y cuando su intención de obligarse fuera clara e indubitada, y que surgiera de un acto jurídico idóneo que no fuera contrario a la ley, a la moral ni al orden público.

En tanto que la declaración unilateral puede ser excesivamente oneroso para el promitente, la jurisprudencia ha señalado que no debe haber incertidumbre, ni en la forma en que se expresa la declaración ni en su sustancia o contenido. Una vez ligado firmemente el promitente a hacer buena su promesa, debe cumplirla al tenor de la misma, quedando sujeto en caso de proceder a su cumplimiento con dolo, negligencia o morosidad, o de contravenirla de cualquier modo, a la indemnización de los daños y perjuicios causados, como en todo caso de incumplimiento.

En ***Ortiz Rivera v. Puerto Rico Telephone Co.***, 162 P.R. 715 (2004), se resumieron los elementos que tienen que concurrrir para que se de la figura: (1) la sola voluntad de la persona que pretende obligarse; (2) que dicha persona goce de capacidad legal suficiente; (3) que su intención de obligarse sea clara; (4) que la obligación tenga objeto; (5) que exista certeza sobre la forma y el contenido de la declaración; (6) que surja de un acto jurídico idóneo, y (7) que el contenido de la obligación

Publicado en Microjuris el 1 de marzo de 2023.

no sea contrario a la ley, a la moral ni al orden público.

Si concurren estos requisitos, la declaración unilateral de voluntad vinculará al promitente desde el momento en que la efectúa. Si bien la aceptación del acreedor será indispensable para el nacimiento del derecho de crédito, no lo será para la formación de la obligación. Véanse: A. Hernández Gil, ***Derecho de Obligaciones***, Madrid, 1960, págs. 246-255; L. Diez-Picazo y A. Gullón, ***Sistema de Derecho Civil***, 3ra ed., Madrid, Ed. Tecnos, 1982, Vol. II, págs. 144-147. El que declara unilateralmente su voluntad en ánimo de quedar obligado, puede retirar la manifestación efectuada de la misma forma en que la emitió. Véanse: E. Vázquez Bote, ***Tratado teórico, práctico y crítico de derecho privado puertorriqueño: derecho de obligaciones***, Orford, Ed. Equity, 1991, pág. 102; J. Puig Brutau, ***Fundamentos de Derecho Civil***, 3ra ed., Barcelona, Ed. Bosch, 1985, T. 1, Vol. II, pág. 65.

El Código Civil de 2020 recoge estatutariamente los perfiles de la figura de los artículos 1528 al 1535; 31 L.P.R.A. §10788-§10781.

El artículo 1528, 31 L.P.R.A. §10781, dispone que, por la declaración unilateral de la voluntad, "quien la emite queda obligado a cumplir una determinada prestación en favor de otra persona, siempre que el declarante tenga capacidad para obligarse y si la prestación no es contraria a la ley, a la moral o al orden público". Hay que insistir que la obligatoriedad nace de la declaración en sí, sin que haya mediado aceptación por alguna otra persona.

Tal y cual esta fraseado el precepto sufre de cierta confusión sobre si la persona a quien va dirigida la declaración es una determinada o indeterminada.

En la discusión doctrinal, la declaración unilateral de la voluntad va dirigida a una multitud o, al menos, a personas indeterminadas. Precisamente, los artículos 1529, 31 L.P.R.A. §10782, sobre la promesa pública de recompensa, y el artículo 1534, 31 L.P.R.A. §10787, sobre la promesa de un premio de concurso, tienen como hipótesis normativa la declaración hecha al público en general. Los ejemplos típicos que ilustran la declaración unilateral son los anuncios públicos de premios y recompensas, por no hablar de los anuncios de bienes y servicios en el comercio, clasificados, etc., que llenan los medios de comunicación masiva. Hay que acotar en este contexto que las declaraciones publicitarias del comercio están reguladas también por el Departamento de Asuntos del Consumidor (DACO) y la reglamentación del Derecho Administrativo referente a los anuncios engañosos.

De ordinario, cuando la declaración va dirigida a una persona específica, determinada, estamos propiamente ante una oferta contractual, la cual invita su aceptación por la otra parte. Dispone el artículo 1239, 31 L.P.R.A. §31 L.P.R.A. §9773, que "[l]a oferta es el acto jurídico unilateral, dirigido a una persona determinable, que contiene los elementos necesarios para la existencia del contrato propuesto, o el medio para establecerlos. Si carece de alguno de tales elementos y no prevé el medio para establecerlo, el acto se considera invitación a ofertar". En estos casos, por supuesto, estamos ante la hipótesis de la negociación contractual, cuya responsabilidad pre-contractual está contemplada bajo la figura de la *culpa in contrahendo.*

Cabe preguntarse si jurídicamente es dable obligarse unilateralmente frente a una persona determinada con la mera declaración, sin que se clasifique necesariamente como una oferta contractual. Esta hipótesis expone la declaración unilateral de la voluntad a la crítica histórica de la necesidad del acuerdo para perfeccionar el contrato. Si la declaración unilateral va dirigida a una persona determinada, ¿qué impide que éste conteste, aceptando o negando la oferta? La imposición de una obligación - se arguye - sin que medie la aceptación desarticula la normativa referente a la negociación contractual, imputándosele al oferente una obligación tan solo con haber hecho la oferta. La buena fe en la negociación contractual milita en contra de la imposición de una obligación sin que haya mediado un concierto de voluntades.

En cambio, pudiera otro argumentar, si el promitente está interesado en obligarse ante la otra parte aunque no haya mediado su aceptación, y que dicho interés es claro e indubitado, ¿por qué no admitirlo? Si bien es cierto que el artículo 1239, *supra*, contempla que la oferta contractual va dirigida a personas determinables, eso no excluye necesariamente que la declaración unilateral de la voluntad no pueda extenderse a tales casos.

En ***Ramírez Ortiz v. Gautier Benítez***, *supra,* la controversia giraba precisamente sobre unas declaraciones hechas por el demandado al demandante, y si estas eran suficientemente claras e indubitables para imponer una obligación de pagar por unos gastos médicos alegadamente voluntariamente asumidos. Si bien el Tribunal resolvió que no lo eran, hay que destacar que la situación de hechos trataba sobre una declaración hecha a una persona determinada. Igualmente, en ***Ortiz Rivera v. Puerto Rico Telephone Co.***, *supra*, la carta del contratista dirigida a los residentes de la urbanización en la cual se estaban haciendo una excavación e instalación de líneas telefónicas, asumió la responsabilidad de indemnizar por cualquier daño que pudieran sufrir sus propiedades como consecuencia de sus trabajos. Es decir, la carta iba dirigida a personas determinables, *v.gr*. los residentes de la urbanización.

El artículo 1535, 31 L.P.R.A. §10788, parece inclinarse en esta dirección cuando admite que las disposiciones referentes a la promesa de recompensa pública son aplicables a otras declaraciones unilaterales de voluntad, salvo que por la particular naturaleza de estas su aplicación resulte inadecuada, a juicio del tribunal. Es decir, el estatuto le reconoce cierta discreción al tribunal para determinar el campo de aplicación de la declaración unilateral de la voluntad en casos donde arguíblemente pudieran clasificarse como controversias extracontractuales.

La importancia de la distinción se manifiesta en la aplicación de los términos prescriptivos para las acciones extracontractuales - 1 año - bajo el artículo 1204, 31 L.P.R.A. §9496, o las acciones personales sin plazo fijados por ley - 4 años - bajo el artículo 1203, 31 L.P.R.A. §9495. La controversia en el caso de ***Ortiz Rivera v. Puerto Rico Telephone Co.***, *supra*, a modo de ejemplo, precisamente giraba en torno al término prescriptivo para incoar la causa de acción, resolviéndose que la declaración unilateral de la voluntad no era de naturaleza extracontractual, razón por la cual le aplicaba el término de 15 años del artículo 1864, 31 L.P.R.A. §5294 , del anterior Código Civil.

El artículo 1533, 31 L.P.R.A. §10786, quizás hace la discusión un tanto esotérica. En la posibilidad de la revocación de la declaración unilateral se asoma cierto parecido a la revocación de la oferta contractual. Bajo el supuesto de la promesa hecha sin plazo, el promitente puede recovarla en cualquier momento, de la misma forma, o su equivalente, en que se hizo la promesa. Mientras no se revoque la promesa sin plazo se mantiene vigente. Artículo 1532, 31 L.P.R.A. §10785. En caso de que la declaración estuviera sujeta a un plazo, su revocación tiene que ser por justa causa y previo a su vencimiento. Concluye el artículo 1533, *supra*, advirtiendo que "no es oponible a quien ha efectuado el hecho o a quien ha verificado la situación prevista antes del primer acto de publicidad de la revocación."

En cuanto a la revocación de la oferta contractual, el artículo 1240, 31 L.P.R.A. §9774, señala que la misma es revocable libremente, excepto si el oferente se obligó a mantenerla durante un plazo determinado o hasta el cumplimiento de una condición. Añade el precepto que la revocación debe comunicarse al eventual aceptante antes de que se acepte la oferta. Concluye disponiendo que la oferta revocada en forma intempestiva da lugar a responsabilidad precontractual, lo cual supone la imposición de una obligación extracontractual. Sobre la responsabilidad precontractual véanse los artículos 1271 y 1272, 31 L.P.R.A. §9881, §9882.

Dada su ubicación en el nuevo Código Civil – Libro V, Título III, Capítulo IV - no debe haber duda de que la declaración unilateral de la voluntad como fuente de la obligación es una figura autónoma y separada de otros supuestos que conceptualmente parecen afines. Caballo viejo se vende lejos, nos advierte el refrán.

La accesión (I)

La propiedad de los bienes da derecho por accesión a todo lo que se les une o incorpora, natural o artificialmente.

Artículo 755 del Código Civil, 31 L.P.R.A. §7981

Al igual que el artículo 287 del anterior Código Civil, 31 L.P.R.A. §1131, aunque omitiéndose la referencia a los bienes muebles o inmuebles, el artículo 755, 31 L.P.R.A. §7981, reconoce el derecho de accesión como una consecuencia del derecho de propiedad.

Desde la perspectiva doctrinal Diez Picazo y Gullón señalaban que históricamente la figura yuxtaponía a veces confusamente el derecho de propiedad con el derecho de disfrute, o *ius fruendi.* Diez-Picazo, Luis y Gullón, Antonio; ***Fundamentos del Derecho Civil Patrimonial,*** Volumen III, Las relaciones jurídico-reales, págs. 175, Editorial Civitas, 4ta. edición. Madrid (1995). El nuevo Código Civil evita esta confusión al separar la figura de la accesión de los frutos, la denominada accesión discreta, la cual ahora se recoge en los artículos 259 al 262, 31 L.P.R.A. §6071- §6074, en el Título Primero sobre los bienes.

Históricamente el principio rector es que lo accesorio sigue lo principal, *accesorium sequitur principale,* del cual se deriva su colorario *superficies solo cedit.* Estos principios, por supuesto, respondían y responden a intereses socio-económicos en donde la utilidad y el valor patrimonial de la tierra tiene y tenía primacía. En la medida en que los intereses socio-económicos de la sociedad han ido cambiando, en donde el valor patrimonial de la tierra ha disminuido relativo a otros valores socio-económicos, era de esperar que dichos principios fueran cediendo excepcionalmente a otros intereses. Así, si bien reconocemos que lo accesorio sigue lo principal como cuestión de principio general, también reconocemos que en algunas instancias es el suelo quien se une e incorpora a lo edificado, como se contempla en las situaciones de accesión a la inversa.

El artículo 756 del Código Civil, 31 L.P.R.A. §7982, dispone que "[l]a accesión fluvial o de fenómenos en que interviene el agua, se rige por la legislación sobre la materia". Este precepto remite a la Ley del 12 de marzo de 1903, conocida como al Ley de Aguas, 12 L.P.R.A. § *§521 et seq.*, según enmendada, y eliminándose los supuestos de la accesión de inmueble a inmueble, antes recogidas en las figuras del aluvión, la avulsión, formación de isla, la mutación de cauce, etc., en los artículos 302 al 309 del anterior Código Civil, 31 L.P.R.A. §1169-§1176.

Sobre la accesión de mueble a inmueble, el artículo 757, 31 L.P.R.A. § 7983, reproduce al artículo 294 del Código Civil anterior, 31 L.P.R.A. §1161, señalando que "[l]o construido, plantado o sembrado en suelo ajeno y las mejoras o reparaciones hechas en este, le pertenecen al dueño, con sujeción a lo que se dispone en esta subsección". Este artículo atiende la accesión de mueble a inmueble en sus tres situaciones clásicas: *inaedificatio, plantatio* y *satio.* El mismo proclama el principio general de que la propiedad del suelo, como cosa principal, absorbe la propiedad de lo que se ha puesto en la superficie (*supeficies solo cedit*).

El artículo 758, 31 L.P.R.A. §7984, sobre la presunción a favor del propietario, al igual que el artículo 295 del Código Civil anterior, 31 L.P.R.A. §1162, señala que [l]as obras, siembras y plantaciones se presumen hechas por el propietario y a su costa." Como señalaba Vázquez Bote, este precepto lo refuerza el principio general de la accesión a favor del dueño de la cosa principal, estableciendo una presunción rebatible a favor del propietario. ***Tratado Teórico, Práctico y Crítico de Derecho Privado Puertorriqueño,*** Tomo VII, Vol. I, págs. 362-373. Equity Publishing Co. New Hampshire (1991). Véase también ***Schuck v. Verdejo***, 43 D.P.R. 955 (1932). La razón de ser de la presunción parte de la premisa dada por la experiencia ordinaria de que el dueño de un terreno también es dueño de todo aquello que se encuentre sobre él.

La norma contempla la hipótesis de que el propietario edifique sobre suelo propio con materiales ajenos, ya sea de buena fe o de mala fe. De ser de buena fe, vendría obligado a abonar su valor. Queda, sin embargo, un tanto indefinido como se habrá de fijar dicho valor. No hay duda de que en la medida en que opere el principio de accesión y que lo que se integre al suelo pasará a ser del propietario, el valor al que se refiere el artículo deberá ser equivalente al costo de los materiales, de lo contrario operaría un enriquecimiento sin causa. Sin embargo, en qué momento se habrá de fijar dicho costo: ¿al momento de efectuarse la edificación o construcción, o al momento de efectuarse la reclamación correspondiente? A estos extremos véase de forma analógica lo señalado en la última frase del artículo 518, *supra*.

En cambio, de haber obrado el propietario de mala fe entonces vendrá obligado a indemnizar al dueño de los daños y perjuicios causados. Es importante tener presente que este precepto está haciendo referencia a la mala fe del edificador en suelo propio, y no al edificador de mala fe en suelo ajeno, el cual está atendido en el artículo 763, 31 L.P.R.A. §7989. El remedio que le reconoce el artículo al dueño de los materiales es que pueda retirarlos solamente bajo el supuesto de que el edificador en suelo propio haya obrado de mala fe. Sin embargo, solamente podrá retirarlos en la medida en que no menoscabe la obra construida o que no cause la muerte de las plantaciones, construcciones u obras ejecutadas. El remedio de retirar los materiales de reunir los criterios antes esbozados no excluye el derecho del dueño de los materiales de reclamar la correspondiente indemnización por los daños y perjuicios. Queda por atender el alcance de los daños y perjuicios a los cuales tendría derecho el dueño de los materiales. ¿Serían solamente los daños previsibles o serían todos los daños que conocidamente se deriven de la mala fe del edificador en suelo propio, independientemente de que fueran previsibles o no? De forma analógica refiérase al artículo 1168, 31 L.P.R.A. §9332, el cual distingue el alcance de los daños y perjuicios a los cuales tiene derecho un acreedor por el incumplimiento de una obligación por parte de su deudor, sea en casos de incumplimiento de buena fe o en casos de dolo. En la medida en que el edificador en suelo propio haya actuado de mala fe, y con miras a mantener la uniformidad a lo largo del Código civil, entendemos que los daños y perjuicios a los cuales debería tener derecho el dueño de los materiales son todos los que conocidamente se deriven de su conducta dolosa.

Finalmente, nótese que no queda muy claro si el dueño de los materiales tendría derecho a retirar sus materiales bajo el supuesto de que los mismos pudieran ser retirados sin menoscabar la obra construida y si el edificador en suelo propio hubiera obrado de buena fe. Es decir, aparenta operar en el artículo dos principios que apuntan en direcciones contrarias. Por un lado la obligación del edificador de buena fe en suelo propio con materiales ajenos de abonar su valor; y por el otro lado, el derecho del dueño de los materiales de retirar los mismos bajo el supuesto que no menoscabe la obra construida. La diferencia estriba precisamente entre lo que es una obligación y lo que es un derecho. Entre el derecho del dueño de los materiales y la obligación del edificador de buena fe en suelo propio con materiales ajenos, es éste último quien debe ceder. Como señalan Diez Picazo y Gullón: "[...]Por eso, cuando la restitución puede hacerse sin menoscabo de la obra, el dueño de los materiales conserva su derecho y puede retirarlo. Mas, cuando ello no es posible, ese dueño los pierde y los hace suyos el dueño del suelo. Se consuma así una pérdida del dominio y el ex dueño de los materiales sólo tiene un derecho de crédito dirigido a obtener el abono de su valor, y una pretensión de indemnización de daños y perjuicios para el caso que hubiese habido mala fe. [...]". *supra*, págs. 181-182.

Por su parte, los artículos 760 y 761, 31 L.P.R.A §7986, §7987, descompone en dos preceptos el artículo 297 del anterior Código Civil, 31 L.P.R.A. §1164. Dispone el artículo 760, 31 L.P.R.A. §7986, sobre el sembrador de buena fe: "El dueño del terreno en el que se siembra o se planta de buena fe tiene derecho a hacer suya la siembra o la plantación, previa la indemnización de los gastos necesarios y útiles como también los gastos en mejoras de puro lujo o recreo establecidos en este Código, o a obligar a la persona que plantó a pagar el precio del terreno, y a la que sembró, la renta correspondiente." A su vez, el artículo 761, 31 L.P.R.A. §7987, dispone sobre el edificador de buena de: "El dueño del terreno en el que se construye de buena fe y con los permisos correspondientes puede optar entre hacer suya la obra, previo el pago de su valor, cuyo monto será el promedio entre el costo y el valor actual, u obligar al edificante a pagar el precio del terreno."

Este precepto provino del artículo 361 del Código civil español, enmendado por la Ley Número 56 de 16 de julio de 1964. En general, este artículo atiende la hipótesis de la accesión en situaciones en donde se incorporan materiales propios a suelo ajeno. En la Exposición de Motivos de la Ley Número 56, *supra*, el legislador señaló, y citamos por su continua relevancia: "De acuerdo con la ley y con la jurisprudencia establecida por el Tribunal Supremo de Puerto Rico, el dueño del terreno en que otro edificare de buena fe tendrá derecho a hacer suya la obra mediante el ejercicio de la acción de accesión, previa la indemnización establecida en los artículos 382 y 383 del Código Civil, los cuales artículos conceden a dicho dueño del terreno la alternativa de optar por (a) abonar los gastos necesarios y útiles hechos por el poseedor, esto es, el costo de los materiales y de la mano de obra (sin tomar en consideración el factor de la depreciación) a la fecha en que se construyó la obra u optar por (b) abonar el aumento del valor que por dichos gastos haya adquirido el terreno. O sea, la diferencia entre el valor del terreno antes de la edificación y su valor posterior como resultado de dicha construcción. ¶ Esta fórmula resulta injusta para con el dueño de la edificación, ya que puede verse súbitamente privado de su propiedad a un precio muy por debajo del valor de la misma. Para corregir esta situación es necesaria una enmienda al Código Civil."

A tenor con lo anterior, la enmienda de 1964 suprimió las referencias a obras y al fabricante en el primer párrafo y añadió el segundo párrafo. A tales fines, y desde el punto de vista de la construcción semántica del párrafo, llama la atención el hecho de que la enmienda de 1964 claramente separa la siembra y la plantación de la edificación, dándole a éste último atención particular, contrario al artículo 361 del Código civil español el cual atiende simultáneamente la hipótesis de la siembra, la edificación y la plantación en un sólo párrafo.

Para que se produzca la accesión bajo los supuestos de este artículo debe mediar una previa indemnización. Estos artículos establecen las siguientes reglas: (i) los gastos necesarios se abonan a todo poseedor, sea éste de buena o mala fe; (ii) los gastos útiles se abonan sólo al poseedor de buena fe; (iii) los gastos de lujo o mero recreo no son abonables a ningún poseedor, excepto cuando el dueño prefiriese abonarlos, a fin de retener las mejoras resultantes de dichos gastos. De otro modo, el poseedor que incurrió en ellos, podría retirar las mejoras si con ello la finca principal no sufriere deterioro; (iv) sólo el poseedor de buena fe tiene a su favor el derecho de retención, mientras no se le indemnice por los gastos necesarios y útiles. La indemnización consiste en el importe de los gastos o el aumento de valor que por ellos hubiere tenido la cosa, según lo decida el dueño.

Al interpretar el segundo párrafo del artículo 297, *supra*, igual al artículo 761, *supra*, el Tribunal Supremo de Puerto Rico dispuso que el dueño del terreno debe indemnizar a base del valor en el mercado de la estructura objeto de accesión, calculado al momento de ejercitarse el derecho. ***Freyre Mestre v. Otero Jiménez,*** 93 D.P.R. 728, nota (1) a la página 730 (1966). Por otro lado, en ***Viera v. Arizmendi***, 74 D.P.R. 38 (1952), se dispuso que en la acción de accesión respecto a una edificación hecha de buena fe en suelo ajeno, en la cual se requiera la entrega del terreno y la edificación mas no así aumento alguno en el valor de dicho terreno por razón de lo edificado en él, no son factores a considerar en la fijación de la indemnización a ser pagada, la depreciación y el provecho útil al dueño de la obra y sí tan sólo el costo de los materiales y de la mano de obra. También véase ***Pueblo v. Carrasquillo,*** 58 D.P.R. 176 (1941).

No podemos pasar por alto las consecuencias económicas de esta posición – ya sea para el dueño del suelo, ya sea para el dueño de la obra, según fuere el caso. En tiempos de depresión económica, bien podría ser que el dueño de la obra tuviera que tolerar una disminución en su valor. En cambio, en tiempos de inflación, sería el dueño del suelo quien tendría que tolerar su incremento.

De igual modo, la jurisprudencia ha confirmado que es el dueño del suelo, y no el dueño de la obra, quien tiene el derecho de ejercer la acción de accesión de conformidad con este artículo. ***E.L.A. v. Tribunal Superior,*** 94 D.P.R. 157 (1967). Al comentar lsop receptos del anterior Código Civil, Luis Rivera Rivera observa que no hay consonancia entre el artículo 297, *supra*, y los artículos 382 y

383 – hoy los artículos 728 y 729 del Código Civil, 31 L.P.R.A. §7873,§7874. Si bien es cierto que el segundo párrafo del artículo 297 atiende la hipótesis de la edificación de buena fe y los artículos 382 y 383 atienden la indemnización en casos de posesión de buena fe (es decir, no todo edificador es un poseedor), la expresa referencia a dichos artículos tiene el mérito, a nuestro juicio, de establecer de antemano el alcance de la indemnización a la cual tendría derecho el edificador de buena fe. Más aún, llama la atención a una posible situación que no contempla la norma. A saber, el posible caso en el cual el dueño del suelo ejerce su derecho de exigirle a quien edificare, sembrare o plantare de buena fe que pague el precio del terreno, pero éste no están en posición de pagar dicho precio. ***Estudio preparatorio sobre derechos reales presentado a la Comisión Conjunta Permanente para la revisión y reforma del Código civil de Puerto Rico,*** documento mecanografiado, pág. 34 (1999).

Bajo la anterior situación, ¿tendría el edificador, sembrador o plantador de buena fe el derecho de retención del suelo? A nuestro juicio, en la medida en que el principio que informa el derecho de retención es el de asegurarle o garantizarle al acreedor el cobro de su crédito, difícilmente puede el edificador, sembrador o plantador de buena fe retener el suelo cuando bajo esta hipótesis ha pasado a ser el deudor del dueño del suelo. A saber, es el edificador, sembrador o plantador quien viene obligado por virtud de ley frente al dueño del suelo a adquirir el suelo de así exigírsele. Por supuesto, el hecho de que bajo esta hipótesis el edificador, sembrador o plantador de buena fe no pudiera retener el suelo no implica que no pudiera exigir la indemnización correspondiente del dueño del suelo. Véase sobre estos extremos, ***Jiménez Lugo v. Reyes Ramírez***, 146 D.P.R. 657 (1998); ***Castro Anguita v. Figueroa***, 103 D.P.R. 847 (1975). Por último, y con referencia a la locución de "*tendrá derecho a hacer suya la obra*" en el primer párrafo del artículo 297, repetido en el artículo 761, *supra*, Luis Rivera Rivera observa que la misma se ha criticado porque acusa una accesión en expectativa más que una accesión consumada. *supra*, a la pág. 41. En este contexto, merece tenerse presente lo resuelto en el caso ***Rivera v. Santiago***, 56 D.P.R. 381, 387 (1940), a los efectos de que en la acción de accesión la misma no queda consumada hasta que el dueño del suelo cumpla su obligación recíproca de pagar al edificador de buena fe el valor de los materiales y de la mano de obra. En la medida en que puedan surgir controversias, particularmente frente a terceros acreedores reclamando derechos preferentes sobre la obra en tanto que la accesión no se haya consumado, sería conveniente aclarar de un modo u otro la diferencia, si alguna, y alcance entre la accesión consumada y la expectativa de accesión.

No obstante lo anterior, tanto la doctrina como la jurisprudencia han ido perfilando excepciones al principio de que lo accesorio sigue a lo principal, como por ejemplo, los casos de construcciones extralimitadas. Es decir, en casos en donde el dueño de un sola construye en éste y por error o inadvertencia se extralimita y edifica de buena fe en parte de un solar ajeno. Véase ***Laboy Roque v. Pérez***, 181 D.P.R. 718 (2011). A tales fines, en la sentencia de 22 de marzo de 1996 del Tribunal Supremo español, incorporados con aprobación en ***Laboy Roque***, *supra*, estableció cinco criterios que deben concurrir para que se dé la figura de la accesión invertida por construcción extralimitada, a saber: a) que quien la pretenda sea titular de lo edificado; b) que el edificio se haya construido en suelo que en parte pertenece al edificante y en parte es propiedad ajena; c) que las dos partes del suelo formen con el edificio un todo indivisible; d) que el edificio unido al suelo del edificante tenga una importancia y valor superior a los del suelo invadido; y e) que el edificante haya procedido de buena fe.

En esta dirección el artículo 762, 31 L.P.R.A. §7988, recoge la accesión a la inversa. "Cuando lo construido de buena fe y con los permisos correspondientes en suelo ajeno tiene un valor considerablemente mayor al suelo, el edificante puede adquirir el terreno ocupado, mediante el pago de su valor, en cualquiera de las siguientes situaciones: ¶(a) cuando la construcción ha invadido parcialmente el suelo de la propiedad vecina y las dos partes del suelo forman con la construcción un todo indivisible; ¶o (b) cuando la construcción se ha realizado totalmente en suelo ajeno. En ambos casos el edificante indemnizará al dueño del suelo invadido la disminución en valor del remanente y los daños y perjuicios que sufra.

En cuanto a la accesión a la inversa en casos de la sociedad de gananciales bajo el artículo 1304 del anterior Código Civil, 31 L.P.R.A. §3644, el nuevo artículo 518, 31 L.P.R.A. 6970. dispone en lo referente a las mejoras y plusvalías: "Las edificaciones, plantaciones y cualesquiera otras mejoras que se realicen en los bienes gananciales y en los privativos tienen el carácter correspondiente a los bienes que afectan. ¶**No obstante, si la mejora hecha en los bienes privativos se debe a la inversión de fondos comunes o a la actividad de cualquiera de los cónyuges, la sociedad puede recuperar el monto de la mejora o una participación proporcional en el aumento en el valor de dichos bienes como consecuencia de la mejora, lo que sea mayor, al tiempo de la disolución de la sociedad o de la enajenación del bien mejorado.** ¶A estos valores debe descontarse la retribución recibida por un cónyuge por el trabajo realizado en su carácter personal. Las mismas reglas son aplicables al incremento patrimonial incorporado a un establecimiento mercantil u otro género de empresa privativa". Énfasis suplido.

El segundo párrafo del artículo 518, *supra*, expresamente deja sin efecto la llamada anti-accesión, reconociéndole a la sociedad legal de gananciales en vez un crédito sobre el monto de la mejora o una participación proporcional en la plusvalía de dichos bienes, lo que sea mayor.

Sobre el alcance de este precepto el ***Borrador para la Discusión del Libro Segundo*** (2003) preparado por la Comisión Conjunta Permanente para la Reforma y Revisión del Código Civil comenta, citamos *in extenso*:

"Si los fondos para realizar la mejora provienen de la sociedad, debe atribuirse a ésta su valor al momento de la liquidación, de modo que el cónyuge no propietario reciba un crédito por la mitad de la inversión hecha por la sociedad en los bienes del otro. Esta inversión puede ser monetaria o puede darse en forma de servicios, trabajo o industria de cualquiera de los cónyuges, sobre un bien de cualquier índole privativo, en cuyo caso la atribución ganancial se hará por el costo real de la reparación o inversión hecha.

El aumento en valor de los bienes privativos que ocurran por el mero transcurrir del tiempo y por la naturaleza propia del bien es privativo. ***Sucn. Santaella v. Sec. de Hacienda***, 96 D.P.R. 442 (1968). Cuando el aumento en valor del bien privativo se da por el esfuerzo de los cónyuges o por aportaciones económicas de la sociedad, ésta puede recobrar la participación que le corresponde en esa plusvalía. Habrá que atribuir proporcionalmente el aumento a la sociedad y al propietario. ***Sucn. Santaella v. Sec. de Hacienda***, 96 D.P.R. 442 (1968). En este caso, tal aumento no altera la naturaleza privativa del bien; la sociedad recobra su participación por medio de un crédito a su favor al momento de su disolución.

La participación del aumento en valor se determina comparando el valor base con la inversión monetaria o la estimación económica del esfuerzo. El Tribunal Supremo ha dicho en el caso ***Calvo Mangas v. Aragonés***, 115 D.P.R. 219 (1984), citando a Torralba Soriano, que debe distribuirse el aumento en valor entre el cónyuge propietario y la sociedad de gananciales en proporción al valor del bien y al costo de la inversión (mejoras, expensas, esfuerzo) al momento en que ésta se hizo. Tal es la fórmula que adopta este artículo en su segundo párrafo, aunque, para evitar que el titular de los fondos se perjudique, se escoge entre la cantidad que sea mayor, lo gastado en la mejora o el aumento experimentado. De ese modo no pierde el titular si lo invertido no representa un aumento en valor.

El atractivo de esta fórmula es que promovería el interés de la sociedad de gananciales del cónyuge propietario en mejorar los bienes privativos de un cónyuge, pues la inversión garantizaría una participación adecuada en el aumento en valor que experimente el bien. Esta solución, según el Tribunal Supremo es más consecuente con la razón de ser de la ganancialidad pues, todos los beneficios y aumentos en valor por el esfuerzo o trabajo de los cónyuges deben reputarse gananciales.[...]

La norma sobre accesión a la inversa perdió terreno en la legislación extranjera. España derogó el precepto en 1981, y esta reforma también prescinde del instituto." págs. 293-296, énfasis suplido.

Por otro lado, hay que tener claro que en algunos supuestos de nuestro ordenamiento el derecho de accesión es inoperante, como por ejemplo en casos relacionados con el régimen de propiedad horizontal, derechos de sobreelevación y derechos de superficie.

En cambio, cuando el que edifique, plante o siembre de mala fe en suelo ajeno pierde lo edificado, lo plantado o lo sembrado sin derecho a indemnización. Artículo 763, 31 L.P.R.A. §7989. Este artículo hay que leerlo conjuntamente con el artículo 764, 31 L.P.R.A. §7990, siguiente. Nótese que ambos atienden una misma hipótesis, pero desde perspectivas distintas. El artículo que aquí nos ocupa atiende las consecuencias para el edificador, plantador o sembrador de mala fe, *v.gr.*, la pérdida de lo edificado, plantado o sembrado sin derecho a indemnización. Así mismo lo ha adjudicado consistentemente el Tribunal Supremo de Puerto Rico en ***Autoridad de Tierras de P.R. v. Padín Santiago,*** 104 D.P.R. 426 (1975); ***Cedó v. Laboy,*** 79 D.P.R. 788 (1956.); ***Lippit v. Lanos,*** 47 D.P.R. 269 (1934); ***Juncos Central Co. v. Del Toro,*** 41 D.P.R. 183 (1930).

Sobre el edificador de mala fe, comentan Diez Picazo y Gullón: "El constructor de mala fe no tiene derecho alguno respecto de lo que haya edificado, sembrado o plantado en terreno ajeno, ni respecto del costo o desembolso que haya realizado. El acto es objetivamente considerado ilícito y la mala fe supone conciencia de la ilicitud. No hay razón alguna para indemnizarle o reembolsarle. Aun cuando su actuación suponga un enriquecimiento injusto para el dueño del terreno, el constructor resulta sancionado en virtud de su mala fe". *supra*, pág. 272. En este sentido la existencia de la mala fe en el edificador, plantador o sembrador constituye una suerte de impedimento siquiera para alegar un principio general de derecho como lo es el enriquecimiento injusto.

Como anticipáramos, el artículo 764, 31 L.P.R.A. §7990, debe leerse conjuntamente con el artículo 763, *supra*. Dispone el artículo: "El dueño del suelo en que se edifica, planta o siembra con mala fe puede exigir:¶ (a) la demolición de la obra o que se arranque la plantación y la siembra;¶ (b) restablecer las cosas a su estado primitivo a costa de la persona que edificó, plantó o sembró; y ¶(c) el resarcimiento de los daños y perjuicios."

Leídos en conjunto ambos artículos, se desprende que bajo la hipótesis del edificador, plantador o sembrador de mala fe, el dueño del suelo tiene dos remedios disponibles: (i) o hacer suyo la edificación, plantación o siembra; o (ii) exigir la demolición de la obra o que se arranque la plantación y siembra y la reposición de las cosas a su estado primitivo a costa del que edificó, plantó o sembró.

Puig Brutau señala que cuando el dueño de los materiales ha procedido de mala fe, el dueño del terreno puede elegir entre hacer suyo lo edificado, plantado o sembrado, sin obligación de indemnizar, o exigir la reposición de su finca al estado en que antes se hallaba, a costas del autor de la accesión. *supra* pág. 402. De igual forma se expresan Diez Picazo, Espín Canovas, Castán y Albaladejo.

En ***C.R.U.V. v. Román***, 100 D.P.R. 318 (1971), el Tribunal Supremo reafirmó el derecho del dueño del terreno de exigir la demolición de la obra construida de mala fe, reponiendo las cosas a su estado primitivo a costa del que la edificó. Véase también ***Balzac v. Torres,*** 68 D.P.R. 983 (1948).

Vélez Torres, citando a Castán, quien a su vez cita a Sánchez Román, añade que también hay que reconocer que en los casos de mala fe, el dueño del terreno tiene el derecho de obligar al que edificó o plantó a pagarle el terreno, o al que sembró, la renta correspondiente. Es natural, continúa este autor, que el dueño del terreno tenga, en el caso de mala fe del que edificó, plantó o sembró, iguales derechos que los que tendría en el caso de buena fe por parte de éste. ***Curso de Derecho Civil***, Tomo II, Ed. Universidad Interamericana, pag. 107.

En cambio, Luis Rivera Rivera cuestiona si la demolición es una alternativa válida o si se debe establecer alguna diferencia en aquellos casos en que lo edificado, plantado o sembrado sea de utilidad. A tales fines cita a Alonso Pérez cuestionándose la acción de demolición cuando lo edificado, plantado o sembrado sea de un valor superior al suelo. *supra*, pag. 42, El argumento central de Alonso Pérez es que hoy día lo edificado constituye una riqueza económica y social la cual no debe dejarse al único arbitro del dueño del suelo, y que por tanto su *dominus soli* debe ceder ante el interés social que pudiera tener dicha edificación, plantación o siembra.

Este argumento es debatible por dos razones principales. Primero, porque olvida que la demolición de la edificación, plantación o siembra en los casos de mala fe es potestativo del dueño del suelo, teniendo también la alternativa de hacerlo suyo, bajo lo dispuesto en el artículo 764, *supra*. Partiendo de la premisa de que los seres humanos persiguen maximizar su propio interés, se hace difícil comprender que el dueño del suelo quisiera demoler una edificación, plantación o siembra cuando el valor de ésta fuere superior al del suelo. En cualquier caso, sería una rarísima excepción. Segundo, en la medida en que Alonso Pérez esgrime el interés socio-económico como limitativo de los derechos propietarios, razón por la cual dicho derecho de elección no debe dejársele al dueño del suelo, olvida que el Estado siempre tiene a su disposición los mecanismos de expropiación y reglamentación del Derecho Administrativo para hacer valer dicho interés cuando así lo entienda oportuno.

En aquellos casos en que ha habido mala fe, tanto de quien edifica, planta o siembra como del dueño del suelo, el artículo 765, 31 L.P.R.A. §7991, contempla su neutralización. Dispone el precepto: "Cuando hay mala fe, no solo por parte de la persona que edifica, siembra o planta en suelo ajeno, sino también por parte de su dueño, los derechos de una y otro son los mismos que tendrían si ambos hubieran procedido de buena fe. ¶Cuando hay mala fe solo por parte del dueño del suelo, y este opta por hacer suya la obra, la siembra o la plantación, debe pagar previamente su valor actual y es responsable de los daños y perjuicios. ¶Se entiende haber mala fe por parte del dueño siempre que el hecho se ejecute a su vista, ciencia o paciencia, sin oponerse." Bajo la hipótesis contemplada en este artículo, la mala fe del edificador, plantador o sembrador y la del dueño del suelo se cancelan mutuamente, y se procederá presumiendo la buena fe de ambos.

No obstante, al leer los artículos referentes a la mala fe en materia de accesión se observa que no hay disposición que atienda la hipótesis de la mala fe del dueño del suelo, no así del edificador, plantador o sembrador. Señala Puig Brutau: "No hay duda que pueda concurrir esta circunstancia por parte del dueño (que la construcción se haya realizado a su vista, ciencia y paciencia sin oponerse) pero que el autor de la accesión haya procedido de buena fe. Sin embargo, el Código no ha previsto esta circunstancia de que sólo exista mala fe por parte del dueño del terreno. Como observa Diez Picazo, la mala fe del dueño del terreno no es tenida en cuenta más que para compensar la mala fe del constructor. Frente al constructor de buena fe, la buena o mala fe del dueño del terreno resulta indiferente. Como reconoce, la solución no puede considerarse justa, hasta el punto que otro autor, Garrido Palma, opina que en tal hipótesis la solución procedente es que el suelo ceda al vuelo."***Fundamentos de Derecho Civil***, Tomo III, Volumen I, pág. 403; Bosch Editores, 2da. edición. Barcelona (1971).

Bajo la hipótesis de la mala fe del dueño del suelo y la buena fe del edificador, plantador o sembrador, Albaladejo sugiere que la solución equitativa apunta a que éste último adquiera el derecho de usar o explotar la edificación, plantación o siembra sin abonar nada por el al dueño del terreno, mientras subsista la edificación o la plantación o se recoja la siembra. ***Derecho Civil***, Tomo III, Volumen I, pág. 316. Bosch Ed, 8va. edición (1994).

No obstante, las posiciones anteriores, la realidad es que bajo la hipótesis de la mala fe del dueño del suelo y la buena fe del edificador, plantador o sembrador, operarían los principios esbozados en el previo artículo 297, supra. A saber, tendría dicho edificador, plantador o sembrador el derecho de que se le indemnice de conformidad con los términos dispuestos en los previos artículos 382 y 383, incluyendo el derecho de retención. Precisamente, en ***García v. García,*** 70 D.P.R. 949 (1950), se dispuso que los adquirientes de una propiedad en virtud de un traspaso nulo por no haber mediado causa, que con conocimiento y sin la oposición del que les transmitió simuladamente la propiedad, hagan en ellas mejoras y levanten edificaciones, al ser condenados a devolver dicha propiedad tienen derecho a retener la posesión y el usufructo de tales mejoras y edificaciones hasta tanto se les satisfaga el importe de los materiales y mano de obra. Si bien es cierto que este caso atiende la hipótesis de la mala fe exhibida por ambas partes, razón por la cual se cancelan mutuamente y entran en operación los principios del edificador de buena fe, creemos que igual razonamiento se impondría bajo la hipótesis de la exclusiva mala fe del dueño del terreno.

La controversia trata en realidad sobre si se quiere de alguna forma penalizar al dueño del terreno por su mala fe. La solución ofrecida por Albaladejo es muy onerosa, particularmente en los casos de edificación, en donde el derecho de uso o explotación bien podría constituir para fines económicos y prácticos una transferencia de las facultades dominicales. Mejor solución sería remitir al edificador, plantador o sembrador de buena fe a la acción aquiliana, de la responsabilidad civil extracontractual.

Sobre el artículo 765, *supra,* el ***Borrador para la Discusión Borrador para la Discusión del Libro Tercero*** (2003) comenta, en lo pertinente: "[N]o hay duda de que pueda concurrir la circunstancia de que la construcción se haya realizado a vista, ciencia y paciencia del dueño del suelo sin oponerse, pero que el autor de la accesión haya procedido de buena fe. El Código no ha previsto esta circunstancia de que sólo exista mala fe por parte del dueño del suelo, pues ésta no es tenida en cuenta más que para compensar la mala fe del constructor. Frente al constructor de buena fe, la buena o mala fe del dueño del suelo resulta indiferente. La doctrina no considera justo este tratamiento, hasta el punto que algunos autores opinan que en tal hipótesis la solución procedente es que el suelo ceda al vuelo. Otros autores sugieren que la solución equitativa apunta a que quien actuó de buena fe adquiera el derecho de usar o explotar la construcción, plantación o siembra sin abonar nada por él al dueño del suelo, mientras subsista la edificación o la plantación o se recoja la siembra. ¶El asunto queda parcialmente atendido por la accesión a la inversa. Para aquellos casos en que no sea de aplicación esta figura por no darse todas las circunstancias apuntadas, se adopta una solución a partir de una fórmula indemnizatoria diferente. La indemnización será el valor actual en el mercado de la construcción, siembra o plantación." págs. 92-93.

Por último, el artículo 766, 31 L.P.R.A. §7992, atiende la hipótesis de la responsabilidad por el pago de los materiales de un tercero. Dispone el precepto: "Si los materiales, las plantas o las semillas pertenecen a un tercero que no ha procedido de mala fe, el que los emplea responde por su valor. En caso de insolvencia de este, el tercero dispone de una acción de enriquecimiento contra el dueño del suelo para obtener el pago. ¶No tiene lugar la acción de enriquecimiento si el dueño del suelo exige la demolición de la obra o que se arranque la plantación y la siembra, y restablece las cosas a su estado primitivo a costa del que edificó, plantó o sembró."

El precepto tiene como hipótesis tres actores distintos: el dueño del suelo, el edificador, plantador o sembrador; y el dueño de los materiales, plantas o semillas. La primera hipótesis es que el dueño de los materiales, plantas o semillas no haya procedido de mala fe, tendrá una causa de acción por su valor contra quien los empleó independientemente de la buena o mala fe de edificador, plantador o sembrador. Bajo esta hipótesis, ¿cuál sería la responsabilidad del dueño del suelo frente al dueño de los materiales, plantas o semillas? Este vendría obligado a su pago por enriquecimiento solamente si el que los empleó no los puede pagar y si no ejerce la acción contemplada en el artículo 761, *supra.* Nótese, sin embargo, que la norma no contempla la situación en que el dueño del suelo haya pagado al edificador, plantador o sembrador, pero éste a su vez no hubiera pagado al dueño de los materiales, plantas o semillas.

Para Diez Picazo la razón de esta norma se encuentra en el principio general del enriquecimiento. Así, el enriquecimiento del dueño del suelo sería sin causa si no lo pagara. Esto lo demuestra, arguye este autor, el segundo párrafo del artículo en donde el dueño del suelo no vendría obligado al pago de los materiales se exige la demolición de la obra. Por supuesto, al no haber enriquecimiento por el dueño del suelo no procedería el pago.

La implicación de estas observaciones es que pone en tela de juicio la utilización de la llamada responsabilidad subsidiaria del dueño del suelo, lo cual continua implícita en caso de la insolvencia de quien utiliza los materiales, plantas o semillas. Argumenta Diez Picazo: "Por ser un derecho nacido del enriquecimiento, no es como el Código da a entender, una *responsabilidad subsidiaria*, entre otras cosas, porque no es una forma de responsabilidad. La subsidiariedad es la propia de la acción de enriquecimiento. El dueño de los materiales dispone de una acción directa contra el constructor y, en caso de insolvencia de éste, de una acción de enriquecimiento contra el dueño del terreno. La acción de enriquecimiento reposa en la producción de un desplazamiento patrimonial indirecto, que es beneficioso para el dueño del suelo. Lo cual quiere decir que el dueño del suelo no estará obligado frente al dueño de los materiales, si con anterioridad hubiera resarcido de éstos al constructor." *supra*, pág. 273.

Precisamente, esta es la razón primordial que milita en contra de la imposición de una responsabilidad solidaria al dueño del suelo. En la medida en que el dueño no es parte - inicialmente al menos - del negocio jurídico entre el dueño de los materiales, planta o semilla y el edificador, plantador o sembrador, sería altamente debatible imponerle responsabilidad solidaria por la acción de otro. Más aún, bajo el supuesto de que pudiera darse un pago directo de los materiales, plantas o semilla por el dueño el suelo al edificador, plantador o sembrador, sin que dicho pago llegara a manos del dueño de los materiales, plantas o semilla, bajo el principio de responsabilidad solidaria se le estaría imponiendo al dueño del suelo la obligación de pagar dos veces, sin perjuicio por supuesto de la correspondiente acción de nivelación entre deudores solidarios. La realidad es que bajo una situación como esta no habría ninguna razón que justificara la imposición de una mayor responsabilidad ya sea al dueño del suelo, ya sea el dueño de los materiales, plantas o semilla.

Luis Rivera, en cambio, parece favorecer la imposición de la responsabilidad solidaria del dueño del suelo cuando este opta por quedarse con lo edificado, plantado o sembrado, *supra.* págs. 43-44. Por otro lado, y citando a Alonso Pérez, parece acoger la idea de que se debe limitar la facultad del dueño del suelo de ejercer sus derechos cuando el dueño de los materiales, plantas o semillas haya obrado de buena fe. Alonso Pérez, Mariano; ***Comentarios al Código Civil y Compilaciones Forales***, Tomo V, vol. 1 2da. Ed. 1990. El argumento adelantado en apoyo de dicha posición es que lo edificado, plantado o sembrado bien podría ser de mayor utilidad y provecho socio-económico que el mero suelo, y que no se le debe reconocer al dueño del suelo sino subsidiariamente la facultad de demoler o arrancar lo edificado, plantado o sembrado contemplado en nuestro artículo 299. Este argumento nos parece un *non sequitur*. Una cosa es la responsabilidad que pudiera tener el dueño del suelo frente al dueño de los materiales, plantas o semilla; otra la limitación de la facultad del dueño del suelo de ejercer las acciones contempladas en el artículo 761, *supra*.

Ambas posiciones discurren a partir de supuestos distintos. El hecho de que una edificación, plantación o siembra sea socio-económicamente valiosa es en última instancia una valoración que en nada incide sobre el derecho del dueño de los materiales o semilla de buena fe a ser resarcido. Es decir, independientemente de cómo se valore la edificación, plantación o siembra para fines de determinar si el dueño del suelo estará facultado a ejercer el remedio concedido por el artículo 761, *supra*, el dueño de los materiales o semilla que haya obrado de buena fe siempre tendrá derecho a ser resarcido por los mismos. La controversia, por supuesto, es por quién: ¿por el edificador, plantador o sembrador, o por el dueño del suelo? En este sentido, el principio de subsidiariedad parecería ser la fijación de un término intermedio de responsabilidad, reconociendo implícitamente que bajo algunas circunstancias bien podría el dueño del suelo venir obligado a pagar dos veces; así como imponiéndole al dueño de los materiales, plantas o semillas la obligación de pasar por el patrimonio del edificador, plantador o sembrador antes de llegar al dueño del suelo.

La segunda hipótesis es que el dueño de los materiales, plantas o semillas hubiera actuado de mala fe. Bajo este supuesto, *contrario sensus*, le serían entonces aplicables todos los principios referentes al edificador, plantador o sembrador de mala fe. No obstante, quedaría por aclarar exactamente el sentido y alcance del término *mala fe* aplicado al dueño de los materiales, plantas o semillas. Diez Picazo, siguiendo a Manresa, considera aplicable el hecho de que el dueño de los materiales, plantas o semillas hubiese visto la ejecución del acto a su vista, ciencia y paciencia sin oponerse. *supra*, pág. 273. El tiempo (y los tribunales) dirá.

La accesión (II)

Cuando dos cosas muebles pertenecientes a distintos dueños se unen de tal manera que vienen a formar una sola sin que intervenga mala fe, el propietario de la principal adquiere la accesoria, previa indemnización de su valor al anterior dueño.

Artículo 767 del Código Civil, 31 L.P.R.A. §7993

Corresponde discutir la accesión de bienes muebles a bienes muebles. El artículo 767, *supra*, dispone que "[c]uando dos cosas muebles pertenecientes a distintos dueños se unen de tal manera que vienen a formar una sola sin que intervenga mala fe, el propietario de la principal adquiere la accesoria, previa indemnización de su valor al anterior dueño."

Este artículo quedó igual al artículo 310 del anterior Código Civil, 31 L.P.R.A §1191. Cástan señalaba que la figura de la accesión de mueble a mueble, en sus diversas modalidades, presupone que (i) las cosas unidas pertenezcan a diferentes propietarios y, (ii) que las cosas unidas formen un todo inseparable o cuya separación perjudique a su naturaleza. Castán Tobeñas, José; ***Derecho civil español, común y foral***; revisada y puesta al día por García Cantero, Gabriel; Tomo II, Vol. I, pág. 369. 14va. edición, Ed. Reus (Madrid, 1992).

Por supuesto, como observara Diez Picazo, cuando las cosas unidas son claramente separables sin causar daño, no se plantea ningún problema jurídico–real. En tal caso, el titular del derecho real de que se trate, continuaría ostentándolo. Diez-Picazo, L.; ***Fundamentos del Derecho Civil Patrimonial***, Vol. III, 4ta. Edición, pág. 281 (1995).

Vélez Torres, por su parte, señalaba que el Código Civil le dedicaba nueve artículos (bajo el nuevo Código ahora serían diez, del 767 al 776, incluyendo la especificación) que recogen el clásico principio de que lo accesorio sigue lo principal (*accesorium sequitur principale*). Sin embargo, aclara – citando a Colin y Capitant - que la aplicación de las disposiciones del Código será en realidad muy rara, porque suponen casos de unión o incorporación por accidente o error. Velez Torres, J; ***Curso de Derecho Civil***, Tomo II, pág. 109-111.

Luis Rivera Rivera comenta que los preceptos relacionados con esta materia no han sido al día de hoy objeto de atención por la jurisprudencia del Tribunal Supremo de Puerto Rico. ***Estudio preparatorio sobre derechos reales presentado a la Comisión Conjunta Permanente para la revisión y reforma del Código civil de Puerto Rico***, documento mecanografiado, pág. 48 (1999).

No obstante, habría que preguntarse si a partir del hecho de que el Tribunal Supremo no haya atendido controversias sobre esta materia, es lícito inferir que la normativa carece de utilidad en los tribunales de inferior jerarquía.

En aquellos casos en que los dueños de los bienes muebles hayan contratado la unión o incorporación de los respectivos bienes para formar una cosa nueva, la voluntad de las partes habrá de respetarse. Es bajo el supuesto que no exista un acuerdo entre las partes que el Código establece unos criterios distintivos para distinguir lo principal de lo accesorio.

La accesión de bienes muebles a bienes muebles se distinguen clásicamente en tres supuestos distintos: adjunción, confusión y conmixtión.

La adjunción es la unión o incorporación de una cosa a otra, existiendo entre las dos una relación que permite considerar a uno como principal y a otra como accesoria. Inclusive, como señala Diez Picazo, bajo el supuesto de adjunción se ha distinguido en los textos clásicos a su vez entre: (i) *Ferruminatio*, que es la conjunción de una cosa con otra del mismo metal, de manera que forme un todo unitario; (ii) *Adplumbatio*, en la cual se puede obtener la separación; (iii) *Textura*, que es la incorporación de hilos de un tejido a otro; (iv) *Tinctura*, que es incorporación de los colores; (v) *Pictura* y scriptura. Con algunas excepciones la solución romana fue de atribuir la propiedad al dueño de la cosa principal, si bien en algunos casos se admitió oponer al dueño de la cosa principal una *exceptio doli* si no indemnizaba el enriquecimiento que obtenía. Diez-Picazo, L.; ***Fundamentos del Derecho Civil Patrimonial***, Vol. III, 4ta. Edición, pág. 281-283 (1995).

La confusión y la conmixtión consisten en la mezcla de dos cosas del mismo género pertenecientes a distintos propietarios. Vélez Torres observa que la conmixtión es la unión de cosas que se confunden y compenetran de tal modo que no pueden separarse ni distinguirse. *supra*, págs. 109-111.

Según Diez Picazo, la confusión y conmixtión reciben un tratamiento unitario, aunque se reserva el nombre de confusión para la mezcla de líquidos, y el nombre de conmixtión para la mezcla de sólidos. La solución general es que los propietarios de las materias confundidas se hacen propietarios del todo en proporción al valor de sus cuotas originarias, si la confusión se había producido por su voluntad. En los demás casos se podía ejercer la *vindicatio pro parte*, reclamando cada uno la parte correspondiente o la cantidad de a cosa confundida. *supra*, págs. 281-83

El artículo 767, tiene su origen en el artículo 375 del Código civil español. Si bien es cierto que la doctrina suele exigir como requisito de la unión la inseparabilidad de las cosas unidas o por lo menos el hecho de que la separación origine un grave detrimento o un grave perjuicio, como indicáramos anteriormente, Diez Picazo observa que el Código no parece haber hecho hincapié en ello, remitiéndonos al artículo 378 del Código civil español (igual a nuestro artículo 769, 31 L.P.R.A §7995), el cual contempla la posibilidad de la unión de dos cosas perfectamente separables. Concluye Diez Picazo: "La idea de que sólo existe accesión cuando hay inseparabilidad o cuando la posibilidad de separación comporta detrimento, parece también demasiado restringida, pues una cosa es la conservación por los propietarios de la facultad de demandar la separación (que se puede interpretar con criterios más o menos amplios y más o menos restringidos) y otra cosa en rigor es la accesión. La accesión puede producir unos efectos jurídicos sin limitar los derechos de los antiguos propietarios. Por lo pronto, nos parece claro que perteneciendo las cosas unidas a un mismo propietario, se constituye con ellas un todo autónomo. Podrá tratarse de una cosa rigurosamente nueva o de una simple unión pertenencial entre dos cosas antiguas, pero tal unión surte sus efectos en el tráfico futuro de dichas cosas. Por lo menos en los supuestos de silencio o de falta de voluntad expresa de las partes. Aun cuando las cosas pertenezcan a diferentes propietarios, también es claro que se forma con ellas un todo y que queda establecida una unión pertenencial, de indudable repercusión de las vicisitudes futuras del objeto, aunque, naturalmente, en estos casos, sin perjuicio de los propietarios e demandar la separación." *supra*, pág. 281-283.

Por supuesto, la accesión contemplada en el artículo 767, *supra*, solamente es aplicable en aquellos casos en que no haya intervenido la mala fe. En aquellos casos en que haya intervenido la mala fe, ya sea del dueño de la cosa principal, ya sea el dueño de la cosa accesoria, será de aplicabilidad lo dispuesto en el artículo 770, 31 L.P.R.A. §7996, sobre el cual volveremos en breve.

Habiéndose unido la cosa principal con la accesoria sin la intervención de la mala fe, el propietario de la cosa principal vendrá obligado a indemnizar al dueño de la cosa accesoria su valor. Como acertadamente señala Velez Torres, la obligación de indemnizar al propietario de la cosa accesoria pretende evitar que se configure un enriquecimiento injusto a favor del propietario de la cosa principal. *supra*, pág. 109-111.

La forma de indemnización la recoge el artículo 771, 31 L.P.R.A. §7997, al cual volveremos en breve.

El artículo 768, 31 L.P.R.A. §7994, dispone que "[s]e reputa principal, entre dos cosas incorporadas, la de mayor valor. Si no puede determinarse por esta regla, se reputa principal el objeto cuyo uso, perfección o adorno se haya conseguido por la unión del otro."

El artículo pretende ofrecer una definición de lo que constituye lo principal en materia de accesión de bienes muebles a muebles. Como señala Rivera Rivera, citando a Manresa, "la cosa principal es la más sustantiva, la que no ha menester de otra para llenar el destino económico adecuado a su naturaleza, la que recibe la unión de otra que lo adorna, facilita (no posibilita) su uso o la perfecciona". *supra*, pág. 49.

No cabe duda de que la distinción entre lo principal y lo accesorio es uno plagado de dificultades, tanto conceptuales como prácticas. Lo principal y lo accesorio, en el campo patrimonial comúnmente dependerá de la finalidad que típicamente la comunidad le reconozca a los diferentes objetos. Dicha finalidad, sin embargo, podrá definirse a su vez desde diversas perspectivas económicas, pragmáticas, estéticas, etc., dependiendo de la persona que lo evalúe y del valor a que se le conceda preeminencia.

En este sentido las observaciones de Alonso Pérez son atinadas cuando observa que el criterio del artículo 376 puede fallar en la práctica al tratar de valorar o distinguir entre lo principal o lo accesorio precisamente por la incongruencia en el valor entre uno y el otro. Alonso Perez Mariano; ***Comentarios al Código Civil y Compilaciones Forales***, Tomo V, Vol. 1, 2da. Ed., pág. 440 (1990).

El artículo 711, *supra*, aspira a evitar esta confusión al fijar el criterio del valor económico como el factor determinante para determinar lo principal sobre lo accesorio, el cual trae de manera enmendada de la primera oración del artículo 312 del anterior Código Civil, 31 L.P.R.A. §1193. Se suprimió la segunda oración del artículo 312, sobre el cual comenta el ***Borrador para la Discusión del Código Civil, Libro Tercero*** (2003), pág. 98," [s]e suprime el último párrafo del Artículo 312 vigente: "En la pintura y escultura, en los escritos, impresos, grabados y litografías, se considera accesorio el material en o sobre el cual se ejecuta la obra." La regla sólo podría ser de aplicación en verdaderos supuestos de "especificación". Se estima que este caso es mucho más próximo a la especificación."

El artículo 769, 31 L.P.R.A. §7995, señala que "[c]uando las cosas unidas pueden separarse sin detrimento, los dueños respectivos pueden exigir la separación. ¶Cuando las cosas unidas no pueden separarse sin que la que se reputa accesoria sufra deterioro, el dueño de la principal tiene derecho a pedir la separación, pero debe indemnizar al dueño de la accesoria."

El primer párrafo del artículo 769, *supra*, es idéntico al artículo 313 del Código Civil anterior, 31

L.P.R.A. §1194, y supone la hipótesis del artículo 767, supra que contempla la posibilidad de separar las cosas unidas, razón por la cual no hay propiamente un caso de accesión.

Por otro lado, y como señaláramos al comentar el artículo 767, *supra*, Diez Picazo encuentra en el artículo que nos ocupa indicios de que la inseparabilidad de la unión no es un elemento esencial para que se configure la accesión por adjunción. *supra*, pág. 282.

El segundo párrafo del artículo 769, *supra*, fue marcadamente enmendado del anterior artículo 313. La hipótesis de este segundo párrafo es aplicable solamente a los casos en casos en donde es posible la separación de las cosas unidas. En casos de inseparabilidad de las cosas unidas, sería de aplicación lo dispuesto en los artículos 767 y 768, *supra*.

Comenta atinadamente ***el Borrador para la Discusión del Código Civcil, Libro Tercero*** (2003), pág. 99, "[s]e sustituye la regla del segundo párrafo del Artículo 311 vigente para ajustarla a la nueva noción de lo que constituye cosa principal. Si la cosa unida para el uso, embellecimiento o perfección es más valiosa que la otra, por aplicación de la nueva regla tendrá que considerarse cosa principal."

El artículo 770, 31 L.P.R.A. §7996, atiende la hipótesis de la incorporación de mala fe. Dispone el precepto: "Cuando el dueño de la cosa accesoria hace la incorporación de mala fe, pierde la cosa incorporada y está obligado a indemnizar al propietario los perjuicios sufridos a causa de la incorporación. ¶Si el que procede de mala fe es el dueño de la cosa principal, debe pagar el valor de la accesoria e indemnizar los daños y perjuicios resultantes. ¶Si la incorporación se hace por cualquiera de los dueños a la vista, ciencia o paciencia y sin oposición del otro, los derechos respectivos se determinan en la forma dispuesta para el caso de haber obrado de buena fe.

El primer párrafo del artículo 770, *supra*, atiende la incorporación hecha de mala fe por el dueño de la cosa accesoria, en cuyo caso pierde la cosa incorporada (o accesoria, que es lo mismo) y viene obligado a indemnizar al dueño de la cosa principal de los daños perjuicios que haya sufrido.

El segundo párrafo atiende la incorporación hecha de mala fe por el dueño de la cosa principal deberá pagar el valor de la accesoria e indemnizar los daños y perjuicios resultantes.

En cuanto al alcance de la indemnización el artículo 771, 31 L.P.R.A. §7997, dispone que "[s]empre que el dueño de la materia empleada sin su consentimiento tenga derecho a indemnización, puede exigir que esta consista en la entrega de una cosa igual en especie y valor y en todas sus circunstancias a la empleada, o bien en su precio, según tasación pericial." Este precepto, naturalmente, parte de la premisa de la buena fe del dueño de la materia empleada sin su consentimiento.

El tercer párrafo del artículo 770, *supra*, atiende la hipótesis de si ambos han demostrado mala fe, entonces se regula como si ambos hubiesen actuado de buena fe. Este párrafo no presenta mayores dificultades.

El artículo 772, 31 L.P.R.A. §7998, atiende la conmixtión en ausencia de mala fe. Dispone el precepto: "Si se mezclan o se confunden dos cosas de igual o diferente especie por voluntad de sus dueños o por casualidad, y en este último caso las cosas no son separables sin detrimento, cada propietario adquiere un derecho proporcional a la parte que le corresponda, atendido el valor de las cosas mezcladas o confundidas. ¶Si por la voluntad de una sola persona, pero con buena fe, se mezclan o se confunden dos cosas de igual o diferente especie, los derechos de los propietarios se determinan por lo dispuesto en el párrafo anterior."

Este artículo y el siguiente (artículo 773, *infra*) atienden el fenómeno de la accesión artificial de bienes muebles, conocida en la doctrina con el nombre de confusión o conmixtión.

En las fuentes romanas se habla de confusión o conmixtión cuando se mezclan o confunden dos cosas de un mismo género pertenecientes a distintos propietarios Por lo general, se reserva el nombre de confusión para la mezcla de líquidos y se utiliza el de conmixtión para designar las mezclas de sólidos. En los artículo que nos ocupa no ha sobrevivido el concepto romano, ya que los artículos 772 y 773 se refieren a la mezcla de cosas «de igual o diferente especie».

Sierra Gil de la Cuesta, al comentar el artículo 382 del Código civil español del cual proviene, expone que la palabra «cosa» que aparece en el artículo hay que entenderla o interpretarla en un sentido amplio, o sea comprensivo de sólidos o áridos, líquidos y gases; e incluso mezclar, entre sí gases, líquidos y sólidos. Sierra Gil de la Cuesta, I; ***Comentario del Código Civil***, Tomo 3, pág. 204, Editorial Bosch, (Madrid, 2000).

En la medida en que le propio artículo permite la confusión entre dos cosas de igual valor o diferente especie, le sigue que esta interpretación es la correcta. Por su parte, Castán define la conmixtión como la unión de cosas que se confunden y compenetran de tal modo que no pueden separarse ni distinguirse. *supra*, 371.

Nótese que la aplicabilidad de lo dispuesto en el primer párrafo de este artículo supone la inexistencia de la mala fe de los respectivos dueños de la cosa unida, habiéndose verificado la confusión o conmixtión por la voluntad de los dueños o por casualidad. En este sentido hay que efectuar una lectura conjunta de este artículo con el primer párrafo del artículo 773 siguiente, el cual recoge el supuesto de la buena fe en casos de conmixtión por la voluntad de uno solo de los propietarios de la cosa confundida.

El segundo párrafo del artículo fue trasladado del primer párrafo del artículo 317 del anterior Código Civil, 31 L.P.R.A. §1198, manteniendo la uniformidad temática de la buena fe en la conmixtión.

La hipótesis contemplada en este artículo atiende un caso de condominio, el cual excluye la accesión. Como señala Puig Brutau, la conmixtión cabría considerarla como una de las causas de la comunidad, un propio caso de *communio incidens*, o comunidad incidental. Brutau, Puig, José; ***Fundamentos de Derecho Civil***, Tomo III, Volumen I, pág. 397; Bosch Editores, 2da. edición. Barcelona (1971).

Sobre las consecuencias de la confusión o conmixtión señala Diez Picazo que, como en los demás casos de copropiedad, se puede utilizar por cualquiera la *actio comuni dividundo* para hacer cesar la división." *supra*, pág. 284.

El artículo 773, 31 L.P.R.A. §7999, atiende la conmixtión de mala fe. Señala el precepto: "La persona que de mala fe mezcla o confunde dos cosas de igual o diferente especie pertenecientes a distintos dueños, pierde la cosa de su pertenencia y queda obligada a la indemnización de los perjuicios causados al otro dueño. ¶Si la mezcla o confusión se hace por cualquiera de los dueños a la vista, ciencia o paciencia y sin oposición del otro, los derechos respectivos se determinan en la forma dispuesta para el caso de haber obrado de buena fe."

Las consecuencias de la mala fe son que el propietario que así haya actuado, (i) perderá la cosa de su pertenencia mezclada o confundida y (ii) vendrá obligado a indemnizar por los daños y perjuicios al dueño de la cosa que hizo la mezcla.

Comenta ***el Borrador para la Discusión del Código Civcil, Libro Tercero*** (2003), pág.102, sobre este precepto que corresponde al segundo párrafo del Artículo 317 del Código Civil anterior, 31 L.P.R.A. 1198: "Si bien, al convertirlo en una norma separada fue necesario modificar su estructura, se mantuvo intacta su inteligencia. Se añadió una oración final para atender una deficiencia identificada por la doctrina: la ausencia de una norma para el caso en que uno de los dueños que conoce o presencia los hechos no interviene con el dueño de la cosa que efectúa la mezcla. En tal supuesto opera una regla similar a la del tercer párrafo del Artículo 314 vigente, la cancelación de la mala fe."

El nuevo Código Civil – correctamente - separa la especificación de la accesión, reconociéndole sustantividad propia. El artículo 318 del anterior Código Civil, 31 L.P.R.A. §1199, provenía del artículo

383 del Código civil español. El precepto recogía la figura de la especificación (*speciem mutare* o *speciem facere*), la cual Diez Picazo la definía como el fenómeno que ocurre cuando una persona actúa con su trabajo o su esfuerzo sobre una cosa y la convierte o transforma en otra esencialmente distinta. *supra*, pág. 279.

La característica esencial de la especificación es la mutación de la especie. A modo de ejemplo, piénsese los casos de transformación de uvas en vino, harina en pan, mármol en estatua.

En el Derecho romano se consideraba la especificación como un modo originario de adquirir la propiedad de carácter originario, pero autónomo y especial, diferente de los supuestos de la accesión. Castán a su vez, señalaba que el Derecho anterior al Código había copiado la solución de Justiniano estableciendo para la especificación un criterio ecléctico, distinguiendo si la cosa podía o no podía volver a su estado primitivo, para determinar si la cosa nueva pertenecía al dueño de la materia o al especificante. *supra*, pág. 373.

El Código civil ha prescindido de dicho criterio adoptando, en frase de Vázquez Bote, un criterio de culpabilidad. Vázquez Bote, Eduardo; ***Tratado Teórico, Práctico y Crítico de Derecho Privado Puertorriqueño***, Tomo VII, Vol I, págs. 372, Equity Publishing Co. New Hampshire (1991). Es decir, atendiendo la buena o mala fe del dueño del material o del especificante.

Sobre la especificación en general, Sierra Gil de la Cuesta señala: "Dado un paso más en la estructuración de esta figura hay que determinar con Doral García que las características de la misma son las siguientes: a) El resultado final es una nueva especie que no procede de la unión o agregación de otras. La cosa nueva es un objeto con propia individualidad económico-social; b) La causa eficiente es el trabajo y su efecto la transformación de la materia; c) La materia empleada no se unirá en razón a quien pertenece, sino en cuanto que instrumento empleado por el artífice; d) No se prevé la revaloración, sino el mayor valor de la materia respecto a la nueva forma; e) No surge el conflicto entre dos propiedades, sino entre la propiedad y el trabajo, entre el propietario de la materia y el artífice; f) Es regla general la adquisición a favor del especificador; modo de adquisición de la propiedad a título originario." *supra*, págs. 207-208.

El artículo 774, 31 L.P.R.A. §8011, atiende la hipótesis de la especificación de buena fe. Señala el precepto: "La persona que de buena fe emplea materia ajena en todo o en parte para formar una obra de nueva especie, hace suya la obra, indemnizando el valor de la materia al dueño de esta. ¶Si la materia es más preciosa que la obra en que se empleó o superior en valor, el dueño de ella puede, a su elección, quedarse con la nueva especie, previa indemnización del valor de la obra o pedir indemnización de la materia

El primer párrafo del artículo 774 atiende la hipótesis de si el especificante obró de buena fe, empleando materia ajena en todo o en parte, hace suya la obra indemnizando el valor de la materia al dueño de ésta. Al igual que en artículos anteriores, es necesario precisar el alcance de la palabra «valor» para que se limite a su sentido económico pecuniario. Más aún, el valor económico a atribuirse no debe implicar una revaloración del material.

El segundo párrafo del artículo 774 contempla que, si la materia es más preciosa que la obra en que se empleó o superior en valor, el dueño de ella puede, a su elección, quedarse con la nueva especie, previa indemnización del valor de la obra o pedir indemnización de la materia.

Este lenguaje es una invitación a una controversia estética, a la cual el Derecho no está llamado a atender. No está del todo claro qué significa que la "materia es más preciosa que la obra". Sin embargo, la frase siguiente, "o superior en valor" sugiere un criterio económico pecuniario, no estético.

No obstante lo anterior, el artículo 775, 31 L.P.R.A. §8012, se adentra de lleno en un laberinto estético de difícil manejo. Dispone el precepto: "La persona que de buena fe emplea materia ajena, en todo o en parte, para formar una obra de nueva especie cuyo mérito artístico excede en precio a la materia, hace suya la obra, pagando el valor de la materia a su dueño. ¶Si el mérito artístico de la obra es inferior en precio a la materia, el dueño de la materia puede quedarse con la nueva especie, previo pago del valor de la obra, o pedir el pago de la materia." Para el gusto los colores.

El artículo 776, 31 L.P.R.A. §8013, atiende la especificación de mala fe. Dice: "Si la especificación se hace de mala fe, el dueño de la materia empleada tiene el derecho de quedarse con la obra sin pagar nada al autor, o de exigir de este el pago del valor de la materia y la indemnización por los perjuicios sufridos.

Este precepto recoge sustancialmente el tercer párrafo del artículo 318 del anterior Código Civil, 31 L.P.R.A. §1199, reconociéndole al dueño de la materia el derecho a quedarse con la obra sin pagar nada al autor o de exigir a éste que le indemnice con el valor de la materia y los daños y perjuicios que se le hayan seguido.

Sierra Gil de la Cuesta señala que la figura de la especificación incide directamente sobre el contrato de arrendamiento de obra, especialmente cuando el contratista aporta materiales a la obra que no son suyos. *supra*, pág. 208. En este contexto la figura de la especificación debe prestar atención a la forma en que se perfilan sus elementos bajo el Contrato de Obra. Véase artículo 1367 y siguientes, 31 L.P.R.A. §10251, *et seq.*

Por otro lado, si bien es cierto que hay que tener presente que la figura de la especificación es un tanto anacrónica en tanto que está contemplada para artesanos, como señala Rivera Rivera, supra, pág. 53, y que en la sociedad y tráfico económico contemporáneo, en muchas instancias el especificador no goza de independencia por ser una persona asalariada; no es menos cierto que tales situaciones podrán atenderse, *inter alia*, por medio de otras figuras (como el mandato, arrendamiento de servicios) o por otras leyes aplicables, como por ejemplo las leyes referentes a la Propiedad Intelectual y el Derecho Laboral.

Las modalidades del negocio jurídico

Son nulos los contratos que tienen su origen en una deuda de juego.

Artículo 1513 del Código Civil, 31 L.P.R.A. §10684

El artículo 1060 del Código Civil, 31 L.P.R.A. §8981, define la obligación como "el vínculo jurídico de carácter patrimonial en virtud de la cual el deudor tiene el deber de ejecutar una prestación que consiste en dar, hacer o no hacer algo en provecho del acreedor, quien, a su vez, tiene un derecho de crédito para exigir el cumplimiento." Ya hemos tenido oportunidad de comentar el sentido y alcance de este artículo en El concepto de la obligación, al cual nos remitimos sin más.

El artículo 1061, 31 L.P.R.A. §8982, caracteriza la naturaleza patrimonial o extrapatrimonial de la prestación, susceptible de valoración económica. De igual manera, ya hemos comentado sobre el uso equívoco del concepto de patrimonio en el nuevo Código Civil. Véase Los bienes de dominio público.

Las obligaciones civiles y naturales. Doctrinalmente las obligaciones se clasifican en atención (i) al vínculo, (ii) a los sujetos de la obligación, y (iii) al objeto o contenido de la obligación. Bajo las obligaciones según el vínculo, la primera distinción que ordinariamente se hace es entre las llamadas obligaciones civiles (o perfectas), que son las admitidas por el Derecho positivo, de las obligaciones naturales (o imperfectas), que son aquellas admitidas por el Derecho natural. Esta distinción, evidentemente, asume un esquema teórico reminiscente a la filosofía tomista. Sobra decir que no hay porque aceptar esta clasificación, y que el entendimiento de un derecho natural - a saber principios trascendentales, inmutables, que rigen la conducta humana - es a fin de cuentas una creencia filosófica y jurídicamente debatible. Véase Contra el derecho natural.

En el nuevo Código Civil las llamadas obligaciones naturales aparecen referidas por exclusión en el artículo 1064, 31 L.P.R.A. §8995, como obligaciones

---

Publicado en ***Microjuris al día*** el 22 de marzo de 2023.

judicialmente inexigibles, en contraposición a las fuentes de las obligaciones enumeradas en el artículo 1063, 31 L.P.R.A. §8984.

El ejemplo paradigmático de una obligación inexigible es la apuesta, a distinción del juego. Los juegos de azar que están regulados por leyes especiales, por ejemplo, lotería, el hipismo, los casinos, y cualquier sorteo o juego debidamente autorizado por el Departamento de Hacienda o alguna ley especial. A modo de ejemplo véase la *Ley de la Comisión de Juegos del Gobierno de Puerto Rico,* Ley Núm. 81 de 29 de julio de 2019, 15 L.P.R.A. § 981, *et seq*. Véase el artículo 1512, 31 L.P.R.A. §10683, el cual remite a la ley especial en lo referente a los juegos lícitos.

En este contexto merece comentarse la pelea de gallos, la cual hoy día presenta un fenómeno análogo al caso de la marijuana medicinal. Véase La marijuana como objeto de negocio jurídico. Aun cuando el *Animal Welfare Act* de 1976, 7 U.S.C. §1256, según enmendada bajo la Sección 12616 of the *Agriculture Improvement Act* of 2018, tipifica la pelea de gallos como delito extendiéndose su aplicación al territorio de Puerto Rico, el Gobierno de Puerto Rico, en un ejercicio de pájaros tirándole a las escopetas, legisló la Ley Núm. 179 del 2019, 15 L.P.R.A. §301, *et seq*., para autorizarlas en la jurisdicción del territorio. Véase además ***Ortiz-Diaz v. United States***, 985 F.3d 71 (1st. Cir., 2019) (*cert. denied*). Todas las transacciones de juego realizadas entre los participantes en una pelea de gallos son, no obstante la inacción del Departamento de Justicia de Puerto Rico, jurídicamente nulas por ser contrarias a la ley federal y son, por tanto, judicialmente inexigibles. Véase el artículo 1513, 31 L.P.R.A. §10684, sobre la nulidad de contratos que tienen su origen en una deuda de juego.

Los contratos aleatorios o de suerte, se rigen por los artículo 1505 y siguientes, 31 L.P.R.A. §10661, *et seq*. El juego y la apuest son una modalidad de contratos aleatorios. El artículo 1510, 31 L,.P.R.A §10681, expresamente le niega una causa de acción para reclamar lo que se gana en juegos ilícitos de cualquier clase que sea, incluyendo las apuestas. Véase artículo 1514, 31 L.P.R.A. §10685. También véase el conocido caso ***Serra v. Salesian Society***, 84 DPR 322 (1961).

El artículo 1511, 31 L.P.R.A. §10682, a diferencia del Código Civil anterior, le reconoce un derecho de restitución de 50% del o pagado a la persona que paga voluntariamente una deuda de juego ilícito, o sus herederos. El restante 50% se paga al Secretario de Hacienda a modo de penalidad. *El Borrador para la Discusión del Libro Quinto del Código Civil*, a la pág. 338, comenta sobre los artículos referentes al juego y la apuesta: " El texto propuesto en estos artículos tiene los méritos siguientes: (i) distingue técnicamente el juego, la apuesta, la división por suerte y la decisión por suerte, (ii) establece claramente las consecuencias del juego, de la apuesta y del pago de una deuda de juego o apuesta, así como los efectos de la división por suerte y la decisión por suerte, las cuales no están prohibidas."

La otra distinción doctrinal que se hace en las obligaciones según el vínculo es entre las obligaciones puras, condicionales y a plazo. En el nuevo Código Civil, estas obligaciones se recogen bajo el Capítulo VI del Libro Primero (2003), bajo la clasificación de modalidades del negocio jurídico, añadiéndose ahora el modo.

Las obligaciones puras. Las obligaciones puras son aquellas que se pueden exigir de inmediato, recogida en el segundo párrafo del artículo 309, 31 L.P.R.A. §6247, donde señala que el negocio jurídico no sometido a un plazo ni a condición suspensiva, tiene eficacia inmediata. Qué significa y cuál es el alcance de la exigibilidad inmediata, por supuesto, va a depender las circunstancias de cada caso y los imperativos de la buena fe en el cumplimiento de la obligación. Véase también García Cárdenas, Margarita, ***Derecho de Obligaciones y Contratos***, MJ Editores, 2da. edición, págs. 63-64 (2017).

Las obligaciones condicionales. La obligación condicional se caracteriza por la incertidumbre. Así, el artículo 303, 31 L.P.R.A. §6241, clasifica la condición como un hecho positivo o negativo, futuro e incierto. Es suspensiva la condición cuando si ocurrido el hecho se produce el efecto del negocio jurídico. Un ejemplo de esta obligación es cuando se sujeta la compraventa de un predio de terreno a condición de que se obtenga el correspondiente permiso de segregación de la agencia pertinente.

Hay que llamar la atención en este contexto al desliz del artículo 1237, 31 L.P.R.A §9771, que dispone que un contrato sujeto a una condición suspensiva no queda perfeccionado. Véase Hermenéutica neurótica.

Es resolutoria la condición cuando, si ocurrido el hecho incierto, se extingue el efecto del negocio jurídico, dando lugar a la pérdida de derechos ya adquiridos. Un ejemplo de ello pudiera ser un contrato con cláusulas de no competencia, cuya eventualidad futura pudiera dar margen a la resolución contractual.

El artículo 304, 31 L.P.R.A. §6242, prohíbe las condiciones imposibles o contrarias a las leyes, la moral y las buenas costumbres. Este artículo también contiene una prohibición en los negocios jurídicos *inter vivos* de las condiciones puramente potestativas del deudor. Las llamadas condiciones puramente potestativas, a distinción de las simplemente potestativas, son aquellas cuyo cumplimiento quedan exclusiva y absolutamente a discreción del deudor. Al no haber posibilidad de exigibilidad de la prestación, no cabe hablar de una obligación. Las simplemente potestativas, en cambio, no quedan al total arbitrio del deudor. Como se discute en ***Jarra Corporation v. Axxis Corporation***, 155 P.R. Dec. 764, 776 (2001), citando a Puig Brutau: "Pero otra cosa sin duda ha de suceder cuando la obligación depende de que el obligado adopte una decisión que suponga cierto esfuerzo o sacrificio para el mismo. Aunque la condición dependa del deudor, si no es puramente potestativa, sino que depende de que su conducta se sujete a un curso determinado, la condición no ha de producir el mismo efecto de anular la obligación que de ella dependa. No existirá obligación cuando una persona se limite a decir a otra que le venderá su casa si se decide hacerlo, pero otra cosa sucederá si lo que la primera dice a la segunda es que le venderá su casa si le trasladan de residencia. En este caso, como dice Castán, la condición potestativa se aproxima a la llamada condición mixta. Ya no se trata de algo que dependa del puro arbitrio del obligado, sino de un acto cuya realización limita la libertad jurídica de quien entonces ha de considerarse verdaderamente obligado."

Por otro lado, hay que distinguir las obligaciones puramente potestativas de las obligaciones facultativas, la cual se recoge en los artículos 1089 y 1090 del Código Civil, 31 L.P.R.A. §9037, §9038, que autoriza al deudor a liberarse de realizar o sustituir una prestación determinada objeto de la obligación. En la obligación facultativa el deudor se exime del cumplimiento de una obligación mediante el cumplimiento de otra previamente pactada, lo cual evidentemente - si me permiten la redundancia - implica su cumplimiento.

El artículo 305, 31 L.P.R.A. §6243, dispone que el titular puede realizar actos necesarios para conservar su derecho estando aún pendiente la condición suspensiva; o la otra parte, si es resolutoria, con derecho a percibir los frutos pendientes la condición. Llama la atención uso del término "titular" para referirse al acreedor de la obligación sujeto a condición, lo cual introduce lamentablemente cierta imprecisión semántica al texto.

El artículo 306, 31 L.P.R.A. §6244, recoge el efecto retroactivo de la condición cumplida. "Salvo pacto distinto, la eficacia del negocio jurídico, o su resolución, opera retroactivamente al día en que hubiese producido efecto, si la condición no existiera. ¶La resolución retroactiva no afecta los actos de administración ejecutados con anterioridad, ni los derechos de terceros que han obrado de buena fe. ¶Si el contenido del negocio jurídico es una prestación de hacer o no hacer, el tribunal determina el efecto retroactivo de la condición cumplida. ¶Si el contenido del negocio jurídico es una prestación de dar, el objeto debe entregarse o restituirse con sus accesorios y frutos pendientes. ¶El cumplimiento de la condición es indivisible, aunque consista en una prestación divisible."

El artículo 307, 31 L.P.R.A. §6245, dispone que "[s]i el obligado impide el cumplimiento de la condición suspensiva, esta se considera cumplida. Si provoca el cumplimiento de la condición resolutoria, esta se considera no cumplida." Esta consecuencia fue precisamente la que se contempló bajo la obligación simplemente potestativa en ***Jarra Corporation v. Axxis Corporation***, *supra*, en donde el deudor no realizó las gestiones necesarias para darle cumplimiento a los términos de pago del contrato.

Las obligaciones a plazo. El artículo 308, 31 L.PR..A. §6246, define el plazo como el hecho futuro que necesariamente ha de ocurrir y al que se supedita el inicio o conclusión de los efectos de un negocio jurídico. La doctrina también se refiere al plazo como término. Véase a modo de ejemplo, Diez Picazo y Gullón, ***Sistemas de Derecho Civil***, Vol. II, págs. 99-100, 9na. ed. (2001).

Al igual que la condición, el plazo puede ser suspensivo o resolutorio, artículo 309, 31 L.P.R.A. §6247; y se presume que se establece en beneficio de ambas partes, artículo 310, 31 L.P.R.A. §6248. Véase también ***Franceschini v. Texaco P.R., Inc.***, 103 D.P.R. 759 (1975); ***Correa Vélez v. Carrasquillo***, 103 D.P.R. 912 (1975).

Al igual que en casos de una obligación condicional, el acreedor – nuevamente referido aquí como "titular" - puede realizar actos conservatorios de su derecho aun cuando esté pendiente el plazo suspensivo. El cumplimiento del plazo resolutorio, a distinción de la condición resolutoria, no tiene efecto retroactivo, artículo 311, 31 L.P.R.A. 6249. La razón para ello es evidente en la razón misma de la obligación. Existiendo el vínculo obligacional hasta su terminación por el paso inexorable del tiempo, pretender su aplicación retroactiva derrotaría la fijación del plazo, lo cual sería contradictorio. Véase también Vázquez Bote, Eduardo, ***Tratado Teórico Práctico y Crítico del Derecho Privado Puertorriqueño***, T. IV, San Juan, Butterworth, págs. 257 (1992).

El artículo 312, 31 L.P.R.A. §6250, contempla que "[s]i el negocio jurídico tiene plazo indeterminado o ha quedado a la voluntad del deudor, el tribunal debe fijar su duración. La reclamación para que se fije el plazo puede acumularse a la que exige el cumplimiento." Véase el caso de ***Hammond v. Diego Agüeros***, 30 D.P.R. 610 (1922), sobre la interpretación de un acuerdo que disponía de la entrega de una mercancía en dos expediciones quincenales, el primero lo más pronto posible. Allí, las circunstancias y prácticas comerciales entre las partes y la razonabilidad fueron los criterios utilizados para fijar el plazo de la primera expedición.

Una controversia frecuente sobre este tema se da en los contratos de arrendamiento de obra, ahora calificado como contrato de obra en el nuevo Código Civil. Es típico encontrar en los contratos entre contratistas y subcontratistas en proyectos de construcción cláusulas que disponen la obligación del contratista de pagarle al subcontratista por los servicios prestados en la obra, pero cuando el dueño del proyecto le pague a aquel, *pay-when-payed*. En casos de litigios entre el dueño de la obra y el contratista en donde quedan pendientes de pago sumas a favor de subcontratistas, suplidores, etc., se levanta con mucha regularidad la defensa que dicho pago está sujeta a la condición suspensiva del pago por el dueño, y que hasta tanto no se verifique el subcontratista no tiene derecho a reclamar. Esta teoría confunde la condición con el plazo. Una cláusula de *payed-when-payed* – noten el *when*, no el *if* - es una obligación con un plazo indeterminado, que el tribunal tiene facultad de fijar su duración. Ningún subcontratista en su sano juicio contrataría con un contratista para efectuar un trabajo sujeto a las veleidades de su relación contractual con el dueño. En todo caso el artículo 1374, 31 L.P.R.A. §10271 - similar al artículo 1489 del Código Civil anterior, 31 L.P.R.A. §4130 - le reconoce a los que ponen su trabajo y materiales en una obra por precio alzado una acción contra el comitente hasta la cantidad que este adeuda al contratista cuando se hace la reclamación. Véase a modo ilustrativo, McCloud, Craig, Payed-If-Payed vs. Pay-When-Payed.

Por último, el artículo 313, 31 L.P.R.A. 6251, contempla que "[...]el plazo queda sin efecto si el deudor cae en insolvencia, aunque no sea declarada en juicio, salvo que garantice su cumplimiento.

¶También queda sin efecto el plazo si el deudor no otorga las garantías prometidas o si disminuyen o se extinguen por su voluntad o por caso fortuito."

En tiempos de crisis económica los contratos sujetos a obligaciones a plazo - y piénsese, a modo de ejemplo, en los innumerables contratos de préstamo que caracterizan el mundo financiero y comercial – están expuestos a que sus acreedores aleguen, ya sea la falta de garantías prometidas bajo algún acuerdo de garantía continua, ya sea por la disminución o extinción del valor de los bienes dado como colateral, como pretexto para declarar la caducidad del plazo bajo el segundo párrafo del artículo 313, *supra*, e invocar las cláusulas de aceleración en requerimiento del pago completo de la deuda. Claro, si en efecto el plazo se designa en beneficio de ambas partes, el acreedor tendría que probar con preponderancia de la prueba de que en efecto el plazo hubiera quedado sin efecto las razones contempladas en dicho artículo.

El modo. Esta figura proviene de las donaciones onerosas (*inter vivos*) en los artículos 560 y 561 del Código Civil anterior, 31 L.P.R.A. §1983, §1984, y de los legados y testamentos (*mortis causa*) en los artículos 726 y 727, 31 L.P.R.A. §2338, §2339. Por su parecido a la obligación condicional se ubica en el capítulo de las modalidades del negocioi jurídico, extendiéndose su radio de apliucación. Diez Picazo y Gullón señalan que el modo implica unas carga o gravamen que acompaña siempre a una liberalidad o a una institución de heredero y legado. "El gravado con el modo", añaden, "está obligado a cumplir una determinada conducta, a seguir un cierto comportamiento. Esta obligación que asume al aceptar la libertad no es su contraprestación, no es un equivalente al sacrificio que representa para el disponente su atribución patrimonial como en los negocios onerosos. La atribución sigue siendo gratuita, y lo que ocurre es que en su causa (liberalidad) se causaliza también el propósito de obtener un determinado resultado." *supra*, pág. 100.

El Borrador para la Discusión del Libro Primero del Código Civil, pág. 270-271, comenta: "El cargo o modo es una modalidad de los actos jurídicos que al regularse en este Libro, trasciende el mero ámbito de los contratos y resulta aplicable a cualquier acto jurídico a título gratuito. En el derecho vigente sólo está regulado en el contrato de donación y en el derecho sucesorio. Al extenderlo a todo el ámbito contractual puede aplicarse, por ejemplo, al comodato.¶Por su carácter accesorio, el valor del cargo no debe superar al del acto que sujeta. Al aceptarse el acto jurídico modal, se asume el cargo. El objeto del cargo puede ser el de cualquier obligación, cuyo contenido sean prestaciones de dar, hacer o no hacer, siempre que reúnan los requisitos de validez de los actos jurídicos (posibilidad, licitud, moralidad, etc)."

Dispone el artículo 314, 31 L.P.R.A §6252, que "[e]l otorgante de un negocio jurídico a título gratuito puede imponer a su beneficiario una obligación accesoria, cuyo incumplimiento no impide los efectos del negocio, ni los resuelve."

El artículo 315, 31 L.P.R.A. §6253, señala que "[l]a inejecución de un modo al que se sujetó un negocio jurídico, autoriza a reclamar su cumplimiento o a revocarlo. En tal caso la revocación produce el mismo efecto que la condición resolutoria cumplida.

El Borrador para la Discusión del Libro Primero del Código Civil, pág. 271-272, comenta: "La primera disposición se obtiene por extensión de lo establecido en el derecho vigente para los actos jurídicos entre vivos (donación, Art. 589 del Código Civil vigente) y *mortis causae* (legados y testamentos, Art. 726). ¶La posibilidad de exigir judicialmente el cumplimiento del cargo resulta por el hecho de ser una obligación. Desde luego esa posibilidad no existe si dicha obligación no es susceptible de cumplimiento forzoso, por ejemplo, por ser de hacer. ¶La revocación tiene carácter retroactivo similar al del cumplimiento de la condición resolutoria. Albaladejo, Manuel, *Derecho Civil,* Barcelona, Bosch, 1989, T. I, Vol. 2, pág. 342). ¶Se considera innecesaria la disposición del último párrafo del Artículo 727 del Código Civil vigente, por ser una mera aplicación de principios generales. Lo mismo si se obsta al cumplimiento por caso fortuito, aunque en el primer caso el tercero debe resarcir. ¶Se suprime de este Libro el cumplimiento analógico del primer párrafo del Artículo 727 de Código Civil vigente por considerarse inadecuado, sin perjuicio que pueda adoptarse en el derecho sucesorio. Albaladejo, Manuel, *Derecho Civil,* Barcelona, Bosch, 1989, T. I, Vol. 2, pág. 342."

No pueden sujetarse a un modo los hechos que no pueden ser objeto de los negocios jurídicos. La invalidez del modo no ocasiona la del negocio jurídico modal. Artículo 316, 31 L.P.R.A. §6254. El *Borrador para la Discusión del Libro Primero del Código Civil,* pág. 272-273, comenta: "El modo o cargo no puede tener por contenido las prestaciones que no pueden serlo de las obligaciones, pero, además, se adecua a esta institución lo previsto para la condición, impidiendo que sean objeto algunos hechos que versan sobre derechos muy sensibles de la personalidad.¶Por ser una obligación accesoria, la nulidad del modo no afecta a la de todo el acto jurídico, sino que sólo comprende a la modalidad. Díez Picazo, Luis y Gullón, Antonio, *Sistema de derecho civil,* Madrid, Tecnos, 1992, Vol. 1, pág. 566; Albaladejo, Manuel, *Derecho Civil,* Barcelona, Bosch, 1989, T. I, Vol. 2, pág. 340. ¶No cabe distinguir al respecto que el acto sea entre vivos o *mortis causae.*"

Finalmente, dispone el artículo 317, 31 L.P.R.A §6255, si hay duda sobre si un hecho se ha establecido como condición o como modo, se entiende que es modo. *El Borrador para la Discusión del Libro Primero del Código Civil,* pág. 273, comenta que la regla se infiere del primer párrafo del Artículo 726 del Código Civil vigente, y la que corresponde conforme al principio de conservación de los actos jurídicos.

Los silencios del razonamiento judicial

El tribunal tiene el deber inexcusable de resolver diligentemente los asuntos ante su consideración, ateniéndose al sistema de fuentes del ordenamiento jurídico establecido.

El tribunal que rehúse fallar a pretexto de silencio, obscuridad, o insuficiencia de la ley, o por cualquier otro motivo incurrirá en responsabilidad.

Artículo 6 del Código Civil, 31 L.P.R.A. §5316

Desde una perspectiva filosófica el razonamiento jurídico no tiene nada de particular. Sus argumentos y exposiciones están sujetos a los mismos requerimientos del razonamiento lógico y crítico, y están igualmente asediados por los errores lógicos y las falacias informales que vician todo tipo de razonamiento. Lo que caracteriza al razonamiento jurídico no es algún atributo gnoseológico, sino su contenido temático. No hay - en sentido estricto - un razonamiento jurídico, al igual que no hay un razonamiento antropológico, literario o sociológico. Lo que hay son razonamientos, válidos e inválidos, persuasivos y falaces, sujetos todos al juicio de la razón.

Erramos cuando aplicamos los principios de organización y participación política a la solvencia lógica y formal de un razonamiento. Para fines políticos, no hay diferencia entre una opinión pensada y una no pensada. Ambas compiten por nuestra atención, hoy mediatizada por la revolución digital. El mercado de las ideas – esa conocida metáfora mercantilista de Holmes - define la opinión en atención a su valoración social, no en torno a su contenido veritativo. El hecho de que en una sociedad democrática se valora y aspira a proteger la libertad de expresión como un derecho, sin embargo, no significa por ello que todas las opiniones tengan el mismo valor.

En la reducción nietzscheana de la racionalidad a la voluntad del poder, borramos las diferencias entre los argumentos, nivelando todas las opiniones entre sí. En este universo discursivo toda opinión es tan meritoria como la siguiente, sin criterios racionales para distinguir entre ellas. En la noche oscura,

Publicado en ***Microjuris al día*** el 14 de abril de 2023.

comentaba Hegel, todas las vacas son negras. Bajo esta premisa, la única manera de discriminar entre ellas es mediante el ejercicio de la voluntad. La historia da múltiples ejemplos del peligro de este criterio. Esta aproximación al razonamiento corroe al estado de derecho.

Las opiniones expresadas por los tribunales aspiran a ser exposiciones conforme a derecho, sujetos a los criterios de la racionalidad. Si la opinión de un tribunal es meramente el reflejo de su poder institucional, su legitimidad queda en entredicho, sujeto a las pasiones y los intereses de los actores que acuden a él. Si bien es cierto que el Tribunal Supremo tiene la última palabra, eso no quiere decir que pueda ignorar las limitaciones y cortapisas que la ley y la razón le imponen. Los tribunales tienen la imperiosa necesidad de actuar con sujeción a la ley y no como instrumento de intereses determinados.

Con miras a evitar este desenlace, los tribunales tienen un deber institucional de fundamentar sus determinaciones, exponiendo sus argumentos al escrutinio de la razón. Óptimamente, el proceso litigioso y los argumentos presentados por las partes en un caso o controversia particular deberían producir el espacio necesario para que los tribunales fundamenten sus determinaciones. Lamentablemente, el proceso litigioso y apelativo no asegura que se conjuren todos los errores del razonamiento. La práctica apelativa a menudo recurre a razonamientos acartonados, haciendo pasar el lenguaje estereotipado de las anotaciones judiciales como si fueran ejercicios de reflexión judicial. Las instituciones, al final del día, solo son tan eficaces como las personas llamadas a descargar sus responsabilidades.

Sirva lo anterior como preámbulo al análisis que sigue a continuación de ***San Carlos Mortgage v. De León Guevara, KLCE202200986***, una resolución emitida por el Tribunal de Apelaciones el 16 de septiembre de 2022. La controversia en este caso giraba en torno a la aplicación de la Ley de Instrumentos Negociables, hoy contenida bajo la Ley de Transacciones Comerciales, y el retracto de cosa litigiosa en un caso de ejecución hipotecaria. Los hechos relevantes según vertidos en la opinión se resumen a continuación: En el 2019, Scotiabank de Puerto Rico presentó una demanda en cobro de dinero y ejecución de hipoteca contra la demandada. Esta contestó la demanda y presentó una reconvención. En el 2020 Oriental Bank sustituyó a Scotiabank al haber adquirido los activos de este último. En el 2022 Oriental le vendió el pagaré hipotecario, vencido y en litigio, a San Carlos Mortgage y se pidió nuevamente la sustitución de parte. Acto seguido la parte demandada presentó una moción ejerciendo el derecho de retracto de crédito litigioso. Específicamente se trajo a colación la sección 2-305 y la 2-306 de la Ley de Transacciones Comerciales, el cual reconoce el derecho la acción rescisoria contra el tenedor de un instrumento negociable que no es de buena fe y es análoga al retracto de cosa litigiosa recogido en nuestro Código Civil. San Carlos Mortgage alegó que la figura de retracto de crédito litigioso no es de aplicabilidad a las transferencias de pagarés hipotecarios, invocándose el caso de ***DLJ Mortgage v. Santiago-Ortiz***, 202 D.P.R. 950 (2019), como apoyo jurisprudencial. El Tribunal de Primera Instancia declaró sin lugar la moción en solicitud de retracto de cosa litigiosa presentada por la parte demandada. Luego de declarar sin lugar una moción de reconsideración, la parte demandada recurrió al Tribunal de Apelaciones.

En su denegatoria a expedir el recurso de *certiorari* el Tribunal de Apelaciones declaró escuetamente que el Tribunal de Primera Instancia había expuesto el estado de derecho correctamente al amparo de ***DLJ Mortgage***, *supra*, añadiendo con intuición oracular que la parte demandada "[n]o nos ha convencido que el Tribunal de Primera Instancia haya errado en la interpretación del derecho, haya abusado de su discreción o actuado con prejuicio, parcialidad o error manifiesto." La resolución fue confirmada con un délfico "no ha lugar" por el Tribunal Supremo el 17 de marzo de 2023. La razón no grita, pero llora.

Al leer la anterior resolución, lo primero que salta a la vista es la total y absoluta ausencia de una discusión de las disposiciones referidas de la Ley de Instrumentos Negociables, no obstante el hecho de que la parte peticionaria las trajo a la atención del tribunal. Esta ausencia, unida al también ausente artículo 1212 del Código Civil, 31 L.P.R.A. §9573, levanta la inevitable pregunta: ¿porqué?

El artículo 1212 del nuevo Código Civil, 31 L.P.R.A. §9573, dispone en lo referente a la cesión de derecho litigioso: "En el caso de la cesión de un derecho litigioso, la acción que ejercita el cesionario es sin perjuicio de cualquier reclamación en contrario o de otro derecho existente al tiempo de notificarse la cesión, o antes; pero esto no es aplicable a la cesión de un instrumento negociable, traspasado de buena fe y por valor, antes de su vencimiento. " *Contrario sensus*, no siendo la cesión del instrumento negociable de buena fe, posterior a su vencimiento, también le son de aplicabilidad estos preceptos referentes al derecho del retracto de cosa litigiosa bajo el nuevo Código Civil. Véase además La ejecución hipotecaria y el retracto de cosas litigiosa.

Hay que destacar que este artículo del nuevo Código Civil entró en vigor el 28 de noviembre de 2020, con posterioridad a lo resuelto en el caso de ***DLJ Mortgage***, razón por la cual hay que concluir que la intención del legislador es autorizar la defensa de retracto de la cesión de crédito litigioso por parte del deudor frente al cesionario cuando este adquiere un instrumento negociable que no goza de buena fe, después de su vencimiento.

Esta precisamente es la lectura que la Asamblea Legislativa recogió en su Resolución Concurrente del Senado 24 del 17 de marzo de 2022, en la cual se declara "de forma clara e inequívoca que el derecho de toda persona natural y jurídica a ejercer el derecho a retracto de crédito litigioso en los casos de ejecuciones hipotecarias residenciales y comerciales nunca ha estado supeditado a ninguna otra ley vigente desde que se adoptó el Código Civil de Puerto Rico de 1930, y tampoco lo esté luego de la aprobación de la Ley 55-2020, según enmendada, conocida como Código Civil de Puerto Rico".

Esta expresión del cuerpo legislativo recoge la intención legislativa sobre este asunto con posterioridad a la vigencia del nuevo Código Civil. Notamos que en la Resolución del Tribunal de Apelaciones se hace referencia incidental en la relación de hechos al artículo 1220 del Código Civil, 31 L.P.R.A.§9581, aunque no al artículo 1212, *supra*.

Conforme el artículo 1 del Código Civil, 31 L.P.R.A. §5311, el Código se interpretará con atención a las técnicas y a la metodología del Derecho Civil, de modo que se salvaguarde su carácter. La total ausencia de una discusión de las disposiciones relevantes del nuevo Código Civil delatan una lamentable pobreza técnica y metodológica civilista de parte del Tribunal de Apelaciones. Véase además Apuntes al Artículo 1 del Código Civil.

El artículo 2, a su vez, 31 L.P.R.A. §5312, detalla que las fuentes del ordenamiento jurídico puertorriqueño son la Constitución, la ley, la costumbre y los principios generales del Derecho y que la jurisprudencia complementa el ordenamiento jurídico con la doctrina que establezca el Tribunal Supremo al interpretar y aplicar la Constitución, la ley, la costumbre y los principios generales del Derecho. No se entiende muy bien como el Tribunal de Apelaciones llega a la conclusión de que la jurisprudencia de ***DLJ Mortgage*** complementa la ley recogida en el artículo 1212, *supra*. La ley general - el Código Civil - remite a la ley especial - la ley de Instrumentos Negociables - a la cual pensaría uno habría que darle un vistazo. Lo verdaderamente preocupante es la ya acostumbrada práctica apelativa de evitar a toda costa entrar a analizar las disposiciones de la Ley de Instrumentos Negociables, como si no fueran relevantes.

Sobre la aplicabilidad del nuevo Código Civil a los hechos del caso de ***San Carlos Mortgage***, hay que notar que la cesión del instrumento negociable vencido de Oriental Bank a San Carlos Mortage ocurrió, según expuesto en la propia Resolución, el 11 de abril de 2022. Es decir, estando vigente el nuevo Código Civil. Sobre la aplicabilidad del nuevo Código Civil el artículo El artículo 1812 del Código Civil, 31 L.P.R.A. §11717, dispone los actos y contratos celebrados bajo el régimen de la legislación anterior y que son válidos con arreglo a ella, surten todos sus efectos según la misma, con las limitaciones establecidas en este Código. Entendido en sentido contrario, los actos y contratos celebrados con posterioridad a la vigencia del nuevo Código Civil se rigen por sus disposiciones, incluyendo por supuesto los contratos de cesión de créditos. Al parecer, tanto el Tribunal de de Apelaciones, como el Tribunal Supremo (por omisión), entienden que sus pronunciamientos del 2019 en ***DLJ Mortgage*** están por encima de la ley, y que el nuevo Código Civil no les aplica. Otra vez, brilla por su ausencia algún argumento que explique tal cuestionable postura.

En la medida en que el propio artículo 1212, *supra*, remite a la ley de instrumento negociable para calificar la buena fe de su tenedor es necesario volver sobre sus disposiciones relevantes. El sujeto jurídico que corre a lo largo y ancho de la Ley de Instrumentos Negociables es el tenedor de buena fe. Este sujeto, sin embargo, no ha sido abordado por la jurisprudencia bajo la Ley de Instrumentos Negociables de 1995. Esta falta de atención jurisprudencial a la figura denota cierta resistencia institucional que ha desembocado, como realidad práctica socio-económica, en la protección desmedida a especuladores e inversores que en otras jurisdicciones estarían obligados a acreditar su buena fe.

Un ejemplo de lo anterior lo vimos recientemente en los casos de Título III de PROMESA ante el Tribunal de Distrito Federal, en donde los fondos de cobertura (*hedge funds*) que adquirieron los bonos (instrumentos negociables) del Estado Libre Asociado de Puerto Rico previo a la radicación de la quiebra, exigieron como condición para consentir al Plan del Ajuste de la Deuda que se expidieran nuevos bonos para intercambiarlos (*swap*) por ellos. Este requerimiento responde a una razón financiera y jurídica palmaria: los acreedores tenedores de bonos de Puerto Rico, necesitan nuevos instrumentos, que de su faz no estén en mora, no vencidos y no sujetos a una reclamación, para poder negociarlos en el mercado secundario de bonos municipales y que sus prospectivos adquirentes puedan ser calificados como tenedores de buena fe. De lo contrario, estos bonistas no tendrían posibilidad de recuperar su inversión y la ganancia anticipada cuando adquirieron los bonos de Puerto Rico calificados como chatarra por las casas acreditaroras del mercado bursátil. No debe sorprender que el Gobierno de Puerto Rico accediera al requerimiento. Admito que no comprendo - seamos generosos - por qué se le hace tan difícil a los tribunales del Estado Libre Asociado de Puerto Rico leer y aplicar la Ley de Instrumentos Negociables.

La sección 2-103(4) de la Ley de Instrumentos Negociables, 19 L.P.R.A. §503, dispone que la "[b]uena fe significa honestidad de hecho y la observancia de las normas comerciales razonables de trato justo." Es decir, bajo la Ley de Instrumentos Negociables la buena fe es una cuestión de hecho y suponen la observancia de normas comerciales razonables caracterizadas por la prudencia y la discreción en la asunción del riesgo.

A modo analógico, hay que comparar el concepto de la buena fe bajo la Ley de Instrumentos Negociables con su articulación en la Ley Hipotecaria y su jurisprudencia. En este aspecto, ya en ***Santander v Rosario Cirino,*** 126 D.P.R. 591 (1990), se aproximó al concepto de la buena fe con referencia al tercero registral y el ordenamiento en general y de la necesidad de pasar revista como cuestión de hecho sobre la forma y manera de la adquisición del derecho en controversia.

Comentado el concepto de la buena fe Manuel Garay comenta que "[t]radicionalmente se entendía que la "buena fe" que se le requiere a un tenedor de buena fe al tomar el instrumento es el concepto subjetivo[...] Hasta 1990 regía bajo el Uniform Commercial Code (UCC) este concepto. Ya que la única definición de "buena fe" que contenía el UCC era el equivalente de la Sección 1-201(19). Esta sección define "buena fe como "honestidad de hecho en la conducta o transacción que respecta[...] En 1990 se añade al UCC un segundo concepto de buena fe. Este concepto adicional (aplicable únicamente a la materia de instrumentos negociables) no solamente requiere honestidad de hecho, sino que la persona observe un mínimo de discreción y precaución. Este concepto está recogido en la Sección 2-103(a)(4) de la LTC[...]" ***Derecho Cambiario, Instrumentos Negociables***, Bibliográficas, págs. 232-233 (2009).

En este contexto véanse las recientes expresiones recogidas en ***Firstbank v. Registrador***, 208 D.P.R. 64, (2021) sobre el reconocimiento de la Ley de Instrumentos Negociables de 1995, cuando observa que "un instrumento negociable es un negocio jurídico relativamente sencillo producto de un acuerdo entre partes, sin requisitos particulares de forma más allá del contenido requerido por la LTC. Por ende, este negocio jurídico es susceptible de una novación por acuerdo entre sus partes. En la actualidad los instrumentos negociables más comunes, además de cheques, incluyen los giros, certificados de depósitos, y particular a nuestra controversia, los pagarés." Sobre la relación obligacional y contractual véase además El pago por tercero, la cesión de crédito y la buena fe bajo la Ley de Instrumentos Negociables.

La sección 2-302 de la Ley de Instrumentos Negociables, 19 LP.R.A. §602, define "tenedor de buena fe", en lo relevante, a quien tomó el instrumento (i) por causa, (ii) de buena fe, (iii) sin tener aviso de que el instrumento estuviese en mora o hubiere sido desatendido o de que existiese un incumplimiento no subsanado con respecto al pago de otro instrumento emitido como parte de las mismas series, (iv) sin tener aviso de que el instrumento contiene una firma no autorizada o ha sido alterado, (v) sin tener aviso de la existencia de alguna reclamación contra el instrumento de las descritas en la Sección 2-306, y (vi) sin tener aviso de que alguna parte tenga una defensa o reclamación de resarcimiento de las descritas en la Sección 2-305(a). Véase además La doctrina sombrilla y el tenedor de buena fe.

La sección 2-302(c), *supra*, expresamente dispone una persona no adquiere derechos como tenedor de buena fe de un instrumento teniendo aviso de que el instrumento estuviese en mora o hubiere sido desatendido, de que existiere un incumplimiento no subsanado con respecto al pago, y teniendo aviso de la existencia de una reclamación contra el instrumento, y de haberlo adquirido por compra en una ejecución, quiebra o venta por el acreedor u otro procedimiento similar, compra a granel no hecha en el curso ordinario de los negocios o como sucesor en interés en una sucesión o en otra organización.

Por su parte, la sección 2-306 de la Ley de Instrumentos Negociables, 19 LP.R.A. §606, dispone en cuanto a las defensas y reclamaciones en resarcimiento, en lo pertinente: "[u]na persona que toma un instrumento, que no sea una con derechos de tenedor de buena fe, está sujeta a una reclamación de derecho de propiedad o de posesión sobre el instrumento o su producto, incluyendo una reclamación para rescindir una negociación y recobrar el instrumento o el producto de éste. Una persona con derechos de un tenedor de buena fe toma el instrumento libre de reclamaciones sobre el mismo." Es textualmente patente que la acción rescisoria faculta al deudor hipotecario a recobrar el instrumento de un tenedor que no sea de buena fe. De ahí la importancia de pasar revista de manera rigurosa sobre la figura del tenedor de buena fe.

A modo ilustrativo sobre la acción rescisoria véase los artículo 298 y 299, 31 L.P.R.A. §6231, §6232. En este caso, la cesión del crédito y su correspondiente negociación del instrumento a San Carlos Mortgage, el deudor hipotecario es un tercero frente al contrato de cesión entre cedente y cesionario, y tiene un derecho de propiedad o posesión sobre ellos o su producto. Véase además La acción rescisoria y el fraude de acreedores.

Ninguna de las anteriores disposiciones, mucho menos una discusión sostenida sobre ellas, hace acto de presencia en la Resolución del Tribunal de Apelaciones. En fin, ***San Carlos Mortgage*** es una triste muestra de inercia judicial, resolviendo el caso de manera mecánica, formuláica, sin atender los planteamientos sustantivos de derecho que se le presentaron para su adjudicación. Hay que suponer que la responsabilidad referida en el artículo 6 del Código Civil, 31 L.P.R.A. §5316, también es letra muerta.

La usucapión: algunos comentarios al P. del S. 1164

La usucapión de un bien inmueble exige la posesión durante diez (10) años con justo título y buena fe, o durante veinte (20) años sin necesidad de título ni buena fe.

Artículo 788 del Código Civil, 31L.P.R.A. §8032

El P. del S. 1164 presentado por el Senador Vargas Vidot propone enmendar los Artículos 788 y 1814 del Código Civil de Puerto Rico, a los fines de reducir el término de la usucapión del bien inmueble a cinco (5) años si es ordinario, con justo título y buena fe, y a diez (10) años si es extraordinario, sin la necesidad de título ni buena fe, aplicándose el cómputo de los términos de manera retroactiva. A manera de justificación la exposición de motivos discurre sobre la trasmisión informal del derecho de propiedad en Puerto Rico refleja un problema de titularidad de tierras y viviendas. Esta informalidad, alega la exposición de motivos, atiende alrededor de 45 por ciento a 50 por ciento de los hogares puertorriqueños, lo cuales han sido construidos o son mantenidos con métodos de construcción de manejo propio, y que se completan sin la intervención de un arquitecto, permisos inapropiados, y en muchos casos sin un título de propiedad adecuado.

El Código Civil vigente dispone que la usucapión de un bien inmueble puede adquirirse a los diez (10) años de ser de buena fe con justo título, y a los veinte (20) años sin justo título y de mala fe. El cambio en el 2020 reconoció los problemas que representan las casas abandonadas, y el fin de proteger a aquellos que dedican esfuerzo y dinero en habilitarlas para dar cobijo en ellas a sus familias, reduciendo el término de la usucapión ordinaria, con justo título y buena fe, a los diez (10) años, con justo título y buena fe; eliminándose la usucapión entre ausentes; y reduciéndose la usucapión extraordinaria, de mala fe, sin título, a los veinte (20) años. Concluye la exposición de motivos diciendo, y cito: "Sin embargo, esta reducción ha hecho poco, ya que, el término de 20 años es casi inalcanzable y la reducción se hizo de forma prospectiva, 31 L.P.R.A. § 11719, por lo que hay la necesidad de reducirla a diez (10) años, para que esta sea accesible y no prive de vivienda digna a miles de familias en la Isla. De igual manera, se reduce a cinco (5) años el término de la usucapión a un bien inmueble de manera ordinaria con el mismo fin: que el derecho a la vivienda sea uno verdadero, y no un privilegio. Esto aplicaría retroactivamente a las personas que están cumpliendo los términos de usucapión actualmente".

La primera observación que hay que hacer es reafirmar que la exposición de motivos no es parte de ley. Su exposición es, a fin de cuentas, una argumentación sobre los propósitos y bondades del proyecto propuesto. Lamentablemente, ya es costumbre la práctica legislativa incluir una exposición de motivos como si esto fuera parte de la ley que obliga aceptarla sin más. Su propósito es profiláctico, de anticipar textualmente los retos judiciales bajo el pretexto de la intención legislativa, de manera que esta controle el ejercicio interpretativo de los tribunales. Hay que reiterar que lo que obliga es el texto de la ley, no su intención. El proceso legislativo es lo suficientemente accidentado, donde coinciden y confligen múltiples voluntades en la redacción y aprobación de un proyecto de ley. Hablar de la intención legislativa como si esta fuera integra e indivisible, no pasa de ser una metáfora en extremo inexacta de lo que es un proceso político. Lo que debe interesar no es la mal llamada intención legislativa, sino el significado del texto de la ley.

Señaló lo anterior porque el texto ofrecido como exposición de motivos es en realidad un argumento, no una determinación de hechos derivado de la aquilatación de alguna prueba desfilada ante la Asamblea Legislativa. Mi primera recomendación a la Comisión de lo Jurídico, por tanto, es que realice vistas públicas para recibir testimonio y prueba fehaciente de la crisis de vivienda a la que alude la exposición de motivos para constatar exactamente la naturaleza del problema y como la reducción de los términos de la usucapión va a aliviarlo.

Adelanto que no me parece persuasivo proponer una reducción de los términos de la usucapión con miras a facilitar el acceso a fondos federales (en este caso los fondos provenientes de FEMA por motivo del paso del huracán María en el 2017 y los

Publicado en ***Microjuris al día*** el 21 de abril de 2023.

terremotos del 2020), el cual parece ser el verdadero propósito del proyecto. Obsérvese que para el 2020 cuando se aprobó el nuevo Código Civil, ya vivíamos la experiencia de los problemas de titularidad inmobiliaria y la falta de acceso a los fondos federales.

En el *Borrador para la Discusión del Código Civil* (2023) el artículo 90, análogo al ahora 788, *supra*, se recogió la siguiente propuesta, y citamos por su relevancia el texto entonces propuesto y su comentario:

> **"Artículo 90. Usucapión de bien inmueble.**
> La usucapión de un bien inmueble exige la posesión durante cinco (5) años con justo título y buena fe o de veinte (20) años sin necesidad de título ni de buena fe.
> **Procedencia:** Artículos Artículo 1840, 1857 y 1859 del Código Civil de Puerto Rico (1930).
> **Concordancias:** Artículo 475 del Código Civil de Puerto Rico (1930).
> **Comentario**
> El Artículo 1857 fue modificado para disminuir los plazos de la usucapión y suprimir la regla relativa a la extensión del plazo a partir de la ausencia del dueño. El Artículo 1858 queda derogado como consecuencia inmediata del nuevo texto del artículo anterior. Al suprimir el supuesto del dueño ausente, la precisión de quien se considera ausente así como la fórmula computar el tiempo se tornan innecesarias. Primero, el término de "ausente" ya no es de aplicación a nuestra realidad y es considerado anacrónico. Debido a los avances tecnológicos es sumamente difícil, casi improbable, que una persona que se encuentre en el extranjero no conozca lo que le sucede a su propiedad. Debe existir un sólo plazo para la prescripción ordinaria de los bienes inmuebles, ya sea entre presentes o ausentes. ¶Se reconocen estos plazos de prescripción más cortos que los de la prescripción extraordinaria en vista de que se posee con justo título y buena fe, siendo el propósito de la prescripción ordinaria el subsanar los defectos que impidieron la transmisión efectiva del derecho de propiedad. ¶Se disminuye el plazo de la usucapión extraordinaria de bienes inmuebles como se ha hecho en otros códigos y se suprime la frase "salvo la excepción determinada en el Artículo 475, segunda sección, capítulo I, título VII, libro segundo, de este código", es decir, las servidumbres continuas no aparentes y las discontinuas, sean o no aparentes, porque éstas ahora cuentan con su propio régimen."

Observamos que, al momento de legislar el nuevo Código Civil, se modificó la propuesta de la usucapión ordinaria, de cinco (5) años a diez (10) años, y se retuvo los veinte (20) de la usucapión extraordinaria. No surge con claridad del comentario porque concluye que el propósito de la prescripción ordinaria es subsanar los defectos que impidieron la transmisión efectiva del derecho de propiedad, cuando las razones para tales defectos bien pudieran militar a favor del propietario contra quien se pretende usucapir. El último párrafo del comentario alude a la eliminación de la referencia a la usucapión de las servidumbres no aparentes y discontinuas bajo la noción de que es innecesaria por contar ellas con su propio régimen. Esta eliminación, sin embargo, no logró la claridad deseada toda vez que el artículo 777, *supra*, aún contempla la usucapión para los derechos reales de goce, lo cual por supuesto incluye las servidumbres.

Los problemas de titularidad – y aquí me refiero a ello, en su sentido estricto, como el derecho de propiedad derivado de un acto o negocio jurídico – no se conjuran de ordinario con la reducción de los términos para usucapir. Los casos de indivisión de comunidades hereditarias y comunidad de bienes son acaso el mayor número de problema en la transmisión generacional de los derechos de propiedad, unido a la falta de segregación, relevos del Departamento de Hacienda, permisos gubernamentales, entre otros. Estos problemas se atienden con las debidas enmiendas al aparato reglamentario tutelado por el Derecho Administrativo, no por la reducción de los términos de la usucapión que – hay que subrayar – implican necesariamente la extinción del derecho de propiedad de algún otro. No debemos olvidar que artículo 791, 31 L.P.R.A §8035, expresamente dispone que la usucapión ganada por un comunero aprovecha a los demás, a menos que haya operado la inversión del concepto posesorio. Es decir, salvo a que haya mediado un acto obstativo, los comuneros no pueden usucapir entre si. Sobre el acto obstativo véase **Vélez Cordero v. Medina**, 99 D.P.R. 113 (1970).

El Capítulo II, sección Cuarta, del Libro Primero del Código Civil de 2020 regula la usucapión como un medio para adquirir la propiedad. El artículo 777, 31 L.P.P.R.A. §8021, dispone que "[l]a usucapión es un modo de adquirir el dominio y otros derechos reales de goce mediante la posesión, de la manera y con las condiciones determinadas en la ley."

Hay que llamar la atención que la usucapión está disponible no solamente para la adquisición del dominio sino también de otros derechos reales de goce como el usufructo, servidumbres, etc. Brilla por su ausencia en el proyecto de ley referencia o alineamiento a como la reducción de los términos incide sobre otros derechos reales. A modo de contraste, véase el artículo 945, 31 L.P.R.A. § 8522, que contempla un término de 15 años para la usucapión de las servidumbres continuas y aparentes.

El artículo 778, 31 L.P.R.A. § 8022, requiere que la posesión para adquirir el dominio por usucapión ha de ser en concepto de dueño, además de continua, pública y pacífica, y que la posesión adquirida o mantenida con violencia no es útil para la usucapión, sino desde que cesa la violencia.

He aquí los elementos que justifican la usucapión ordinaria: (i) en concepto de dueño, (ii) continua, (iii) pública, y (iv) pacífica, los cuales son objeto de regulación por los artículos que le siguen.

En cuanto el concepto de dueño, el artículo 779, 31 L.P.R.A. § 8023. requiere que el poseedor que pretende reclamar la adquisición de la propiedad por el paso del tiempo tiene que actuar como verdadero titular por los actos que realiza en relación con la propiedad. El artículo 780, a su vez, 31 L.P.R.A. §8024, requiere que ese poseedor debe probar su justo título solo cuando quien lo impugna, prueba su derecho convincentemente. Aquí la inversión probatoria es llamativa. El que alegue ser dueño tiene que ser en concepto de dueño y tiene que acreditarlo solamente cuando quien lo impugne puede evidenciar su derecho convincentemente. Por supuesto, esto sería materia de adjudicación judicial.

Conceptualmente, la reducción del término de la usucapión no afecta el requerimiento de que la posesión sea en concepto de dueño. Desde el punto de vista práctico, sin embargo, favorece una pronta consolidación de la presunción a favor del usucapiente frente a quien lo impugne, que bien pudiera evidenciar su derecho.

En cuanto al requisito de la continuidad de la posesión con miras a la usucapión, el artículo 781 , 31 L.P.R.A. §8025, atiende su interrupción: "Para los efectos de la usucapión, la posesión se interrumpe: ¶(a) por su cese durante más de un (1) año; ¶(b) por el emplazamiento o citación judicial hecha al poseedor, aunque sea por mandato de un tribunal sin competencia; ¶(c) por el requerimiento judicial o notarial, siempre que, dentro de dos (2) meses de practicado, se presente ante el tribunal la demanda sobre posesión o dominio de la cosa cuestionada; o ¶ (d) por cualquier reconocimiento expreso o tácito del derecho del dueño por parte del poseedor.

En cuanto al cómputo de tiempo necesario para la usucapión, el artículo 789, 31 L.P.R.A. §8033, contempla que el poseedor actual puede completar el tiempo necesario uniendo al suyo el de su causante.

No se interrumpe la posesión cuando el emplazamiento o la citación judicial, si carece de validez por falta de solemnidades legales, si el actor desiste de la demanda o no impide que se archive por inactividad, con arreglo al procedimiento civil, o si el poseedor demandado prevalece en la demanda.

El artículo 783, 31 L.P.R.A. §8027, dispone que la usucapión ordinaria requiere la posesión de las cosas con buena fe y justo título por el tiempo determinado en la ley. La extraordinaria solo requiere la posesión por el tiempo determinado por la ley, aunque sin la necesidad de la buena fe ni justo título.

Para fines de la usucapión el artículo 784, 31 L.P.R.A. §8028, define la buena fe del poseedor como la creencia de que la persona de quien recibió la cosa era dueña de ella y podía transmitir su dominio. Esta definición de la buena fe hay que contrastarla con artículo 710, 31 L.P.R.A. §7828, en donde se reputa poseedora de buena fe a la persona que ignora que en su título o modo de adquirir existe vicio que lo invalida. La distinción, una aproximación afirmativa y otra negativa responde a la finalidad posesoria de ambos preceptos. En el artículo 784, *supra*, se atiende la adquisición del derecho de propiedad por el paso del tiempo, razón pro la cual se requiere una creencia afirmativa de que lo adquirió de quien lo podía transmitir, lo cual va unido al requerimiento del justo título que veremos en breve. En cambio, el artículo 710, *supra*, se atiende la protección de la posesión, particularmente la protección del interdicto posesorio, con miras a mantener la paz social en controversias posesorias.

El artículo 785, 31 L.P.R.A. §8029, define el justo título requerido para alegar ser poseedor en concepto de dueño de buena fe como aquel legalmente suficiente para transferir el dominio o derecho real por la persona que aparentemente lo puede transferir. Es decir, el justo título es en realidad un título aparente sobre el cual el poseedor confía para alegar la adquisición como dueño. Claro está, si el título fuera suficiente, la adquisición del derecho de propiedad no dependería de la usucapión. Véase también **Dávila v. Córdova**, 77 D.P.R. 136 (1954).

El artículo 786, 31 L.P.R.A. §8030, dispone los términos de la usucapión para los bienes muebles, requiriéndose la posesión de dos (2) años con buena fe o de cuatro (4) años sin necesidad de buena fe. Si bien es cierto que la reducción de los términos sugeridos en el P. del S. 1164 se limita a la usucapión de los bienes inmuebles, es pertinente observar tal reducción acerca ambos significativamente en su trato prescriptivo. Este acercamiento supone implícitamente una valoración jurídica tendiente a equiparar el trato de los bienes inmuebles como muebles. Tal valoración implícita, sin embargo, estaría reñida con toda una serie de disposiciones que rodean la transmisión inmobiliaria que le imponen ciertos requerimientos formales y legales como medidas dirigidas a garantizar la validez de sus negocios jurídicos. La diferencia existente en el trato del tiempo para fines de la usucapión me parece que refleja adecuadamente el valor socio-económico y jurídico que le damos a los bienes inmuebles vis a vis los bienes muebles.

A modo de ejemplo, la posibilidad de adquirir el dominio de un bien inmueble en cinco (5) años por usucapión ordinaria, particulamente por su aplicación retroactiva, bien pudiera tener consecuencias impredecibles sobre múltiples negocios jurídicos inscritos en el Registro de la Propiedad. La medida parece invitar al litigio. Si bien el artículo 790, 31 L.P.R.A. §8034, atiende la hipótesis de la oponibilidad de la usucapión ordinaria frente al tercero registral - véase artículo 35, 30 L.P.R.A.6050, la misma no tiene lugar sino en virtud de otro título igualmente inscrito, y el tiempo comienza a transcurrir desde la inscripción del segundo. Claro, en la medida en que el acto o negocio jurídico sea nulo, su inscripción no los convalida, ni altera las relaciones jurídicas de quienes intervengan como partes en dichos actos o contratos.

El artículo 787, 31 L.P.R.A. §8031, expresamente prohíbe la usucapión de cosa mueble hurtada o robada por el autor, ni por el cómplice o encubridor. No está del todo claro porque esta prohibición no se extiende a los bienes inmuebles. La realidad jurisprudencial es que los invasores de propiedad, aquellos que clandestinamente poseen un bien inmueble, no lo hacen de manera pública o pacífica, razón por la cual están impedidos de usucapir mientras perdure esta situación. Igual manera será de aquellos que por medio de fraude o falsificación de documentos pretendan adquirir derechos sobre bienes inmuebles. Sobre los casos de invasores de terrenos véase **Catalán González v. García**, 104 D.P.R. 380 (1975); **Amézquita v. Hernandez Colón**, 518 Fed. 2d. 8 (1975). Véase también en este aspecto el Artículo 718, 31 L.P.R.A. §7845, el cual dispone que en ningún caso puede adquirirse violentamente la posesión mientras exista un poseedor que se oponga a ello. También véase el artículo 778, *supra*.

En cuanto a los efectos de la usucapión sobre la herencia, el artículo 792, 31 L.P.R.A. §8036, sus efectos favorables desfavorables no se interrumpen por el fallecimiento del titular del derecho adquirido, independientemente de si los herederos aceptan la herencia. Este precepto debe leerse conjuntamente el artículo 721, 31 L.P.R.A. §7848, sobre los efectos de la posesión viciosa del causante, el cual señala que el sucesor por título hereditario, o por cualquier otro título, no sufre las consecuencias de una posesión viciosa de su causante, si no se demuestra que conocía los vicios que la afectaban o que sabía que su causante no poseía de forma pacífica y pública; pero los efectos de la posesión de buena fe no le aprovechan sino desde la fecha en que adquiere la posesión del bien.

Finalmente, el artículo 795, 31 L.P.R.A. §8039, le reconoce al adquirente, una vez transcurre el plazo para que se consume la usucapión, el derecho a entablar una acción para que se le declare titular del derecho usucapido.

En fin, la reducción de los términos de la usucapión de bienes inmuebles parece responder exclusivamente a los problemas derivados de la dificultad de acreditar la titularidad de los bienes inmuebles, especialmente por la exigencias de los entes administrativos federales. El peligro de la medida reside en que al tratar de ayudar a familias obtener acceso a fondos y subsidios de programas federales o territoriales, se estaría afectando los derechos de los propietarios existentes, quienes quedarían expuestos a una acción de usucapión que declarará la pérdida de derechos propietarios. Hay medidades administrativas menos onerosas que se pueden tomar para facilitar la acreditación de la titularidad de bienes inmuebles, ello sin necesidad de trastocar la figura de la usucapión. En la jerarquía de derechos existentes, no se entiende muy bien como facilitar el acceso a fondos federales está por encima del derecho de propiedad. Si bien es cierto que los derechos de propiedad hay que entenderlos dentro del contexto de su utilidad social, no es menos cierto que ello no debe ser pretexto para privar a los ciudadanos de sus derechos propietarios con la ligereza propia del populismo electoral.

La persona jurídica

También tiene personalidad jurídica, aunque atenuada por su propia naturaleza, el conjunto de bienes destinados a un fin determinado, cuando la ley le concede tal reconocimiento, siempre que los titulares que lo constituyen declaren, en escritura pública o en documento público sometido a inscripción, su interés de que ese conjunto de bienes se constituya como una entidad jurídica distinta y separada de sus respectivos patrimonios.

La ley determina los requisitos necesarios para su constitución e inscripción.

Artículo 218 del Código Civil, 31 L.P.R.A. §5863

En el Título Primero, sobre las relaciones jurídicas, el Código Civil de 2020 introduce un capítulo sobre la persona jurídica que, por su relevancia para la multiplicidad y variedad de actos y negocios jurídicos en los cuales comparecen como sujetos de derecho, requiere de un detenido análisis.

Desde una perspectiva jurídico-económica la persona jurídica sirve un fin esencial: promover la inversión al limitar el riesgo patrimonial. La persona jurídica tiene como su singular característica proteger a las personas del riesgo inherente que supone todo proyecto comercial o de inversión. Para dramatizar su importancia, contrástese a modo de ejemplo las figuras clásicas de la corporación con la sociedad. En el caso de la corporación, el accionista responde de ordinario de las obligaciones contraídas hasta el monto de sus acciones, protegiendo el resto de su patrimonio de cualquier pérdida o detrimento que pudiera esta sufrir. El efecto a largo plazo es que la figura fomenta la inversión y la asunción del riesgo, elementos cardinales para el desarrollo económico. La sociedad, en cambio, por lo general (hacemos excepción de la sociedad comanditaria) no distingue entre el patrimonio del socio y el de la sociedad, quedando el patrimonio del socio como garante de las obligaciones de la sociedad. El efecto a largo plazo es que la figura desalienta la inversión y el riesgo, por razones evidentes. La historia económica de las naciones en los últimos cuatrocientos años, según su inclinación al uso de las diversas personalidades jurídicas, atestiguan a sus respectivas ventajas y desventajas.

El artículo 216, 31 L.P.R.A. §5861, dispone que "[l]a persona jurídica se crea o se reconoce de conformidad con las exigencias y las limitaciones impuestas en este Código o la legislación especial que las regula, según su particular naturaleza y finalidad". El precepto proviene del artículo 27, 31 L.P.R.A. §101, del Código Civil anterior. El *Comentario al Borrador para la Discusión del Libro Primero del Código Civil*, pág. 171 (2003), advierte que este capítulo se limita a sentar algunas normas generales, pero que la naturaleza de las personas jurídicas requiere una regulación especializada y técnica que el código no puede cubrir, como la recogida en la Ley General de Corporaciones. La figura de la corporación, hay que insistir, es el modelo paradigmático de la persona jurídica.

Conforme el artículo 217, 31 L.P.R.A. §5862, son personas jurídicas: (a) el organismo y la entidad de interés y financiamiento público a los que su ley orgánica reconoce personalidad jurídica; y (b) la corporación, compañía, sociedad especial, fundación y otras asociaciones de personas con manifiesto interés particular, sean civiles, mercantiles o industriales, tengan o no fines de lucro, a las que la ley conceda personalidad jurídica independiente de la de sus constituyentes.

El reconocimiento de la personalidad jurídica, distintita y separada de las personas naturales que se mueven dentro de ella, fue reconocida en nuestra jurisdicción desde principios del siglo veinte. Véase *Rivera Maldonado v. E.L.A.*, 119 D.P.R. 75 (1987); *Sabalier v. Iglesias*, 34 D.P.R. 352 (1925).

En cuanto a la corporación, los artículos 1.06 y 2.02 Ley General de Corporaciones de 1995 disponen los rasgos característicos y las facultades que la ley reconoce a las corporaciones. Hay otras entidades a las cuales se le reconoce la personalidad jurídica, como las sociedades civiles, debidamente constituidas, reguladas por el Código Civil, artículos 1448-1453, 31 L.P.R.A. §§10501-10506; las compañías o sociedades mercantiles, entre ellas, la sociedad regular o colectiva y la comanditaria, reguladas por el Código de Comercio, artículo 95 del Código de Comercio, 10 L.P.R.A. §1341; la sociedad especial, artículo 101 del Código de

Publicado en ***Microjuris al día*** el 30 de abril de 2023.

Comercio, 10 L.P.R.A. §1347; el fideicomiso, artículo 2, de la Ley de Fideicomisos, Ley Núm. 219 de 31 de agosto de 2012, según enmendada, 32 L.P.R.A. §3351a.

El artículo 218, 31 L.P.R.A. §5863, recoge estatutariamente por primera vez el concepto de la personalidad jurídica atenuada. Dispone el precepto: "También tiene personalidad jurídica, aunque atenuada por su propia naturaleza, el conjunto de bienes destinados a un fin determinado, cuando la ley le concede tal reconocimiento, siempre que los titulares que lo constituyen declaren, en escritura pública o en documento público sometido a inscripción, su interés de que ese conjunto de bienes se constituya como una entidad jurídica distinta y separada de sus respectivos patrimonios. ¶La ley determina los requisitos necesarios para su constitución e inscripción."

El *Comentario al Borrador para la Discusión del Libro Primero del Código Civil,* pág. 173-174 (2003) dice que los patrimonios a los cuales se refieren en el anterior precepto son la sociedad de gananciales, el haber social de las sociedades civiles o empresas no incorporadas, las comunidades de bienes especiales, como la hereditaria y la post ganancial, entre otros de naturaleza análoga, a las que en el pasado se les ha reconocido personalidad jurídica propia, aunque atenuada, o se ha sugerido por la doctrina que podrían tener esa protección particular. El artículo 218, *supra*, levanta interrogantes sobre el alcance de la expresión "atenuada" una vez se inscribe. Una vez inscrito, la personalidad jurídica estaría protegida con todo el rigor que le confiere la ley, y nada añade o quita la calificación de "atenuada". Su uso, en este contexto, parecería ser más un retazo léxico.

Hay que observar en primera instancia una imprecisión conceptual en el texto del precepto anterior, al referirse a la personalidad jurídica – alegadamente, por su naturaleza – al conjunto de bienes destinados a un fin determinado. A riesgo de señalar lo obvio, los bienes no tienen personalidad. En todo caso, la personalidad – natural o jurídica – recae sobre un ente que ejerce su voluntad sobre su patrimonio, disponiendo de sus bienes según le parezca. La aplicación de la personalidad a un conjunto de bienes determinados parece asumir la noción de un patrimonio estático y limitado, susceptible de identidad propia y separada de quien actúa sobre ellos. Decir que un conjunto de bienes posee personalidad -aunque atenuada - es una profesión de paganismo jurídico, que le reconoce existencia propia a las cosas.

La imprecisión se torna un tanto contradictoria en el curso del propio texto al hacer referencia a los titulares que la constituyen la personalidad jurídica atenuada. Estos titulares – hay que suponer personas naturales o jurídicas, según sea el caso – son los llamados a actuar sobre los bienes pertenecientes al patrimonio. Si la personalidad es de los bienes y no de los titulares, ¿qué autoridad tendrían estos para disponer de aquellos? Este desenlace sería patentemente absurdo. La bondad de la personalidad jurídica es precisamente es la limitación de responsabilidad patrimonial de sus integrantes. Ningún valor o utilidad jurídica hay en reconocerle personalidad a los bienes, que no sea restársela a las personas que actúan sobre ellos. Sobre este extremo véase Los derechos reales.

En cuanto a la noción de una personalidad jurídica atenuada, el Tribunal Supremo se ha expresado en varios casos sobre sus lineamientos. En ***International Charter v. Registrador***, 110 D.P.R. 862 (1981) se adentró a perfilar la naturaleza jurídica de la sociedad legal de gananciales en el matrimonio. Por su relevancia al concepto de la personalidad jurídica atenuada, amerita pormenorizarlo a continuación.

En 1973 Gierbolini Santiago y su señora madre Juana María Santiago, ambos solteros, compraron a la CRUV *pro indiviso*, un solar de 350 metros cuadrados, en el que tenían una edificación. En 1980 hijo y madre vendieron la propiedad inmueble por escritura pública a la sociedad legal de gananciales compuesta Gierbolini Santiago y su ahora esposa Margarita Berly. En la misma fecha constituyeron una hipoteca en garantía de un pagaré a favor de International Charter Mortgage. Presentado para su inscripción en el Registro de la Propiedad, se denegó la inscripción por contravenir la prohibición de compraventa entre cónyuges del artículo 1347 del Código Civil, 31 L.P.R.A. §3772.

El Tribunal Supremo reiteró que la sociedad de gananciales es una entidad jurídica separada y distinta de los cónyuges que la componen, una comunidad germánica en mano común, *sui generis*, que no tiene el mismo grado de personalidad jurídica de las sociedades ordinarias o entidades corporativas, sino que es menos robusta, atenuada, en atención a su razón de ser. Véase además ***Rovira Tomás* v. *Srio. de Hacienda***, 88 D.P.R. 173 (1963); ***Torres* v. *A.F.F.*** 96 D.P.R. 648 (1968).

Citando a Castán Tobeñas, ***International Charter Mortgage*** apunta que aun cuando los bienes de la sociedad conyugal pertenecen a marido y mujer conjuntamente, no es posible confundir la comunidad de gananciales con comunidad de bienes romana por varias razones. Primero, porque la relación personal de los cónyuges es en aquel supuesto tan íntima, que modifica su estado civil, mientras en la copropiedad por cuotas los copartícipes se hallan ligados tan solo por la relación patrimonial. Segundo, porque el régimen jurídico del matrimonio impone normas de disposición, uso y administración de los bienes, así como especiales relaciones de responsabilidad, subrogación y distribución que no tienen razón de ser en la copropiedad ordinaria. Tercero porque la extinción de la sociedad de gananciales se halla regida por el carácter personal y de orden público de la unión, en tanto que la acción para pedir la división de la cosa común es característica de la comunidad de bienes ordinaria.

Según la doctrina resumida en ***International Charter Mortage***, se destacan las siguientes diferencias entre la comunidad de bienes ordinaria de la sociedad legal de gananciales: (i) La sociedad es un contrato que nace de la voluntad de las partes, y, en cambio, la sociedad conyugal, aunque puede constituirse expresamente en capitulaciones, se forma generalmente por el hecho del matrimonio, sin necesidad de estipulación; (ii) la sociedad puede celebrarse entre dos o más personas de cualquier sexo; en cambio, la sociedad de gananciales de Derecho común sólo puede constituirse entre marido y mujer, por ser consecuencia del matrimonio (esta distinción, por supuesto, quedo superada por el reconocimiento del matrimonio entre personas del mismo sexo); (iii) la sociedad comienza y termina cuando convienen las partes; en cambio, la de gananciales comienza y termina tan solo cuando se dan las circunstancias previstas en la legislación; (iv) en la sociedad ordinaria, las partes pueden alterar o modificar sus estipulaciones en cualquier tiempo; la de gananciales, una vez celebrado el matrimonio, es irrevocable (este distinción hay que atemperarla con la ahora legislada mutabilidad de las capitulaciones matrimoniales); (v) en la sociedad, la participación en los beneficios es tan esencial, que es nula aquella en que se estipule que uno de los socios se los lleve todos: en cambio, en la sociedad de gananciales esta exigencia no es necesaria; la mujer puede renunciar su derecho a los gananciales anticipadamente, en cuyo caso éstos corresponden en su totalidad al marido; (vi) en la sociedad, los beneficios se reparten en la forma estipulada, y en defecto de estipulación, a prorrata de los aportes de cada socio. En la sociedad conyugal, en cambio, los gananciales se dividen por mitad, cualquiera que sea el monto de los aportes de cada cónyuge y aunque uno de ellos no haya aportado nada; (vii) falta la disolubilidad por voluntad unilateral del socio (esta distinción también hay que atemperarlo con la inclusión de la causal de divorcio por ruptura irreparable), o la posibilidad de asociar a un tercero. En la sociedad de gananciales la existencia o no de ganancias es accidental; el fin de lucro está excluido por un propósito y destino superior: hacer posible la realización más perfecta de los fines del matrimonio; la inversión en común por los cónyuges de su capacidad de trabajo y los frutos de sus bienes propios para fomentar una economía que sirva al cumplimiento de sus deberes matrimoniales recíprocos y los de ambos para con los hijos, y para dividir ganancias, si las hubiere, llegado el caso de disolución de la sociedad. En fin, sentencia el Tribunal Supremo, la sociedad legal de gananciales no absorbe la personalidad individual de los cónyuges que la integran.

En lo referente a las sociedades civiles el artículo 1448, 31 L.P.R.A. §10501, expresamente dispone que la sociedad no tiene personalidad jurídica independiente de la de sus socios a menos que sea inscrita en el registro de personas jurídicas. Igual requerimiento habrá que aplicarles a las empresas no incorporadas bajo la Ley General de Corporaciones que actúen bajo la práctica de "Doing Bussiness As".

Hay que notar que los artículos 835-859, 31 L.P.R.A. §§8191-8232, del nuevo Código Civil callan sobre la atribución de personalidad jurídica a la comunidad de bienes. No se le reconoce, pero tampoco se la prohíbe, contrario a la comunidad hereditaria que expresamente le niega personalidad jurídica. Véase artículo 1600, 31 L.P.R.A. §11072. En el pasado no se le ha reconocido tal personalidad jurídica, reconociéndole a cada comunero sus derechos y obligaciones en atención a sus respectivas cuotas. Véase artículo 838, 31 L.P.R.A. §8194. Véase ***Kogan v Registrador***, 125 D.P.R. 636 (1990) sobre las diferencias entre la comunidad de bienes y la comunidad hereditaria. En el caso de la comunidad hereditaria, la limitación de responsabilidad del heredero (equivalente al anterior beneficio de inventario) contenida en el artículo 1587, 31 L.P.R.A. §11041, hasta cierto punto hace innecesaria la personalidad jurídica atenuada.

Dada la ausencia de disposiciones en contrario, cabe preguntarse si, en principio, es posible configurar una comunidad de bienes con personalidad jurídica bajo el artículo 218, *supra*, al amparo de la libertad contractual - artículo 1232, 31 L.P.R.A. §9753 - reconocida en la facultad de los comuneros de establecer el régimen que lo gobiernen, artículo 836, 31 L.P.R.A. §8192. Más aún, el artículo 219, 31 L.P.R.A. §5864, parece anticipar esta posibilidad al reconocer que el régimen de la entidad con personalidad jurídica se regirán por sus cláusulas de incorporación y el reglamento complementario o por cualquier documento constitutivo, según su particular naturaleza y destino, siempre que no sean contrarios a la ley que las gobierna, ni su objeto contravenga el orden público. En el supuesto de la comunidad de bienes, la personalidad jurídica atenuada pudiera tener mayor utilidad práctica como medida para limitar la responsabilidad patrimonial de los comuneros.

Los artículos 547-554, -554, 31 L.P.R.A. §§7041-7048, a su vez, regulan la comunidad de bienes post ganancial. De una lectura de sus preceptos no se desprende un impedimento estatutario a reconocerle personalidad jurídica, precisamente con miras a limitar la responsabilidad entre sí de los excónyuges durante el proceso de liquidación. En la medida en que la tendencia moderna es la de promover la autonomía de la voluntad en el matrimonio, como ejemplifica la mutabilidad de las capitulaciones matrimoniales, es razonable pensar que no debería haber impedimento en reconocerle a los excónyuges la facultad de crear una personalidad jurídica atenuada para atender la comunidad de bienes post ganancial. Sobre la comunidad de bienes post ganancial véase ***Betancourt González v. Pastrana Santiago***, 199 D.P.R. ___ (2018); ***Meléndez Soberal v. García Marrero***, 158 D.P.R. 77 (2002).

Bajo cualquiera de sus supuestos, según el artículo 218, *supra*, la personalidad jurídica atenuada tiene que declararse por sus titulares en escritura pública o en documento público sometido a inscripción. Este requerimiento de forma - otra instancia de la preocupante tendencia hacia el formalismo contractual - no está del todo claro, pudiéndose lograr el mismo propósito sin ella. Más aún, en los casos de la sociedad legal de gananciales, que es el régimen económico supletorio del matrimonio según el artículo 489, 31 L.P.R.A. §6912, y en los casos de comunidad de bienes post ganancial, ¿será necesario otorgar una escritura pública e inscribirlo en el Registro de Personas Jurídicas para que goce de la protección patrimonial de la personalidad jurídica atenuada?

El segundo párrafo del artículo 218, *supra*, dispone que "[l]a ley determina los requisitos necesarios para su constitución e inscripción". Una primera lectura parecería sugerir que este precepto hace referencia al Registro de las Personas Jurídicas, de nuevo cuño, adscrito al Departamento de Estado, expandiéndose con ello las funciones del Registro de Corporaciones. Los artículos 222 al 226, 31 L.P.R.A. §§5871-5875, la cual recogen su contenido y alcance. En cumplimiento con el Código Civil, el 2 de junio de 2022 el Departamento de Estado creo el Registro de Personas Jurídicas. En su página cibernética el

Departamento de Estado avisa que las corporaciones, compañías, sociedades, sociedades especiales, fideicomisos, fundaciones y otras asociaciones de personas de interés particular, sean civiles, mercantiles o industriales deberán ser registradas en el Registro de Personas Jurídicas, y se requiere que las entidades creadas a partir del 2 de junio de 2022 se registren, pero las entidades creadas previo a dicha fecha- aunque deseable - no le es requerido.

No obstante lo anterior, en la medida en que diferentes figuras están reguladas por otros preceptos, tanto en el Código Civil como en leyes especiales y los pronunciamientos jurisprudenciales, hay que concluir que la constitutividad de la personalidad jurídica atenuada también están sujeta a otros disposiciones normativas mas allá del Registro de las Personas Jurídicas. Este parece ser la interpretación que le está dando el Departamento de Estado cuando advierte que dicho registro no deberá interpretarse como constitutivo para aquellas entidades que su creación esté regulada por leyes especiales, como es el caso de las corporaciones, compañías de responsabilidad limitada, fideicomisos, entre otros. Sin remedio, habrá que esperar a ver cómo los tribunales atienden los casos y controversias que sin duda se habrán de presentar sobre estos extremos.

La prenda

La prenda es el derecho real de garantía constituido sobre bienes muebles, corporales e incorporales, que están en el tráfico jurídico y que son susceptibles de posesión, mediante su entrega física o jurídica, al acreedor o a una tercera persona designada de común acuerdo, para asegurar el cumplimiento de toda clase de obligaciones.

Se entiende entregado jurídicamente el bien, cuando éste queda en poder del deudor.

Las disposiciones de este Código con respecto a la prenda no son aplicables a los gravámenes mobiliarios regidos por el Capítulo 9 de la Ley 208-1995, según enmendada, conocida como "Ley de Transacciones Comerciales de Puerto Rico".

Artículo 1000 del Código Civil, 31 L.P.R.A. §8691

La prenda es un derecho real de garantía que se constituye sobre un bien mueble, corporales o incorporales, susceptible de posesión, mediante su entrega física o jurídica, al acreedor o a una tercera persona designada por común acuerdo, para asegurar el cumplimiento de toda clase obligaciones.

Esta definición, recogida en el artículo 1000 del Código Civil, 31 L.P.R.A. §6991, reclama su descomposición.

Como derecho real, la prenda faculta al titular del derecho – el acreedor pignoraticio – a actuar sobre el bien en oposición a todos, erga omnes, incluyendo a su dueño. Sobre la oponibilidad del derecho real véase el artículo 697 del Código Civil, 31 L.P.R.A. §7661.

Como garantía, el derecho real es necesariamente accesorio, que depende de alguna obligación principal que ésta asegura. El artículo 991 del Código Civil define los define como "[…] aquellos que se constituyen para asegurar el cumplimiento de una obligación mediante la concesión a su titular de un poder directo e inmediato sobre un bien ajeno y la facultad para promover su enajenación y cobrar con su precio, si la obligación no se cumple".

La característica esencial de la prenda es que el derecho recae sobre bienes muebles. En este contexto hay que tener presente la clasificación estatutaria

Publicado en Microjuris el 7 de mayo de 2023.

de los bienes muebles, sea por su naturaleza, artículo 255, 31 L.P.R.A. §6062, sea por disposición de ley, artículo 256, 31 L.P.R.A. §6063. Estos bienes, pueden ser corporales o incorporales, según definidos en el artículo 245 y 248 ,31 L.P.R.A. §6041, §6065.

El requerimiento de que la prenda recaiga sobre un bien mueble responde fundamentalmente a la realidad patrimonial de minimizar los riesgos del acreedor en casos de incumplimiento. Poca utilidad tendría la prenda como derecho real si el acreedor estuviera impedido de agredir el bien sin la intervención del deudor.

Los bienes tienen que estar en el tráfico jurídico, es decir tienen que reunir los elementos dispuestos en los artículos 269 y 270, 31 L.P.R.A. del Código Civil, §6131, §6132. Véase La marijuana como objeto de negocio jurídico. Debe ser determinable y no puede ser de realización imposible, ilícito, inmoral, contrarios al orden público, a las buenas costumbres, o lesivos de derechos de terceros. Hay que notar que en tanto la prenda recaiga sobre un bien necesariamente el objeto de la obligación – *qua* derecho real – consiste en dar, no en un hacer. Es en este sentido que se debe entender el artículo 999, 31 L.P.R.A. 8679, al disponer que la promesa de constituir derechos reales de garantía solo produce una acción personal entre los contratantes.

Para fines de este análisis dejamos fuera las casas de empeño, que en todo caso se rigen por la ley Ley para Regular el Negocio y las Operaciones en las Casas de Empeño, 10 L.P.R.A. §634, *et seq.*, y supletoriamente por el Código Civil, véase el artículo 1009, 31 L.P.R.A. §8707.

El bien tiene que ser susceptible de posesión. Al hacer referencia a la posesión, inevitablemente hay que traer a colación las disposiciones que la califican y regulan, particularmente en lo referente la protección posesoria y como manera de adquirir derechos propietarios sobre el bien. Sobre la posesión véase artículos 703-740, 31 L.P.R.A. §§7821-7897. Véase también La posesión mobiliaria.

Mediante su entrega material o jurídica. Tradicionalmente la prenda ha requerido como su característica saliente su desplazamiento, es decir la entrega física del bien por el titular al acreedor. Sin ese desplazamiento el acreedor no obtendría la posesión del bien para con ello asegurar – como cuestión de hecho - el cumplimiento de la obligación que este garantiza.

Cuando se refiere a la entrega material del bien estamos en terreno bien arado por la doctrina. El precepto que nos ocupa, sin embargo, añade que la entrega del bien puede ser jurídica, entendido esto, hay que suponer, en oposición a la entrega material. La disyuntiva no está del todo claro por una razón evidente: la entrega material de la posesión del bien, en el contexto de la prenda, necesariamente implica una entrega jurídica. Es decir, el acreedor recibe el bien materialmente junto con su envestidura jurídica: como acreedor pignoraticio. La distinción en la entrega material y la entrega jurídica solamente hace sentido en la medida en que esta excluya aquella. De lo contrario, la distinción sería inútil.

La entrega jurídica, por si sola, supone la transferencia posesoria de derecho, no de hecho, lo cual necesariamente requeriría de su exteriorización en algún documento o contrato debidamente otorgado, que la evidencie. De lo contrario, la mera alegación de un interés posesorio de derecho por un acreedor bastaría para aparentar la existencia de la prenda, con las consabidas consecuencias en perjuicio de terceros adquirentes del bien. Este parece ser la intuición que informa el artículo 1002, 31 L.P.R.A. §8693, que alerta que la prenda no surte efecto contra tercero si no consta la certeza de la fecha por documento auténtico. Claro, en la medida en que no exista un registro público de documentos auténticos hay que preguntarse cómo esos terceros adquirentes van a tomar conocimiento de la existencia de la prenda. Añadiendo sal a la herida, el segundo párrafo del artículo 1000, *supra*, dispone que se entiende entregado jurídicamente el bien, cuando éste queda en poder del deudor. Ese "se entiende" – ciertamente, no una frase revestida de precisión jurídica - hay que suponer es una presunción *iuris tantum*.

Esta preocupación quedo parcialmente atendida en el tercer párrafo del artículo 1000, *supra*, cuando precisa que las disposiciones con respecto a la prenda no son aplicables a los gravámenes mobiliarios regidos por el Capítulo 9 de la Ley de Transacciones Comerciales, 19 L.P.R.A. § 2211, *et seq*., los cuales son susceptible de inscripción y publicidad en el registro mobiliario (los llamados *U.C.C. filings*) en el Departamento de Estado. En la medida en que este inscrito el gravamen mobiliario, la acreencia pignoraticia del acreedor queda protegida por ficción jurídica aún en casos de disposición del bien a terceros por su deudor. El ejemplo más común de esta transacción es la inscripción de los títulos de vehículos de motor a favor de los acreedores que financian su adquisición por el consumidor. Hay que llamar la atención a la manera en que está redactado este tercer párrafo, el cual se limita a reclamar la aplicabilidad de la ley especial a aquellos casos que se acojan a sus disposiciones, dejando al rescoldo aquellos casos que no sujeten a ella.

Llama la atención que el tercer párrafo del artículo 1000, *supra*, no formaba parte de la propuesta original del borrador del Código Civil, lo cual al incluirse como un tercer párrafo produce un área de ambigüedad normativa, a saber, los bienes entregados jurídicamente en prenda que no estén cobijados por el Capítulo 9 de la Ley de Transacciones Comerciales, *supra*.

Los primeros dos párrafos del artículo 1000, *supra*, son idénticos al artículo 326 propuesto por la Comisión Conjunta y Permanente para la Revisión y Reforma del Código Civil, que, según la nota de su procedencia, nos llega de los artículos 1762 y 1763 del anterior Código Civil de Puerto Rico; los artículos 1055 y 1059 del Código Civil de la República del Perú; y el artículo 13 de la Ley 19 de 5 de julio de 2002 de Derechos Reales de Garantía de la Generalidad de Cataluña.

Los artículos 1762 y 1763 de nuestro anterior Código Civil ,31 L.P.R.A. §5021, §5022, se limitaban a regular el desplazamiento del bien a favor del acreedor o un tercero, y las cosas muebles como objeto de la prenda, sin contemplar la posibilidad de un desplazamiento jurídico del bien dado en prenda. Por su parte el artículo 1059 del Código Civil del Perú, expresamente dispone que los efectos jurídicos de la prenda se dan desde que dicho acto sea inscrito en el registro respectivo. Es decir, requiere la publicidad del acto. Igualmente en Cataluña, que requiere la inscripción del gravamen mobiliario en un registro y, en su defecto, para que perjudique a terceros conste en instrumento público. Véase además Reyes Barrada Orellana, ***Las garantía mobiliarias en el derecho civil de Cataluña***, Editorial Tirant lo Blanch (2005).

Sobre el artículo 326, comenta el *Borrador para Discusión del Código Civil, Libro Tercero* (2003), págs. 382: "La definición de prenda de este artículo se obtuvo de los Artículos 1762 y 1763 del Código Civil vigente. El Artículo 1762 vigente protege tanto el interés del acreedor (quien sabe que la garantía no está en manos del deudor), como el interés del deudor, puesto que le reconoce la posibilidad de poner la garantía bajo el control de un tercero, no del acreedor. Sin embargo, produce el inconveniente de la privación de su posesión al titular del dominio, causando graves problemas de productividad económica. Hoy día existen mecanismos que propicia una garantía sin necesidad de aislar el bien de la actividad económica de su propietario. Este fenómeno es reconocido en el artículo propuesto al instituir la entrega jurídica. **En la prenda común u ordinaria, que es la que reglamenta el Código Civil, rige la entrega física. La entrega jurídica queda para la prenda sin desplazamiento, regida en la ley especial."** Énfasis nuestro.

Consignado lo anterior, no obstante, no surge del texto del artículo 326 propuesto, ni del artículo 1000, *supra*, aprobado, que la prenda sin desplazamiento del bien se rige exclusivamente por el Capítulo 9 de la Ley de Transacciones Comerciales, *supra*. Si en efecto el propósito es de admitir el derecho real de garantía de la prenda mediante la entrega jurídica, necesariamente tiene que requerirse su inscripción en algún registro público, de manera que terceros queden debidamente notificados de su constitución. De lo contrario el precepto invita la controversia entre acreedores pignoraticios y terceros que adquieren el bien con título y de buena fe. Según está redactado, sin embargo, el tercer párrafo del artículo 1000, *supra*, no conjura del todo el problema en tanto que admite la posibilidad de la entrega jurídica en casos no contemplados por el Capítulo 9 de la Ley de Transacciones Comerciales, supra. En este contexto, merece destacarse que la sección 9-109(d) del Capítulo 9 de la Ley de Transacciones Comerciales, 19 L.P.R.A. §2219, expresamente excluye siguientes actos y negocios jurídicos del radio de su aplicación, y por su relevancia cito *in extenso*:

"[...](d) Capítulo es inaplicable. Este Capítulo no aplicará a:
(1) un gravamen de un arrendador, que no sea un gravamen agrícola;
(2) un gravamen, que no sea un gravamen agrícola, creado por una ley u otro estado de derecho por servicios prestados o materiales provistos, pero la Sección 9-333 aplica con respecto a la prioridad del gravamen;
(3) una cesión de un reclamo por salarios, jornales u otra compensación de un empleado;
(4) una venta de cuentas, papel financiero, pagos intangibles, o pagarés como parte de una venta del negocio del cual surgen;
(5) una cesión de cuentas, papel financiero, pagos intangibles o pagarés para propósitos de cobro solamente;
(6) una cesión de un derecho de pago bajo un contrato a un cesionario que también está obligado a cumplir bajo el contrato;
(7) una cesión de una sola cuenta, un solo pago intangible, o un solo pagaré a un cesionario para cumplir total o parcialmente con una deuda preexistente;
(8) la transferencia de un interés en, o una cesión de un reclamo bajo una póliza de seguro, que no sean: (i) los derechos de un beneficiario bajo una póliza de seguro de vida, y
(ii) una cesión por, o a un, proveedor de salud de una cuenta por cobrar bajo contrato de seguros de salud y cualquier cesión subsiguiente del derecho al pago, no obstante las Secciones 9-315 y 9-322 aplicarán con respecto a los productos y prioridades sobre los productos;
(9) una cesión de un derecho representado por una sentencia, que no sea una sentencia sobre un derecho a pago que era propiedad gravada;
(10) un derecho a recuperar o de compensación, pero:

(A) la Sección 9-340 aplicará con respecto a la efectividad de los derechos a recuperar o de compensación contra las cuentas de depósito; y
(B) la Sección 9-404 aplicará con respecto a las defensas o reclamos de un deudor de una cuenta;

(11) la creación o transferencia de un interés en o gravamen sobre propiedad inmueble, incluyendo un arrendamiento o las rentas que surjan de dicho arrendamiento, excepto en la medida que dicha disposición se haga para:
(A) gravámenes sobre propiedad inmueble en las Secciones 9-203 y 9-308;
(B) bienes inmuebles por su destino en la Sección 9-334;
(C) registros de bienes inmuebles por su destino en las Secciones 9-501, 9-502, 9-512, 9- 516, y 9-519; y
(D) acuerdos de garantía mobiliaria que cubren propiedad mueble e inmueble en la Sección 9-604.

(12) una cesión de un reclamo que surge de una acción de daños y perjuicios, que no sea una reclamación de daños y perjuicios comerciales, pero las Secciones 9-315 y 9-322 aplicarán con relación al producto y prioridad en los productos; o
(13) una cesión de una cuenta de depósito en una transacción de consumo, pero las Secciones 9-315 y 9-322 aplicarán con respecto al producto y prioridad en los productos."

Es decir, los anteriores actos y negocios jurídicos, al no estar bajo el Capítulo 9 de la Ley de Transacciones Comerciales, *supra*, bien pudieran ser pignoradas en garantía mediante la entrega jurídica, es decir, sin desplazamiento material. Bajo esta hipótesis, el Código Civil en materia de prenda sería, en ausencia de alguna otra legislación especial, la ley aplicable. Esta posibilidad levanta serias interrogantes, particularmente en cuanto a los derechos de terceros que hayan adquirido el bien del deudor pignoraticio sin conocimiento del gravamen, y de los deudores que pudieran quedar expuestos a una reclamación pignoraticia de un acreedor en virtud de alguna disposición contractual. Contrario a lo dispuesto en el Artículo 1008, 31 L.P.R.A. §8706, sobre la enajenación de la prenda por el acreedor, el Capítulo sobre la prenda no incluye un artículo sobre la enajenación del bien por el deudor, lo cual pudiera ser una posibilidad al introducirse de manera genérica la entrega jurídica del bien en prenda.

Para evitar estos posibles conflictos interpretativos el artículo 1000, *supra*, debería enmendarse para no dejar dudas de que la derecho real de garantía de prenda mediante entrega jurídica está disponible únicamente bajo las disposiciones del Capítulo 9 de la Ley de Transacciones Comerciales, requiriéndose la entrega material en todos los otros casos. Otra al alternativa, por supuesto, sería ampliar el radio de aplicación del registro mobiliario.

Notas sobre la doctrina del descubrimiento

La "doctrina del descubrimiento" no forma parte de la enseñanza de la Iglesia católica. La investigación histórica demuestra claramente que los documentos papales en cuestión, escritos en un período histórico específico y relacionados a cuestiones políticas, nunca han sido considerados expresiones de la fe católica. Al mismo tiempo, la Iglesia reconoce que estas bulas papales no reflejaban adecuadamente la igual dignidad y los derechos de los pueblos indígenas. La Iglesia también es consciente del hecho de que el contenido de estos documentos ha sido manipulado para fines políticos por las potencias coloniales que competían entre sí, para justificar actos inmorales contra las poblaciones indígenas, realizados algunas veces sin oposición de las autoridades eclesiásticas. Es justo reconocer estos errores, reconocer los terribles efectos de las políticas de asimilación y el dolor experimentado por las poblaciones indígenas, así como pedir perdón.

El Vaticano, Nota conjunta sobre la doctrina del descubrimiento del Dicasterio para la Cultura y la Educación y el Dicasterio para el Servicio del Desarrollo Humano Integral.

En ***Puerto Rico v. Sánchez Valle*** 579 U.S. ___ (2015), el Tribunal Supremo de los Estados Unidos resolvió que una persona no podía ser acusado en el tribunal territorial si había sido acusado y convicto por el mismo delito en la jurisdicción federal, bajo la garantía constitucional contra la doble exposición. Para llegar a esta conclusión, el Tribunal Supremo tuvo que distinguir de su casuística anterior que reconoce la doble soberanía del gobierno federal y de los estados, no así en los casos de los territorios. Para lograr esa distinción se tuvo que introducir la discusión sobre la soberanía de las naciones indígenas en oposición a reclamada soberanía del gobierno territorial de Puerto Rico.

En síntesis, el argumento gira en torno a la soberanía primigenia de las naciones indígenas, quienes al día de hoy la preservan bajo la tutela -"wards of the State" - del Gobierno Federal. En la temible frase del juez John Marshall en los conocidos casos ***Cherokee Nation v. Georgia*** (1831) y ***Worcester v. Georgia*** (1832), las tribus indígenas eran "domestic dependant nations", quienes por sus circunstancias históricas no tenían la capacidad de participar plenamente en sus propios destinos. La genealogía conceptual entre las naciones domésticas dependientes y la doctrina del territorio no-incorporado – "foreign,

Publicado en ***Microjuris al día*** 14 de mayo de 2023.

in a domestic sense" – es una de esas tareas inconclusas de nuestro derecho constitucional.

Demasiadas veces olvidado, diez años antes de los ***Cherokees cases***, el Tribunal Supremo había resulto el caso de ***Johnson v McInstosh***, 21 U.S. (7 Wheat.) 543 (1823). Los hechos relevantes del caso son los siguientes: Thomas Johnson había comprado una tierras de la tribu Piankeshaw en el territorio de Ohio entre 1773 y 1775, antes de constituirse los Estados Unidos. Posteriormente sus descendientes arrendaron la propiedad. Constituido y reconocido los Estados Unidos en 1783, William McIntosh obtuvo una concesión sobre las mismas tierras del gobierno federal. Los descendientes de Johnson radicaron una demanda análoga al deshaucio (ejectment), alegando que sus derechos de propiedad era anteriores y superiores a los de McIntosh. El Tribunal de Distrito desestimó la demanda bajo el fundamento que la tribu Piankeshaw no tenía capacidad para transferir el derecho de propiedad. El Tribunal Supremo confirmó la desestimación.

En su opinión John Marshall hilvana la filosofía antropológica de John Locke de su ***Second Treatise on Civil Government,*** declarando que las tribus indígenas como meros poseedores de la tierra que la ocupaban sin derechos propietarios por no trabajarlas a la usanza feudal, con la doctrina del descubrimiento, reclamando el derecho a la propiedad de las naciones europeas. Por su importancia, para justamente contextualizar la doctrina de descubrimiento, citamos extensamente a John Marshall:

> "On the part of the defendants, it was insisted, that the uniform understanding and practice of European nations, and the settled law, as laid down by the tribunals of civilized states, denied the right of the Indians to be considered as independent communities, having a permanent property in the soil, capable of alienation to private individuals. **They remain in a state of nature, and have never been admitted into the general society of nations**. All the treaties and negotiations between the civilized powers of Europe and of this continent, from the treaty of Utrecht, in 1713, to that of Ghent, in 1814, have uniformly disregarded their supposed right to the territory included within the jurisdictional limits of those powers. Not only has the practice of all civilized nations been in conformity with this doctrine, but the whole theory of their titles to lands in America, rests upon the hypothesis, **that the Indians had no right of soil as sovereign**, independent states. **Discovery is the foundation of title, in European nations, and this overlooks all proprietary rights in the natives.** The sovereignty and eminent domain thus acquired, necessarily precludes the idea of any other sovereignty existing within the same limits. The subjects of the discovering nation most necessarily be bound by the declared sense of their own government, as to the extent of this sovereignty, and the domain acquired with it. **Even if it should be admitted that the Indians were originally an independent people, they have ceased to be so. A nation that has passed under the dominion of another, is no longer a sovereign state**. The same treaties and negotiations, before referred to, show their dependent condition. Or, if it be admitted that they are now independent and foreign states, the title of the plaintiffs would still be invalid: as grantees from the Indians, they must take according to their laws of property, and as Indian subjects. The law of every dominion affects all persons and property situate within it; **and the Indians never had any idea of individual property in lands.** It cannot be said that the lands conveyed were disjoined from their dominion; because the grantees could not take the sovereignty and eminent domain to themselves. ¶Such, then, being the nature of the Indian title to lands, the extent of their right of alienation must depend upon the laws of the dominion under which they live. They are subject to the sovereignty of the United States. The subjection proceeds from their residence within our territory and jurisdiction. It is unnecessary to show,

> that they are not citizens in the ordinary sense of that term, **since they are destitute of the most essential rights which belong to that character**. They are of that class who are said by jurists not to be citizens, but perpetual inhabitants with diminutive rights.[...]According to every theory of property, the Indians had no individual rights to land; nor had they any collectively, or in their national capacity; **for the lands occupied by each tribe were not used by them in such a manner as to prevent their being appropriated by a people of cultivators**. All the proprietary rights of civilized nations on this continent are founded on this principle." Elipsis y énfasis nuestro (p. 567-570).

Los casos recientes de ***Oklahoma v. Castro Huerta***, 597 U.S. ___ (2022), ***Oklahoma v. McGirt***, 591 U.S. ___(2020), ilustran la continua hegemonía del gobierno federal sobre las naciones indígenas. Al parecer, la doctrina de descubrimiento (como todo reclamado derecho natural) tiene diversas formas de entenderse y aplicarse según los intereses del momento.

Esta concepción fue anticipada en la carta de Cristóbal Colón a los Reyes Católicos en 1493 cuando infantilizaba a los primeros indígenas. Escribía Cristóbal Colón:

> "La gente de esta isla y de todas las otras que he hallado y he habido noticia, andan todos desnudos, hombres y mujeres, así como sus madres los paren, aunque algunas mujeres se cobijan un solo lugar con una hoja de hierba o una cofia de algodón que para ellos hacen. Ellos no tienen hierro, ni acero, ni armas, ni son para ello, no porque no sea gente bien dispuesta y de hermosa estatura, salvo que son muy temeroso a maravilla. No tienen otras armas salvo las armas de las cañas, cuando están con la simiente, a la cual ponen al cabo un palillo agudo; y no osan usar de aquellas; que muchas veces me ha acaecido enviar a tierra dos o tres hombres a alguna villa, para haber habla, y salir a ellos de ellos sin número; y después que los veían llegar huían, a no aguardar padre a hijo; y esto no porque a ninguno se haya hecho mal, antes, a todo cabo adonde yo haya estado y podido haber fabla, les he dado de todo lo que tenía, así paño como otras cosas muchas, sin recibir por ello cosa alguna; mas son así temerosos sin remedio. Verdad es que, después que se aseguran y pierden este miedo, ellos son tanto sin engaño y tan liberales de lo que tienen, que no lo creería sino el que lo viese. Ellos de cosa que tengan, pidiéndosela, jamás dicen de no; antes, convidan la persona con ello, y muestran tanto amor que darían los corazones, y, quieren sea cosa de valor, quien sea de poco precio, luego por cualquiera cosica, de cualquiera manera que sea que se le dé, por ello se van contentos. Yo defendí que no se les diesen cosas tan civiles como pedazos de escudillas rotas, y pedazos de vidrio roto, y cabos de agujetas aunque, cuando ellos esto podían llegar, les parecía haber la mejor joya del mundo; que se acertó haber un marinero, por una agujeta, de oro peso de dos castellanos y medio; y otros, de otras cosas que muy menos valían, mucho más; ya por blancas nuevas daban por ellas todo cuanto tenían, aunque fuesen dos ni tres castellanos de oro, o una arroba o dos de algodón hilado. Hasta los pedazos de los arcos rotos, de las pipas tomaban, y daban lo que tenían como bestias; así que me pareció mal, y yo lo defendí, y daba yo graciosas mil cosas buenas, que yo llevaba, porque tomen amor, y allende de esto se hagan cristianos, y se inclinen al amor y servicio de Sus Altezas y de toda la nación castellana, y procuren de ayuntar y nos dar de las cosas que tienen en abundancia, que nos son necesarias. Y no conocían ninguna seta ni idolatría salvo que todos creen que las fuerzas y el bien es en el cielo, y creían muy firme que yo con estos navíos y gente venía del cielo, y en tal catamiento me recibían en todo cabo, después de haber perdido el miedo. Y esto no procede porque sean ignorantes, y salvo de muy sutil ingenio y

hombres que navegan todas aquellas mares, que es maravilla la buena cuenta que ellos dan que de todo; salvo porque nunca vieron gente vestida ni semejantes navíos."

Si algo arrojan trabajos como ***The Darker Side of the Renaissance*** de Walter Mignolo, ***1491*** de Charles Mann, ***The Invention of America*** de José Rabasa y ***The Dawn of Everything*** de Graeber y Wengrow, entre tantos otros, es que esa visión eurocéntrica de las culturas indígenas, como meros poseedores incidentales de la tierra, no tiene fundamento alguno y giran sobre la disonancia entre las pre-concepciones filosófico-antropológicas y la realidad histórica.

La doctrina de descubrimiento fue pura invención jurídica y filosófica articulada, con el apoyo directo de las iglesias, para justificar la explotación. No hay ***Tratado de Tordesillas*** (1495) sin la bula papal ***Inter Caetera*** (1493). No obstante las voces excepcionales como las de Francisco de Vitoria en ***De iure belli*** y Bartolomé de las Casas en sus debates con Fray Ginés de Sepúlveda, la historia del genocidio americano es parte integral de la historia de la fe cristiana.

El 30 de marzo de 2023 el Vaticano emitió una Nota Conjunta del Discaterio para la Cultura y la Educación y el Dicasterio para el Servicio del Desarrollo Humano Integral, repudiando la doctrina del descubrimiento y, alegando con pulcritud legalista, que nunca ha sido considerada expresión de la fe católica. Dice la nota en sus párrafos 5 y 6:

"5. En este contexto de escucha a los pueblos indígenas, la Iglesia ha visto la importancia de afrontar el concepto denominado "doctrina del descubrimiento". El concepto jurídico de "descubrimiento" ha sido debatido por las potencias coloniales desde el siglo XVI y ha encontrado una expresión particular en la jurisprudencia del siglo XIX, en los tribunales de diferentes países, según la cual el descubrimiento de tierras por parte de los colonos concedía el derecho exclusivo de extinguir, mediante la compra o la conquista, el título o la posesión de dichas tierras por parte de las poblaciones indígenas. Algunos estudiosos han sostenido que la base de la llamada "doctrina" se encuentra en diversos documentos papales, como las bulas ***Dum Diversas*** (1452), ***Romanus Pontifex*** (1455) e ***Inter Caetera*** (1493).

6. "La "doctrina del descubrimiento" no forma parte de la enseñanza de la Iglesia católica. La investigación histórica demuestra claramente que los documentos papales en cuestión, escritos en un período histórico específico y relacionados a cuestiones políticas, nunca han sido considerados expresiones de la fe católica. Al mismo tiempo, la Iglesia reconoce que estas bulas papales no reflejaban adecuadamente la igual dignidad y los derechos de los pueblos indígenas. La Iglesia también es consciente del hecho de que el contenido de estos documentos ha sido manipulado para fines políticos por las potencias coloniales que competían entre sí, para justificar actos inmorales contra las poblaciones indígenas, realizados algunas veces sin oposición de las autoridades eclesiásticas. Es justo reconocer estos errores, reconocer los terribles efectos de las políticas de asimilación y el dolor experimentado por las poblaciones indígenas, así como pedir perdón."

Acto seguido, el párrafo 8 cita con aprobación la bula ***Sublimis Deus (***1537):

"8. Numerosas y recurrentes declaraciones de la Iglesia y de los Papas sostienen los derechos de los pueblos indígenas. Por ejemplo, en la bula ***Sublimis Deus*** de 1537, el Papa Pablo III escribió: «Determinamos y declaramos [...] que dichos Indios, y todas las gentes que en el futuro los cristianos llegasen a conocer, aunque vivan fuera de la fe cristiana, pueden usar, poseer y gozar libre y lícitamente de su libertad y del dominio de sus propiedades, que no deben ser reducidos a servidumbre y que todo lo que se hubiese hecho de otro modo es nulo y sin valor[...]"

Se omite curiosamente de la cita la oración que le sigue: "[...][asimismo declaramos] que dichos indios y demás gentes **deben ser invitados a abrazar la fe de Cristo a través de la predicación de la Palabra de Dios y con el ejemplo de una vida buena**, no obstando nada en contrario."

La historia del requerimiento también es parte del sentido de este texto. Siempre es tarde cuando la desdicha es irrevocable.

Financial Oversight and Management Board for Puerto Rico v. Centro de Periodismo Investigativo, Inc.

The life of the law has not been logic: it has been experience. The felt necessities of the time, the prevalent moral and political theories, intuitions of public policy, avowed or unconscious, even the prejudices which judges share with their fellow-men, have had a good deal more to do than the syllogism in determining the rules by which men should be governed. The law embodies the story of a nation's development through many centuries, and it cannot be dealt with as if it contained only the axioms and corollaries of a book of mathematics. In order to know what it is, we must know what it has been, and what it tends to become. We must alternately consult history and existing theories of legislation. But the most difficult labor will be to understand the combination of the two into new products at every stage. The substance of the law at any given time pretty nearly corresponds, so far as it goes, with what is then understood to be convenient; but its form and machinery, and the degree to which it is able to work out desired results, depend very much upon its past.

Oliver Wendell Holmes, The Common Law (1881)

Any necessary truth, whether a priori or a posteriori, could not have turned out otherwise.

Saul Kripke

A continuación algunos apuntes lógico-críticos al reciente ***Financial Oversight Management Board for Puerto Rico v. Centro de Periodismo Investigativo***, 598 U.S. ___ (2022):

1. La controversia, en sentido jurídico estricto, es si PROMESA abrogó la inmunidad soberana del Gobierno de Puerto Rico bajo la Undécima Enmienda de la Constitución de los Estados Unidos – y por consecuencia el de la Junta de Supervisión Fiscal – a los fines de autorizar la radicación de reclamaciones en su contra en la jurisdicción federal.

1.1. El Tribunal Supremo ha resuelto en el pasado que el Congreso debe claramente mostrar su intención de manera clara (unmistakably clear) en el estatuto impugnado de abrogar la inmunidad soberana. ***Kimel***

Publicado en ***Microjuris al día*** el 21 de mayo de 2023.

v. Florida Bd. of Regents, 528 U. S. 62 (2000).

1.2. El Tribunal Supremo ha aplicado esta regla en casos en donde el gobierno federal, los Estados y las tribus indígenas han sido demandadas. Solamente ha aplicado esa regla en situaciones cuando el estatuto dice que esta abrogando la inmunidad soberana y cuando el estatuto crea una causa de acción y autoriza la demanda contra el gobierno en tales casos.

1.3. Según el Tribunal Supremo, PROMESA no se ajusta a ninguna de las dos situaciones antes descritas.

2. La controversia judicial se limita a determinar si PROMESA abrogó la inmunidad soberana del Estado, no si la tenía. Para fines de su adjudicación, el Tribunal Supremo asume la existencia inmunidad soberana. "As thus framed, the question asks only about abrogation, while taking the Board's underlying immunity as a given."

2.1. El Tribunal Supremo asume, sin pasar juicio sobre ello, que Puerto Rico es inmune de demandas en el Tribunal de Distrito Federal , y que la Junta de Supervisión Fiscal comparte dicha inmunidad.

2.2. En la nota al calce 2, en un ejercicio de poder judicial - no de necesidad lógica - revestido de modestia, el Tribunal Supremo declina la invitación de los litigantes de atender la controversia sobre la existencia de inmunidad soberana, limitando su revisión a lo litigado ante los tribunales inferiores sobre si hubo o no su abrogación.

2.3. El Centro de Periodismo Investigativo alega que la claridad estatutaria se halla en la Sección 2126(a) de PROMESA que provee que cualquier acción contra la Junta de Supervisión Fiscal o cualquier otra acción que surja bajo dicho estatuto se instará ante el Tribunal de Distrito Federal para Puerto Rico.

2.4. Esta disposición, dice el Tribunal Supremo, aplica aún no habiendo una abrogación categórica de la inmunidad soberana.

3. El Centro de Periodismo Investigativo también alega que la claridad estatutaria declarando la abrogación de la inmunidad soberana no es aplicable a Puerto Rico debido a su incompatibilidad con los poderes plenarios del Congreso sobre los territorios bajo el Artículo IV, Sección 3, de la Constitución.

3.1. El Tribunal Supremo refuta el anterior argumento señalando que se ha aplicado la regla de la claridad estatutaria en casos análogos de tribus indígenas. ***Michigan v. Bay Mills Indian Community***, 572 U. S. 782 (2014). Como la sonrisa del gato Cheshire de Alicia en el País de las Maravillas, la equivalencia entre el territorio y las tribus indígenas reaparece por breves instantes para luego desaparecer en una neblina soberana. Véase ***Puerto Rico v. Sánchez Valle***, 579 U.S. ___ (2015).

4. Nada en PROMESA, concluye el Tribunal Supremo, indica la clara e inequívoca intención del Congreso de abrogar la inmunidad soberana de la Junta de Supervisión Fiscal.

5. Desde la lógica formal el argumento del Tribunal Supremo puede resumirse de la siguiente manera: porque se asume la inmunidad soberana por lo tanto hay tal inmunidad mientras no se pruebe lo contrario.

5.1. Es decir: si *p* entonces *q*, si y solamente si *p* es *q*.

5.2. La identidad de la categoría – inmunidad soberana - en ambas proposiciones obliga su conclusión: hay inmunidad soberana porque hay inmunidad soberana.

6. ¿Cuándo no habría inmunidad soberana? Cuando así lo expresara con claridad el estatuto.

6.1. Si *p* entonces *q*, a menos que *q* sea *no-p*. Es decir, no habría inmunidad soberana, si no hubiera inmunidad soberana.

6.2. Hay identidad en las categoría en tanto no haya diferencia. Si *p* es *q*, entonces, si *p* entonces *q*.

6.3. Si no hubiera identidad, si *p* no es *q*, entonces, *p* es *no-q*.

7. Todo depende de la condición. Si *no-q*, entonces *no-p*.

8. Pero, ¿cómo concluir *no-q* si asumo *p*?

9. La presunción obliga la tautología.

9.1. El Juez Asociado Thomas observa correctamente en su opinión disidente, que no hace sentido lógico analizar el texto de PROMESA para ver si abroga la inmunidad soberana, sin determinar en primer lugar si tal inmunidad está implicada. ***United States v. Grubbs***, 547 U. S. 90 (2006).

10. La *petitio principii* queda disimulada bajo la apariencia de prudencia judicial.

La consignación

El deudor queda liberado de responsabilidad mediante la consignación o la oferta de la prestación debida en cualquiera de estos casos: (a) si el acreedor a quien se hace el ofrecimiento de pago se niega, sin razón, a admitirlo; (b) si el acreedor está ausente o incapacitado para recibir el pago; (c) si varias personas pretenden tener derecho a cobrar; o (d) si se ha extraviado el título de la obligación.

Artículo 1131 del Código Civil, 31 L.P.R.A. §9181

La consignación es uno de los medios por los cuales se extinguen las obligaciones. La figura tiene como supuesto fáctico la negativa del acreedor de recibir la prestación. A primera vista, la hipótesis parecería tener poca utilidad práctica. ¿Qué acreedor rechazaría recibir el cumplimento de una prestación? Precisamente este es el nervio de la figura: una controversia implícita entre el acreedor y el deudor sobre la prestación debida. El deudor está dispuesto a cumplir, pero el acreedor estima que el cumplimiento ofrecido no es lo que se le debe y que su aceptación pudiera implicar la extinción de la obligación, ya sea por novación, dación en pago, o alguna otra figura.

No toda negativa de recibir el pago por el acreedor, sin embargo, está predicado en una controversia legítima sobre el objeto de la obligación. Bajo algunos supuestos bien puede haber una pretensión de parte del acreedor o del deudor de obtener una ventaja patrimonial indebida, lo cual obliga la intervención judicial para aquilatar el alcance y suficiencia del ofrecimiento del pago. En otros supuestos, el acreedor pudiera estar ausente o no pretender exigir el cumplimiento de la prestación.

Frente a la negativa del acreedor a recibir el pago – entiéndase el pago como sinónimo de cumplimiento – la consignación se presenta como el mecanismo judicial para dirimir la controversia y declarar, si así se evidencia, la extinción de la obligación. Comentan Diez Picazo y Gullón: "Cuando el deudor ha actuado diligentemente el deber de prestación que le incumbe y , no obstante sus esfuerzos, el pago no ha podido tener realidad por una causa que no le es imputable, no es justo que continue vinculado indefinidamente y debe disponer de un

Publicado en ***Microjuris al día*** el 28 de mayo de 2023.

procedimiento o mecanismo para liberarse". ***Sistema de Derecho Civil***, Tecnos, 9na. edición. pág. 173 (2001).

El artículo 1131 del Código Civil, 31 L.P.R.A. §9181, dispone:

> "El deudor queda liberado de responsabilidad mediante la consignación o la oferta de la prestación debida en cualquiera de estos casos:
> (a) si el acreedor a quien se hace el ofrecimiento de pago se niega, sin razón, a admitirlo;
> (b) si el acreedor está ausente o incapacitado para recibir el pago;
> (c) si varias personas pretenden tener derecho a cobrar; o
> (d) si se ha extraviado el título de la obligación. "

Este artículo sigue sustancialmente el lenguaje del artículo 1130 del Código Civil anterior, 31 L.P.R.A. §3180, aunque ahora admite que la extinción de la obligación puede darse no solamente en virtud de la consignación, sino también con la mera oferta de la prestación debida. Esta distinción responde, a su vez, la distinción que ahora se hace en los artículos 1132 y 1134, 31 L.P.R.A. §9182 y §9184, entre las obligaciones de dar y hacer y sobre la cual volveremos en breve.

Comenta el ***Borrador del Libro Cuarto*** (2004), sobre su artículo 74, el cual fue incorporado en el nuevo Código Civil, sin enmiendas, de manera didáctica: "¶El ofrecimiento de pago es una declaración de voluntad del deudor, o de un tercero, que manifiesta al acreedor su decisión de cumplir la obligación mediante la ejecución de la prestación debida. Si el creedor se niega a recibir la prestación debida, incurre en mora. Pero aunque el acreedor esté en mora, el deudor sigue debiendo la prestación y tiene derecho a cumplir. Para liberarse de la obligación tendrá que recurrir a la consignación. ¶Pero la negativa del deudor para recibir el pago no es el único motivo que permite al deudor recurrir a la consignación. Puede consignar también "si el acreedor está ausente o incapacitado para recibir el pago en el momento en que debe hacerse." El supuesto de la ausencia se refiere al caso en que el acreedor no esté presente en su domicilio y también al caso en que el deudor desconozca cuál sea su domicilio. [...]. ¶Si varias personas pretenden tener derecho a cobrar, el deudor tendrá derecho a consignar si realmente tiene la incertidumbre acerca de cuál de ellos es el que tiene derecho a recibir el pago. Es por esta incertidumbre que la ley proporciona al deudor un modo de liberarse sin correrse el riesgo de no cumplir o de cumplir respecto a una persona que no sea el verdadero titular del crédito.¶ Si la presentación del título de la obligación es un requisito indispensable para el pago y se ha extraviado, el deudor podrá consignar por dos razones principales: porque esta presentación es la forma de acreditar quien es el titular del crédito y "porque el deudor tiene derecho a recibir el título contra la realización del pago (citas omitidas)." Elipsis nuestro, p. 81-82.

Como anticipáramos, el nuevo Código Civil ahora distingue la consignación en las obligaciones de dar y en las de hacer. Bajo el Código Civil anterior la consignación suponía únicamente un bien susceptible de entrega, es decir, una obligación de dar. En esta dirección comentaban Diez Picazo y Gullón que la consignación operaba en el ámbito de las obligaciones de dar, "ya que son las que pueden ser objeto de esa puesta a disposición judicial." *supra*, p. 173.

Ahora, el artículo 1132, *supra*, dispone que "[p] ara que la consignación de la cosa debida libere al obligado, deben concurrir los siguientes requisitos: (a) debe ser previamente anunciada a las personas interesadas en el cumplimiento de la obligación; (b) debe ajustarse estrictamente a los requisitos del pago; y (c) debe hacerse mediante el depósito de lo debido.

Este artículo sigue la norma tradicional de concebir a la consignación para los casos de las obligaciones de dar, *v.gr.*, la cosa debida. El artículo funde en un mismo artículo los anteriores artículos 1131 y 1132, 31 L.P.R.A. §3181, §3182. Comenta el ***Borrador del Libro Cuarto*** (2004) sobre su artículo 75, el cual fue incorporado en el nuevo Código Civil, sin enmiendas: "La disposición establece los requisitos para que la consignación sea eficaz. Obviamente, será necesario que en los casos en que se requiera, la consignación debe ser precedida del ofrecimiento de pago, situación ya prevista en el artículo anterior. En primer lugar, debe notificarse previamente a las personas interesadas en el cumplimiento de la obligación y, entre ellos el primero es el acreedor. **Este es un acto distinto al ofrecimiento de pago, es un aviso de que la consignación se va a realizar**. Los otros interesados que no son acreedores pueden ser fiadores, acreedores o deudores solidarios, y otros. Pero no puede exigirse al deudor que sepa de la existencia de todos los posibles interesados.[...]La consignación debe, además, ajustarse a los requisitos del pago porque es precisamente eso, un pago." Énfasis y elipsis nuestro. pág. 82.

En cambio, el artículo 1134, *supra*, contempla que "[l]a persona obligada a una prestación de hacer queda liberada si satisface los requisitos de los incisos (a) o (b) del Artículo 1131 de este Código y demuestra su disposición y capacidad de cumplir, si es que para ello requiere de la cooperación activa del acreedor."

Comenta el ***Borrador del Libro Cuarto*** (2004) sobre su artículo 77 (idéntico al artículo 1134, *supra*), de manera un tanto inconsecuente: "Ya que en las obligaciones de hacer no procede la consignación, por la naturaleza misma de la prestación, el deudor debe tener un medio que le permita cumplir la obligación y para constituir en mora al acreedor con sus efectos liberatorios para él. ¶Tal como se propone, si el acreedor se resiste u obstaculiza la ejecución de la obligación, el deudor puede hacerle el ofrecimiento de pago, lo que equivale a una consignación, pues constituye en mora al acreedor y libera al deudor". (pág. 84). Este comentario no atiende las dificultades conceptuales y prácticas que implica admitir la extinción de una obligación de hacer con su ofrecimiento.

La obligación de hacer está regulada en los artículos 1077 al 1080 del nuevo Código Civil, 31 L.P.R.A. §9012-§9015. Se define como aquella cuyo objeto consiste en realizar un acto o en prestar un servicio. La prestación puede consistir realizar cierta actividad, con la diligencia apropiada, pero independientemente de su éxito; procurar al acreedor cierto resultado concreto, con independencia de su eficacia; o procurar al acreedor el resultado eficaz prometido. Si el resultado de la actividad del deudor consiste en una cosa, se aplican, para su entrega, las reglas de las obligaciones de dar. Si la persona obligada a hacer alguna cosa no la hace o, si al hacerla contraviene el tenor de la obligación, la prestación se manda a ejecutar a costa del deudor. El acreedor puede exigir además que se deshaga lo mal hecho. El supuesto de una obligación de hacer cuyo resultado consiste en una cosa esta perfectamente ilustrada en los casos de contrato de obra, a los cuales le sería de aplicación el artículo 1132, *supra*.

Lo anterior pone de relieve la dificultad que implica extinguir una obligación de hacer con su ofrecimiento. Como prestación, la obligación de hacer no ocurre en la abstracción sino en el entramado de un acto o negocio jurídico. Como tal, una obligación de hacer responde dentro del contexto de un vínculo jurídico, y su exigibilidad se da en función de su unilateralidad o bilateralidad. Bajo el artículo 1134, *supra*, bastaría con que: (i) el deudor ofreciera cumplir su obligación, (ii) que el acreedor se opusiera sin razón o estuviere ausente para recibirla, y (iii) que el deudor demostrara su disposición y capacidad para cumplirla, si es que para ello requiriera de la cooperación activa del acreedor.

Hay que subrayar que en algunos supuestos, una de las características de la obligación de hacer es que la prestación se ofrece independientemente de su éxito, de su eficacia o de obtenerse el resultado prometido. Es decir, el ofrecimiento del cumplimiento por el deudor del acto o servicio no implica que la prestación necesariamente logre su cometido. A lo cual tendría uno que preguntarse, ¿qué exactamente es lo que el deudor está ofreciendo cumplir? La extinción de una obligación de hacer por via del ofrecimiento de su cumplimiento en casos donde la prestación no asegura su eficacia o éxito padece de cierta inutilidad patrimonial. Nada impide, por supuesto, que en un contrato, digamos de servicios profesionales, se incluyan cláusulas que aseguren o garanticen el cumplimiento del deudor independientemente de su extinción por el ofrecimiento, *v. gr.* cláusulas penales, arras, etc.

Por otro lado, en el ofrecimiento de cumplimiento tiene que venir acompañado con la oposición sin fundamento del acreedor. En sentido contrario, si el acreedor tiene razones para oponerse al cumplimiento por el deudor, el ofrecimiento no lograría su efecto liberatorio. Sobra decir, que la razón para la oposición al ofrecimiento de cumplimiento por parte del acreedor es, fundamentalmente una determinación judicial.

En términos generales, la noción de la extinción de la obligación de hacer por vía del ofrecimiento de cumplimiento parece mejor explicada y atendida bajo otras hipótesis normativas, como la acción resolutoria contractual, con la cual el deudor de una obligación de hacer que enfrenta la oposición del acreedor, pudiera plantear ya sea el incumplimiento contractual del acreedor o solicitar el cumplimiento específico. Véase el artículo 1255 del Código Civil, 31 L.P.R.A. §9823. Es de esperar que cualquier pretensión de un deudor de extinguir unilateralmente su obligación de hacer mediante su ofrecimiento de cumplimiento va a recibir la oposición del acreedor por la vía contractual.

El artículo 1133 del Código Civil, 31 L.P.R.A. §9183, dispone del depósito debido. Este artículo es de carácter procesal. Primero es importante distinguir entre el depósito y la consignación. El depósito no es más que la entrega del bien para su guarda judicial. Es decir, no necesariamente surte el efecto de extinguir la obligación. Para que esto ocurra tiene que haber una determinación judicial de la suficiencia del pago y la orden cancelando la obligación. Véase el artículo 1135 del Código Civil, 31 L.P.R.A. §9185.

¿Cómo efectuar la consignación? El primer párrafo del artículo 1133, *supra*, dispone que la consignación de dinero se haga depositándolo en la cuenta del Tribunal, quien acreditará su depósito.

El segundo párrafo dispone que los bienes muebles puedan quedar en manos del deudor o depositarse en las de un tercero. En ambos casos, la cosa debe ponerse a disposición del acreedor. El tribunal, ante quien se acredita el depósito, puede ordenar el cambio de depositario o su venta en subasta si no es posible conservar la cosa o si su depósito ocasiona gastos excesivos. Este párrafo debe leerse juntamente con la Regla 35.3 de las Reglas de Procedimiento Civil, 32 L.P.R.A. Ap. V., que atiende el depósito en el tribunal. Dispone la regla: "En un pleito en que cualquier parte del remedio que se solicite sea una sentencia mediante la cual se ordene el pago de una suma de dinero o la disposición de cualquier otra cosa que pueda ser objeto de entrega, una parte, previa notificación a cada una de las otras partes y con el permiso del tribunal, podrá depositar en el tribunal la totalidad de dicha suma o cosa, o cualquier parte de ésta, para ser retenida por el Secretario o la Secretaria sujeta a ser retirada, en todo en parte en cualquier momento por orden del tribunal."

El tercer párrafo del artículo 1133, *supra*, es problemático. Dispone dicho párrafo que, si se trata de un inmueble, la consignación se hace al colocar el título, si lo hay, en poder del tribunal competente, o al acreditar el abandono, cuando proceda, desde cuyo momento queda a disposición del acreedor.

El supuesto de colocar el título de un bien inmueble como facsímil de la consignación de un bien inmueble es, a mi juicio, un ejercicio inútil. El precepto parece utilizar el término "título" en su acepción popular. Es decir, documentos o escrituras. No se debe perder de vista que el título de propiedad es, en sentido estricto, el derecho que se reclama sobre un bien en virtud de un acto o negocio jurídico. Este puede recogerse en un documento, privado o público, pero el mismo no es consustancial con el derecho de su titular.

La entrega de documentos – sean privados o públicos - al foro judicial no impiden su transmisión por el titular. En fin, cualquier titular de un bien inmueble que conste en escritura pública puede recurrir al Notario autorizante o al Archivo Notarial para obtener una copia certificada de la misma. En casos de documentos privados, en la medida en que la transmisión del derecho real reúna los elementos del título y el modo será suficiente para lograrlo, independientemente de si el "título" este consignado ante el tribunal.

La forma de lograr los efectos análogos a la consignación en caso de bienes inmuebles es mediante una orden judicial declarando la prohibición de enajenar o que medie una orden de embargo o anotación preventiva de demanda, bajo las Reglas de Procedimiento Civil, *supra*, o la Ley de Registro de la Propiedad Inmobiliaria, 30 L.P.R.A. §6001 *et seq.*, cuando fuere aplicable.

En el caso del llamado "abandono" del bien inmueble hay que destacar que desde la perspectiva del derecho real, y según el Código Político, todo bien inmueble tiene dueño, y si no lo tuviere, le pertenece al Estado. Es decir, normativamente no hay tal cosa como el abandono de un bien inmueble. Todo dueño sigue siendo titular, este o no en la posesión del bien, hasta tanto haya sido desplazado por otro. Consecuentemente, la idea de que el bien inmueble quede para beneficio del acreedor sin un acto o negocio jurídico que lo justifique es, en su esencia, equivalente a la admisión en nuestro ordenamiento de un pacto comisorio tácito. Queda también por identificar a qué acreedor se refiere el precepto, particularmente en casos cuando haya un concurso de acreedores. El tercer párrafo del artículo 1133, *supra*, requiere de mayor precisión jurídica.

El artículo 1136, 31 L.P.R.A. 9186, atiende la hipótesis del retiro del bien consignado previo a su aceptación por el acreedor. "Mientras el acreedor no haya aceptado la consignación, o no haya recaído la declaración judicial de la suficiencia del pago, el deudor puede retirar la cosa o la cantidad consignada, dejando subsistente la obligación. Si hecha la consignación el acreedor autoriza al deudor para retirarla, el primero pierde toda preferencia que tenga sobre la cosa. Los codeudores y fiadores quedan liberados."

Por último a modo de penalidad, el artículo 1137, 31 L.P.R.A. §9187, impone una sanción al acreedor que se niegue sin razón a aceptar la consignación bien hecha, imponiéndole una sanción económica que no exceda el cinco por ciento (5%) del valor de la prestación, sin perjuicio del pago de costas y honorarios y los daños y perjuicios causados.

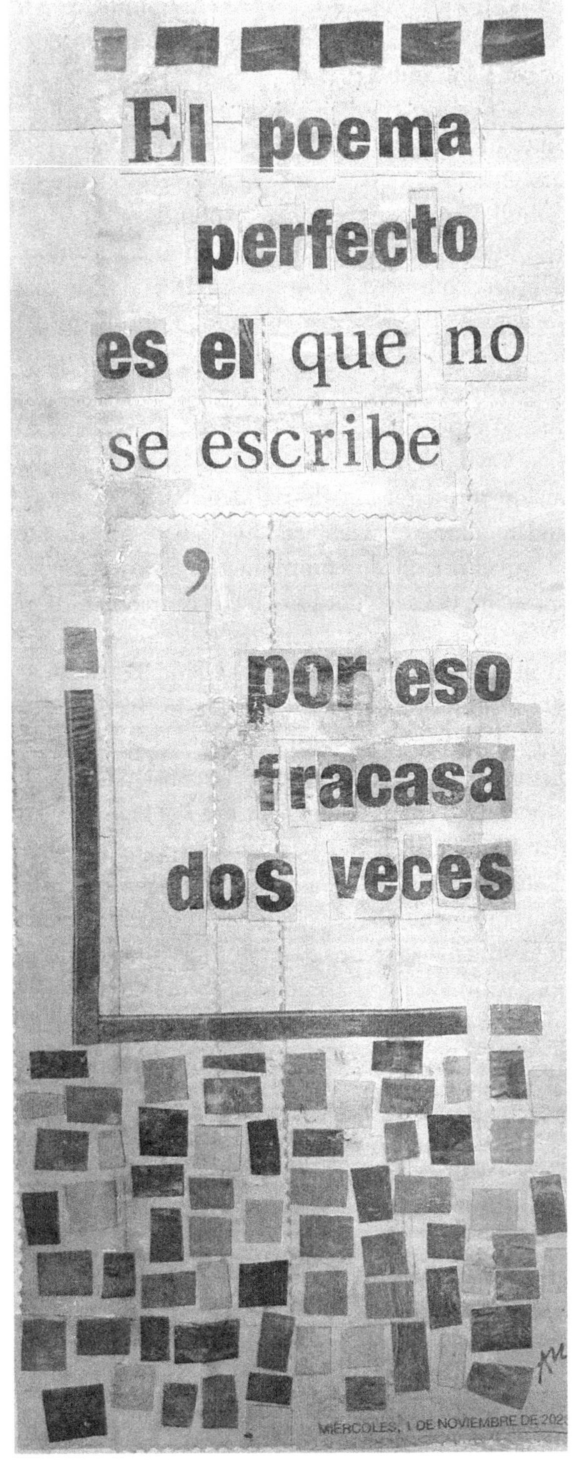

La diversidad e inclusión como ideología

Y lo mismo ocurre con la producción espiritual, tal y como se manifiesta en el lenguaje de la política, de las leyes, de la moral, de la religión, de la metafísica, etc., de un pueblo. Los hombres son los productores de sus representaciones, de sus ideas, etc., pero los hombres reales y actuantes, tal y como se hallan condicionados por un determinado desarrollo de sus fuerzas productivas y por el intercambio que a él corresponde, hasta llegar a sus formaciones más amplias.

Karl Marx, ***La ideología alemana***

La política de diversidad e inclusión que se enarbola por varios sectores de la opinión pública, y que ha ido ganando terreno a nivel normativo, reclama de alguna reflexión crítica. La mera postulación de una idea, por generosa que aparente en la abstracción, no basta para asentar su validez, mucho menos su deseabilidad. Esas ideas, en fin, son el agregado con que se pavimenta la intención de camino al infierno.

Cuando Marx comentaba en la ***Ideología alemana***, con su característico dogmatismo germánico, que toda ideología era fundamentalmente una falsa conciencia admitía, como buen hegeliano, la contradicción inherente a toda idea, incluyendo - por supuesto - al materialismo histórico.

Empecemos con las definiciones. ¿A qué se refieren los conceptos de diversidad e inclusión? La premisa implícita que la subyace - y la cual sin duda le da su ímpetu y persuasividad filosófica - es la reclamada igualdad entre los seres humanos.

En tanto que todos somos iguales, reza el argumento, nadie debe ser discriminado por virtud de su condición, sea raza, religión, sexo, nacionalidad. La implicación de esta proposición, sigue el argumento, es que se debe tomar conocimiento de la disparidad histórica que ha perjudicado a grupos y sectores minoritarios, sumiéndolos en relaciones de subordinación o explotación política, económica y social. En atención a dicha disparidad, por tanto, es necesario normativamente nivelar las expectativas de todos, de manera que cada cual tenga la oportunidad de alcanzar sus metas y aspiraciones, sin los obstáculos que tradicionalmente se le han impuesto a estos sectores por diversas razones.

Esta lectura moralista de la historia y de la normatividad presume ciertas premisas que son, seamos caritativos, debatibles. ¿Qué exactamente significamos cuando decimos que todos somos iguales?

Si bien es cierto que pertenecemos todos a una misma especie, no es menos cierto que nos diferenciamos en atención a un sinnúmero de factores, tanto de origen biológico como histórico. En el orden biológico nos distinguimos por nuestra apariencia, predisposiciones genéticas, por nuestros talentos, inteligencia, voluntad, etc. En el orden histórico nos distinguimos por nuestra pertenencia a grupos, relativamente privilegiados o desventajados, asignados aleatoriamente por los accidentes del nacimiento y la crianza. Las relaciones socio-económicas entre los seres humanos a lo largo de la historia son prueba abundante de la profunda desigualdad en la distribución y aprovechamiento de la riqueza. Quién tiene preeminencia sobre quién ha sido la violenta constante de la historia de la humanidad.

La igualdad como concepto - la isonomia aristotélica - tiene que tomar conocimiento de la irreducible tensión entre el reclamo de la igualdad formal y la igualdad material. Por igualdad formal entiéndase la proposición de que la normatividad es el principio rector de la organización social, que la ley le aplica a todos por igual, en igualdad de condiciones. Este principio se recoge en el derecho a la igual protección de la ley y en el concepto del estado de derecho actual. Igual justicia bajo la ley, proclama el grabado en el pórtico del Tribunal Supremo de los Estados Unidos. Es a esta idea a la que alude Niklas Luhman cuando define a la justicia como la nivelación sistémica de las expectativas sociales.

La limitación de esta aproximación, por supuesto, reside en su frecuente y voluntariosa ignorancia de las realidades históricas y las inequidades demasiadas veces promovida por la misma legalidad. Anatole France bien lo resumía cuando señalaba que la ley trata a todos por igual, tanto ricos como pobres están prohibidos de dormir bajo los puentes. Por su parte, Kafka observaba que si bien todos somos iguales ante la ley, eso no quiere decir que todos llegamos a ella de la misma manera. Como concepto, la igualdad formal sufre de cierta miopía histórica que requiere de constante rectificación. Esta función rectificadora la ha jugado de manera accidentada el concepto de la igualdad material.

Por igualdad material entiéndase la proposición de que hay que nivelar materialmente las relaciones sociales de manera que todos tengan las mismas oportunidades como cuestión de hecho y tengan los mismos accesos al aprovechamiento de la propiedad. De cada cual según sus habilidades, a cada cual según sus necesidades, según el amorfo aforismo de Marx en ***La Crítica al Programa de Gotha***. Los reclamos de la justicia se imponen sobre la vaguedad de la igualdad. Claro, ¿quién decide?

Tomando como punto de partida un universo finito de recursos, la reclamada igualdad material implica necesariamente un ejercicio político de apropiación y distribución de la propiedad bajo cualquiera que sea el modelo. Los ejemplos modernos del comunismo del siglo XX y XXI advierten de los peligros a las libertades individuales que supone este modelo.

El liberalismo político constitucional de raíces anglo-americanas intenta conciliar ambas igualdades, protegiendo los derechos individuales ante el Estado a la vez que reconoce la necesidad de ampliar las protecciones sociales de sectores históricamente marginados y excluidos de la cosa pública. Esta protección – hay que decirlo – ha sido desigual y plagada de terribles injusticias. Las doctrinas jurisprudenciales articuladas para interpretar el alcance de la igual protección de las leyes y el debido proceso de ley – "clasificaciones sospechosas", "escrutinio estricto", etc. - han sido las respuestas institucionales a los reclamos de los diversos sectores que forman parte de una sociedad que aceleradamente se diferencia y estratifica. El *cul-de-sac* de la acción afirmativa y la imposición solapada de cuotas desembocan en la discriminación a la inversa, con sus consabidas controversias sociales.

La crisis económica, política y social del Estado benefactor contemporáneo – hoy bien reflejada en el debate político actual sobre la necesidad de aprobar legislativamente la ampliación de la deuda pública - es un testamento a la imposibilidad de reconciliar de manera definitiva esta tensión.

El debate contemporáneo sobre diversidad e inclusión es la más reciente iteración de este proceso histórico. Como en ocasiones anteriores - pienso en los jacobinos - los proponentes de la igualdad material buscan enmendar la igualdad formal de manera normativa para que refleje sus anhelos, resentimientos e impulsos utópicos. La igualdad formal finalmente quedará alineada con la igualdad material – "¡lucha sí, entrega no!" - y la justicia reinará por los siglos de los siglos, o al menos hasta la mañana siguiente.

Esta concepción ignora a nuestro riesgo la lógica que reside al interior de los conceptos de diversidad e inclusión. A cada exigencia de diversidad e inclusión – como si ello fuera un bien intrínsecamente deseable, más allá de toda discusión – necesariamente habrá que dejar fuera a alguien. Hay tantas clases y categorías de personas como individuos sobre la faz de la tierra. ¿Habrá que normar la excepción?

Todo ejercicio normativo tiene como su condición *sine qua non* la discriminación. Se norma esta o aquella conducta, se nombra o selecciona a esta o aquella persona, se protege este o aquel grupo, excluyéndose otra conducta, otro nombramiento, otra protección. En un universo de posibilidades limitadas, la diversidad e inclusión se logra a expensas de otras diversidades e inclusiones. La inclusión supone la exclusión. Este desenlace queda disimulado bajo el manto formal de un ente colectivo, corporativista - "el pueblo" - que borra la misma iversidad que dice celebrar. *L'Etat c'est moi.*

No hay legalidad sin jerarquización, sin valoración. ¿A quién dejamos afuera?

La cláusula de reserva de derecho de propiedad en la compraventa

En el contrato de compraventa, sea esta de inmuebles o muebles, las partes pueden convenir, entre otras cláusulas discrecionales, las siguientes:

(a) cláusula de retroventa, en la que el vendedor se reserva el derecho de recuperar la cosa vendida siempre que, al ejercitar su derecho, restituya el precio según lo convenido;

(b) cláusula de reventa, en la que el comprador se reserva el derecho de devolver la cosa comprada y que, al ejercitar su derecho, el vendedor debe pagarle el precio según lo convenido.

(c) cláusula de preferencia, en la que el vendedor se reserva el derecho a recuperar la cosa vendida, si el comprador decide enajenarla, con preferencia a cualquier otro adquirente. Este derecho es intransmisible por causa de muerte. El comprador está obligado a comunicar su intención de enajenar al vendedor y este debe ejercitar su derecho, salvo pacto distinto, dentro del término de los dos (2) meses siguientes a aquel en que le fue comunicada la intención. Las partes pueden convenir un término mayor, pero en ningún caso puede sobrepasar el doble del término aquí dispuesto; y

(d) cláusula de reserva de propiedad, en la que el vendedor puede reservarse el derecho de propiedad sobre el bien vendido, aunque este haya sido entregado al comprador, hasta que se verifique el pago íntegro o una parte de este. Los derechos que surgen de la inclusión de alguna de estas cláusulas son oponibles a terceros solo cuando consten inscritos en el registro que corresponda.

Artículo 1290 del Código Civil, 31 L.P.R.A. §10001

El artículo 1290 del Código Civil, 31 L.P.R.A. §10001, recoge una lista, alegadamente ejemplar, de cláusulas que se pueden añadir en un contrato de compraventa, sea de un bien mueble o inmueble. Desde un punto de vista metodológico, el artículo sufre, simultáneamente, de un cierto grado de redundancia e insuficiencia. En la medida en que el artículo 1232, 31 L.P.R.A. §9753, contempla que las partes en un contrato pueden pactar las cláusulas y condiciones que estimen pertinentes, en tanto no sean contrarios a la ley, la moral y el orden público, la inclusión de esta lista no añade nada que no estuviere ya admitido bajo el principio de la autonomía de la voluntad. A lo sumo, la lista tan solo sirve para impartirle cierto *imprimatur* legislativo a ciertas cláusulas para atajar su revisión judicial. Si en efecto ésta fuera la justificación, entonces es insuficiente toda vez que no se incluyen toda otra serie de cláusulas que bien pudieran incluirse en el contrato de compraventa, ya sea para la protección del acreedor o del deudor. El universo de posibles cláusulas que pudieran incluirse en un contrato es tan vasto como la imaginación, y cualquier lista ejemplar siempre quedará incompleta, como implícitamente admite el primer párrafo del artículo 1291, 31 L.P.R.A. §10002.

Como cuestión de hecho, las cláusulas incluidas en los incisos (a), (b) y (c), ya están anticipadas en otros artículos, razón por la cual poco añaden. El inciso (a) trata sobre las cláusulas de retroventa que están contempladas bajo la figura del retracto convencional en los artículos 1040, 31 L.P.R.A. §8851, y siguientes; el inciso (b) sobre la cláusula de reventa en el cual el comprador se reserva el derecho de revenderle el bien al vendedor es una modalidad inversa del derecho de tanteo, artículos 1033, 31 L.P.R.A. §8831, y siguientes; el inciso (c) sobre la cláusula de preferencia es, igualmente, una modalidad del tanteo, *supra*.

El inciso (d) sobre la cláusula de reserva de propiedad, en cambio, plantea algunas dificultades propias. Reza el inciso (d): "cláusula de reserva de propiedad, en la que el vendedor puede reservarse el derecho de propiedad sobre el bien vendido, aunque este haya sido entregado al comprador, hasta que se verifique el pago íntegro o una parte de este."

Un análisis textual del precepto arroja algunas interrogantes. La primera frase comienza disponiendo que "el vendedor puede reservarse el derecho de propiedad sobre el bien vendido". El término "reserva" se utiliza como sinónimo de retención y la frase "derecho de propiedad" parece referirse al dominio sobre el bien vendido, aunque no necesariamente excluiría otras posibilidades. Este uso un tanto genérico del concepto de propiedad *vis a vis* dominio ya figura en el artículo 741, 31 L.P.R.A. § 7951, y siguientes.

La siguiente frase dispone "aunque esta haya sido entregado al comprador". El uso de la palabra "aunque" sugiere que pudiera haber una reserva del derecho de propiedad por el vendedor sin haber mediado la entrega del bien al comprador. Bajo la

---

Publicado en ***Microjuris al día*** el 11 de junio de 2023.

hipótesis de la entrega del bien al comprador con la reserva del derecho de propiedad por el vendedor, habría un desplazamiento posesorio sujeto al título – *v.gr.* el derecho que se reclame sobre el bien en virtud del acto o negocio jurídico – acordado en el contrato de compraventa. Desde el punto de vista formal esto parecería invitar una incongruencia: una compraventa con reserva de derecho de dominio no supone una compraventa.

La frase siguiente salva la incongruencia al añadir, "hasta que se verifique el pago íntegro o una parte de este". Es decir, la reserva del dominio por el vendedor está sujeta a la verificación del pago (o cumplimiento) integro o parcial. Una vez efectuado el pago la reserva del derecho quedaría extinguida. La hipótesis del pago íntegro no supone mayores dificultades conceptuales. Bajo la hipótesis del pago parcial, en cambio, queda la interrogante a qué pago se refiere. ¿Se refiere a algún balance del precio pactado pendiente de pago al momento de celebrarse la compraventa, o a pagos parciales efectuados a plazos por tiempo determinado hasta su saldo total?

El ejemplo paradigmático de la compraventa con reserva de dominio lo vemos en la venta condicional a plazos de bienes muebles. La venta condicional se remonta a la Ley Núm. 61 de 1916, subsiguientemente enmendada. Hoy la Ley de Ventas a Plazos y Compañías de Financiamiento, Ley Núm. 68 de 19 de junio de 1964, según enmendada, 10 L.P.R.A. §731, y siguientes, regula lo que se denomina como venta condicional de bienes muebles. La venta condicional, de origen angloamericano, supone un contrato de compraventa en el cual el comprador adquiere un bien mueble, quedando pendiente de pago una suma del precio acordado suma la cual ordinariamente va a financiar con un tercero. Este tercero – el ente financiero - le paga al vendedor la suma pendiente a cambio de la cesión de los derechos sobre el bien, pudiendo inscribir su gravamen preferente en el registro mobiliario en el Departamento de Estado, conocido en el argot profesional como *UCC filing*. Véase también la Ley de Transacciones Comerciales, Ley Núm. 208 de 17 de agosto de 1995, según enmendada, 19 L.P.R.A. §401 y siguientes.

La venta de vehículos de motor son acaso los casos más comunes, donde el ente financiero retiene la titularidad del bien mueble hasta tanto se pague la deuda, quedando el derecho dominical del comprador sujeto al cumplimiento con los términos y condiciones del contrato de financiamiento, *ergo*, venta condicional a plazo. Véase ***Berríos Arroyo v. Tito Zambrana***, 123 D.P.R. 317 (1989). En otras palabras, desde la perspectiva formal, la transferencia del dominio sobre el bien mueble queda sujeto al pago del precio por su comprador, y hasta no se verifique tal pago no ocurre la transferencia del derecho de propiedad.

El inciso (d) del artículo 1290, *supra*, autoriza esta reserva de derecho de propiedad como cláusula general para todos los contratos de compraventa, sin prestarle atención a los matices y particularidades de los diversos actos y negocios jurídicos, sean estos bienes muebles o inmuebles.

Ha habido discusión doctrinal sobre si la reserva de dominio hay que entenderla como una condición suspensiva o como una obligación pura o simple. El Profesor Guaroa Velázquez lo calificaba como una obligación suspensiva, no resolutoria. Enrique De Angulo lo concebía como un mecanismo procesal sumario para readquirir la posesión en casos de incumplimiento. Por su parte, Cuevas Segarra, citando la sentencia del Tribunal Supremo de España del 15 de marzo de 1934, concuerda con Puig Brutau que la reserva de dominio no es condición porque de él no depende el nacimiento de las obligaciones de la compraventa., sino que afecta a la consumación del contrato. ***Fundamentos de Derecho Civil***, Tomo II, Vol. II, Bosch (1982), pág. 161. En general, sin embargo, la doctrina española sobre el *pactum reservati dominii* – con todas sus fibrilaciones feudales - predomina la concepción de considerarlo como condición suspensiva que despliega su eficacia en la fase de la consumación del contrato, no de su perfeccionamiento. Gabriel García Cantero, ***Comentarios al Código Civil y Compilaciones Forales***, Madrid, 1980, T. XIX, pág. 176, citado por José A. Cuevas Segarra, ***La Ley De Ventas Condicionales de Puerto Rico Jurisprudencia***, 29 Rev. Der. P.R. 185 (1989). El hecho de que la figura jurídica se haya intitulado como venta condicional sugiere como debe entenderse el alcance obligacional de la reserva de dominio.

Bajo el supuesto de que el pacto de reserva de dominio se entienda como una condición suspensiva que sujeta el derecho del comprador al cumplimiento de su obligación, en caso de que no se verifique el cumplimiento, el vendedor se mantiene como titular del bien según anticipado en la cláusula. Como condición suspensiva, claro, quedaría por ver como se reconcilia esta reserva de derecho del dominio con el no perfeccionamiento – y por tanto inexistencia - del contrato de compraventa, tal y cual se contempla en el artículo 1237, 31 L.P.R.A. § 9771. Véase además Hermenéutica neurótica.

Por otro lado, hay que distinguir entre el contrato de compraventa, *qua* derecho de crédito, y la transferencia de un derecho real sobre un bien en virtud del contrato de compraventa que reúna los elementos del título y el modo. Bajo la reserva del dominio del artículo 1290, *supra*, es evidente que el vendedor no está transfiriendo el título – el que fuere – razón por la cual la entrega del bien no surte el efecto de transmitir un derecho real. En este contexto, pues, el comprador tan solo adquiere un derecho de crédito sobre un bien, con el derecho a exigirle al vendedor su transmisión una vez se verifique su cumplimiento del pago.

Lo cual nos lleva a la última oración del inciso (d), que reza, "[l]os derechos que surgen de la inclusión de alguna de estas cláusulas son oponibles a terceros solo cuando consten inscritos en el registro que corresponda". Esta última oración en realidad es un párrafo separado, aplicable a todos los incisos anteriores, como surge del texto del Borrador para la Discusión de Obligaciones y Contratos (2004), y del propio texto de la oración. Al parecer, por error tipográfico supongo, se ubicó la oración como parte del inciso (d).

La oponibilidad de la reserva del dominio queda predicada sobre su inscripción en el registro correspondiente. No esta demás observar la imprecisa referencia a "terceros", sin detallar a quién se refiere. Hay que suponer, que en la medida en que se exige la inscripción del derecho en el registro correspondiente, se está aludiendo a la facultad del vendedor (o su cesionario) de oponer su reserva ante cualquier tercero civil con un derecho posterior en tiempo. En este contexto véase La inoponibilidad del derecho real . También véase Puig Brutau**, *Fundamentos de Derecho Civil*,** *supra*, pág. 165-166, sobre la relación entre el vendedor y un subadquirente del comprador a título oneroso y de buena fe.

En el caso de los bienes mueble – los cuales se rigen por las leyes especiales antes referidas – el registro correspondiente el es el registro mobiliario en el Departamento de Estado. También hay que suponer similar protección para los casos de propiedad intelectual, como derechos de autor y marcas, sea bajo la ley federal o la de Puerto Rico, susceptibles de inscripción. En los casos de bienes muebles y otros derechos no susceptibles de inscripción en registro alguno, estaríamos ante una controversia de naturaleza eminentemente contractual.

En el caso de los bienes inmuebles el problema es más agudo. En la medida en que haya mediado una compraventa con reserva de dominio, el comprador estaría adquiriendo una expectativa del derecho en cuestión, y solamente tendría la posesión del bien y argüiblemente cualquier otro derecho compatible con la reserva. No mediando el título y el modo, el contrato de compraventa quedaría como una relación crediticia, no real. Véase, entre otros, ***VELCO v. Industrial Service Apparel***, 143 P.R. 243 (1997), ***Maeso v. Chase Manhattan Bank***, 133 D.P.R. 196(1993). En tanto que no medie la inscripción en el Registro de la Propiedad – la cual siempre hay que recordar es voluntaria – cualquier controversia se dilucidará en el entre juego del derecho real y el derecho de crédito.

En este contexto, al comentar la reserva de dominio, Puig Brutau señalaba que "[la principal finalidad de este pacto es proporcionar al vendedor una garantía cuando el pago del precio queda aplazado, y tiene especial importancia en la venta del crédito de cosas muebles, pues en el caso de bienes inmuebles la misma finalidad está ampliamente cubierta con la garantía hipotecaria". ***Fundamentos de Derecho Civil***, *supra*, pág. 160.

En casos donde se pretenda la inscripción de la reserva del dominio en el Registro de la Propiedad, esta supone sus propias dificultades. Si el bien inmueble ya está inscrito en el Registro de la Propiedad a nombre del vendedor, ¿qué exactamente va a inscribirse como derecho que ya no tenga inscrito? ¿Del comprador? Más aún, si no media título y el modo, y por tanto no hubo una transferencia de un derecho real, ¿tendría acceso al Registro de la Propiedad un derecho personal? Véase el artículo 4 de la Ley del Registro de la Propiedad Inmobiliaria, 30 L.P.R.A. §6011.

Al revisar los comentarios del Borrador para la Discusión del Libro V de Obligaciones y Contratos (2004), la discusión de su artículo 63, idéntico al artículo 1290, *supra*, más allá de alguna expresión generalizada sobre los derechos de propiedad *vis a vis* los derechos individuales y de la necesidad de atemperarlos a las necesidades del presente, no se observa explicación o discusión sobre el alcance del inciso.

Todo apunta a que al autorizar las cláusulas de reserva del derecho de propiedad en el inciso (d) del artículo 1290, *supra*, sin mayores precisiones, se hizo un salto mortal a partir de la experiencia de la venta condicional de bienes muebles bajo la ley especial, extendiéndola a la compraventa *tout court*. Pronto vendrán los entuertos.

Los contratos aleatorios

La ley no concede acción para reclamar lo que se gana en juegos ilícitos de cualquier clase que sea.

Artículo 1510 del código Civil, 31 L.P.R.A. §10681

Bajo el Libro V, Título II, sobre los contratos particulares, el Código Civil ubica los llamados contratos aleatorios o de suerte. Hay que destacar que el elemento aleatorio se presenta en los actos y negocios jurídicos de diversas maneras y que, como tal, persigue fines que bajo diversos supuestos pueden calificarse como legales o ilegales según su tipificación por el ordenamiento. En otras palabras, no es el elemento aleatorio en si lo que define la legalidad del contrato sino su finalidad según haya sido reconocida por la ley. En ciertos contratos el elemento aleatorio es definitorio de la relación jurídica y requiere de atención pormenorizada.

Sobre el elemento del *alea*, comentan Diez Picazo y Gullón: "[e]l alea tiene, además, una incidencia económica en todo contrato aleatorio. Las partes se exponen a una pérdida o ganancia no verificable más que cuando el evento previsto se realiza, lo que no ocurre en los contratos conmutativos, en los que aquellas estimaciones se hacen desde su perfección. El vendedor sabe el beneficio que le deja lo que acaba de vender, pero el apostante no puede decir lo mismo respecto a la apuesta que ha hecho." ***Sistema de Derecho Civil***, Vol. II, Tecnos, 9na. edición (2001), pág. 449.

El artículo 1690, del Código Civil anterior, 31 L.P.R.A. §4741, definía el contrato aleatorio de manera un tanto confusa. El nuevo artículo 1505, 31 L.P.R.A. §10661, sintetiza y los define como "aquellos cuyas ventajas o desventajas económicas dependen de un acontecimiento incierto para ambas partes o sólo una de ellas". El texto proviene de los artículos 911 y 2051 del Código Civil argentino.

El artículo 1506, 31 L.P.R.A. §10662, enumera los contratos aleatorios: el seguro, el juego, la apuesta, la división por suerte, la decisión por suerte, la renta vitalicia, la venta de un derecho litigioso, y

Publicado en ***Microjuris al día*** el 2 de julio de 2023.

cualesquiera otros contratos convenidos conforme a la autonomía de la voluntad.

El comentario al Borrador del Libro de Contratos (2004) correctamente señala la importancia de que la enumeración de los contratos aleatorios es abierta (*numerus apertus*), razón por la cual la exclusión de los contratos no puede interpretarse como una prohibición de convenirlos; a la pág. 335.

El artículo 1507, 31 L.P.R.A. §10663, dispone que la eficacia de los contratos aleatorios, salvo en lo referente a la asunción del riesgo que da lugar a sus posibles ventajas o desventajas, están sujetos a las normas de eficacia e ineficacia de los contratos en general, entre las que se incluyen las relacionadas con la rescisión.

Este texto requiere varias observaciones. Primero, cuando declara que los contratos aleatorios están sujetos a la eficacia o ineficacia de los contratos en general, nos remite por referencia a los artículos 338 al 352 del Código Civil, 31 L.P.R.A. §§ 6301-6331, incluidos bajo el Título III, Capítulo VIII del Libro Primero, sobre las Relaciones Jurídicas. La referencia a la inclusión de la rescisión parece a primera vista un tanto redundante toda vez que es uno de los remedios, junto a la resolución y revocación, mediante el cual un negocio jurídico pudiera quedar privado de efecto. Véase artículo 340, 31 L.P.R.A. §6303. Por otro lado, los artículos 298 al 300, 31 L.P.R.A. §§6231- 6233, recogen la acción rescisoria por razón de los vicios en el negocio jurídico. Véase también La acción rescisoria por fraude de acreedores.

La asunción del riesgo que da lugar a sus posibles ventajas o desventajas en el contrato aleatorio - exceptúa el precepto - no está sujeta a las normas referentes a su eficacia. El comentario al Borrador de Libro de Contratos (2004) se limita a señalar que el único elemento no sujeto a revisión es el elemento propiamente aleatorio y, añadiendo sal a la herida, "[e]llo significa, como debe ser, que aunque un contrato no pueda rescindirse por razón del contenido de sus cláusulas aleatorias, sí pueda serlo en atención a los elementos no aleatorios del contrato que estén relacionados con cambios dramáticos imprevistos que frustren el interés económico de las partes en la contratación." Este comentario – su referencia al "interés económico de las partes en la contratación" - parece equiparar la acción rescisoria con la resolución contractual, desdibujando nuevamente la figura sin dar una razón para ello.

Entendida desde la acción resolutoria, es perfectamente entendible que el elemento aleatorio – y por tanto la asunción de los riesgos por las partes - sea un elemento fundamental del negocio jurídico. Permitir la acción resolutoria – lo cual hay que recordar supone un contrato válidamente otorgado - con respecto a estos elementos equivaldría a desvirtuar la razón de ser del contrato, lo cual sería un contrasentido. En cambio, en la medida en que la acción rescisoria es un remedio excepcional que le concede a un tercero la facultad de ejercerla, el elemento aleatorio no supone mayor relevancia para éste. Es decir, desde la acción rescisoria propiamente entendida, esta excepción no parece tutelar un interés patrimonial reconocible.

El contrato de seguro lo define el artículo 5018, 31 L.P.R.A. §10664, como "aquel mediante el cual una persona se obliga a indemnizar a otra, a pagarle o a proveerle un beneficio específico o determinable, al producirse un suceso incierto previsto en el mismo. El término seguro incluye reaseguro". El artículo 1509, 31 L.P.R.A. §10665, remite la figura a la legislación especial, la cual está contenida en el Código de Seguros, 26 L.P.R.A. §§ 1, *et seq.*,

El juego y la apuesta se regulan en los artículos 1510 al 1514, 31 L.P.R.A. §§10681-10685. Hay que subrayar que la distinción entre el juego y apuesta no están muy bien delineada en estos preceptos. Diez Picazo y Gullón comentaban que "[h]a sido un problema doctrinal discutido la distinción entre el juego y la apuesta, cuya solución no tiene trascendencia en vista de la equiparación entre ambas situaciones y en el que el juego es un elemento de hecho sobre el que puede operar una apuesta. El criterio más extendido es el que aprecia la diferencia en que las partes participen o influyan sobre el resultado (el juego), o que no participen (apuesta). Pero no debe olvidarse que la apuesta no está conectada necesariamente con el juego. Así, cuando el *alea* depende de la exactitud de la opinión que los apostantes tengan sobre acontecimientos determinados, cuya realización es objetivamente demostrable. Esta clase de apuestas no son de las prohibidas (dependen de su erudición o cultura, no de la suerte o el azar)." *supra*, pág. 431. La única referencia a una distinción entre el juego y la apuesta la encontramos en la segunda oración del artículo 1512, 31 L.P.R.A. §10683, cuando dispone que "[l]os juegos en los que se prueba la habilidad física o intelectual de los jugadores se permiten siempre y cuando no medie apuesta", dando a entender que el juego supone la competencia de habilidades entre jugadores, sin que medie necesariamente una apuesta. El artículo 1514, 31 L.P.R.A. §3110685, equipara la apuesta al juego en cuanto a sus efectos.

El artículo 1510, 31 L.P.R.A. §31 L.P.R.A. §10681, le cierra el paso a la acción de cobro resultado de un juego ilícito: "La ley no concede acción para reclamar lo que se gana en juegos ilícitos de cualquier clase que sea". El precepto expresamente hace referencia a los juegos ilícitos, quedando excluidos por tanto los juegos lícitos, que están regulados por leyes especiales. Véase artículo 1512, 31 L.P.R.A. §10683.

La controversia sobre el juego de la pelea de gallos es un caso ilustrativo. La pelea de gallos esta regulada por la Ley Núm. 98 de 2007, conocida como la Ley de Gallos de Puerto Rico del Nuevo Milenio. Esta ley fue enmendada por la ley Ley Núm. 179 del año 2019, entre otros disposiciones, para prohibir la importación y exportación de pollos o gallos con el propósito de participar en peleas organizadas de gallos y de cualquier otro equipo, material y/o espuelas para uso exclusivo en la celebración de peleas de gallos. Esta enmienda fue la respuesta de nuestra Legislatura a la aplicación a Puerto Rico del ***Animal Welfare Act***, 7 U.S.C. §2156, el cual tipifica como delito federal la pelea de gallos. Este intento legislativo por derrotar la jurisdicción federal bajo la cláusula de comercio interestatal adolece de insalvables dificultades constitucionales. Aún cuando la ley de Puerto Rico regula y autoriza el juego de la pelea de gallos, no es menos cierto que la práctica está tipificada como conducta delictiva bajo ley federal. En la medida en que la ley federal prevalece sobre la ley territorial, desde la perspectiva contractual no hay duda que es un juego ilícito, y por tanto todos los contratos celebrados a raíz de dicho juego son nulos y, por tanto, jurídicamente inexigibles. Sobre la apuesta como una obligación natural, no civil, véase ***Serra v. Salesian Society***, 84 D.P.R. 311 (1961). Véase también La marijuana como objeto del negocio jurídico.

A diferencia del Código Civil anterior, que no le reconocía al que pagara una deuda de juego o apuesta un derecho a reclamar la devolución, el artículo 1511, 31 L.P.R.A. §10682, contempla un derecho parcial de restitución al que paga voluntariamente, o sus herederos, del cincuenta por ciento (50%) de lo pagado, el otro cincuenta por ciento (50%) pagadero al Secretario de Hacienda.

Como anticipáramos, el artículo 1513, 31 L.P.R.A. §10684, dispone que son nulos los contratos que tienen su origen en una deuda de juego. Es de notar que el borrador del Código Civil del 2004 incluía una segunda oración a este artículo que atendía la hipótesis de un tenedor de buena fe de un título a la orden o al portador – los cuales no necesariamente son instrumentos negociables – quien tendría el derecho a cobrar, pero su subscriptor tendría el derecho que le concedería el artículo 1511, *supra*. Al excluirse esta oración del artículo 1513, *supra*, es evidente que el legislador no quería debilitar la confianza en los instrumentos negociables, que en todo caso quedan sujetas a las disposiciones de Ley de Transacciones Comerciales, 19 L.P.R.A. §401, *et seq*.

La disposición de que son nulos los contratos que tiene su origen en una deuda de juego pudiera dar margen a alguna confusión, precisamente sobre el sentido y alcance del término "origen". El Borrador del Libro Cuarto (2004) indica que la procedencia los artículos 1510 al 1514, *supra*, provienen de los artículos 2764 al 2773 del antiguo Código Civil del Distrito Federal de México y del artículo 1409 del Código Civil Costa Rica. En lo referente al artículo 1513, *supra*, el artículo 2768 del Código Civil del Distrito Federal de México dispone que "la deuda de juego o de apuesta prohibidos no puede compensarse, ni ser convertida por novación en una obligación civilmente eficaz". Al contrastar el artículo 1513, *supra*, con el artículo 2768, *supra*, se observa una clara diferencia en la calificación jurídica. El Código Civil del Distrito Federal de México claramente busca evitar que una deuda de juego se perpetúe por ficción de la compensación o la novación. El artículo 1513 nuestro, en cambio, utiliza la voz "origen", para calificar la nulidad de los contratos derivados de una deuda de juego. La pregunta jurídica, por supuesto, es cómo hemos de entender el término "origen". Una primera lectura, cónsona quizás con el derecho mexicano, sería vincular el contrato nulo directamente con la deuda del juego ilícito o la apuesta. La extinción de la obligación, bajo cualquier figura reconocida, no supondría bajo ninguna hipótesis el nacimiento de otra. Si por "origen" entendemos meramente el sustrato fáctico de la ilicitud del juego o la apuesta, todo reclamo de un vínculo jurídico posterior, sin importar su calificación, sería igualmente nulo por ilicitud. Esta última me parece es la aproximación más sensata.

Hay que advertir, sin embargo, que en la medida en que no se incluyó la segunda oración en el artículo 1513, *supra*, a la cual nos referimos anteriormente, una deuda de juego ilícita o apuesta que fuera recogida en un instrumento negociable protegería al tenedor de buena fe que lo adquiriere sin conocimiento de su origen. Como cuestión de hecho, bajo algunos supuestos se debe estar atento a la posibilidad del uso de la simulación contractual en la negociación de un instrumento para evitar las consecuencias jurídicas de la ilicitud.

El artículo 1515, 31 L.P.R.A. §10686, regula la división o decisión por suerte. Dispone el artículo, que "[c]uando las personas convienen que la suerte resuelva la división de cosas comunes o ponga fin a una controversia, se produce, en el primer caso, los efectos de la partición y, en el segundo, los de la transacción". En cuanto a la división por suerte de cosas comunes estamos ante el supuesto de la extinción de una comunidad de bienes, la cual queda regulada por el artículo 855, 31 L.P.R.A. §8228, sobre el modo de hacer la división. En cuanto a la decisión por suerte, pienso en algunos casos de arbitraje contractual, estamos ante una modalidad de la transacción, regulada por los artículos 1497 al 1504, 31 L.P.R.A. §§10641-10648.

Por último, aun cuando se menciona en el artículo 1506, *supra*, el capítulo no tiene disposiciones que regulen la renta vitalicia o el crédito litigioso. Concluye el Borrador del Libro de Contratos (2004): "Este Título no incluye la regulación de la renta vitalicia, aunque ésta siga considerándose un contrato aleatorio que puede ser convenido conforme a la autonomía de la voluntad. Este contrato obedece a una circunstancia histórica que afortunadamente se ha superado. Un gran sector doctrinal considera que ya perdió su sentido histórico. Durante el siglo XIX eran inexistentes las alternativas como los planes de retiro y jubilación. Hoy día existe, además, el "seguro de renta vitalicia", que no requiere que una persona corra el riesgo de dar lo que le pertenece con el propósito de asegurarse un futuro sin problemas económicos.[...]¶ Tampoco aparece una regulación detallada de la división por suerte ni de la decisión por suerte. Sólo se establece cuáles son sus efectos. Lo mismo ocurre con el censo vitalicio y la venta de un derecho litigioso."

Las candidaturas coligadas

[...]Los Partidos Políticos solo se certificarán y reconocerán individualmente dentro de las categorías dispuestas en esta Ley; y sin constituir alianza o coligación entre Partidos Políticos, sus candidatos o candidatos independientes.[...] Elípsis nuestro.

Artículo 6.1 del Código Electoral, 16 L.P.R.A. §4591

[...]Ninguna persona podrá ser candidato por más de un Partido Político y tampoco a más de un cargo público electivo en el mismo proceso primarista o de Elección General. [...] Elípsis nuestro.

Artículo 7.9 del Código Electoral, 16 L.P.R.A. §4619

La controversia judicial en el caso ***Movimiento Victoria Ciudadana, et al v. Comisión Estatal de Elecciones***, sobre los artículos 6.1 y 7.9 del Código Electoral de Puerto Rico de 2020, los cuales provienen del artículo 8.004 del Código Electoral de Puerto Rico de 2011, reclama disección.

La primera observación que hay que subrayar es que el Código Electoral no prohíbe que los partidos políticos y candidatos a puestos electivos hagan campaña por otros partidos o candidatos. El PIP está en el perfecto de derecho de hacer las expresiones que tenga a bien hacer para impulsar al MVC. MVC, por su parte, puede reunirse y asociarse con quien entienda – incluyendo el PIP – para coordinar y promover sus estrategias y objetivos políticos. Por supuesto, igual derecho tienen, no solo los demás partidos políticos, sino cada ciudadano.

El reclamo de la violación de los artículos 6.1 y 7.9 del Código Electoral a los derechos constitucionales bajo la Constitución de Puerto Rico supone un calculado ejercicio de excluir la aplicación de la Constitución de los Estados Unidos, para evitar la aplicación de la jurisprudencia sentada por ***Timmons v. Twin Cities Area New Party***, 520 U.S. 351 (1997). Es deliciosamente irónico ver y leer a los críticos de la reclamada factura más ancha de la Constitución de Puerto Rico, celebrar su amplitud y solvencia jurídica. Supongo que todo depende de la rabiza colonial que se prefiera.

El hecho de que en un pasado la ley electoral permitiera las candidaturas coligadas no significa, *ipso iure*, que ahora no se puedan prohibir. Este es el genuino nervio de la controversia judicial. Tanto el PIP como MVC creen que el Código Electoral del 2020 infringe los derechos constitucionales de expresión y asociación al prohibir las candidaturas coligadas porque al momento de aprobarse la Constitución de Puerto Rico en el 1952 no estaban estatutariamente prohibidas. Este argumento es defectuoso. En el 1952 había toda una serie de prácticas y normas que no estaban reguladas por nuestro ordenamiento. La falta de normatividad nunca ha sido, por sí sola, razón suficiente para reclamar su protección constitucional. *Mutatis mutandi*, la presencia de la normatividad tampoco ha sido – más allá de alguna presunción rebatible - justificación para reclamar su constitucionalidad. En el fondo, el argumento del PIP y de MVC promueven una lectura constitucional esclerótica.

Si bien es cierto que la Asamblea Legislativa tiene la obligación de legislar bajo el manto constitucional, y en el caso de las leyes electorales bajo la autoridad expresamente conferida bajo el Artículo IV, Sección 4, de la Constitución de Puerto Rico, no es menos cierto que en el ejercicio de sus facultades está llamada a balancear los intereses de toda la ciudadanía, incidiendo adversamente a menudo en los derechos de otros sectores o grupos. En otras palabras, nuestro ordenamiento está repleto de instancias en donde los derechos de unos tienen que ceder ante los reclamos de otros. En este contexto, la mera invocación de un derecho constitucional, a modo de un reflejo muscular involuntario, no es suficiente para derrotar la constitucionalidad de una medida. Sobre todo, es menester pasar revista sobre los medios y fines que la ley persigue. Los criterios de análisis constitucional – escrutinio estricto, interés apremiante del Estado, onerosidad injustificada, etc. – son categorías de razonamiento judicial dirigidos a evitar la típica inflexibilidad dogmática a la cual nos invita el PIP y el MVC.

Cuando repasamos la historia electoral reciente – pienso en el caso de los pivazos de la elección del 2004 - se ha observado una tendencia de algunos partidos políticos de pretender obtener ventajas electorales y administrativas bajo la ley electoral a expensas de sus adversarios. La desconfianza como

Publicada en ***El Vocero de Puerto Rico*** el 27 de junio de 2023.

base de nuestro sistema electoral tiene una larga y accidentada historia.

En este contexto, los artículos 6.1 y 7.9 del Código Electoral prohíben las candidaturas coligadas en una papeleta electoral precisamente para evitar que un partido o partidos obtengan una ventaja electoral al momento de contarse los votos de un candidato a la misma vez que busca contabilizarlo para fines de la inscripción del partido en la Comisión Estatal de Elecciones con su consabido acceso a los fondos públicos. Esto es lo que aptamente se denomina coloridamente en inglés como *double-dipping*. Este fin legislativo, aprobado en el 2011 con la aprobación del PIP, es perfectamente racional y no incide o lesiona los derechos constitucionales de los electores o de los partidos políticos que aún pueden hacer campañas conjuntas, si así lo desean, como cuestión de estrategia política. El hecho de que uno pudiera estar en desacuerdo con la ley no significa por ello que haya una transgresión constitucional.

Si bien la sentencia emitida el 16 de junio de 2023 por el Tribunal de Primera Instancia, desestimando la demanda bajo la doctrina de cuestión política no deja del todo claro el fundamento racional que justifica la prohibición de las candidaturas coligadas en el Código Electoral, no es menos cierto que cualquier recurso apelativo que en su día se inste será contra la sentencia, y no contra sus fundamentos.

El voto extranjero en el P. de la C. 1891

El P. de la C. 1891, presentado el 11 de octubre de 2023, propone enmendar el Código Electoral de 2020, a los fines de habilitar a las personas extranjeras domiciliadas en Puerto Rico, que cuenten con permiso de residencia legal permanente, como Elector de Puerto Rico, entro otros asuntos. Ya en el 2015, el pasado Gobernador Alejandro García Padilla había propuesto algo similar. Al igual que entonces, esta propuesta levanta toda una serie de cuestionamientos y controversias sobre su viabilidad política y jurídica.

Desde la perspectiva eminentemente político-electoral, la propuesta sin duda va dirigida a cortejar el favor político de aquellas personas de origen extranjero que pudieran ver este esfuerzo con algún grado de simpatía. Esta propuesta, sin embargo, también puede ser leída como un intento por pescar votos a expensas de diluir el voto de los ciudadanos. Habrá que ver cómo se perfila la discusión pública sobre este asunto.

Desde la perspectiva jurídica el asunto es mucho más delicado y complejo e invitará, de ser legislada, a nuevas controversias ante los tribunales. El nervio de la controversia es si es posible legislar bajo la Constitución del Estado Libre Asociado de Puerto Rico para que no ciudadanos puedan votar en las elecciones generales en Puerto Rico.

La Ley Electoral vigente requiere que todo elector sea un ciudadano de Estados Unidos y de Puerto Rico. En el conocido caso de ***Ramírez Ferrer v. Mari Bras***, 144 DPR 141 (1997), citado por algunos como apoyo jurisprudencial para la adelantar la propuesta, la controversia era si una persona que había presentado su renuncia a la ciudadanía americana, podía votar en tanto era un ciudadano puertorriqueño. Es preciso recordar que al final del día, para todos los fines legales pertinentes, Juan Mari Brás nunca dejó de ser ciudadano americano ya que el Departamento de Estado de los Estados Unidos nunca aceptó su renuncia.

Publicado en ***Microjuris al día*** el 15 de octubre de 2023.

En este caso el Tribunal Supremo señaló que el sistema electoral de un estado es fundamentalmente un asunto estatal (o, en nuestro caso, territorial), no federal y que por lo tanto la Asamblea Legislativa tenía la facultad de regular los requisitos sobre quienes podían votar en su jurisdicción. Aun cuando el Tribunal Supremo avaló la constitucionalidad de la ley electoral al requerir que el elector fuera ciudadano americano por el interés legítimo que tiene el Estado en asegurar la lealtad de su ciudadanía, se resolvió - en un ejercicio de jiu-jitsu jurídico - que siendo Mari Brás un conocido miembro de la comunidad política puertorriqueña tenía derecho al voto como ciudadano puertorriqueño, según definido por el artículo 10 del Código Político vigente, 1 L.P.R.A. §7.

Hay que subrayar que esta opinión consultiva no atendía la hipótesis de un extranjero - quien posee la ciudadanía de otro país - que no es ciudadano puertorriqueño y ciudadano americano. Es decir, el caso ***Ramírez Ferrer*** no dispone de la controversia que pudiera levantar el P de la C. 1891.

El concepto de la ciudadanía va atado, por supuesto, al ciudadano, quien se define como el miembro de una comunidad política, sujeta a la jurisdicción de un Estado con todos los derechos y obligaciones que ésta impone. En Puerto Rico, la Ley Foraker (1900), la Ley Jones (1917) y la Ley de Relaciones Federales (1950) habilitaron la existencia de una ciudadanía puertorriqueña, que es la que se recoge en nuestro Código Político vigente, el cual es estrictamente de carácter domiciliario.

A partir de la concesión de la ciudadanía americana por la Ley Jones - del 1900 al 1917 éramos "nacionales" americanos, similar a la situación actual del os samoanos - la ciudadanía puertorriqueña va unida a ella. Inclusive, el caso de Mari Brás, y el no reconocimiento de su renuncia por el Departamento de Estado de los Estados Unidos es índice de ello. En otras palabras, para fines estatutarios no se puede ser ciudadano puertorriqueño sin ser ciudadano americano. En este sentido me parece que una lectura integrada de los artículos 5, 5a y 5b de la Ley de Relaciones Federales, unida a la primera oración de la decimocuarta enmienda de la Constitución de los Estados Unidos, arrojan esta conclusión. En este contexto, las expresiones del entonces Juez Asociado Corrada del Río en su disidencia en el caso ***Ramírez Ferrer*** sobre la inseparabilidad de la ciudadanía puertorriqueña de la ciudadanía americana son ilustrativas.

Si bien es cierto que la Constitución del Estado Libre Asociado en su Art. VI, §4, dispone que "será elector toda persona que haya cumplido 18 años de edad, y reúna los demás requisitos que se determine por ley", callando el texto sobre si la ciudadanía (puertorriqueña o americana) es un requisito constitucional para ejercer el voto en Puerto Rico; no es menor cierto que en el preámbulo se reconoce la cardinal importancia de la ciudadanía americana, y la ciudadanía en general, como categoría rectora de nuestra democracia representativa.

Más aún, el Art. II, §2, de nuestra Constitución expresamente dispone que "las leyes garantizarán la expresión de la voluntad del pueblo mediante el sufragio universal, igual, directo y secreto, y protegerán al ciudadano contra toda coacción en el ejercicio de la prerrogativa electoral." Por otro lado, dadas las disposiciones referentes a la ciudadanía de Puerto Rico en la Ley de Relaciones Federales, no se debe perder de vista que nuestra Constitución viene obligada a ser compatible con la Ley de Relaciones Federales y con la Ley 600 que la habilitó.

Desde la perspectiva constitucional federal el derecho al voto está protegido a los ciudadanos, conforme las enmiendas decimocuarta (la cual confiere la ciudadanía americana a los nacidos o naturalizados), decimoquinta (color y raza), decimonovena (sexo), vigésimo cuarta (impuestos) y vigésimo sexta (edad) de la Constitución, y por el *Voting Rights Act* de 1965, según enmendada.

Las personas extranjeras, al no ser ciudadanos americanos, no tienen un derecho constitucional al voto, lo cual no significa *ipso iure* que no se le pueda reconocer el derecho al voto por estatuto. Sin embargo, bajo leyes federales, los extranjeros no tienen tal derecho en los procesos electorales para cargos federales, e inclusive si votaran pudiera constituir un delito sujeto a pena de cárcel y deportación. Véase *Voting by Aliens*, *Pub. L. 104-208*, según enmendada, 18 U.S.C. §611.

En lo referente a los estados o territorios, muchos de ellos reconocieron en un pasado el derecho al voto de los extranjeros. Desde 1926, sin embargo, ningún Estado de la unión permite que los extranjeros voten en sus elecciones generales, aunque sí en algunas instancias aisladas a nivel de asambleístas municipales. Es decir, salvo que las respectivas constituciones de los Estados o Territorios dispongan lo contrario, es de la competencia de sus legislaturas determinar los requisitos para ejercer el derecho al voto. En esto el caso de ***Ramírez Ferrer*** sigue de cerca a la doctrina jurisprudencial federal y estatal.

En Puerto Rico, no hay duda de que al presente la ley electoral requiere que el elector sea ciudadano americano. Nuestra Constitución no dispone expresamente del requerimiento de la ciudadanía como condición para ejercer el voto. En este sentido, una primera lectura parecería sugerir que nuestra legislatura pudiera tener la facultad de enmendar la ley electoral para fijar o liberalizar los requisitos para ser elector. Sin embargo, las expresiones sobre la importancia de la ciudadanía americana, y la ciudadanía en general, expuestas en el preámbulo de la Constitución, apuntan a que permitir por la vía legislativa el voto a los extranjeros domiciliados pudiera constituir una coacción por parte del Estado en las prerrogativas electorales del ciudadano, quienes verían su derecho al voto diluido, restándole igualdad y eficacia en su participación democrática.

La tipificación de delito del ejercicio de un derecho constitucional

El 17 de octubre de 2023 la Senadora Nitza Morán Trinidad presentó el P. del S. 1368 para enmendar el artículo 7.09 de la Ley de Vehículos y Tránsito de Puerto Rico. La enmienda propone tipificar como delito menos grave, toda persona que se negare, objetare, resistiere o evadiere someterse al procedimiento de las pruebas de alcohol, drogas o sustancias controladas. La primera convicción supondría la imposición de una multa de $3,000.00; convicciones subsiguientes multas de entre $3,000 y $5,000, con reclusión de no más de seis meses, o ambas penas a discreción del Tribunal.

Es de notar que el texto de la medida hace referencia genérica a las pruebas de alcohol, drogas o sustancias controladas ("Standard Field Sobriety Test"), sin distinguir entre las pruebas de aliento de las pruebas de sangre, u otras pruebas disponibles. Es decir, para fines de este proyecto, la naturaleza de la prueba es irrelevante para fines de la tipificación del delito.

El error fundamental de este proyecto, según redactado, reside en que ofusca la reconocida facultad del Estado de intervenir con los conductores en la vía de rodaje, con la tipificación de un delito de lo que supone en su fondo ser el ejercicio de un derecho constitucional contra los registros y allanamientos irrazonables. Permitirle al Estado tipificar como conducta delictiva el ejercicio de un derecho constitucional es un paso en extremo peligroso que vulnera los derechos civiles de todos.

Es doctrina jurisprudencial establecida que la Cuarta Enmienda de la Constitución de los Estados Unidos y el Artículo II, Sección 10, de la Constitución del Estado Libre Asociado, prohíben los registros y allanamientos irrazonables, y que de ordinario se exige la intervención judicial para aquilatar su necesidad, tanto para lugares como personas. Esta intervención judicial no es un mero

Publicado en ***Microjuris al día*** el _12 de noviembre de 2023.

formalismo, sino una genuina salvaguarda contra los excesos de los funcionarios del orden público que de tiempo en tiempo cometen.

En cuanto a las pruebas de sobriedad la jurisprudencia ha distinguido entre las pruebas d aliento y las pruebas de sangre. En cuanto a las pruebas de aliento, la jurisprudencia ha validado las pruebas de aliento sin necesidad de orden judicial bajo la teoría del consentimiento implícito dado por los conductores al tiempo que obtuvieron su licencia de conducir. Esta teoría del consentimiento implícito es - seamos honestos – una ficción jurídica elaborada *a posteriori* para justificar la intervención Estado con los ciudadanos, como conductores, desdibujándose la limitación que alguna vez se pretendió con las garantías constitucionales.

La toma de una prueba de sangre, en cambio, es un registro sujeto a las limitaciones de la Cuarta Enmienda. Véase ***Skinner v. Railway Labor Executives' Assn.,*** 489 U.S. 602 (1989); ***Schmerber v. California***, 384 U.S. 757 (1966). Estos registros pueden estar exentos del requerimiento de una orden judicial si caen bajo la excepción de una detención legalmente válida. ***United States v. Robinson***, 414 U.S. 218 (1973).

En ***Riley v. California***, 573 U.S. 373 (2014), el Tribunal Supremo consideró como aplicar la doctrina en los casos de registros de teléfonos celulares. El análisis para determinar si un registro sin orden judicial es válido requiere sopesar los intereses individuales a su intimidad frente al grado de intervención requerido para promover un interés legítimo gubernamental. Este análisis es el mismo en los casos de pruebas de sangre, según se expone en ***Birchfield v. North Dakota***, 579 U.S. 478 (2016).

A diferencia de las pruebas de sangre, las pruebas de aliento de alcohol no suponen un significativo interés individual. La intervención física es mínima y no implican una invasión significativa a la intimidad. La prueba de sangre, en cambio, requiere la intromisión en la piel de la persona y le da a las fuerzas de ley orden público muestras que pudieran utilizarse más allá de la prueba de alcohol.

En ***Birchfield v. North Dakota***, *supra*, el Tribunal Supremo de los Estados Unidos enfrentó la controversia de varios Estados que habían legislado para tipificar como delitos menos grave la negativa de un conductor a someterse a la prueba de sangre. En estos casos consolidados se resolvió que los conductores no pueden ser sancionados criminalmente por rehusarse a hacerse la prueba de sangre bajo la cuestionable teoría de haber otorgado un consentimiento implícito al momento de sacar la licencia de conducir. Una cosa es argumentar el consentimiento implícito para fines de penalidades civiles y administrativas, o para fines de presunciones evidenciarías; otra cosa es el Estado insistir en una intervención en el cuerpo y luego imponer una penalidad criminal a aquel que rehúse someterse a ella. Concluye el Tribunal Supremo - en voz del Juez Asociado Alito - que tiene que haber un límite a las consecuencias a los cuales los conductores puedan haber consentido implícitamente en virtud de su decisión de utilizar las vías públicas.

Para fines de la Cuarta Enmienda, hay que distinguir entre los registros y allanamientos con y sin orden judicial. En los casos donde medie una orden judicial el rehusarse a cumplir con ella ha sido tipificado en algunos contextos como el delito de obstrucción a la justicia. En casos donde no medie orden judicial, la razonabilidad del registro y allanamiento y las circunstancias particulares de cada caso, se torna decisivo. En este contexto contrástese ***Missouri v McNeely***, 569 U.S. 141 (2013), en donde se suprimió la evidencia obtenida sin orden judicial de una prueba de sangre administrada sobre la objeción del conductor detenido, con ***Mitchel v. Wisconsin***, 588 U.S. ____ (2019), en donde se admitió la evidencia de prueba de sangre administrada a un conductor inconsciente.

Según expresiones de la senadora proponente, y del borrador de la exposición de motivos, la propuesta nace como respuesta a casos informados en los medios noticiosos de personas que alegadamente "se niegan a ser sometidos a pruebas de campo estandarizadas de sobriedad". He aquí otro lamentable ejemplo del ejercicio legislativo como reflejo muscular involuntario.

El desprendimiento patriótico como abuso de derecho

En días recientes el PIP y el MVC proclamaron su alianza, concertación, acuerdos, junte – llámelo como prefiera – de cara a las elecciones del 2024. Este entendido político habrá de ser interpretado según las preferencia e intereses de cada cual, particularmente por sus adversarios. No es para menos.

Admitido el perfecto derecho bajo nuestro ordenamiento constitucional de promover las candidaturas e ideales que cada cual entienda, eso no significa que exime de pasar revista sobre la forma y manera en que se pretende implementar esta alianza bajo el Código Electoral vigente. La legalidad, a fin de cuentas, se impone como limitación a la pretendida voluntad irrestricta del ser humano.

Según las expresiones públicas del PIP y el MVC, la alianza supone respaldar a diversos candidatos del otro partido a diferentes puestos electivos en todas las tres papeletas (estatal, legislativa, municipal). Los casos que más han llamado la atención es el acuerdo de postular a Juan Dalmau del PIP como candidato a gobernación, con el apoyo institucional de MVC, y a Manuel Natal Albelo como candidato a alcalde de San Juan e Ana Irma Rivera Lassén como candidata a la comisaría residente, ambos de MVC, con el apoyo institucional del PIP.

Para fines del análisis que expongo a continuación, limito mis observaciones a la papeleta estatal, la cual es la más relevante para fines de la inscripción de los partidos y la consecuente asignación de fondos públicos bajo la ley de financiamiento de campañas. Dejo a un lado las disposiciones referentes a los partidos políticos estatales por petición, los partidos legislativos y los partidos municipales, y la ya superada controversia sobre las candidaturas coligadas.

En lo relevante, bajo el artículo 6.1(1)(a) del Código Electoral, 16 L.P.R.A. §4591, para mantener su franquicia electoral los particos políticos deberán postular como mínimo bajo su insignia en la papeleta estatal, un candidato a Gobernador de Puerto Rico y un candidato a Comisionado Residente de Puerto Rico en Washington D.C.. Además, el partido deberá obtener el 2% de los votos íntegros bajo su insignia en la Papeleta Estatal del total de votos válidos emitidos en esa papeleta.

En la medida en que el PIP y MVC quieran retener su franquicia electoral como partidos estatales vienen obligados por ley a cumplir con lo anterior. En este sentido, el anuncio de que en la papeleta estatal el PIP postulará Juan Dalmau como candidato a gobernador e Ana Irma Rivera Lassén como candidata a la comisaría residente es incompleta, porque no se anuncia a quien el PIP postulará como candidato a comisionado residente, y el MVC como candidato a la gobernación.

A partir de las declaraciones hechas por ambos partidos políticos hay dos posibles inferencias. Una primera inferencia es que el PIP no postulará un candidato a comisionado residente y MVC no postulará a un candidato a la gobernación, en cuyo caso ambos partidos incumplirán con el inciso el artículo 6.1((1)(a)(i)(A), supra, perdiendo por tanto su franquicia como partidos estatales. Se me hace muy difícil creer que el PIP y MVC libre y voluntariamente vayan a sacrificar su inscripción electoral y los fondos públicos por la nueva patria.

Una segunda inferencia, la cual ha sido intimada tanto por PIP como por MVC, es que postularán sus propios candidatos para llenar su respectivos encasillados de comisionado residente y gobernador para cumplir – al menos con las apariencias – con el Código Electoral, y acogerse ambos a los fondos públicos asignados según dispuestos en el artículo 9.005, 16 L.P.R.A. §629e, de la Ley para la Fiscalización del Financiamiento de Campañas Políticas en Puerto Rico.

Esta posibilidad, la cual algunos han calificado imprecisamente como "candidatos de agua", supone un ejercicio de simulación electoral. Por simulación entiéndase la creación de una apariencia de licitud, de cumplimiento con la letra de la ley, a la misma vez que se proclama que la intención y

---

Publicada en ***El Vocero de Puerto Rico*** el 24 de noviembre de 2023.

realidad es otra, invitando al electorado a votar en contra de sus propias representaciones.

El Código Electoral no prohíbe o sanciona la postulación de candidatos inconsecuentes. Tal es el ejercicio democrático. La presunción normativa, sin embargo, aún en la mutua desconfianza, es que los partidos políticos actuarán de conformidad con la ley, tanto en su letra como en su espíritu. Lo particularmente novel de la pregonada alianza del PIP y MVC es su acentuado cinismo entre sus propuestas electorales y su cumplimiento con la ley.

En este contexto, el artículo 18 del nuevo Código Civil, 31 L.P.R.A. §5337, recoge el ejercicio abusivo o contrario de los derechos. "La ley no ampara el abuso del derecho ni su ejercicio contrario al orden social", dispone el precepto. "Todo acto u omisión que exceda manifiestamente los límites normales del ejercicio de un derecho, que ocasione daño a tercero, ya sea por la intención de su autor, por su objeto o por las circunstancias en que se realice, da lugar al correspondiente resarcimiento y a la adopción de medidas cautelares."

Este principio general de derecho permea todo nuestro ordenamiento, no solamente el campo del derecho civil privado. La más reciente contorsión electoral promovida por el PIP y MVC, de hacer una lectura oportunista y contradictoria del Código Electoral, parece que tiene como aparente propósito defraudar al erario público bajo la Ley para la Fiscalización del Financiamiento de Campañas Políticas en Puerto Rico. Nada como el desprendimiento patriótico.

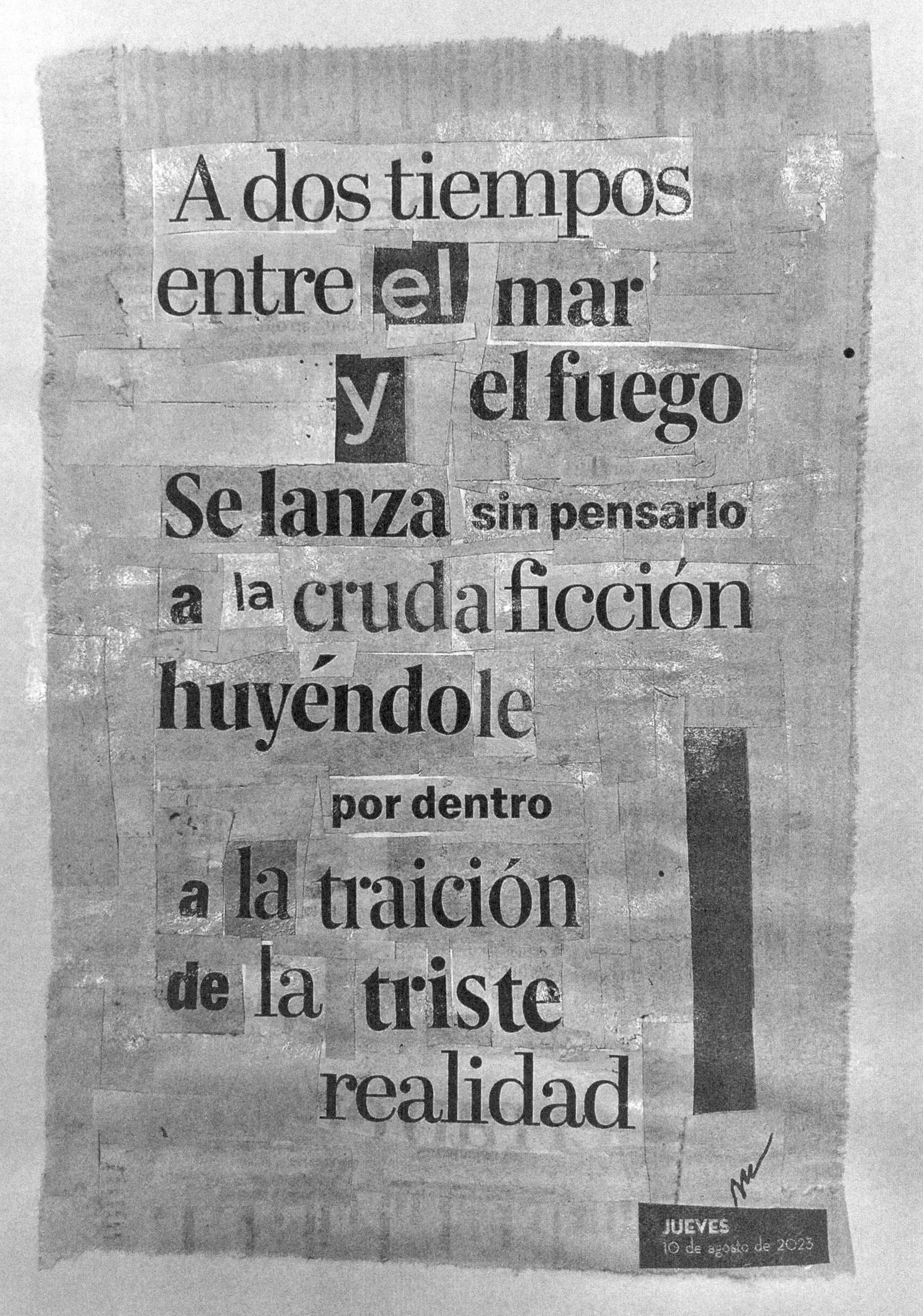
A dos tiempos
entre el mar
y el fuego
Se lanza sin pensarlo
a la cruda ficción
huyéndole
por dentro
a la traición
de la triste
realidad
JUEVES
10 de agosto de 2023

Made in United States
Orlando, FL
01 May 2025